*relevância
de marca*

DAVID A. AAKER é vice-presidente da Prophet, empresa de consultoria de marcas. Professor emérito de Marketing Strategy na Haas School of Business, University of California, Berkeley, além de conselheiro da Dentsu Inc. Autoridade reconhecida em estratégia de marca e de negócios, Aaker recebeu o MIT Buck Weaver Award pelas contribuições para o avanço da teoria e prática da ciência de *marketing* e foi nomeado como um dos cinco mais importantes gurus de *marketing*/negócios em uma pesquisa entre executivos de *marketing*. Autor de mais de cem artigos, Aaker ganhou prêmios pelo melhor artigo no *California Management Reviewand* e (duas vezes) no *Journal of Marketing*. Seus quatorze livros, que incluem *Strategic Market Management* (8ª edição), *Managing Brand Equity, Building Strong Brands, Brand Leadership* (coautoria de Erich Joachimsthaler) e *Brand Portfolio Strategy* foram traduzidos para dezoito idiomas e já venderam cerca de um milhão de cópias. Um dos mais citados autores sobre *marketing*, ele é consultor e palestrante ativo em todo o mundo. Aaker participa do Conselho de Diretores da California Casualty Insurance Company, Food Bank of Contra Costa e Solano Counties.

A111r   Aaker, David.
      Relevância de marca : como deixar seus concorrentes para trás / David Aaker ; tradução: Francisco Araújo da Costa. – Porto Alegre : Bookman, 2011.
      344 p. : il. ; 23 cm.

      ISBN 978-85-7780-838-0

      1. Marketing – Marcas. I. Título.

                                          CDU 659.126

Catalogação na publicação: Ana Paula M. Magnus – CRB 10/2052

David Aaker

relevância de marca

como deixar seus concorrentes para trás

Tradução:
Francisco Araújo da Costa

2011

Obra originalmente publicada sob o título
Brand Relevance: Making Competitors Irrelevant
ISBN 0470613580 / 9780470613580

Copyright © 2011 by John Wiley & Sons, Inc..

Tradução publicada conforme acordo.

Capa: *Tatiana Sperhacke*

Leitura final: *Monica Stefani*

Editora sênior: *Arysinha Jacques Affonso*

Projeto e editoração: *Techbooks*

Reservados todos os direitos de publicação, em língua portuguesa, à
ARTMED® EDITORA S.A.
(BOOKMAN® COMPANHIA EDITORA é uma divisão da ARTMED® EDITORA S. A.)
Av. Jerônimo de Ornelas, 670 – Santana
90040-340 – Porto Alegre – RS
Fone: (51) 3027-7000   Fax: (51) 3027-7070

É proibida a duplicação ou reprodução deste volume, no todo ou em parte, sob quaisquer formas ou por quaisquer meios (eletrônico, mecânico, gravação, fotocópia, distribuição na Web e outros), sem permissão expressa da Editora.

Unidade São Paulo
Av. Embaixador Macedo Soares, 10.735 – Pavilhão 5 – Cond. Espace Center
Vila Anastácio – 05095-035 – São Paulo – SP
Fone: (11) 3665-1100   Fax: (11) 3667-1333

SAC 0800 703-3444

IMPRESSO NO BRASIL
PRINTED IN BRAZIL

*À minha esposa, Kay, e minhas filhas, Jennifer, Jan e Jolyn,
que me inspiram com seu apoio, vitalidade,
compaixão, amor e amizade.*

Prefácio

Durante os últimos 10 anos, muitas vezes fiquei impressionado com quanto o conceito de relevância de marca consegue explicar os aspectos dos sucessos estratégicos, as dinâmicas do mercado e até a decadência de uma marca. Uma marca podia desenvolver um *marketing* excelente, apoiado por orçamentos gigantescos, mas não causar impacto no mercado a menos que impulsionasse uma nova categoria ou subcategoria de produtos ou serviços, a menos que surgisse uma nova área competitiva em que os concorrentes perdessem a relevância. Nesse caso, o sucesso de vendas, lucros e posicionamento de mercado podia ser incrível. Não me parece difícil enxergar que o sucesso não significa vencer a batalha por preferência de marca, mas sim, a guerra pela relevância de marca, com ofertas inovadoras que produzem diferenciação sustentável ao criarem novas categorias ou subcategorias.

Quando começamos a procurar, é incrível quantos exemplos de novas categorias, mas especialmente de subcategorias, aparecem em praticamente todos os setores da economia. Mas também fica claro que ninguém chega a esse resultado com facilidade ou sem correr riscos. O mundo está cheio de fracassos e decepções, poucos dos quais são visíveis. O sucesso exige *timing*: o mercado, a tecnologia e a empresa precisam estar prontos ao mesmo tempo. Além disso, o conceito de oferta que será o motor da nova categoria ou subcategoria, precisa ser gerado e avaliado, a nova categoria ou subcategoria, gerenciada ativamente, e as barreiras aos concorrentes, criadas. Todas essas tarefas são difíceis e precisam do apoio de uma organização que pode ter prioridades conflitantes e recursos limitados.

Também observei que, muitas vezes, as marcas não entravam em decadência porque perdiam sua capacidade de produzir resultados ou porque seus usuários se tornavam menos fiéis, mas porque elas se tornavam menos relevantes. O que as marcas decadentes estavam vendendo não era mais o que os clientes estavam comprando, pois eles se sentiam atraídos por uma nova categoria ou subcategoria. Outras marcas decadentes perdiam espaço porque perdiam energia e visibilidade. Nesse caso, a incapacidade da equipe de gestão de marca de compreender o problema real significava que os programas de *marketing* eram ineficazes, e os recursos, desperdiçados ou mal orientados.

Ao mesmo tempo, minhas pesquisas e textos sobre estratégias de negócios, apresentados em meu livro *Administração Estratégica de Mercado*, atualmente em sua nona edição, me fizeram ver que praticamente todos os mercados estão sujeitos a mudanças. E não é apenas o setor de tecnologia: o mesmo vale para bens duráveis, *business-to-business*, serviços e bens de consumo. A mudança é acelerada por nossa "mídia instantânea", impulsionada pela tecnologia, pelas tendências de mercado e por inovações de todos os tipos. Os processos e construtos que apoiam o desenvolvimento de estratégias de negócios claramente precisam ser adaptados e refinados. Na minha opinião, o segredo é a relevância de marca. Para controlar suas estratégias em uma época de mudanças, a empresa precisa entender a relevância de marca, aprender como impulsionar as mudanças por meio de inovações que criam novas categorias e subcategorias, o que torna os concorrentes menos irrelevantes, e saber como as empresas podem reconhecer a emergência dessas novas categorias e subcategorias e se adaptar a elas.

O objetivo deste livro é mostrar o caminho e ajudar o leitor a vencer a batalha por relevância de marca, criando categorias ou subcategorias para as quais os concorrentes são menos relevantes ou até irrelevantes, gerenciando as percepções sobre essas categorias ou subcategorias e criando barreiras que as protegem. O livro também analisa como as marcas podem manter sua relevância em vista da dinâmica do mercado. Mais de 25 estudos de caso oferecem *insights* sobre os desafios e riscos de se lutar as batalhas por relevância de marca.

Dezenas de livros sobre estratégia dizem alguma coisa sobre estratégias baseadas em inovações, oferecendo contribuições significativas à prática e ao pensamento estratégico. Mas este livro possui diversos argumentos que faltam em boa parte dessa biblioteca sobre estratégia. Primeiro, o livro ressalta a gestão de marca e os métodos de gestão de marca, com destaque especial para a importância de definir, posicionar e gerenciar ativamente as percepções da nova categoria ou subcategoria. Segundo, ele enfatiza a necessidade de criar barreiras à entrada para estender o tempo durante o qual os concorrentes são irrelevantes. Terceiro, ele inclui explicitamente inovações substanciais, além das transformacionais, como caminhos em direção a novas categorias ou subcategorias. Finalmente, ele também sugere explicitamente que é possível criar subcategorias, não apenas categorias. Para cada oportunidade de criar uma nova categoria ou empregar uma inovação transformacional, há muitas outras de criar subcategorias e usar inovações substanciais. Um objetivo deste livro é oferecer um processo que as empresas podem usar para criar novas categorias ou subcategorias e tornar os concorrentes irrelevantes. Ele envolve quatro tarefas, cada uma das quais é apresentada em um capítulo: geração de conceitos, avaliação, definição da categoria ou subcategoria e criação de barreiras aos concorrentes.

Um segundo objetivo é definir o conceito de relevância de marca e mostrar seu poder como uma maneira de impulsionar e compreender mercados dinâmicos. Para tanto, as pesquisas acadêmicas são usadas para oferecer *insights* e mais de 20 estudos de caso são apresentados para exemplificar os desafios, riscos, incertezas e recompensas da criação de novas categorias ou subcategorias.

Um terceiro objetivo é considerar a ameaça de se perder a relevância de marca, como a perda acontece e como evitá-la. Apesar da dinâmica de relevância ser uma oportunidade para a criação de novos mercados, ela também representa um risco para aquelas marcas que, por não estarem cientes das mudanças em seus mercados ou por enfocarem uma estratégia que deu certo no passado, ignoram a dinâmica do mercado.

Um último objetivo é definir quais características uma organização precisa ter para apoiar inovações substanciais ou transformacionais que levarão a novas categorias ou subcategorias.

Sou grato a muitas pessoas por este livro. O trabalho estimulante de pensadores sobre marcas e estratégia anteriores a esta obra me ajudaram a aperfeiçoar algumas ideias. Michael Kelly, da Trechtel, em muitas conversas enquanto andávamos de bicicleta, ajudou a despertar meu interesse pela relevância. Meus colegas da Dentsu me ajudaram a refinar e estender minhas ideias. A equipe da Prophet, com seu trabalho incrível, é uma inspiração. Gostaria de agradecer especialmente Michael Dunn, um CEO abençoado, que me deu o tempo e o apoio para escrever este livro; Karen Woon, com quem troquei ideias durante todo o processo; e Andy Flynn, Agustina Sacerdote, Erik Long e Scott Davis, que ofereceram sugestões que fizeram a diferença. Também gostaria de agradecer meus amigos Katy Choi e Jerry Lee, que estão organizando um importante evento na Coreia do Sul para transformar este livro em um grande sucesso. Finalmente, gostaria de agradecer Kathe Sweeney e seus colegas da Jossey-Bass por confiarem neste livro.

Sumário

Capítulo 1 **Vencendo a Batalha Por Relevância de Marca**   **17**

Casos:

    As cervejas japonesas   17

    O setor de informática dos EUA   22

Conquistando preferência de marca   24

O modelo de relevância de marca   27

Criar novas categorias ou subcategorias   31

Níveis de relevância   37

O desafio da marca nova   38

A vantagem do pioneirismo   42

A recompensa   45

Criar novas categorias ou subcategorias: quatro desafios   49

O modelo de relevância de marca *versus* outros   51

Capítulo 2 **Entendendo a Relevância de Marca: Categorização, Enquadramento, Consideração e Mensuração**   **55**

Categorização   56

Está tudo no enquadramento   60

O conjunto de consideração como passo de triagem   68

Medindo a relevância   70

Capítulo 3	**Mudando o Mundo do Varejo**	**75**
	Casos:	
	Muji	77
	IKEA	78
	Zara	79
	H&M	81
	Best Buy	81
	Whole Foods Market	85
	A história do Subway	89
	Zappos	91
Capítulo 4	**Dinâmica de Mercado no Setor Automobilístico**	**97**
	Casos:	
	Prius, o híbrido da Toyota	98
	A história da Saturn	105
	A minivan da Chrysler	107
	Tata Nano	111
	Yugo	113
	Enterprise Rent-A-Car	114
	Zipcar	116
Capítulo 5	**O Setor Alimentício se Adapta**	**121**
	Casos:	
	Travando a guerra da gordura	123
	Da gordura à saúde	132

Capítulo 6	**Encontrando Novos Conceitos**		**145**
	Caso:		
	Apple		145
	Geração de conceitos		151
	Obtendo conceitos		155
	Priorizando a análise		174
Capítulo 7	**Avaliação**		**179**
	Caso:		
	O Segway Human Transporter		179
	Avaliação: escolhendo os vencedores		182
	Há um mercado? A oportunidade é real?		184
	Podemos competir e vencer?		195
	A oferta vai se sustentar?		199
	Além de agora ou nunca: um portfólio de conceitos		202
Capítulo 8	**Definindo e Gerenciando a Categoria ou Subcategoria**		**205**
	Casos:		
	Salesforce.com		206
	Siebel Systems		209
	Definindo uma nova categoria ou subcategoria		211
	Benefícios funcionais produzidos pela oferta		214
	Relacionamento cliente-marca: além da oferta		228
	Categorias e subcategorias: complexas e dinâmicas		234
	Gerenciando a categoria ou subcategoria		234

Capítulo 9	**Criando Barreiras**	**241**
	Caso:	
	Yamaha Disklavier	241
	Criando barreiras à concorrência	246
	Barreiras de investimento	247
	Sendo o dono de um ou vários benefícios irresistíveis	253
	Relacionamento com os clientes	260
	Ligar a marca à categoria ou subcategoria	262
Capítulo 10	**Mantendo a Relevância em meio à Dinâmica do Mercado**	**265**
	Caso:	
	Walmart	266
	Relevância na categoria ou subcategoria do produto	269
	Estratégias de relevância na categoria ou subcategoria	271
	Relevância em energia	277
	Caso:	
	Ganhando relevância – o caso da Hyundai	285
Capítulo 11	**A Organização Inovadora**	**291**
	Caso:	
	A história da GE	291
	A organização inovadora	294
	Oportunismo seletivo	297
	Comprometimento estratégico dinâmico	302
	Alocação de recursos em nível organizacional	306
Epílogo	**O Yin e o Yang da Batalha por Relevância**	**315**
Notas		**319**
Índice		**327**

Você não quer apenas ser considerado o melhor dos melhores. Você quer ser considerado o único que faz o que faz.

—Jerry Garcia, The Grateful Dead

Capítulo 1

Vencendo a Batalha Por Relevância de Marca

Primeiro eles o ignoram, depois o ridicularizam, em seguida o combatem e por fim você vence.
—Mahatma Gandhi

Não gerencie. Lidere.
—Jack Welch, ex-CEO da General Electric e guru da Administração

A relevância de marca tem o potencial de ser ao mesmo tempo força motriz e explicação da dinâmica de mercado, da emergência e decadência de categorias e subcategorias e do destino das marcas ligadas a elas. As marcas que conseguem criar e gerenciar novas categorias e subcategorias, tornando os concorrentes irrelevantes, irão prosperar. As outras ficarão presas no atoleiro das batalhas de mercado debilitantes ou perderão sua relevância e posição de mercado. A história das cervejas japonesas e do setor de informática dos EUA servem de exemplo.

As cervejas japonesas

Durante três décadas e meia, o mercado de cervejas no Japão foi hipercompetitivo, com inúmeros novos produtos (entre quatro e dez por ano) e propaganda agressiva, inovações em embalagem e muitas promoções. Mas a trajetória da participação de mercado dos dois principais concorrentes durante esses 35 anos mudou apenas quatro vezes, três instigadas pela introdução de novas subcategorias e a quarta pelo reposicionamento de outra. As marcas por trás da emergência e do reposicionamento das subcategorias se tornaram mais relevantes e conquistaram posições melhores no mercado, enquanto as outras que não eram relevantes para as novas categorias perderam suas posições, um exemplo marcante do que está por trás da dinâmica de mercado.

A Kirin e a Asahi foram as duas marcas principais durante o período. A Kirin, dominante entre 1970 e 1986, com inabaláveis 60% de participação de mercado, era a "cerveja de quem ama cerveja", bastante associada com o sabor encorpado e um pouco amargo das cervejas *lager* pasteurizadas. Foi uma grande carreira. Nenhuma oferta criava novas subcategorias para perturbar sua posição.

Surge a Asahi Super Dry

A Asahi, que em 1986 estava perdendo participação e caíra para menos de 10% do mercado, lançou a Asahi Super Dry no começo de 1987, uma cerveja mais refrescante e com gosto mais forte e menos ressaibo. O novo produto, com mais álcool e menos açúcar que as cervejas *lager*, além de usar uma levedura especial, atraía uma nova geração de bebedores de cerveja mais jovens. Seu apelo se devia em parte a uma imagem ocidental cuidadosamente construída pelo rótulo, pelos patrocinadores e pela propaganda. Produto e imagem estavam em forte contraste com a Kirin.

Em poucos anos, a cerveja *dry* capturou mais de 25% do mercado, enquanto a cerveja *light* precisou de 18 anos para conquistar a mesma participação no mercado americano. A principal beneficiária desse fenômeno foi a Asahi Super Dry, vista pelo mercado como a autêntica cerveja *dry*. Em 1988, a participação da Asahi dobrou e ultrapassou os 20%, enquanto a da Kirin caiu para 50%. Durante os 12 anos seguintes, a Asahi continuou a trabalhar a partir da sua posição na categoria de cervejas *dry*; em 2001, ela ultrapassou a Kirin e se tornou a marca número 1 do Japão, com 37%, um resultado incrível. Imagine a Coors ultrapassando a Anheuser-Busch, uma empresa com domínio de mercado nos EUA semelhante ao da Kirin no Japão.

Não foi por acidente que a Asahi mexeu com o equilíbrio do mercado, em lugar de alguma outra cerveja japonesa. Em 1985, a Asahi tinha um CEO cheio de energia, um homem que pensava apenas em alterar o *status quo*, interna e externamente. Para isso, ele mudou a estrutura e cultura organizacional para encorajar as inovações. Obviamente, ele foi "abençoado" por crises financeiras e de mercado. A Kirin, por outro lado, tinha uma organização concentrada exclusivamente na manutenção do momento atual e em fazer exatamente o que sempre fizera.

Em 1988, a Kirin respondeu com a Kirin Draft Dry, mas depois de tantas décadas defendendo a *lager*, a empresa não tinha credibilidade no novo espaço. Além disso, as "guerras *dry*" subsequentes, nas quais a Asahi forçou a Kirin a alterar suas embalagens para reduzir a semelhança da Kirin Draft Dry com o produto da Asahi, reforçaram o fato da Asahi ser a autêntica *dry*. A Kirin, que nunca quis de verdade criar uma cerveja que competiria com sua galinha dos ovos de ouro, uma cerveja com muita tradição e muitos bebedores fiéis, era vista por muitos como o valentão que estava tentando esmagar um concorrente pequeninho e cheio de garra. Nos anos seguintes, nenhuma das inúmeras tentativas da Kirin e de outras marcas de cerveja conseguiu impedir o avanço da Asahi.

A chegada da Kirin Ichiban

A única exceção aos esforços de criar novas subcategorias com novas variantes de cerveja foi a Kirin Ichiban, lançada em 1990, fabricada com um novo processo, mais caro, que envolvia mais malte; filtragem em temperaturas menores; e, acima de tudo, apenas produtos de "primeira prensagem". O gosto era mais leve e suave do que o da Kirin Lager, sem o ressaibo amargo. Os concorrentes não podiam arcar com o custo do processo, sem falar da força da marca Kirin Ichiban e da rede de distribuição da Kirin. A Kirin Ichiban foi o primeiro produto a interromper a queda da participação de mercado, um efeito que durou entre 1990 e 1995. Seu papel no portfólio da Kirin cresceu constantemente até 2005, quando passou a vender mais que a Kirin Lager, apesar da combinação das duas já estar muito atrás da Asahi Super Dry.

A subcategoria Dry é reenergizada

Em 1994, a Asahi, a essa altura a única marca de cerveja *dry*, desenvolveu uma nova e poderosa subcategoria ao posicionar a estratégia em torno do frescor e em ser o chope número 1 com presença global. Enquanto a Asahi aprimorava a subcategoria *dry*, a Kirin atacava a subcategoria *lager*. Talvez irritada pela afirmação da Asahi de ser a número 1 em chope, a Kirin converteu seu processo de fabricação para o chope e mudou a Kirin Lager para Kirin Lager Draft (a original ainda era vendida com o nome de Kirin Lager Classic, mas relegada a um nicho pequeno). A Kirin tentou tornar a Kirin Lager Draft mais atraente para um público mais jovem, mas o efeito foi apenas confundir sua imagem e prejudicar a reputação da marca perante a base de clientes. O resultado foi que, entre 1995 e 1998, a batalha de subcategorias entre cervejas *dry* e *lager* fez com que a Asahi Super Dry ganhasse oito pontos, chegando a uma participação de mercado de pouco mais de 35%, enquanto a Kirin caiu nove pontos e ficou com cerca de 39%.

A entrada da *Happoshu*

Em 1998, surgiu uma nova subcategoria, a *happoshu*, uma "cerveja" que continha baixos níveis de malte e assim estava sujeita a impostos menores. A subcategoria ganhou força quando a Kirin lançou sua marca Kirin Tanrei (a Suntory lançou a primeira cerveja *happoshu* em 1996, mas perdeu sua posição para a Tanrei). No começo de 2001, depois dessa nova subcategoria ter conquistado cerca de 18% do mercado de cerveja, a Asahi finalmente lançou sua concorrente, mas não conseguiu superar a Kirin. O produto da Asahi tinha uma desvantagem marcante em termos de sabor, em grande parte porque a Kirin Tanrei tinha um gosto mais ácido, lembrando um pouco o da Asahi Super Dry. A Asahi não queria que sua *happoshu* tivesse essa semelhança, pois poderia prejudicar a Asahi Super Dry.

Em 2005, a Kirin assumira a liderança na subcategoria *happoshu* e em outra subcategoria, com uma bebida sem malte chamada de "a terceira cerveja", que tinha isenções fiscais ainda maiores. De 2005 em diante, essas duas novas subcategorias capturaram mais de 40% do mercado de cerveja do Japão. Em 2009, os dois produtos da Kirin se saíram bem, com mais do triplo das vendas da Asahi, superando em mais de 50% a soma da Kirin Lager e Kirin Ichiban. O resultado foi que a Kirin recapturou a liderança em participação de mercado na categoria cerveja, incluindo *happoshu* e a terceira cerveja, ainda que com uma vantagem pequena e apesar de a Asahi vender quase o dobro na categoria de cervejas convencionais.

As mudanças no que as pessoas compram e na dinâmica das categorias e subcategorias costumam ser a força por trás dos mercados. A Figura 1.2 mostra claramente as quatro mudanças de trajetória da participação de mercado no setor de cervejas do Japão, todas causadas pela dinâmica das subcategorias. As marcas relevantes para categorias ou subcategorias novas ou redefinidas, como a Asahi Super Dry em 1986, a Kirin Ichiban em 1990 ou a Kirin Tanrei em 1998, serão as vencedoras. Enquanto isso, as perdedoras são aquelas que perdem relevância por não terem uma proposição de valor ou por simplesmente se concentrarem na subcategoria errada. Marcas dominantes e de sucesso, como a Kirin Lager em meados da década de 1980 e a Asahi no final dos anos 1990, podem ter esse destino quase sem perceber o que está acontecendo.

Observe a importância das marcas na capacidade das empresas de afetar o posicionamento das categorias e subcategorias. A Kirin Lager capturou a essência da *lager* e a tradição da Kirin. A Asahi Super Dry definiu e representou a nova subcategoria *dry*, mesmo depois do lançamento da Kirin Draft Dry. A Kirin Tanrei foi a primeira representante da categoria *happoshu*. E o reposicionamento da Asahi Super Dry na verdade reposicionou toda a subcategoria de cervejas *dry*, pois naquele momento a Asahi era a única marca viável no mercado.

Figura 1.1 Lata da Asahi Super Dry. Observe os termos em inglês.

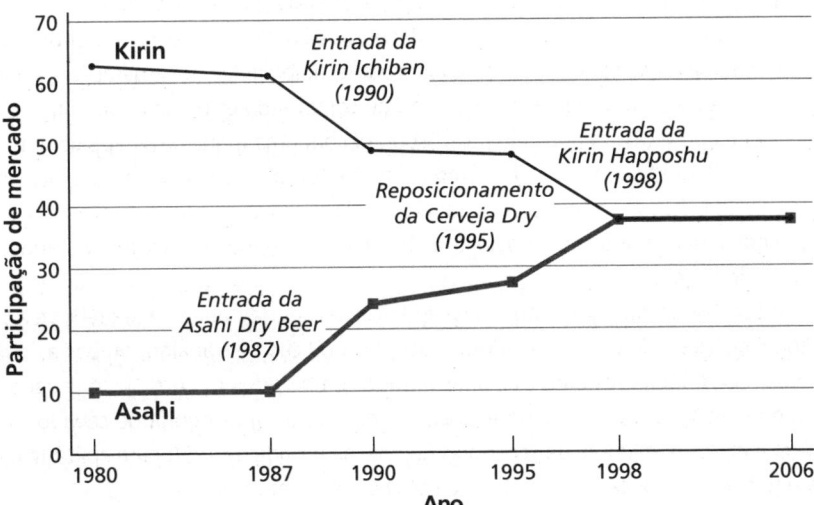

Figura 1.2 A guerra das cervejas Asahi-Kirin.

O setor de informática dos EUA

Considere a dinâmica do setor de informática dos EUA durante os últimos 50 anos e como ela afetou os vencedores e perdedores no mercado. A história começa nos anos 1960, quando sete fabricantes, todos com o apoio de grandes empresas, competiam por uma posição no mercado de *mainframes*. No entanto, como fornecedores de "computadores como *hardware*", eles se tornaram irrelevantes depois que a IBM criou uma subcategoria ao definir sua oferta como a de uma fornecedora de soluções de sistemas relevantes. Mas, no começo da década de 1970, surgiu uma nova subcategoria, a dos minicomputadores, liderada pela Digital Equipment Corporation (DEC), Data General e HP, nas quais um computador atendia uma série de terminais e as marcas de *mainframe* não eram relevantes.

Os próprios minicomputadores se tornaram irrelevantes com o advento dos servidores e computadores pessoais; a Data General e a DEC se esfacelaram, enquanto a HP se adaptou e investiu em outras subcategorias. Ken Olsen, fundador e CEO da DEC, é famoso por ter dito, em 1977: "Não há razão para qualquer indivíduo ter um computador em casa". Apesar da frase ter sido tirada de contexto, o importante é que subcategorias emergentes, no caso, a do computador pessoal (PC), quase sempre são subestimadas.[1]

A subcategoria PC em si se fragmentou em diversas novas subcategorias, impulsionadas por várias empresas diferentes. A IBM foi a primeira marca dominante na subcategoria PC, oferecendo confiança e confiabilidade. A Dell definiu e liderou uma subcategoria com base na fabricação por encomenda, com tecnologia de última geração e vendas e serviços diretos para o cliente. O segmento de computadores pessoais deu origem ao nicho portátil ou móvel, a princípio pela Osborne, com uma monstruosidade de mais de 10 kg, em 1981, e finalmente pela Compaq, que se tornou a primeira líder de mercado. A seguir veio o *laptop*, o primeiro portátil de verdade. A Toshiba foi a primeira líder da subcategoria, depois substituída pelo IBM ThinkPad, que tinha um *design* mais atraente e funções inteligentes.

A Sun Microsystems liderou o mercado de estações de trabalho para redes e a SGI (Silicon Graphics) liderou o mercado de estações gráficas de trabalho, ambas as quais envolviam computadores para trabalhos pesados e utilizados por um único usuário. O mercado de estações de trabalho evoluiu em direção à subcategoria de servidores. A Sun era a marca dominante de servidores no final da década de 1990 para aplicativos de Internet, mas sua posição caiu quando a bolha da Internet estourou.

Em 1984, a Apple lançou o Macintosh (Mac), criando uma nova subcategoria de computadores. O produto foi revolucionário, pois mudou a interação do usuário com o computador ao introduzir novas ferramentas, um novo vocabulário e uma interface gráfica do usuário. O computador tinha uma "área de trabalho" com ícones intuitivos, um mouse que mudava a comunicação com o computador, uma caixa de ferramentas, janelas para controlar os aplicativos, um programa de desenho, um gerenciador de fontes e muito mais. E tudo em uma embalagem com *design* exclusivo e a marca Apple. Nas palavras de Steve Jobs, o pai do Mac, era "incrivelmente genial".[2] O comercial de 1984, no qual uma jovem de *shorts* vermelho atira uma marreta contra a tela onde o "grande irmão" (representando a IBM, é claro) defende uma ideologia de igualdade forçada, foi um dos anúncios mais importantes da era moderna. Durante os 10 anos seguintes, ou mais, havia um núcleo de usuários de Mac, especialmente na comunidade criativa, que eram apaixonados pelo produto e aproveitavam os benefícios visíveis e cheios de autoexpressão que obtinham ao comprar e utilizar os produtos da marca. A Microsoft precisou de seis anos para criar algo que pudesse se comparar com o trabalho da Apple.

Em 1997, Steve Jobs, de volta à Apple depois de um exílio forçado de 12 anos, foi a grande força por trás do iMac (a princípio, o "i" representava "preparado para a Internet", mas passou a significar apenas "Apple"). O iMac abriu um novo capítulo na saga do Mac e se tornou uma nova subcategoria, ou pelo menos renovou a que já existia. O produto foi o computador mais vendido de todos os tempos, com *design* e cores que chamavam a atenção. Incorporando o uso da porta USB, uma inovação naquela época, a Apple tomou a decisão incrível de omitir o *drive* de disco flexível. Em vez de condenar o produto, como muitos previram, isso fez com que ele parecesse mais avançado, criado para uma época em que as pessoas compartilhariam arquivos pela Internet e não com disquetes.

Estamos vivendo outra revolução da informática. Produtos como os *smartphones* e *tablets* como o iPad estão substituindo os *laptops* e até os *desktops* tradicionais para muitos aplicativos. Os novos vencedores são empresas como a Apple, o Google e seu sistema Android, empresas de comunicação como AT&T e Verizon, fazendas de servidores e empreendedores de aplicativos. Os perdedores são as empresas de *hardware* e *software* e computadores convencionais.

Como no caso das cervejas japonesas, a emergência de novas subcategorias, como *mainframes* focados em soluções, minicomputadores, estações de trabalho, servidores, PCs, Macintosh, portáteis, *laptops*, *notebooks* e *tablets*, cria a dinâmica de mercado que mudou a sorte dos participantes. Todos os concorrentes entraram em decadência e desapareceram, enquanto outros nasceram à medida que novas subcategorias foram formadas. Os esforços de *marketing* contínuos que envolviam propaganda, feiras comerciais e promoções praticamente não fizeram diferença em termos de dinâmica de mercado. Poderíamos fazer uma análise parecida de quase todos os setores da economia.

■ ■ ■

A relevância de marca é um conceito poderoso. Compreender e gerenciar a relevância pode ser a diferença entre isolar-se da concorrência e vencer ou ficar preso em um ambiente de mercado complicado no qual a diferenciação é difícil de obter e fácil de perder. O trabalho não é fácil: ele exige uma nova mentalidade, atenta aos sinais do mercado, sempre de olho no futuro e que valorize a inovação.

Este capítulo começa com uma definição e comparação de duas perspectivas sobre o mercado, o modelo de preferência de marca e o modelo de relevância de marca. A seguir, ele descreve o conceito central de criação de uma nova categoria ou subcategoria e a função das inovações substanciais e transformacionais nesse processo. A seção seguinte aborda a nova tarefa da gerência, ou seja, influenciar e gerenciar as percepções e a posição da nova categoria e subcategoria. Depois disso, o capítulo analisa o potencial da vantagem de pioneirismo e o valor de ser um motor de tendências. A próxima parte detalha as vantagens de criar novas categorias e subcategorias, e a seguinte descreve as quatro tarefas necessárias para esse trabalho de criação. A última seção compara o conceito de relevância de marca com abordagens propostas por outros autores que trataram de objetivos semelhantes e descreve o resto do livro.

Conquistando preferência de marca

Existem duas maneiras de competir em mercados existentes: conquistar preferência de marca e tornar os concorrentes irrelevantes.

A primeira maneira de conquistar clientes e vendas, e a mais usada, enfoca a geração de preferência de marca entre as escolhas de marca consideradas pelos clientes, ou seja, vencer a concorrência. Os estrategistas de *marketing* pensam em si mesmos como guerreiros em uma batalha por preferência de marca. O consumidor decide comprar um produto de uma categoria ou subcategoria estabelecida, por exemplo, um veículo utilitário esportivo. Várias marcas têm a visibilidade e credibilidade necessárias para serem consideradas, como Lexus, BMW e Cadillac. A seguir, uma marca, possivelmente a Cadillac, é selecionada. A vitória envolve garantir que o cliente prefira a Cadillac e não a Lexus ou a BMW. Isso significa que a Cadillac precisa ser mais visível, crível e atraente no espaço dos utilitários esportivos do que a Lexus e a BMW.

O modelo de preferência de marca define os objetivos e as estratégias da empresa. Crie ofertas e programas de *marketing* que conquistam a aprovação e fidelidade dos clientes que estão comprando a categoria ou subcategoria estabelecida, por exemplo, veículos utilitários. Obtenha a preferência dos clientes em relação às marcas da concorrência, que estão na mesma categoria ou subcategoria, o que por sua vez significa ser melhor que elas em pelo menos uma das dimensões que definem a categoria ou subcategoria e pelo menos tão boa quanto elas em todas as outras. O mercado relevante consiste naqueles que compram a categoria ou subcategoria estabelecida, enquanto a participação de mercado relativa ao mercado-alvo é a principal medida de sucesso.

A estratégia é adotar inovações incrementais para tornar a marca ainda mais atraente ou confiável e as ofertas, mais baratas, ou fazer com que o programa de *marketing* seja mais eficaz ou eficiente. O segredo está na melhoria contínua (mais rápido, mais barato, melhor), que tem suas origens na administração científica de Frederick Taylor e seus estudos de tempo e movimento mais de cem anos atrás e que continua com abordagens como Kaizen (os programas japoneses de melhoria contínua), Seis Sigma, reengenharia e *downsizing*.

O modelo clássico de preferência de marca é um caminho cada vez mais difícil para o sucesso no mercado dinâmico da atualidade, pois os clientes não têm disposição ou motivação para abandonarem suas marcas atuais. As marcas são vistas como parecidas, pelo menos em relação aos benefícios funcionais que oferecem, e essas percepções quase sempre estão corretas. Por que repensar um produto ou decisão de marca que deu certo quando as alternativas são semelhantes? Por que se dar ao trabalho de procurar alternativas? Buscar alternativas é um esforço mental e comportamental com poucos benefícios percebidos. Além disso, as pessoas gostam do que já conhecem: o caminho para o trabalho, música, pessoas, palavras idiotas ou marcas.

É incrivelmente difícil criar uma inovação que consiga alterar significativamente a direção do mercado. Quando alguma oferta melhor tem a chance de estimular a mudança de preferência, os concorrentes quase sempre reagem com tanta velocidade e energia que a vantagem sempre dura pouco. Além disso, os programas de *marketing* que mexem com o equilíbrio do mercado são raros, pois o brilhantismo e os recursos para sua implementação também são difíceis de obter.

Por causa da dificuldade em alterar as tendências dos clientes e dos rendimentos decrescentes dos programas de redução de custos, preservar as margens frente a concorrentes competentes e com recursos é um grande desafio. Um mercado no qual os concorrentes usam estratégias de preferência de marca costuma ser uma receita para níveis de rentabilidade insatisfatórios.

Cervejarias japonesas como Asahi, Suntory e Sapporo seguiram estratégias de preferência de marca entre 1960 e 1986, mas não conseguiram derrubar a Kirin da sua posição. A tradição e o apelo da cerveja *lager* da Kirin, sua base de compradores fiéis e o poder da rede de distribuição permitiam que a empresa resistisse a todos os tipos de iniciativas de *marketing* e produtos dos seus concorrentes, por mais vigorosos e inteligentes que fossem.

As estratégias de preferência de marca, o foco da maioria das empresas, são especialmente arriscadas em mercados dinâmicos, pois a dinâmica do mercado quase sempre anula o efeito das inovações incrementais. Bob McDonald, o CEO da Procter & Gamble (P&G), criou o acróstico VICA para descrever o mundo moderno: volátil, incerto, complexo e ambíguo.[3] As categorias e subcategorias de produtos não são mais estáveis. Pelo contrário, elas emergem, desaparecem e evoluem, enquanto os produtos se proliferam de modo cada vez mais rápido.

Uma série de tendências poderosas criam o ímpeto para novas categorias e subcategorias. Os itens a seguir oferecem uma pequena amostra dessas tendências:

- A emergência de *sites* como centros de conhecimento permitiu que as marcas se transformem em autoridades confiáveis. A Pampers, por exemplo, redefiniu seu negócio, partindo da venda de fraldas para a inovação em cuidados infantis e o centro de interação social em torno de bebês.

- O movimento verde e os objetivos de sustentabilidade afetam a escolha de marcas. Empresas de todos os tipos, desde automóveis até lojas e bens de consumo, além de muitas outras, ajustaram suas operações e ofertas em resposta a essa tendência.

- A popularidade crescente da culinária asiática criou novas subcategorias de restaurantes e bens de consumo.

- O crescimento projetado da população americana com mais de 65 anos, de menos de 40 milhões em 2010 para mais de 70 milhões em 2030, oferece oportunidades para o desenvolvimento de subcategorias que vão desde lojas de presentes a cruzeiros marítimos e carros.

- O controle individual sobre a própria saúde sugere oportunidades para a emergência de uma série de categorias de apoio médico, como controle de peso, fisioterapia e estímulos mentais.

A mudança está no ar, e ela afeta o que as pessoas compram e quais marcas são relevantes. As estratégias de *marketing* não podem ficar para trás. Uma estratégia vencedora hoje pode não ter sucesso amanhã. Talvez ela nem seja relevante amanhã. O sucesso se torna um alvo móvel. Os mesmos estilos gerenciais que funcionaram no passado podem estar perdendo sua capacidade de gerar vitórias no presente e no futuro. Seguir uma estratégia que defende "faça o que sabe fazer", "mantenha o foco" e "não dilua suas energias", sem pensar duas vezes, ainda pode ser ideal, mas nunca foi tão arriscado.

O modelo de relevância de marca

Um segundo caminho para o sucesso competitivo é mudar o que as pessoas compram, criando novas categorias ou subcategorias que alteram o modo como analisam as decisões de compra e a experiência de uso. O objetivo não é simplesmente derrotar a concorrência, mas torná-la irrelevante ao convencer os clientes a comprarem uma categoria ou subcategoria para a qual todas ou quase todas as marcas alternativas não são consideradas relevantes, pois não têm visibilidade ou credibilidade no contexto. O resultado pode ser um mercado para o qual não haverá concorrência durante um longo período de tempo ou no qual a concorrência será menor ou mais fraca. Esse é o segredo para o sucesso financeiro duradouro.

Definindo relevância

Para compreender melhor a relevância, pense em um modelo simples de interação marca-cliente, no qual a escolha de marca envolve quatro passos organizados em duas fases distintas, relevância de marca e preferência de marca, como vemos na Figura 1.3.

Passo Um: A pessoa (cliente atual ou potencial) precisa decidir que categoria ou subcategoria comprar e usar. Muitas vezes, uma marca não é selecionada porque a pessoa não seleciona a categoria ou subcategoria certa, em vez de ela realmente preferir uma marca mais do que as outras. Se a pessoa decide comprar uma minivan e não um sedã ou utilitário esportivo, por exemplo, ela exclui todo um conjunto de marcas que não possuem credibilidade no espaço minivan.

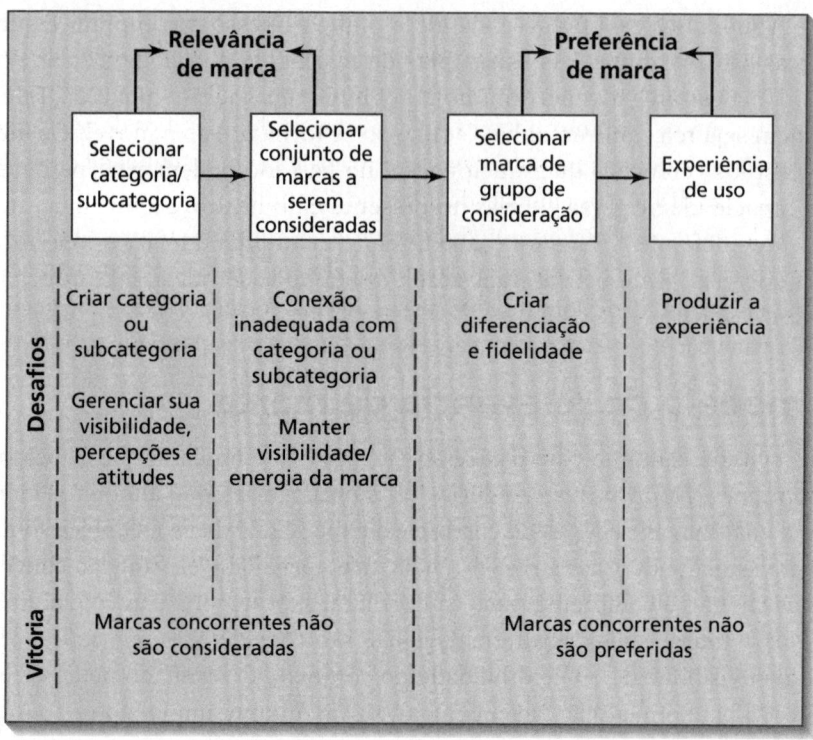

Figura 1.3 Preferência de marca versus relevância de marca.

Um desafio é criar a categoria ou subcategoria com a concepção e execução de uma oferta inovadora. Outro é gerenciar a categoria ou subcategoria resultante e influenciar sua visibilidade, percepções e a fidelidade que provoca nas pessoas. O objetivo é incentivar as pessoas a pensarem e selecionarem a categoria ou subcategoria.

O fato de a pessoa selecionar a categoria ou subcategoria, por exemplo, carro híbrido compacto, faz com que o ponto de partida seja muito diferente do que em um contexto de preferência de marca, no qual a categoria ou subcategoria é vista como um prerrequisito. Em vez de abranger apenas quem compra uma categoria ou subcategoria estabelecida, o mercado-alvo é muito mais amplo, consistindo em todos que poderiam se beneficiar de uma nova categoria ou subcategoria. A seleção da categoria ou subcategoria se tornou um passo crucial, capaz de influenciar que marcas são consideradas e, logo, relevantes.

Passo Dois: A pessoa precisa determinar que marcas considerar. Esse passo é uma triagem, excluindo marcas que são inaceitáveis por algum motivo. A marca não é relevante a menos que apareça no conjunto de consideração do indivíduo. Para entrar nesse conjunto, a marca precisa superar dois desafios de relevância: relevância na categoria ou subcategoria e relevância em visibilidade e energia (ambos serão discutidos em mais detalhes no Capítulo 10).

Relevância na Categoria ou Subcategoria: A empresa, representada pela marca, precisa ser vista como a fabricante de algo que as pessoas querem comprar e ter credibilidade com respeito a suas ofertas. A categoria ou subcategoria selecionada não pode enxergar a marca como não tendo capacidade ou interesse para ser um fator importante no mercado. A marca também não pode ser vista como não tendo uma característica essencial da categoria ou subcategoria.

Relevância em Visibilidade e Energia: A marca, especialmente quando está estabelecendo ou entrando em uma nova categoria ou subcategoria, precisa ter visibilidade, ou seja, ela precisa vir à mente quando a categoria ou subcategoria do produto é selecionada. Além disso, a marca precisa criar e manter energia suficiente para que não se torne apenas mais um elemento da paisagem. Marcas cansadas, sem personalidade, não associadas a inovações e simplesmente desinteressantes podem não se integrar ao conjunto de consideração mesmo quando são conhecidas e têm credibilidade.

Passo Três: Depois de alguma avaliação, a pessoa escolhe uma marca. Essa marca é preferida em relação às outras devido a um motivo lógico, um benefício emocional ou autoexpressivo ou talvez apenas por conveniência ou hábito. O desafio é criar diferenciação e bases de lealdade para que a marca seja preferida pelo consumidor.

Passo Quatro: A pessoa usa o produto ou serviço, resultando em uma experiência de uso. Além das suas expectativas em relação à marca, a avaliação de uso também irá variar de acordo com as expectativas em relação à categoria ou subcategoria do produto na forma como esta foi conceitualizada no primeiro passo. A experiência de uso pode influenciar o próximo ciclo de interação marca-pessoa.

A relevância de marca envolve os dois primeiros passos. A marca será relevante se estiver incluída no conjunto de consideração para uma categoria ou subcategoria-alvo e se tal categoria ou subcategoria acelerar a decisão. Ambas as condições são necessárias. Se uma estiver ausente, a marca não tem relevância e a melhor diferenciação, atitude positiva ou relacionamento marca-cliente do mundo não fará diferença.

Em termos mais formais, a relevância de marca ocorre quando duas condições são atendidas:

- *A categoria ou subcategoria-alvo é selecionada.* O cliente possui um desejo ou necessidade percebido relativo à categoria ou subcategoria em questão, definido por alguma combinação de atributos, aplicações, grupos de usuários ou outras características peculiares.
- *A marca está no conjunto de consideração.* O cliente considera a marca quando toma a decisão de comprar ou usar a categoria ou subcategoria-alvo. Em outras palavras, a marca passa no teste de triagem.

Os passos três e quatro definem a preferência de marca. Uma marca é preferida dentro do conjunto de marcas consideradas. Em mercados estáticos, a preferência de marca é o objetivo principal da concorrência e do *marketing*, mas, como foi observado anteriormente, esse tipo de concorrência é difícil e frustrante. Além disso, os mercados estão cada vez mais dinâmicos, o que destrói a utilidade das estratégias de preferência de marca.

Hoje, vencer sob o modelo da relevância de marca é qualitativamente diferente do que em uma concorrência por preferência de marca. Sob o segundo modelo, a marca vencedora é preferida em relação às outras na categoria ou subcategoria estabelecida. Sob a relevância de marca, por outro lado, a vitória ocorre quando as outras marcas não são consideradas devido à seleção da categoria ou subcategoria. Algumas ou todas as marcas concorrentes não têm visibilidade ou credibilidade em termos da nova categoria ou subcategoria, apesar de poderem ter ambas nas categorias ou subcategorias tradicionais ou até mesmo a melhor reputação e a maior fidelidade do cliente nesses ramos. Quando as marcas dos concorrentes não são consideradas, a única marca relevante ganha por W.O.

A relevância e a preferência estão inter-relacionadas. A relevância, em especial, afeta ambos os componentes da preferência de marca. Definir e enquadrar a categoria ou subcategoria afeta as percepções de marca e, logo, a preferência de marca. Por exemplo, se a categoria ou subcategoria é redefinida para elevar a importância de um benefício, tal como a segurança dos automóveis, esse benefício terá um papel maior na decisão de preferência de marca. Além disso, como a relevância pode afetar o conjunto de consideração de modo a excluir tais marcas, o desafio de preferência pode ser reduzido. Em casos extremos, se o conjunto de consideração for reduzido a um elemento, a decisão de preferência é determinada pela relevância.

A preferência de marca também pode afetar a relevância de marca. Se uma marca é preferida em razão de uma proposição irresistível, uma personalidade forte, uma experiência de uso satisfatória e uma relação positiva com o cliente, então esses fatores afetam o conjunto de consideração e podem até influenciar ou definir as atitudes em relação à categoria ou subcategoria. Além disso, se a experiência de uso da marca superar as expectativas, esta deve se tornar mais importante no mundo mental do indivíduo. Assim, se um Prius consegue gerar interesse, energia e admiração, ele se posiciona firmemente no conjunto de consideração e também deve reforçar a decisão de seleção da categoria ou subcategoria. Do mesmo modo, se a experiência de varejo na Nordstrom for positiva, esse fato reforça a atitude em relação à experiência de varejo com alto nível de interação humana e a inclusão da Nordstrom no conjunto de consideração.

Criar novas categorias ou subcategorias

A estratégia, oferecer inovações que criem novas categorias ou subcategorias, também é diferente daquela empregada no modelo de preferência de marca. A ideia é criar uma arena competitiva na qual os seus concorrentes estão em clara desvantagem e evitar outras, nas quais essa condição está ausente. Mais de 2 mil anos atrás, o estrategista militar Sun Tzu disse que "o caminho é evitar quando o inimigo é forte e atacar quando é fraco".[4]

A oportunidade é redefinir o mercado de modo que o concorrente se torne irrelevante ou menos relevante, talvez ao transformar seus pontos fortes em fraquezas. Por exemplo, quando a Asahi lançou a cerveja *dry*, a força da Kirin, a saber, sua tradição e reputação como a melhor cerveja *lager* bebida pela geração dos nossos pais, se tornou uma fraqueza significativa em um mercado emergente que estabelecia uma relação com produtos jovens, legais e ocidentais.

Uma nova categoria ou subcategoria se caracteriza por ter novos:

- *conjunto de concorrentes* vazio ou ocupado por marcas fracas e em pouca quantidade;
- *definição da categoria ou subcategoria* com ponto de diferenciação claro em relação a outras categorias ou subcategorias;
- *proposição de valor* que muda ou expande a base para um relacionamento com a marca ou que cria uma nova;
- *base de clientes fiéis* que valem a pena economicamente;
- *conjunto de barreiras aos concorrentes* baseado em ativos de negócios, competências, base de clientes e estratégias funcionais

A conquista da preferência de marca, é claro, também envolve uma tentativa de criar pontos de diferenciação, uma forte proposição de valor e uma base de clientes fiéis. Então, qual é a diferença entre buscar preferência de marca e criar uma nova categoria ou subcategoria? Pode ser difícil enxergar a diferença. Em parte, depende do grau de diferenciação, da força da nova proposição de valor e do tamanho e intensidade da fidelidade criada. E também depende da duração projetada dessas vantagens de marca. Se a vantagem durar pouco, como em uma grande promoção, a ação funciona principalmente em termos de preferência de marca, mesmo que o impacto seja grande.

A diferença em relação à preferência de marca fica clara quando a mudança na oferta possui uma diferença qualitativa em vez de apenas melhorar os recursos ou desempenhos. Um híbrido é um tipo de carro diferente e um *laptop* é um conceito diferente de computador. É claro que ambos têm benefícios associados, mas a categoria ou subcategoria não é pensada nesse nível. Agora você quer comprar um híbrido, não um carro com motor mais eficiente, ou você procura um *laptop* e não um computador pequeno.

A diferença é mais sutil quando a mudança na oferta representa um aprimoramento substancial da capacidade desta de produzir valor, diferenciação e lealdade em vez de representar outro tipo de oferta. Por exemplo, a marca pode ter um desempenho muito melhor, como um Lexus 460, ou pode ter um recurso adicional significativo na embalagem, como aquele que permite que o *ketchup* seja guardado de modo a sempre estar pronto para servir. Se a mudança é pequena, ela ajuda na batalha por preferência de marca. Mas se a mudança for grande e significativa para os clientes, surge um forte potencial de estabelecer uma nova categoria ou subcategoria. Os clientes terão um motivo para excluir as outras marcas em vez de apenas não preferi-las.

Outra diferença é que, no modelo de relevância de marca, a diferenciação é sustentável. No modelo de preferência de marca, a diferenciação quase sempre é marginal e temporária, pois os concorrentes logo copiam a inovação. Ela pode até ser criada por uma grande promoção durante um curto período de tempo. O segredo de formar uma nova categoria ou subcategoria é criar uma diferenciação que seja sustentável o suficiente para oferecer um período significativo para aproveitar a nova categoria ou subcategoria antes que os concorrentes se tornem relevantes. Isso significa que a nova categoria ou subcategoria tem barreiras na forma de competências ou ativos estratégicos que são substanciais e inibem os concorrentes. Um *ativo estratégico* é um recurso, tal como o patrimônio da marca ou a base de clientes atuais. Uma *competência estratégica* é algo que a unidade de negócios faz excepcionalmente bem, por exemplo, gerenciar um programa de relacionamento com o cliente.

Uma série de barreiras podem transformar diferenciações de curto prazo em fatores sustentáveis (as fontes dessas barreiras são descritas no Capítulo 9). Entre as fontes de barreiras temos as tecnologias protegidas, como a capacidade da Kirin Ichiban de fabricar cerveja *happoshu*; um efeito de tamanho ou escala, como aquele da Amazon e da eBay; uma vantagem operacional, tal como a desenvolvida pela UPS; um avanço de *design*, como o da Chrysler na inovação da minivan no começo da década de 1980; patrimônio de marca; ou a fidelidade de uma base de clientes. A fidelidade dos clientes (com sua força de marca associada) costuma ser a barreira mais importante de todas, ou pelo menos desempenha uma função de apoio crucial. Superar a fidelidade, esteja ela baseada em hábitos e conveniência ou em benefícios emocionais e autoexpressivos de forte intensidade, pode ser um custo enorme para a concorrência.

O contínuo de inovação

O contínuo de inovação, resumido pela Figura 1.4, vai do incremental ao substancial ao transformacional e reflete quanto cada aprimoramento da oferta impacta o mercado. Em um contexto de negócios saudável, as empresas se esforçam para melhorar seus produtos ou serviços. A questão é: qual é o impacto da melhoria na oferta? Quanto tempo esse impacto vai durar? Quando ele cria uma nova categoria ou subcategoria?

As inovações incrementais oferecem melhorias discretas que afetam a preferência de marca. Logo, o nível de diferenciação é pequeno. Em alguns casos, a melhoria será tão pequena, tão discreta ou tão pouco apreciada pelos

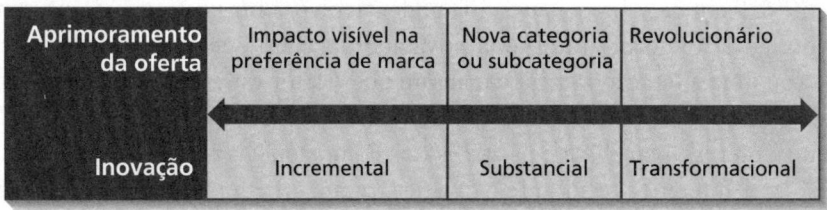

Figure 1.4 O contínuo de inovação.

clientes que seu impacto não será notado, ainda que o acúmulo de tais aprimoramentos possa ter um efeito. Em outros, a inovação incremental oferece um aumento mensurável em saúde e fidelidade de marca. Mas, em ambos os casos, o único impacto está na preferência de marca.

Quando a inovação é substancial, o aprimoramento da oferta é tão importante que um grupo de clientes sequer considera uma marca que não esteja no mesmo nível. A oferta pode ser uma nova função, como a Heavenly Bed da Westin. Ou pode ser uma melhoria de desempenho significativa, como maior segurança, mais economia ou um *design* melhor. Com inovações substanciais, a oferta básica e as estratégias competitivas de *go-to-market* podem ser as mesmas ou ter apenas pequenas diferenças, mas a melhoria na oferta será tão grande que chega a definir uma nova categoria ou subcategoria. A diferenciação resultante será grande, notável e até "notícia" no contexto de compra. O iMac, com seu *design* inédito, foi uma inovação substancial, assim como a cerveja Asahi Super Dry. A oferta em ambos os casos era muito parecida com a de outras subcategorias, mas criava um novo conjunto de dimensões que alicerçava a definição de uma nova subcategoria. O resultado foi uma mudança tão substancial que os clientes foram motivados a repensar sua lealdade e suas percepções sobre a categoria ou subcategoria. Se uma marca concorrente não possuía a nova dimensão, esta sequer era considerada pelo consumidor.

A diferença entre incremental e substancial é essencial. O viés corrente dificulta as avaliações necessárias por parte dos gerentes envolvidos. A maior parte dos gerentes tende a ver muitas inovações incrementais como substanciais porque, nas suas mentes, elas são mesmo substanciais. Assim, a decisão sobre a qualidade incremental ou substancial de uma inovação precisa se basear em dados e raciocínios mais objetivos. O Capítulo 8 trata dessa avaliação em mais detalhes.

Quando a inovação é transformacional, a oferta básica mudou qualitativamente a ponto de tornar obsoletos as ofertas e os modos de trabalho existentes para uma aplicação ou segmento-alvo e os concorrentes atuais simplesmente deixam de ser relevantes. Ela pode envolver uma nova tecnologia, uma reconfiguração do produto, uma nova abordagem a operações ou distribuição (ou uma alteração radical em algum outro fator estratégico que gera uma mudança qualitativa na proposição de valor), as bases da fidelidade, o modo como a oferta é percebida e os ativos e as competências necessários para produzi-la. A diferença resultante é drástica, o que cria um fator revolucionário no mercado. A nova categoria ou subcategoria será fácil de identificar.

A inovação transformacional também é chamada de *inovação disruptiva*, pois causa rupturas no cenário competitivo. A marca Tide (conhecida como Ariel fora dos EUA) introduziu uma tecnologia de detergente sintético que tornou os sabões em pó obsoletos. A Southwest Airlines apresentou uma personalidade alegre e animada e jornadas sem escalas que mudaram as viagens aéreas. A Dell Computers, as usinas siderúrgicas semi-integradas e as lâminas de barbear Gillette promoveram inovações que mudaram seus respectivos setores. Nas mercearias, a Odwalla e sua nova maneira de distribuir sucos de frutas frescas tornou o suco de laranja congelado obsoleto para alguns consumidores.

Nem sempre a diferença entre inovações substanciais e transformacionais é tão clara. Em ambos os casos, no entanto, uma nova categoria ou subcategoria é formada. Por exemplo, a tecnologia que permitiu o lançamento de cenouretes criou uma nova subcategoria, o que levou uma forte redução na venda das cenouras apresentadas no formato convencional. Podemos debater se essa inovação foi substancial ou transformacional. Do mesmo modo, a Cisco lançou uma tecnologia de videoconferência de última geração chamada Telepresence que usa quantidades gigantescas de banda para criar uma experiência de alta fidelidade, oferecendo a empresas com operações em locais distantes uma alternativa viável para as reuniões presenciais. Ela também poderia ser classificada como substancial ou transformacional.

A diferença entre transformacional, substancial e incremental não precisa se basear na magnitude do avanço tecnológico. Em vez disso, ela se baseia no quanto o mercado é afetado e na formação ou não de uma nova categoria ou subcategoria. A Enterprise Rent-A-Car, que aluga carros para pessoas cujos veículos estão no conserto, foi uma inovação transformacional porque representava uma proposição de valor diferente, um segmento-alvo diferente, um novo conjunto de ativos e competências e um novo modelo de negócios. Quando a Westin lançou uma cama melhor em 1999, chamada de Heavenly Bed, o produto não envolvia um grande avanço em P&D. A cama simplesmente usava tecnologias existentes e oferecia melhor qualidade, mas ela pode ser considerada transformacional porque mudou o modo como os hotéis são percebidos e avaliados.

Às vezes, um grupo de inovações incrementais pode ser combinado para criar uma inovação substancial ou até transformacional. Alguns varejistas que estouraram no mercado, como o Whole Foods Market, usam uma série de inovações incrementais. Por si só, nenhuma delas seria digna de nota, mas juntas conseguem criar uma nova categoria ou subcategoria e até revolucionar o setor.

Uma inovação substancial ou transformacional pode não envolver uma mudança na oferta. Ela pode ser motivada por um reenquadramento da categoria ou subcategoria. A DeBeers reenquadrou sua categoria-alvo, as joias, para representar expressões de amor. A expressão "os diamantes são eternos", mais as associações com o casamento, reformularam a categoria sem fazer qualquer mudança na oferta em si. Com isso, a DeBeers deixou de concorrer com outras empresas que vendiam joias ou pedras preciosas.

Identificar se uma inovação é incremental pode ser de grande importância, pois afeta a gestão e o investimento por trás dela. Se ela é incremental, então não oferece a oportunidade de criar uma nova subcategoria e é possível evitar os desafios de gestão e o investimento envolvidos na formação de uma nova subcategoria. Entretanto, se a inovação é substancial e permite a criação de uma nova categoria ou subcategoria, é essencial que a inovação seja identificada como tal para que os programas necessários sejam desenvolvidos e os investimentos realizados. Obviamente, nem sempre é fácil distinguir entre as inovações incrementais e as substanciais. Como observado anteriormente, o que os defensores da marca veem como substancial muitas vezes é visto como incremental pelos consumidores, que vivem em um ambiente de mídia dinâmico e poluído.

Um risco grave é a perda de oportunidades porque uma inovação com o potencial de criar uma nova categoria ou subcategoria foi subestimada ou porque a organização não estava estruturada para considerar ou investigar essas opções. Esse risco é especialmente traiçoeiro, pois seu impacto nas finanças da empresa não é visível, mas a perda de uma grande oportunidade pode ter um impacto significativo nas estratégias e no destino da organização no futuro. Onde estaria a marca Virgin, e a própria empresa, se tivesse ignorado a oportunidade de fundar uma companhia aérea?

O outro risco, mais visível, é que a mudança incremental seja vista como mais importante do que realmente é, levando a um esforço fracassado de criar uma nova categoria ou subcategoria e absorvendo capital de risco e recursos escassos. O Capítulo 4, sobre o setor automobilístico, descreve vários exemplos de investimentos equivocados que literalmente paralisaram empresas por cinco anos ou mais, levando à perda de grandes oportunidades.

Ao avaliar onde uma inovação se encaixa no contínuo, a base da análise deve ser quanto as cinco características de uma nova categoria ou subcategoria são concretizadas. Ela tem o potencial de mudar quem são os concorrentes? O produto ou serviço adquirido será novo e diferente, tornando as ofertas atuais irrelevantes? A nova proposição de valor tem diferenças qualitativas?

Uma base de clientes fiéis irá emergir? Além disso, serão formadas barreiras aos concorrentes, dando durabilidade à inovação e permitindo que o sucesso vá além do curto prazo?

Em última análise, é o mercado quem decide onde a nova oferta se encaixa no contínuo. Muitas vezes, uma inovação ou aprimoramento de oferta é vista pela empresa como capaz de mudar o mercado, mas na realidade o mercado a vê como apenas mais uma melhoria em um oceano de produtos concorrentes. Uma embalagem com os dizeres "novo" e "melhor" provavelmente não terá impacto em processos de escolha fundamentais.

A maioria das organizações não possui um bom conjunto de inovações transformacionais, substanciais e incrementais. Um estudo concluiu que a porcentagem de grandes inovações em portfólios de desenvolvimento caiu de 20,2% para 11,5% entre 1990 e 2004. E de meados da década de 1990 até 2004, a porcentagem de vendas totais atribuídas a inovações transformacionais caiu de 32,6% para 28,0%. Há uma forte preferência por inovações incrementais, aquelas com um "i minúsculo", causada em parte pelo fato de incrementos ao *core business* quase sempre terem o apoio dos executivos que estão gerando a maior parte das vendas e lucros da empresa, mas também em parte porque o resultado positivo parece mais certo e fácil de quantificar. O Capítulo 11 analisa essa preferência em mais detalhes e como neutralizá-la.

Níveis de relevância

Uma marca não é necessariamente relevante ou irrelevante. Em alguns casos, ela está em algum ponto de um espectro de relevância. A incerteza ou indefinição pode ocorrer porque ainda não é óbvio que uma nova categoria ou subcategoria é a melhor opção para o cliente. Pode haver uma certa probabilidade que ela será selecionada, mas esta não está próxima de 0 ou de 100%. A relevância da marca no mercado depende do tamanho do segmento atraído pela nova categoria ou subcategoria. Quanto mais pessoas se sentem atraídas pela nova oferta, mais alto o nível de relevância da marca.

A indeterminação da relevância também pode ocorrer devido à incerteza quanto à visibilidade e credibilidade da marca no novo espaço. Algumas marcas são sempre rotuladas pelos clientes com muita confiança como pertencendo ao conjunto de consideração de uma categoria ou subcategoria específica. Outras nunca se juntam ao grupo e são irrelevantes. Algumas, no entanto, podem ser relevantes apenas parte do tempo. Seja como for, pode haver um limite indefinido entre as marcas relevantes e as irrelevantes.

A incerteza quanto a quais marcas são relevantes depende da clareza da definição da categoria ou subcategoria. Se a definição tem alguma incerteza, ambiguidade ou indefinição, a composição do conjunto de marcas relevantes pode mudar dependendo das circunstâncias, da aplicação, da disponibilidade e do preço da marca, do preço do concorrente e assim por diante. Nada é simples.

O desafio da marca nova

A criação de uma nova categoria ou subcategoria de produto exige uma nova perspectiva de marca e de *marketing*. Não basta gerenciar a marca, também é preciso gerenciar a percepção da categoria ou subcategoria e influenciar quais são compradas, não que marcas são preferidas. A Asahi conseguiu derrotar um concorrente muito maior e com muito mais recursos exatamente porque a empresa gerenciou a subcategoria de cervejas *dry* desde o começo, ao mesmo tempo em que fez suas vendas crescerem. E em meados da década de 1990, a Asahi reposicionou a subcategoria para reconquistar um bom índice de crescimento em participação de mercado.

Definir e gerenciar a categoria ou subcategoria são trabalhos novos e estranhos para os estrategistas de marca e *marketing*. O desafio conhecido, além de diferenciar a marca das concorrentes, é posicioná-la como relevante para uma categoria ou subcategoria existente. A IBM está no setor de serviços, por exemplo, enquanto a HP fabrica roteadores. Mas quando o desafio é definir e gerenciar a categoria ou subcategoria e diferenciá-la de outras, a tarefa é muito diferente. O foco não está mais em marcas alternativas, mas sim, em categorias ou subcategorias alternativas, o que representa uma diferença qualitativa.

Uma categoria ou subcategoria não é uma marca. Uma marca tem um nome que reflete a organização por trás da oferta. Apesar de algumas categorias ou subcategorias terem nomes, como cerveja *dry* ou *happoshu*, muitas não têm e precisam depender de descrições. Mais do que isso, a marca tem o apoio de uma organização, enquanto a categoria ou subcategoria quase nunca tem. A exceção é quando a categoria ou subcategoria é representada por uma única marca e sua organização.

Ainda assim, a categoria ou subcategoria compartilha algumas semelhanças com a marca. Ela é definida por um conjunto de associações variadas que precisam de priorização e gerenciamento. Ela é objeto de decisões de escolha. As pessoas têm diferentes níveis de fidelidade em relação a ela. Ela é definida por suas associações. A gestão da categoria ou subcategoria também é semelhante à gestão de qualquer marca. Em especial, a empresa precisa de um plano para tornar a categoria ou subcategoria visível, identificar suas associações aspiracionais e desenvolver programas para realizá-las. O Capítulo 8 discute esses desafios em mais detalhes.

Uma tarefa básica é identificar as associações aspiracionais prioritárias, em geral entre uma e cinco, que definirão a nova categoria ou subcategoria. Estas devem ser selecionadas a partir de um conjunto maior de associações aspiracionais e podem incluir recursos, benefícios, traços de personalidade, valores, imagética do usuário, aplicações ou quaisquer outros descritores capazes de definir a categoria ou subcategoria e atrair pessoas a ela. O conjunto de associações deve diferenciar a categoria ou subcategoria das alternativas, atrair clientes, produzir benefícios funcionais e, se possível, ser autoexpressiva, oferecer benefícios emocionais e motivar decisões de escolha. Ela também deve ser projetada para incluir a marca como uma opção relevante e erguer barreiras à relevância para as outras marcas. A definição deve ser clara quanto a que marcas são relevantes para a categoria e subcategoria e quais são irrelevantes devido a uma deficiência em uma dessas associações.

A subcategoria das cervejas *dry* seria definida como viva, com menos ressaibo, ocidental e legal. Depois do reposicionamento, poderíamos adicionar presença global e produto fresco ao conjunto definidor. A categoria *lager* seria definida como a favorita dos bebedores de cerveja, o sabor *lager* e a cerveja que meu pai bebe.

A segunda tarefa é o posicionamento. Uma ou mais associações definidoras devem ser identificadas para orientar a tarefa de comunicação de curto prazo. Com uma nova categoria, o desafio é identificar uma ou duas associações que contam uma história interessante e enquadram a categoria de modo a dar à marca uma vantagem de relevância contínua. Uma marca como a TiVo, que possuía uma série de vantagens em torno do complexo DVR (gravador de vídeo digital), teve problemas para encontrar sua posição e, logo, dificuldades em explorar sua vantagem de pioneirismo.

No caso de uma subcategoria, o posicionamento normalmente se baseia naquelas associações que definem a subcategoria. Por exemplo, a Bud Light Golden Wheat tem todas as associações da Bud Light, incluindo o fato de ser uma cerveja *light*, mas o fator que define a subcategoria é o fato de ela ser uma cerveja de trigo com um leve toque cítrico.

O posicionamento varia de acordo com o segmento. Um subconjunto de associações definidoras pode ser utilizado para um segmento e outro para um segundo. Assim, a Asahi poderia ter enfatizado a personalidade jovem, ocidental e legal para os clientes com vinte e poucos anos, mas enfocado o sabor limpo e vivo para bebedores de cerveja mais velhos.

A terceira tarefa, a de reconstruir a "marca", é comunicar a categoria e subcategoria e estabelecer uma conexão entre ela e os clientes. Isso significa que é preciso aproveitar a inovação substancial ou transformacional para superar a poluição e as barreiras perceptuais, criando um *buzz*, uma sensação de que a nova categoria ou subcategoria é interessante e um bom assunto. Também significa entender as dicas perceptuais que estimularão as pessoas a pensar e talvez até falar sobre a categoria ou subcategoria. Se possível, empregue metáforas, histórias e símbolos.

Como é possível construir uma categoria ou subcategoria, especialmente quando quaisquer esforços podem beneficiar um concorrente que se torne relevante? Em geral, a melhor maneira é usar a marca e seus programas de construção de marca para criar a visibilidade, imagem e fidelidade da categoria ou subcategoria. O grande objetivo é transformar a marca no exemplar da categoria ou subcategoria, conceito este que será descrito em mais detalhes no Capítulo 2. Nesse caso, a categoria ou subcategoria será chamada pelo nome da marca exemplar, como ocorre em inglês com o iPod, a gelatina Jell-O e o molho de carne A.1. O cliente descreve a categoria ou subcategoria em termos do exemplar: eu quero um Jell-O, um A.1, um iPod ou algum produto comparável.

Ao assumir sua função de exemplar, a marca precisa enfocar a definição e construção da categoria ou subcategoria. Os atributos de marca tenderão a ser implícitos, não explícitos, se apropriando das características da categoria ou subcategoria. A ideia é vender a categoria ou subcategoria, não a marca. Essa tática corre, é claro, o risco de ser menos do que ideal quando a marca esbarra em um contexto de preferência de marca. Mas promover uma nova categoria ou subcategoria em vez da marca da oferta tem suas vantagens.

Primeiro, uma nova categoria ou subcategoria é inerentemente mais interessante e mais "notícia" do que qualquer outra oferta, mesmo uma nova, e está mais bem posicionada para produzir benefícios autoexpressivos. Um cliente pode ter um relacionamento com uma categoria ou subcategoria mais forte do que com uma marca. Alguém pode acreditar que ir a um *spa* de luxo diz muito sobre si e que a marca do *spa* é menos importante. O alpinista conquista respeito quando realiza sua atividade, mas a marca do seu equipamento é menos importante.

Segundo, informações sobre uma categoria ou subcategoria têm mais credibilidade do que uma campanha de comunicação que promove uma marca, pois esta pode parecer interesseira. Nesse caso, a mensagem de marca fica implícita em vez de precisar ser explicitada. Qualquer marca que entenda tanto de uma nova categoria ou subcategoria e esteja tão animada com ela provavelmente será percebida como um exemplar competente e inovador, uma marca que representa a categoria ou subcategoria (a função do exemplar será descrita em mais detalhes no Capítulo 2). Se o cereal Fiber One comunica que o alto conteúdo de fibras é uma boa característica dos alimentos, não que o Fiber One é mais rico em fibras que as outras marcas de cereal, a mensagem terá mais credibilidade.

Terceiro, usar a marca como veículo para promover a categoria ou subcategoria cria um elo entre as duas. O elo é necessário a fim de que a marca seja relevante para a nova categoria ou subcategoria. Seria uma tragédia se a empresa estabelecesse uma nova categoria ou subcategoria e não ligasse sua marca a ela, pois a marca não seria relevante. Ao promover a nova subcategoria, a marca Asahi Super Dry estabeleceu um forte elo entre as duas e reforçou seu papel como exemplar da subcategoria.

A função de exemplar pode nunca emergir se a marca não tiver sucesso em conquistar a liderança do mercado logo no começo ou por problemas de definição da categoria ou subcategoria. Nesse caso, o papel da marca pode ser um pouco menos ambicioso: moldar a definição da categoria ou subcategoria em vez criá-la por completo, enfatizando os elementos nos quais tem uma vantagem e ligando a marca à categoria ou subcategoria. Ainda deve haver um conceito claro de quais são as associações aspiracionais da categoria ou subcategoria e como estas devem ser priorizadas de modo que a marca tenha uma posição de liderança ativa em termos de relevância, ainda que sua posição não seja dominante.

Mesmo que a marca não consiga se transformar no exemplar, ainda vale a pena dar um nome à categoria ou subcategoria, tal como cerveja *dry*, *happoshu* ou *computação em nuvem*, descrita no Capítulo 9. O nome pode ser uma ferramenta poderosa caso seja descritivo e ganhe força. O nome pode ajudar no desafio de criar visibilidade, a imagem certa e fidelidade. No entanto, a ascensão de um nome aceito é relativamente rara. Quando ausente, as associações definidoras precisam ser claras para que as marcas ou ofertas excluídas também fiquem claras.

O conceito psicológico de enquadramento oferece *insights* sobre a sensibilidade da resposta dos clientes a mudanças aparentemente pequenas no modo como a categoria ou subcategoria é apresentada e também sobre a importância de indicar as associações corretas. O Capítulo 2 descreve o enquadramento, enquanto os Capítulos 3, 4 e 5 apresentam diversos estudos de caso que exemplificam a definição e descrevem a criação de novas categorias ou subcategorias.

A vantagem do pioneirismo

Criar uma nova categoria ou subcategoria é uma estratégia atraente em parte devido ao potencial de se aproveitar as vantagens do pioneirismo. Uma das mais interessantes é a possibilidade de obter retornos significativos sobre o investimento porque, com nenhum ou quase nenhum concorrente, as margens podem ser ótimas. A duração dessa posição de *marketing* depende das barreiras que a empresa cria, detalhadas no Capítulo 9. Muitas dessas barreiras têm uma relação direta com a vantagem do pioneirismo e podem incluir fidelidade, uma imagem de autenticidade, economias de escala, estratégias preventivas e inibições dos concorrentes.

O pioneiro tem a oportunidade de fidelizar os clientes com relação à nova oferta e marca. Se a exposição à nova oferta e a experiência com ela forem agradáveis ou mesmo apenas satisfatórias, o cliente pode ficar sem incentivos para se arriscar e experimentar algo diferente. A fidelidade também pode se basear nos custos reais de troca para o cliente, possivelmente envolvendo compromissos de longo prazo. Ou pode haver externalidades de rede. Se uma grande comunidade começa a usar um serviço, como o eBay, outras empresas talvez tenham dificuldade em criar uma comunidade concorrente.

O inovador também pode conquistar o valioso adjetivo "autêntico", descrito no Capítulo 9. Este foi um dos fatores enfrentados pelos concorrentes, como a Kirin, quando tentaram imitar o sucesso da Asahi Super Dry no Japão. Ser autêntico é mais do que atraente: ser autêntico dá credibilidade ao inovador e injeta incerteza nas ofertas de todos os seguidores.

O pioneiro também obtém economias de escala. O primeiro líder de mercado tem o potencial de criar vantagens de escala em termos de logística, armazenamento, produção, *back office*, gestão, publicidade e reconhecimento e percepções de marca. É pura matemática. Os custos unitários serão menores se os custos fixos, como armazenamento, forem divididos entre uma grande base de vendas.

Os primeiros líderes de mercado também conseguem prevenir as melhores estratégias. No varejo, isso pode significar o aluguel do melhor ponto, enquanto para outros pode significar a obtenção do melhor posicionamento de marca. Para chocolate, por exemplo, a melhor posição seria "um copo de leite em cada barra", que estaria indisponível para a segunda marca a entrar no mercado. A prevenção é especialmente importante se resulta em um monopólio natural (uma área só consegue sustentar um cinema multiplex, por exemplo).

Um concorrente pode não conseguir ou não querer responder a uma oferta pioneira. A tecnologia pode ser um obstáculo, como quando os concorrentes não tinham a tecnologia necessária para reagir à inovação da Kirin Ichiban. Ou pode haver limitações organizacionais. Muitos varejistas tentaram imitar a qualidade do serviço da Nordstrom, mas não conseguiram. Apesar de copiarem o que a Nordstrom fazia, eles não conseguiram duplicar o que a empresa era como organização: suas pessoas, seus incentivos, sua cultura e seus processos.

Os concorrentes talvez não estejam dispostos a responder. Eles podem acreditar que o novo negócio é pequeno demais para valer a pena, que pode canibalizar o negócio atual ou até prejudicar a imagem das suas marcas. Todas essas preocupações inibiram a Xerox na década de 1970, impedindo que a empresa entrasse no ramo das copiadoras de mesa lançadas pela Canon, apesar da empresa ter acesso a um modelo por meio de sua filial japonesa, a Fuji-Xerox. O resultado foi que o negócio da Xerox erodiu de baixo para cima à medida que a Canon e outras marcas estenderam suas linhas de produto na direção oposta.

Uma das vantagens potenciais mais importantes do pioneirismo, se não a mais importante de todas, é representar a categoria ou subcategoria e, assim, moldá-la ou até mesmo defini-la. O pioneiro destaca e enquadra as principais associações, enquanto os outros precisam se adaptar à conceitualização que ele desenvolve. Além disso, depois que o pioneiro assume o controle da categoria ou subcategoria, ele pode mudar sua definição com o tempo para que reflita sua inovação, criando assim um alvo móvel para a concorrência.

O termo *pioneiro* se refere a um produto ou serviço que consegue se estabelecer em uma nova categoria ou subcategoria, um primeiro líder de mercado que raramente é o verdadeiro pioneiro da categoria. O pioneiro de verdade, o primeiríssimo a entrar na categoria ou subcategoria, quase sempre é insignificante, pois não tem os recursos financeiros para causar impacto, tem ofertas falhas, ainda não tem acesso a uma tecnologia catalisadora ou entra no mercado antes de estar pronto para a nova oferta. As pesquisas em todas as categorias demonstram que o pioneiro de verdade quase nunca é o primeiro líder de mercado, pois acaba sufocado por um concorrente com mais recursos e que criou uma oferta melhor. Exemplos incluem o sabão em pó Dreft, a cerveja light Gablinger's, o refrigerante diet Royal Crown Cola, as lâminas de barbear Star, as câmeras de vídeo Ampex, as fraldas descartáveis Chux e o software de apresentação Harvard Graphics, nenhum dos quais capitalizou ou poderia ter capitalizado seu *status* de pioneiro.[5] A lista é praticamente infinita.

Motores de tendências

Os motores de tendências são aquelas organizações que lideram de fato as tendências e participam da definição de novas categorias ou subcategorias, conquistando as vantagens do pioneirismo. Elas antecipam e influenciam o que as pessoas estão comprando e não as marcas que estão escolhendo. Poucas empresas têm a oportunidade ou capacidade de serem motores de tendências e mesmo elas têm poucas chances de exercerem esse poder.

A empresa precisa acertar o *timing*. Muitas ofertas deixam de aproveitar uma oportunidade por causa de problemas de *timing*. Um esforço prematuro para criar uma categoria ou subcategoria pode acabar em fracasso, talvez porque a tecnologia fundamental não está pronta ou porque o mercado ainda não atingiu sua massa crítica. Lembre-se da tentativa prematura da Apple de criar a categoria PDA com o Newton. E chegar tarde demais pode ser igualmente fatal. É importante ter a capacidade de conhecer bem o mercado e a tecnologia, mas também o instinto para saber quando chegou a hora de levar uma nova oferta ao mercado.

Os motores de tendências se dividem em dois tipos. O primeiro está disposto a testar o mercado com novas ideias, mas mantém a flexibilidade para se retirar de cena. O outro se compromete. Ninguém duvida que a Asahi pertence ao segundo tipo, com suas apostas enormes que envolviam investimentos em construção de fábricas, processos e marcas. Quando a marca conquistou aceitação inicial, a Asahi "dobrou sua aposta", apesar da resposta da Kirin.

Para ser um motor de tendências, a empresa precisa ser um agente extremamente forte no mercado ou ter o potencial para chegar a esse nível. Em ambos os casos, a empresa precisa ter munição de verdade para a batalha, por exemplo, um produto revolucionário como a inovação da cerveja *dry* que permitiu que a Asahi definisse uma nova subcategoria. Além disso, a empresa precisa ser capaz de transformar uma vantagem do pioneirismo em uma posição sustentável, gerenciando ativamente as percepções sobre a nova categoria ou subcategoria de produto e impondo uma posição dominante para a marca no novo mercado. Além de recursos e do reconhecimento da tarefa maior de construção de marca, essa missão também exige vontade organizacional e competência na construção de marcas.

Outra opção é ser um respondedor, ou seja, uma empresa que é *fast follower* ("seguidor rápido") e não a líder. Essas empresas acompanham tendências e eventos, avaliam seu impacto futuro e criam estratégias de resposta para lidar com os desafios de relevância. Em alguns casos, elas podem entrar e dominar uma categoria ou subcategoria emergente. Entretanto, os respondedores costumam jogar na defensiva. Eles estão correndo atrás do prejuízo para fugir da irrelevância. O Capítulo 10 apresenta mais detalhes sobre estratégias de respostas a tendências.

Também existe um terceiro tipo de organização, que podemos chamar de "ignorante das tendências". Essas empresas simplesmente não estão cientes dos riscos e das tendências de mercado e um dia descobrem surpresas que suas marcas não são mais relevantes. Os ignorantes quase sempre têm sistemas de sensores externos inadequados, executivos que não são orientados pelo mercado, inflexibilidade organizacional ou foco excessivo em estratégias que funcionaram bem no passado. Na verdade, as empresas ignorantes das tendências se dividem em dois tipos. A primeira é do tipo "gira a manivela", que simplesmente faz em um ano o mesmo que fez no anterior. A outra é a "comprometida", obcecada por uma única estratégia, sempre melhorando sua posição competitiva com aprimoramentos na sua proposição de valor, reduções de custo e a recusa em mudar de direção por causa da dinâmica do mercado.

A recompensa

Se você consegue criar ou se apropriar de um novo campo de negócios no qual a concorrência não é relevante, como fizeram iPod, Cirque du Soleil, Prius, Asahi Super Dry e eBay, então você tem o potencial de gerar retornos excepcionais, às vezes por muitos anos. Richard Rumelt, o guru de estratégia da UCLA, falou sobre como, para a maior parte das empresas, o caminho mais viável para um desempenho significativamente melhor está em "explorar alguma mudança no seu ambiente — em tecnologia, gosto do consumidor, legislação, preços de recursos ou comportamento competitivo — e aproveitar essa mudança com destreza e habilidade. Esse é o caminho da maioria das empresas de sucesso".[6]

O sucesso financeiro tem alguns elementos que não costumam ser tão óbvios. Em primeiro lugar, uma nova categoria ou subcategoria pode representar uma plataforma de crescimento por si própria, capaz de dar origem a novos negócios. Segundo, a nova categoria ou subcategoria pode criar novos clientes, gente que estava apenas na plateia porque via as ofertas dos concorrentes atuais como inadequadas para si ou para as suas necessidades. Antes do surgimento da ESPN ou da barra energética para mulheres Luna, os clientes não se interessavam por produtos criados e posicionados para homens, aliás, para machões até.

Na verdade, evidências empíricas sugerem que, em média, durante muitas décadas, uma porcentagem anormal dos lucros foi conquistada por empresas que dominaram uma nova área de negócios. Essas evidências vêm de uma ampla variedade de estudos, envolvendo muitas perspectivas, bancos de dados e períodos de tempo diferentes. A seguir, analisamos as evidências de pesquisas de desempenho financeiro, pesquisas de novos produtos e dados sobre percepção de capacidade de inovação.

Pesquisa de desempenho financeiro

A McKinsey reuniu um banco de dados com mais de mil empresas (todas com vendas de mais de 50% em um setor) de 15 setores durante 40 anos. Um dos achados é que as novas empresas no banco de dados (84% das empresas foram novas em algum momento) tiveram maiores retornos ao acionista do que a média do setor nos primeiros 10 anos depois de surgirem.[7] Esse prêmio de retorno foi de 13% no primeiro ano, caindo para 3% no quinto e nunca ultrapassando esse nível nos cinco anos seguintes. Além disso, havia uma correlação extremamente alta entre novidade no setor (definida como o número de novas empresas entrando no setor menos o número de empresas deixando-o durante um período de sete anos) e rentabilidade do setor. Muitos estudos documentaram que as novas empresas tendem a criar novas categorias e subcategorias. Logo, uma conclusão razoável é que a criação de novas categorias ou subcategorias leva à obtenção de lucros maiores.

Empresas com negócios tradicionais têm dificuldades em crescer e prosperar, por melhor que sejam seus gerentes. A análise de um banco de dados com cerca de 1.850 empresas de sete países, seguidas durante 10 anos, revelou que apenas 13% delas conseguiram cumprir metas modestas de crescimento

(5,5% de crescimento real) e rentabilidade (maior do que o custo de capital) durante um período de 10 anos.[8] Se a empresa teve um bom desempenho durante vários anos, ela provavelmente teve dificuldades logo em seguida. Os estudos das dinâmicas das empresas oferecem mais evidências nesse sentido. Das empresas que compunham o S&P 500 em 1957, apenas 74 ainda pertenciam ao índice em 1997, e 20% delas haviam tido desempenho abaixo da média do S&P durante o período, o que significa que as empresas mais novas foram superiores.[9]

Outro estudo analisou 50 empresas de capital de risco e descobriu seis com níveis anormais de rentabilidade. A característica comum das seis é que elas haviam identificado possíveis áreas com alto potencial, como tecnologias de apoio à Internet, e financiaram empresas na área. Assim, elas investiram antes das outras, que esperaram as tendências se tornarem mais visíveis e amadurecerem. Por consequência, as seis tinham probabilidade muito maior do que as outras de criar novas categorias ou subcategorias. As vantagens de pioneirismo resultantes provavelmente explicam seu grande sucesso financeiro.

Um estudo que considera as decisões estratégicas internas das empresas oferece mais evidências diretas. Kim e Mauborgne analisaram as decisões estratégicas de 108 empresas; as 14% que foram listadas como criando novas categorias tiveram 38% da receita e 61% do lucro total do grupo.[10]

Uma série de estudos examinando o efeito do anúncio de atividades de P&D no retorno de ações mostra um relação significativa, com os anúncios tendo um impacto positivo nos retornos. Um desses estudos analisou mais de 5 mil declarações de 69 empresas em cinco setores de tecnologia, como impressoras e memória de computadores *desktop*, e descobriu que, quando as declarações que envolviam a seleção de uma tecnologia, seu desenvolvimento e o processo de levá-la ao mercado eram combinadas, a resposta do mercado de ações era imediata e significativa.[11] Como muitos desses desenvolvimentos envolviam uma nova categoria ou subcategoria, o estudo mostra evidências de que o mercado de ações acredita que essas atividades são um bom investimento.

Grande parte da vitalidade econômica americana vem dos novos negócios. Na verdade, entre 1980 e 2008, o saldo de novos empregos foi criado por empresas com menos de cinco anos de idade.[12] Não seria absurdo imaginar que uma grande porcentagem deste conjunto de empresas jovens de sucesso, para aumentar suas vendas, precisou gerar ofertas novas e diferenciadas que criaram ou cultivaram novas categorias e subcategorias.

Apesar de esses estudos não diferenciarem entre novas categorias e novas subcategorias, com certeza muito mais novas subcategorias são criadas do que categorias. Entretanto, devido aos mesmos fatores fundamentais da rentabilidade (concorrência menor ou inexistente e proposições de valor irresistíveis), ambas devem gerar lucros anormais.

Pesquisa de novos produtos

A pesquisa de novos produtos, não importa se na forma de testes de mercado ou lançamento de produtos ou serviços, sugere que as novas ofertas que criam novas subcategorias geram lucros anormais. Dezenas de estudos demonstram que o sucesso de novos produtos se deve em grande parte à diferenciação. Na verdade, é uma das relações empíricas mais robustas do mundo dos negócios. Além da proposição de valor, a diferenciação também afeta a visibilidade, a capacidade do novo produto de chamar a atenção no mercado. Sem diferenciação suficiente em relação a novas ofertas, os novos produtos tendem a fracassar.

Um novo produto com alto nível de diferenciação, que as pesquisas indicam ser, em média, altamente lucrativo, tem grandes chances de criar uma nova categoria ou subcategoria, pois a diferenciação costuma ser o principal definidor de novas categorias ou subcategorias. Por outro lado, os novos produtos que fracassam muito provavelmente se diferenciaram pouco e tentaram lutar uma guerra por preferência de marca. Além de ter um efeito adverso direto sobre a rentabilidade, devido ao custo de introdução e lançamento da oferta, um produto fracassado também representa um custo de oportunidade significativo. Todas as pessoas e recursos poderiam ter sido investidos em outra coisa.

Dados sobre percepção de capacidade de inovação

Ao serem as pioneiras e se apropriarem de uma categoria ou subcategoria emergente, as marcas são vistas como associadas com a capacidade de inovação. Conquistar essa percepção é uma prioridade para praticamente qualquer negócio, pois dá credibilidade e energia de marca para os novos produtos. Mas poucas marcas conseguem superar os obstáculos e alcançar esse objetivo. Observe as 15 grandes marcas na escala de capacidade de inovação de acordo com o 2007 Brand Asset Valuator (BAV), desenvolvido a partir de um banco de dados da Young & Rubicam (Y&R) que cobre mais de 3 mil marcas, representado na Figura 1.5.[13] Quase todas criaram ou se apropriaram de um novo mercado usando inovações transformacionais.

1. Bluetooth	6. DreamWorks	11. Disney
2. Pixar	7. TiVo	12. Google
3. iPod	8. iMac	13. Swiffer
4. IMAX	9. Discovery Channel	14. Wikipedia
5. Microsoft	10. BlackBerry	15. Dyson

Figura 1.5 Percepção de capacidade de inovação: 2007.

Criar novas categorias ou subcategorias: quatro desafios

Os profissionais de *marketing* pensam muito na competição por preferência de marca, às vezes chegando ao ponto da obsessão, e dedicam muitos recursos e muita atenção ao tema. A relevância de marca, por outro lado, tem uma função muito pequena na estratégia e recebe ainda menos recursos. As estratégias de negócios, *marketing* e marca com certeza se beneficiariam de uma presença mais forte da relevância de marca nos seus planos. Meu objetivo é transformar isso em realidade, apresentando evidências, métodos, teorias, estruturas e modelos de comportamento que mostram o caminho.

A peça fundamental da estratégia de relevância de marca deve ser a tentativa de criar uma nova categoria ou subcategoria na qual a concorrência é menor, mais fraca ou até inexistente. Não há dúvida de que o sucesso produzirá retornos incríveis se for possível criar barreiras à concorrência ou se as outras organizações forem atrasadas e desviadas por outras oportunidades e ameaças.

A questão é como fazer tudo isso. Como uma empresa consegue criar e dominar uma nova categoria ou subcategoria? Como avaliar o risco de a subcategoria não atrair os clientes com força suficiente ou não conseguir resistir aos ataques imediatos da concorrência? Como a empresa pode produzir e vender a oferta no mercado? Como criar uma cerveja Asahi Super Dry ou uma Kirin *happoshu*, uma Plymouth Caravan, um Toyota Prius, uma Enterprise Rent-A-Car, um iPod, um Kindle ou qualquer outro exemplo de sucesso na criação de novas categorias ou subcategorias?

Criar uma nova categoria ou subcategoria não é fácil. É preciso fazer emergir uma nova proposição de valor, diferente das anteriores, capaz de gerar visibilidade, energia e um grupo de clientes fiéis. Os benefícios ao cliente resultantes precisam ser novos, diferentes e significativos, pois o desafio é mudar percepções e comportamentos com relação ao que os clientes estão comprando e usando.

Os benefícios precisam ser relevantes para o cliente; eles devem encontrar eco entre o público. Benefícios que parecem importantes para a empresa, especialmente para os defensores da nova oferta, podem não ser significativos o suficiente para os clientes para conseguirem criar uma nova categoria ou subcategoria. Não é apenas uma questão de lógica, pois mesmo quando a nova oferta envolve uma história irresistível, os clientes ainda precisam ser motivados a prestarem atenção e mudarem seu comportamento. Para qual problema a nova oferta é uma solução? O "problema" pode não ser óbvio.

Mesmo quando os benefícios valem a pena, a tarefa de comunicação pode ser difícil demais para ser superada. Um bom indicador de sucesso é se a nova categoria ou subcategoria obteve interesse e energia suficiente para decolar por conta própria, ou seja, se o *buzz* está impulsionando e apoiando a base emergente de clientes fiéis e tornando-os parte da força de criação. Sem essa energia, pode ser muito difícil. Mas então o que uma empresa que pretende mudar o que os clientes compram deve fazer?

A maioria dos esforços que conseguiram criar novas categorias ou subcategorias cumpriram quatro tarefas ou passos inter-relacionados, ainda que nem todos tenham evoluído da mesma maneira. Resumidos na Figura 1.6, os passos ou tarefas são:

1. *Geração de conceitos*. Boas opções são necessárias e serão mais prováveis se forem geradas de múltiplas perspectivas. É melhor fazer escolhas in-

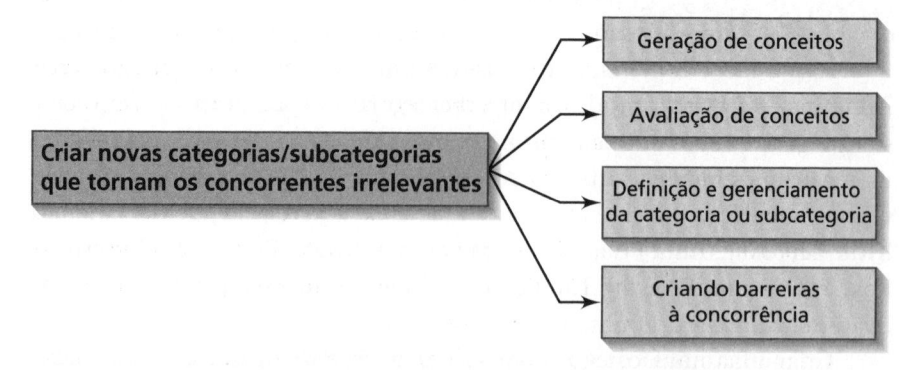

Figura 1.6 Criando ofertas que impulsionam novas categorias ou subcategorias.

feriores a partir de opções excelentes do que escolhas excelentes a partir de opções inferiores. Assim como o técnico de futebol que acredita que ter um rival em cada posição no gramado torna os jogadores melhores e desenvolve bons reservas para quando um titular joga mal, o estrategista se sai melhor quando tem várias boas alternativas à sua disposição.

2. *Avaliação de conceitos.* A avaliação oferece ferramentas para enfocar os esforços nos melhores prospectos de conceitos. Um erro fatal é se prender no atoleiro do excesso de opções, ou seja, não destinar a alguma delas os recursos necessários para a vitória, ou então se agarrar a um conceito cujas chances estão morrendo.

3. *Definição e gerenciamento da categoria ou subcategoria.* Além de gerenciar a marca, os gerentes agora precisam definir e gerenciar a categoria ou subcategoria. O segredo é identificar as associações aspiracionais prioritárias, desenvolver uma estratégia de posicionamento com base nessas associações, criar inovações para promover a categoria ou subcategoria e utilizar a marca e seus programas de construção de marca para gerar visibilidade e imagem para a nova categoria ou subcategoria.

4. *Criação de barreiras à entrada.* A criação de barreiras é a grande tarefa que transforma uma categoria ou subcategoria em fonte de lucros. Se a fonte pode ser estendida, além de resultar na recuperação de mais recursos, ela ainda coloca a empresa em uma posição de *marketing* melhor e fortalece seu momento.

O modelo de relevância de marca *versus* outros

O que há de diferente no modelo de relevância de marca da concorrência? Afinal, inúmeros autores desenvolveram teorias que defendem as inovações transformacionais e outros caminhos para o crescimento. Para ficar com uma lista parcial, temos *A Estratégia do Oceano Azul*, de Kim e Mauborgne; *The Growth Gamble*, de Campbell e Park; *Liderando a Revolução*, de Gary Hamel; *Além das Fronteiras do Core Business*, de Chris Zook; *Destruição Criativa*, de Foster e Kaplan; *Winning Through Innovation*, de Tushman e O'Reilly; e *The Innovator's Solution*, de Christensen e Raynor.[14]

Na minha opinião, essas obras, além de dezenas de outras que cito, são excelentes e fizeram contribuições significativas à literatura sobre estratégia.

Aprendi com todas elas. São todas diferentes, é claro, e cada uma tem seu ponto de vista. Entretanto, podemos identificar quatro aspectos inter-relacionados deste livro e do modelo de relevância de marca que nenhum dos livros mencionados trabalha. Este livro é sobre relevância de marca, ou seja, ele enfatiza a importância de definir e gerenciar novas categorias e subcategorias. Elas não devem ser desenvolvidas e depois serem deixadas ao léu, para serem definidas pelo mercado. Assim como as marcas, as categorias e subcategorias devem ser gerenciadas ativamente. Elas devem ser definidas, ter suas percepções gerenciadas ativamente e também estar ligadas à marca. Os outros grandes livros de estratégia, por outro lado, consideram essa tarefa como ponto passivo e sequer mencionam a marca, ou então não a consideram como uma parte ativa da estratégia.

Este livro também enfatiza a necessidade de criar barreiras para a categoria ou subcategoria formada. É uma questão elementar de economia. Crie um campo competitivo e depois construa um muro ao seu redor para que ninguém mais entre. É possível criar barreiras de vários tipos, mas a marca, além de ela própria ser uma barreira, também serve para organizar e aproveitar outras barreiras. Por exemplo, uma vantagem na distribuição pode ser uma barreira importante aos concorrentes e também se tornar parte da visão de marca e ajudar a criar e comunicar uma proposição de valor.

Este livro inclui explicitamente a inovação substancial como o caminho para a criação de novas categorias ou subcategorias. Os outros livros se concentram principalmente em inovações transformacionais, como o Cirque du Soleil, ou em inovações incrementais, ou seja, apenas executar cada vez melhor e alavancar o sucesso com a entrada em mercados adjacentes. As inovações substanciais são muito mais comuns que as transformacionais, enquanto as incrementais estão no centro do modelo de preferência de marca.

Este livro também sugere explicitamente que um dos objetivos da estratégia de relevância de marca deve ser a criação de novas subcategorias nas quais os concorrentes são menos relevantes. Não é necessário ficar parado, esperando a chance de fazer um lance espetacular e criar novas categorias. A verdade é que, para cada oportunidade de criar uma nova categoria, como canais de TV esportivos ou navios de cruzeiros, o mercado oferece dezenas de oportunidades para a criação de subcategorias, como canais de golfe ou tênis ou cruzeiros para crianças ou solteiros. A inclusão das subcategorias dá um escopo muito maior ao impulso estratégico do modelo de relevância. Praticamente todos os negócios podem seguir a busca por novas oportunidades de subcategorias.

O que está por vir

O próximo capítulo detalha o conceito de relevância. A partir das teorias e achados da psicologia social e do consumidor, a discussão nos ajudará a compreender e utilizar melhor esse conceito.

Os Capítulos 3, 4 e 5 tratam do desenvolvimento de novas categorias e subcategorias em três setores muito diferentes: varejo, automóveis e bens de consumo. Neles, descrevo cerca de 20 estudos de caso para tentar mostrar de onde vêm as ideias, como categorias ou subcategorias são definidas, por que os concorrentes reagem ou deixam de reagir, que barreiras são erguidas e quais são as causas fundamentais do sucesso ou do fracasso.

Os Capítulos 6 a 9 examinam como criar uma nova categoria ou subcategoria e discutem quatro tarefas de missão crítica: encontrar conceitos, avaliar conceitos, definir a categoria ou subcategoria e criar barreiras aos concorrentes. Os leitores para os quais estes capítulos são de interesse prático imediato estão convidados a lê-los antes de qualquer outro.

O Capítulo 10 examina o outro lado da moeda. Qual é a ameaça para empresas enfrentando categorias e subcategorias emergentes que colocam suas áreas de negócios em posições vulneráveis? Qual é a melhor resposta? O Capítulo 11 detalha as características de uma organização que dá apoio a inovações. Sem uma organização que encoraje e capacite, as inovações substanciais e transformacionais são dificílimas. O livro conclui com um epílogo que coloca tudo em perspectiva, indicando os riscos e desafios que devem ser superados com sucesso para que você consiga vencer a batalha por relevância de marca.

Lições principais

O modelo de preferência de marca, no qual as marcas competem em categorias tradicionais, é uma receita para mercados estáticos e lucros insatisfatórios. O modelo de relevância de marca, no qual novas categorias e subcategorias são formadas, oferece a oportunidade de mudanças drásticas em posição de mercado, concorrência menor ou até ausente e desempenho financeiro superior. Uma nova categoria ou subcategoria tem concorrentes fracos ou ausentes, um ponto de diferenciação claro em relação às outras categorias ou subcategorias, uma nova proposição de valor, uma base de clientes fiéis e um conjunto de barreiras aos concorrentes. Em geral, ela se baseia em uma inovação substancial ou transformacional. O desafio de marca é gerenciar, além da marca, a categoria ou subcategoria e o elo entre as duas.

A tese de que a criação de sucesso de uma categoria ou subcategoria resulta em desempenho financeiro superior é apoiada por inúmeras evidências. Os estudos mostram, por exemplo, que os novos concorrentes em um setor, empresas que em geral estão formando novas categorias ou subcategorias, se saem muito melhor do que seus colegas. Também é de conhecimento geral que o sucesso de um novo produto é diretamente proporcional ao grau de diferenciação em relação a outros produtos e, logo, à probabilidade de formação de uma nova categoria ou subcategoria. Boa parte desse sucesso se deve a vantagens de pioneirismo, como os efeitos de escala, as estratégias preventivas, a fidelidade de marca dos adotantes iniciais e o patrimônio de marca.

Para discussão

1. Identifique categorias ou subcategorias nas quais o modelo da relevância de marca prevaleceu. Quais são as características desses mercados?

2. Identifique exemplos de inovações substanciais que criaram novas categorias ou subcategorias. O canal de TV ESPN foi uma inovação substancial ou transformacional? Por quê? Qual foi sua vantagem de pioneirismo?

3. Que empresas se deram bem criando e gerenciando novas categorias ou subcategorias?

Capítulo 2

Entendendo a Relevância de Marca: Categorização, Enquadramento, Consideração e Mensuração

É divertido fazer o impossível.
—Walt Disney

Percebi que meu concorrente era o papel, não os computadores.
—Jeff Hawkins, inventor do primeiro PDA, o PalmPilot

Neste capítulo, fazemos uma análise mais detalhada da relevância. Com o passar dos anos, a psicologia do consumidor e a teoria do *marketing* usaram experimentos inteligentes e desenvolveram teorias profundas que contribuem muito para o conceito de relevância. Aproveitar seus esforços nos dá conhecimento sobre os alicerces científicos da relevância e um entendimento mais profundo e tridimensional sobre o conceito e suas aplicações.

Este capítulo começa com uma análise da categorização. A essência da relevância envolve a formação de categorias e subcategorias e seu uso para organizar marcas. A grande manchete da categorização é que a marca deve tentar ser o exemplar da nova categoria ou subcategoria. A segunda seção discute o enquadramento. A pesquisa sobre o tema orienta profissionais interessados em definir, posicionar e comunicar novas categorias ou subcategorias. O enquadramento, objeto de muitas pesquisas psicológicas, indica que pequenas sugestões podem ter grandes efeitos sobre as percepções, o processamento de informações, as atitudes e o comportamento, além da importância de quais associações são usadas para posicionar a categoria ou subcategoria. Na terceira seção, exploramos a pesquisa sobre conjuntos de consideração. Que evidências temos sobre a inclusão de um passo de triagem na escolha de marcas, no qual a marca é definida como digna ou não de consideração? A última seção discute a mensuração da relevância, dando ao conceito o nível final de especificidade.

Categorização

A categorização, o modo como as pessoas formam categorias e subcategorias, está no centro da relevância de marca. Os psicólogos e pesquisadores que trabalham com consumidores estudaram a categorização, definida como o processo de agrupar objetos e eventos em categorias com base em semelhanças percebidas.[1] Alguns psicólogos chegam a argumentar que a categorização é uma atividade mental humana fundamental que serve de base para todas as situações e atividades. As pessoas estão sempre tentando entender indivíduos, contextos e coisas, categorizando-os com relação a algum esquema. As pessoas usam categorias para estruturar e simplificar a infinidade de estímulos com os quais são bombardeadas. Seja qual for a importância geral da categorização, as pesquisas nessa área oferecem vários *insights* e construtos que ajudam a entender e gerenciar a relevância de marca.

Como as pessoas categorizam

As pessoas categorizam de dois modos. Uma abordagem, "concordância de atributos", usa um processo de definição de regras. A categoria ou subcategoria possui um conjunto de características ideais. Ter ou não tração 4×4 pode definir uma subcategoria de carros. Outra subcategoria poderia ser definida como utilitário esportivo com exterior estiloso, boa eficiência de combustível e um interior confortável. Nesse caso, uma nova oferta seria avaliada de acordo com ter ou não essas características. Se alguma estivesse ausente, a nova oferta não seria vista como pertencendo à subcategoria dos utilitários esportivos.

Em vez de ser "sim ou não", a oferta poderia ser avaliada de acordo com o quanto se aproxima da categoria (empregando o conceito de conjuntos nebulosos). O resultado é uma avaliação sobre "qualidade de ajuste". A distância em relação à categoria pode se basear na quantidade e identidade das características para as quais não há concordância, ou então na distância da oferta em relação ao ideal nas dimensões nas quais a concordância é menos do que perfeita. A eficiência de combustível pode não ser ideal, por exemplo, mas não tão baixa a ponto de excluir a oferta da categoria.

A abordagem dos "exemplares", por outro lado, se baseia na premissa de que a categoria ou subcategoria pode ser representada por um ou mais "bons exemplos", ou seja, por exemplares. Para carros híbridos compactos, por exemplo, o Prius seria o exemplar, pois ele basicamente define a categoria. Do mesmo modo, o iPod e o TiVo definem suas próprias categorias, assim como Jell-O, Gore-Tex, Google e outros. As novas ofertas são avaliadas de acordo com sua semelhança com o exemplar. Assim, em vez de pertencer ou não à categoria, a marca pode ser medida de acordo com sua posição em uma escala de "proximidade".

Qual abordagem será usada em qual situação? Uma consideração é a existência de um exemplar aceito e com alta visibilidade. Nesse caso, a abordagem do exemplar é a mais provável. Se, no entanto, a identidade de um ou mais exemplares não estiver clara ou for pouco conhecida, o cliente terá uma probabilidade menor de usar a abordagem do exemplar. Se uma categoria, como a de alimentos com baixo teor de gordura, evoluir com base em tendências de consumidores e nenhum exemplar teve uma função definidora, o cliente provavelmente empregará a abordagem de concordância de atributos.

As pesquisas também sugerem que o processo de concordância de atributos tem maior probabilidade de ser usado quando o contexto é simples, enquanto a abordagem do exemplar é mais provável se o contexto é mais complexo em termos da quantidade de alternativas, do número de dimensões definidoras e da dificuldade de avaliar as opções com respeito às dimensões. Assim, se um sedã 4×4 define uma categoria, o carro será determinado como pertencendo a ela ou não. É uma determinação simples e sem ambiguidades. Se, no entanto, a categoria é descrita com múltiplas dimensões que não se baseiam apenas em "tem" ou "não tem", é mais provável que o cliente use a abordagem do exemplar. A segurança, por exemplo, pode ser ambígua. Se uma categoria é definida por padrões de segurança automobilística, a marca Volvo poderia ser um exemplar. A questão passa a ser se a marca do automóvel é próxima o suficiente do exemplar Volvo para ser considerada parte da categoria.

Conquistando o *status* de exemplar

Obviamente, a empresa que consegue estabelecer sua marca como exemplar conquista recompensas incríveis. Primeiro, a empresa pode ajudar a criar a categoria ao fornecer uma âncora definidora. Sem um exemplar, a própria existência da categoria e sua durabilidade podem se tornar problemáticas. Segundo, a marca exemplar é relevante por definição, enquanto seus concorrentes ficam na posição desconfortável de precisarem definir sua relevância de um modo que apenas reafirma a autenticidade do exemplar.

O que uma marca pode fazer para se tornar o exemplar? Algumas diretrizes. Primeiro, promover a categoria ou subcategoria, não a marca. Entender que o objetivo é definir a categoria ou subcategoria e garantir sua vitória. Ser um defensor. Não se preocupar com a marca. Se a categoria ou subcategoria vence, a marca também vence. A Asahi Super Dry era uma defensora das cervejas *dry*; quando a subcategoria venceu, a Asahi Super Dry também venceu.

Segundo, seja um líder intelectual e inovador. Pense sobre a definição da categoria e subcategoria e sua motivação e lógica subjacente. Qual é a razão por trás dos carros híbridos ou da comida orgânica? A conceitualização da categoria ou subcategoria pode ser refinada ou ampliada de modo produtivo?

Terceiro, continue a inovar. Não fique parado. Inovações, melhorias e mudanças tornam a categoria ou subcategoria mais dinâmica, a marca mais interessante e a função do exemplar mais valorizada. A Disneyland é o modelo dos parques temáticos e o parque está sempre inovando.

Por fim, seja um dos primeiros líderes de mercado em termos de vendas e participação de mercado. É difícil ser um exemplar e aproveitar essa função sem a liderança em participação de mercado. Às vezes, ser o primeiro a entrar no setor dá uma vantagem. Em outros contextos, no entanto, as marcas pioneiras abrem o caminho com o lançamento da área, mas o *timing* é ideal apenas para que outra empresa, com mais recursos e uma oferta melhor, se torne o exemplar e se transforme no primeiro líder do mercado.

Como a categorização afeta o processamento de informações e as atitudes

A categorização tem um impacto substancial no processamento de informações e nas atitudes. Em alguns casos, as pesquisas mostram que os indivíduos categorizam um objeto com base em algumas dimensões mais importantes e depois param de coletar e processar mais informações. A designação de um objeto a uma categoria pode se basear em uma simples dica. Por exemplo, um produto de marca própria do supermercado com embalagem semelhante ao do exemplar da categoria pode ser visto como membro da categoria sem que o cliente analise outras informações mais detalhadas. As pessoas quase nunca têm a motivação, e às vezes não têm a capacidade, de conduzir uma análise detalhada da adaptação de um objeto a uma categoria ou subcategoria. A pessoa apenas pressupõe que mais pesquisas seriam caras e demoradas e provavelmente não mudariam sua avaliação inicial.

Quando um objeto é categorizado, independentemente do processo usado, as percepções da categoria influenciam ou até dominam as percepções sobre ele. É um aspecto muito comum dos estereótipos em todos os contextos, incluindo mulheres, minorias étnicas, aposentados, caçadores, carros esportivos, lojas de departamento ou padarias. Na verdade, a teoria psicológica da consistência diz que os seres humanos têm um impulso cognitivo em direção à consistência que explica por que as pessoas tendem a dar menos ênfase às diferenças e pressupor semelhanças quando consideram os membros das categorias. Assim, o esforço necessário para que um cliente recategorize uma marca é monumental.

A categorização também pode afetar as atitudes. Se uma marca é vista como membro de uma categoria ou subcategoria, mesmo que uma análise objetiva demonstrasse que ela não deveria ser, as atitudes em relação à categoria ou subcategoria dominarão as atitudes em relação ao objeto ou marca. Em um experimento clássico, Mita Sujan mostrou duas câmeras diferentes a pessoas que não eram especialistas no tema, uma marca "35 mm" e outra um modelo descartável 110.[2] Mesmo quando as especificações eram invertidas, os participantes ainda preferiam aquela com o rótulo da subcategoria que eles sabiam ser a superior. A análise se baseava em subcategorias. O achado é semelhante a pesquisas psicológicas que revelam que as atitudes iniciais em relação a outras pessoas dependem em parte da categoria na qual elas são classificadas. Uma pessoa é vista de modo diferente se for designada a uma categoria metida e sofisticada, por exemplo, em vez de uma energética e ligada ao ar livre.

Conjuntos de categorias sobrepostos

Eleanor Rosch, a pioneira da categorização, afirma que as categorias de objetos são organizadas de modo hierárquico.[3] Uma categorização básica, como a de restaurantes de *fast food* que vendem hambúrgueres, pode pertencer à supercategoria dos restaurantes de *fast food* e conter uma subcategoria de restaurantes de *fast food* que vendem hambúrgueres com boas saladas no cardápio.

Os esquemas podem envolver múltiplas supercategorias e a estrutura da categoria dominante afeta as percepções do cliente. O Febreze, o amaciante da P&G que remove os cheiros do tecido, poderia ser ligado a sabões em pó, pois envolve tecidos, e a perfumadores, pois elimina odores. A relevância e a credibilidade da marca dependem de qual supercategoria o consumidor vê como correta.

Muitas vezes, a primeira formulação da supercategoria na mente do cliente acaba se tornando dominante. Um estudo comparou a ligação das câmeras digitais com as câmeras tradicionais, em contraponto à ligação com os scanners.[4] O resultado foi que a primeira associação à qual os participantes eram expostos, fosse ela qual fosse, dominava suas percepções, expectativas e preferências.

A categorização não precisa se limitar a categorias ou subcategorias de produtos nominais, como carros compactos e salgadinhos. Se as metas do consumidor que motivam a decisão são ambíguas (por exemplo, evitar alimentos não saudáveis) ou estão em conflito (por exemplo, carros seguros e divertidos de dirigir), então as alternativas podem ser retiradas de mais de uma classe de produtos nominal. Em um estudo com sorvete e barras de cereal, os participantes tendiam a selecionar opções de ambas as categorias quando as metas de nutrição e "se refrescar em um dia quente" estavam em destaque ou quando nenhuma meta era especificada.[5] Entretanto, quando uma única meta era enfatizada (nutrição ou se refrescar), os participantes tinham a tendência a considerar as opções de uma classe de produtos nominal.

Está tudo no enquadramento

As novas categorias ou subcategorias devem ser definidas e a definição precisa, por sua vez, ser comunicada aos clientes. O conceito de enquadramento, estudado a fundo por psicólogos e linguistas, tem consequências para ambas as tarefas.

O enquadramento trata de influenciar a perspectiva sobre um objeto, no caso, uma categoria ou subcategoria. Que associação deve ser a primeira a ocorrer aos consumidores? Para carros híbridos, por exemplo, deve ser economizar dinheiro, conservar energia ou salvar o planeta? Como as associações devem ser estimuladas, considerando que diferenças sutis podem afetar as percepções? O enquadramento reconhece que as associações não existem de modo independente e estão, na verdade, em uma rede. Estimular uma associação pode levar ao estímulo indireto de outras, o que pode ou não ajudar a empresa que está tentando gerenciar uma categoria ou subcategoria.

Duas metáforas de enquadramento nos ajudam a entender o conceito. A primeira é a moldura do quadro, que cria um limite para a imagem e mostra o que está dentro e o que não está. Ela delineia o escopo da categoria ou subcategoria, seja ela cerveja ou cerveja *light* ou cerveja de trigo. A segunda metáfora é a estrutura de um prédio em construção, ou seja, o material que une os componentes e serve de alicerce. Assim, o enquadramento de uma categoria ou subcategoria de produtos especifica uma estrutura que pode envolver uma combinação de atributos, benefícios, aplicações ou usuários.

Assim, descobrimos que o enquadramento pode afetar o modo como uma pessoa percebe uma oferta; fala sobre uma oferta; desenvolve atitudes em relação à oferta; e, em última análise, compra e usa a oferta. As mesmas informações podem ser processadas ou não, distorcidas ou não, afetar atitudes e comportamentos ou não. Tudo depende do enquadramento. A percepção de que o objetivo de lavar roupas é deixar as cores mais vivas afeta o modo como uma pessoa processa anúncios de sabão em pó e vê cada roupa lavada. A pessoa fica mais sensível à dimensão da vivacidade das cores, enquanto um indivíduo com outro enquadramento talvez nem notasse essa dimensão. O enquadramento pode afetar as decisões de compra, mesmo quando o indivíduo não está processando informações, pois o enquadramento destaca a credibilidade percebida da marca com respeito aos critérios.

Muitas organizações têm a ilusão de que os clientes são racionais e buscam informações relevantes, estabelecem objetivos claros, dão muita importância aos benefícios funcionais e tomam decisões lógicas. Esse modelo de mundo é atraente. Nossos instintos, especialmente se trabalhamos no setor de tecnologia ou B2B, dizem que a estratégia vencedora é desenvolver e comunicar benefícios lógicos e funcionais. Além disso, os clientes, quando perguntamos por que compram esta marca e evitam aquela, oferecem motivos funcionais, porque podem e porque qualquer outra resposta não passaria uma boa imagem deles e do seu processo de tomada de decisões. Infelizmente, esse modelo está enganado.

Os clientes estão longe de serem racionais. Mesmo que tivessem a motivação e o tempo, que geralmente não têm, eles quase nunca têm informações com credibilidade, capacidade de memória e computacional ou mesmo conhecimento suficiente sobre uma área de produtos a fim de obter as informações relevantes e utilizá-las para otimizar o processo de tomada de decisões. Ninguém duvida que mesmo os executivos da Singapore Airlines encarregados de comprar aviões, quando se deparam com pilhas e pilhas de propostas detalhadas com suas opções, acabam sendo influenciados pelos seus instintos. O conceito de racionalidade limitada, desenvolvido por Herbert Simon, também se aplica aqui. Em vez de otimizar uma decisão de compra, os clientes confiam em substitutos das informações perfeitas e em dicas que sinalizam resultados. É por isso que o enquadramento é tão importante. Ao influenciar o diálogo em torno de um produto ou serviço, o enquadramento pode afetar todo o processo de tomada de decisões e experiência de uso. Ele pode estar acima da lógica, mesmo para indivíduos bem informados.

George Lakoff, o linguista de Berkeley, fala sobre o enquadramento na esfera política e como ela é influente em termos de administrar a conversa.[6] Pense na diferença de perspectiva sobre os impostos estimulada por uma expressão que enquadra o debate. "Alívio fiscal" cria a metáfora de um herói que tira um ônus das costas do povo e sugere que qualquer um que tentasse obstruir essa nobre missão é, na melhor das hipóteses, ingênuo. "Imposto como investimento no futuro" sugere a imagem de estradas sendo construídas, crianças educadas e a defesa melhorada. "Imposto como a anuidade do clube" é uma metáfora associada com o pagamento da sua parte justa pelos serviços que beneficiam a você e todas as pessoas próximas a você. Ao alterar implicitamente os objetivos, cada enquadramento influencia o discurso de um modo muito diferente.

Faz diferença se você está comprando uma barra energética para atletas, uma barra de energia para funcionários de escritório, uma barra energética para mulheres, uma barra de nutrição, uma barra de café da manhã, uma barra de proteínas ou uma barra dietética. Faz muita diferença. Esse fator mexe com as informações que você processa, sua avaliação de uma marca, a decisão de compra e sua experiência de uso. Se vai comprar uma barra energética para mulheres, um produto com aparência masculina seria inadequado, mesmo que tivesse os ingredientes certos. Ele nunca entra no páreo, por mais que, objetivamente, seja uma boa escolha. Ele esbarrou no enquadramento errado, que tornou o produto irrelevante.

Lakoff observa que os enquadramentos muitas vezes são cognitivamente inconscientes, no sentido de que as pessoas não percebem necessariamente que ele está lá ou que ele as influencia.[7] Isso em parte explica por que o enquadramento é tão poderoso. Ele não tem dominância por ser logicamente correto ou justo, ele simplesmente entra em cena porque um concorrente explorou uma função de pioneirismo, criou uma metáfora vívida para representar o enquadramento ou simplesmente falou mais alto e persistiu mais do que os outros.

Depois de estabelecido, o enquadramento pode ter uma sobrevida prolongada. Ele é difícil de mudar mesmo no momento da sua introdução. Lakoff gosta de começar suas aulas em Berkeley com o aviso de que ninguém deve pensar em um elefante. Obviamente, os alunos descobrem que é impossível parar de pensar em um elefante depois disso.

Evidências empíricas

Uma série de experimentos demonstrou que o enquadramento afeta o modo como as pessoas processam informações e fazem escolhas. Um estudo mostrou que se a carne for enquadrada de acordo com o quanto é magra em vez do seu teor de gordura, ela receberá a preferência dos consumidores.[8] As pessoas consistentemente preferem carnes 75% magras do que 25% gordas. O número 75 parece alto, então, os participantes avaliam que o teor de gordura é relativamente baixo. Quando o rótulo diz 25% de gordura, a estatística sobre gordura está em primeiro plano. Em geral, os atributos representados de modo positivo têm um impacto maior do que quando os mesmos são retratados de modo negativo. A preferência por um enquadramento positivo costuma dominar em relação a um negativo.

Outro estudo mostrou a diferença em opinião dos clientes que ocorre quando a empresa é enquadrada como sem fins lucrativos em vez de uma instituição tradicional com fins lucrativos.[9] Para um grupo do experimento, os pesquisadores mostraram e descreveram uma bolsa feminina da Mozilla.org. O uso de .org sugere uma organização sem fins lucrativos. Outro grupo teve uma experiência idêntica, exceto que a bolsa era apresentada como da Mozilla.com. A empresa ".org" era vista como mais simpática, mas menos competente, que a ".com". Os participantes estavam mais dispostos a comprar da segunda, a menos que ambas fossem aprovadas pelo jornal *The Wall Street Journal*. Nesse caso, a percepção de diferença de competência sumia, assim como a diferença em disposição de comprar.

O enquadramento pode determinar a perspectiva do indivíduo, o ponto de vista sobre uma avaliação ou decisão. Às vezes, a perspectiva assume a forma de uma âncora mental, por exemplo, um preço ou nível de serviço. Em uma demonstração radical do poder das âncoras, uma pesquisa perguntou a um grupo de alunos de pós-graduação se pagariam por uma boa garrafa de vinho um valor igual aos últimos dois dígitos de sua carteira de identidade, um número absolutamente arbitrário.[10] A seguir, os pesquisadores pediram aos alunos que dessem lances para comprar a garrafa. O valor dos lances foi afetado significativamente pelo número da carteira de identidade. O número criou uma âncora apesar de todos saberem que ele não tinha relação com o valor do vinho. Outro exemplo: pessoas que ouvem um copo descrito como "meio cheio" tendem a acreditar que ele começou vazio, enquanto aquelas que ouvem o mesmo copo descrito como "meio vazio" acreditam que ele começou cheio.

Se alguma dimensão mais importante define uma categoria ou subcategoria, é fundamental compreender e gerenciar essa âncora significativa. Oferecer prestígio aumenta o valor do produto ou serviço? Em caso afirmativo, um pretendente a membro da categoria ou subcategoria seria excluído se indicasse problemas de ajuste. Mas se a âncora fosse qualidade excepcional baseada em desempenho, o resultado poderia ser outro.

Pertencer a uma categoria de produtos pode afetar percepções, atitudes e comportamentos. O psicólogo Dan Ariely e seus colegas pesquisadores realizaram uma série de experimentos que demonstra esse ponto claramente.[11] Eles disseram aos participantes do experimento, composto por centenas de voluntários, que todos ganhariam um copo de cerveja grátis. Eles precisavam apenas selecionar a bebida de duas jarras com base em uma pequena amostra. Uma das jarras tinha uma cerveja premium, como a Samuel Adams, e a segunda tinha a mesma cerveja com uma dose de vinagre balsâmico. Quando ambas as jarras eram apresentadas como cerveja, a grande maioria dos respondentes escolhia aquela com vinagre. Entretanto, metade da amostra foi informada de que a segunda opção consistia em cerveja com vinagre; nesse caso, a vasta maioria escolhia a cerveja normal e tinha até repulsa pela cerveja com vinagre. Assim, quando uma opção estava claramente fora do escopo da categoria de produtos, ela era rejeitada como inaceitável, apesar de ser objetivamente superior.

O experimento das cervejas de Dan Ariely e seus colegas teve uma sequência. Eles tentaram determinar o que aconteceria se dissessem aos respondentes que uma das cervejas tinha um pouco de vinagre depois dos participantes provarem as cervejas e selecionarem a com vinagre como sendo a melhor das duas.[12] O resultado foi que a atitude em relação à cerveja com vinagre não mudou e, na verdade, muitos voluntários que recebiam uma dose separada de vinagre adicionavam o líquido nas suas cervejas por conta própria.

Uma lição do experimento das cervejas é que a marca que define uma categoria ou subcategoria de produtos deve deixar essa definição clara, pois assim as falhas dos concorrentes ficam visíveis. O cliente deve ser motivado a evitar as marcas concorrentes porque elas são irrelevantes. Se a definição da categoria ou subcategoria é ambígua e o cliente acaba experimentando a oferta do concorrente, as falhas podem não ser tão cruciais. Outra lição é que uma marca tentando entrar em uma categoria ou subcategoria emergente deve esconder todas as falhas potenciais até depois do cliente experimentar o produto ou serviço, quando sua emergência será menos prejudicial e pode até se transformar em um ativo, assim como o vinagre na cerveja foi considerado positivo por aqueles que preferiam seu gosto.

Os enquadramentos podem afetar a experiência emocional, como mostrou um estudo da Heineken e da Coors.[13] A experiência de beber a cerveja Heineken era associada com um grupo social simpático e amistoso de pessoas de alta renda. A experiência de beber uma Heineken nesse tipo de contexto criou uma emoção positiva, muito diferente de quando a Coors foi colocada no mesmo contexto, porque a segunda cerveja possui um enquadramento muito diferente. A experiência de beber Coors era associada com o ar livre e um ambiente de acampamento, então, ela não criava as mesmas emoções naquele contexto social da Heineken.

Associações como área ou país de origem também afetam o enquadramento de um conjunto de opções. Em um estudo, um grupo de pessoas em um jantar recebeu taças de vinho da Noah Winery, uma nova vinícola do Estado da Dakota do Norte.[14] Outro teve uma experiência idêntica, exceto que o mesmo vinho era apresentado como sendo da Califórnia e não da Dakota do Norte. Além de gostar mais do vinho, o primeiro grupo também achou que a comida tinha um gosto melhor, comeu 11% mais e passou 15% mais tempo à mesa, talvez porque terem gostado mais do vinho fez com que quisessem prolongar a experiência do jantar. Nenhum membro de ambos os grupos acreditou que o rótulo da garrafa de vinho teve qualquer influência.

O escopo da oferta: agregando opções

Uma opção de estratégia competitiva é reduzir o número de concorrentes, definindo a categoria ou subcategoria de modo a minimizar o número de opções relevantes. Entretanto, em alguns contextos, expandir o número de opções pode ser útil. É o caso do efeito da alternativa inferior e do efeito do meio-termo.

O apelo de uma marca pode ser aprimorado com a inclusão de uma alternativa inferior no conjunto de consideração. A Williams Sonoma, uma loja de utensílios de cozinha de luxo para pessoas que gostam de culinária, oferecia uma panificadora doméstica por 275 dólares. Quando a loja adicionou uma unidade maior, 50% mais cara, esta não vendeu muito, mas as vendas do item original quase dobraram. O preço da panificadora original parecia muito mais razoável em comparação com a alternativa mais cara, mas que era inferior por causa do seu tamanho. O fenômeno foi duplicado em muitos contextos experimentais. Por exemplo, em um estudo clássico, Simonson e Tversky pediram que um grupo experimental escolhesse entre seis dólares e uma caneta Cross elegante e 36% dos participantes escolheram a caneta Cross.[15] Em outro grupo experimental, quando uma segunda caneta, menos atraente e de uma marca menos conhecida, foi incluída no grupo experimental, a porcentagem que selecionou a caneta Cross passou de 36 para 46%, enquanto apenas 2% selecionaram a caneta inferior. Quando a opção inferior foi incluída, a caneta Cross se tornou mais atraente.

Em 1995, a marca DiGiorno, da Kraft, lançou sua pizza com "massa que cresce", a primeira com massa fresca congelada em vez de pré-cozida.[16] Em vez de competir no setor de pizzas congeladas, a DiGiorno escolheu reenquadrar a categoria de modo a incluir as telentregas. Com sua chamada *It's not delivery, it's DiGiorno* ("Não é telentrega, é DiGiorno"), a marca foi um sucesso para a Kraft, com vendas de 125 milhões de dólares no primeiro ano e índice de recompra de incríveis 50%, um recorde para a empresa. Para tornar a nova categoria mais vívida, foi criado o entregador da DiGiorno que, obviamente, não tinha o que fazer. Uma promoção envolvia um salário de 100.000 dólares para ser entregador da DiGiorno: o vencedor receberia o salário e não teria o que fazer. Ao reenquadrar a categoria para incluir as telentregas de pizza, a DiGiorno, em vez de ser a pizza congelada premium, conquistara uma grande vantagem de preço ao custar a metade de uma telentrega. Além disso, agora a marca sugeria que a qualidade podia ser comparada com a de uma telentrega, o que a colocava muito acima das outras pizzas congeladas. O enquadramento de sucesso persistiu à medida que a DiGiorno conseguiu manter seu *status* de marca líder e permitiu que a marca cobrasse mais do que as concorrentes.

Outra opção é o efeito do meio-termo. As pessoas gostam de encontrar um meio-termo, escolhendo algo que fica entre a oferta premium e a oferta de menor valor. Escolher a mais cara pode parecer indulgente ou corre o risco de ter uma má relação custo-benefício. Escolher a de menor valor, por outro lado, corre o risco de levar a uma opção inferior. A Best Buy tem duas marcas próprias, a Insignia e a Denox. A Insignia, com preço menor que as marcas nacionais, parece uma opção confortável ao lado da Denox, que é ainda mais barata. O cliente tem a impressão de que a escolha final não é a alternativa mais barata. Em outro estudo, sobre câmeras Minolta, a preferência pela mais cara de duas câmeras aumentou quando uma terceira Minolta, ainda mais cara, foi adicionada ao conjunto de opções.[17] A câmera mais cara era inferior, pois seu preço era visto como excessivo, mas ela permitia que a outra opção se tornasse o meio-termo. Em termos mais gerais, as pessoas tendem a evitar escolhas extremas, então, se for possível adicionar opções ao conjunto de escolhas de modo que uma marca deixe de representar a maior ou a menor, esta se torna mais atraente.

Que enquadramento vence?

Mas então que enquadramento será a influência dominante do ponto de vista da categoria ou subcategoria? O mais apropriado deveria vencer a disputa, e às vezes é isso mesmo o que acontece. Em muitos casos, no entanto, o vencedor é o último enquadramento e em outros, ainda mais frequentes, é o enquadramento mais usado.

Um aluno meu sugeriu a hipótese de que a última metáfora venceria. Se durante uma conversa alguém sugere uma metáfora e ninguém mais apresenta uma contrametáfora, a discussão quase sempre acaba. Se durante uma conversa sobre precificação de marcas, alguém diz "estamos em guerra e nossa concorrência nos atacou com uma bomba de preços", fica implícito que precisamos ser agressivos e furiosos. O enquadramento será muito influente. Se, no entanto, alguém na mesma reunião caracteriza o mesmo evento com a metáfora que o concorrente está perdendo a batalha e, desesperado para sobreviver, escolheu se reposicionar como uma marca mais barata, a conversa tomará um rumo muito diferente. Que enquadramento ou metáfora irá prevalecer, o ataque ou a sobrevivência? A última metáfora tem uma grande vantagem.

Em muitos casos, no entanto, vence o enquadramento mais usado. Voltando ao cenário político de Lakoff, certas expressões e seus enquadramentos associados, como "arrecadar e gastar", "imposto sobre a morte", "pró-aborto" e "reforma da lei de responsabilidade civil" foram usadas com sucesso pelos políticos republicanos para administrar o debate e enquadrar as questões. Em parte, eles tiveram sucesso porque foram disciplinados e repetitivos. Depois que os termos se espalharam com tanta força pelo país, seus adversários, os democratas, começaram a usá-los também. Quando os democratas começaram a usar metáforas republicanas, a batalha já estava quase no fim.

O conjunto de consideração como passo de triagem

O conceito de relevância se baseia em parte na premissa de que a avaliação sobre quais marcas são consideradas é um passo de triagem que as marcas precisam completar antes que o indivíduo possa examiná-la em mais detalhes. O próximo passo é a seleção da marca preferida. Apenas as marcas que passam pelo teste de triagem se qualificam para o passo de preferência de marca. E a ideia de um passo de triagem encontra muito apoio na literatura sobre economia, psicologia e comportamento do consumidor.

Em contextos de *business-to-business* (B2B) e de consumo, as evidências empíricas sugerem que os clientes muitas vezes utilizam um passo de triagem no qual selecionam as marcas que serão consideradas. Não é apenas uma hipótese teórica.[18] O passo de triagem envolve a eliminação das opções que não passam por um limite mínimo em termos de certos atributos ou dimensões. Por exemplo, o passo de triagem na compra de cereais pode envolver a eliminação de todos os produtos com mais de 5 gramas de açúcar por porção. O processo é chamado de *tomada de decisão não compensatória*, pois é impossível que ter um nível muito alto em uma dimensão compense a insuficiência em uma segunda dimensão. Ter o melhor gosto e textura não compensa a deficiência em termos de teor de açúcar se esta última qualidade é parte da definição da subcategoria a ser comprada: o alto teor de açúcar exclui a marca, independentemente das outras características da marca.

A seguir, o processo de decisão avança para a fase de preferência de marca, uma avaliação daquelas marcas que passaram pelo teste de triagem e, logo, são vistas como relevantes. Essa avaliação e decisão de comprar pode se basear em uma série de estratégias de decisão, incluindo um processo compensatório no qual deficiências em uma dimensão são superadas por uma avaliação positiva em outras. Assim, a escolha do cereal pode ser avaliada por sabor, textura, teor de fibras e valor nutricional, com deficiências em uma dimensão sendo compensadas por notas altas nas outras.

O conceito de um passo de triagem não compensatório se baseia em parte no fato de os clientes terem uma capacidade limitada de receber, processar e lembrar de informações e de realizar os esforços computacionais para apoiar a tomada de decisão. Mesmo se os clientes conseguissem realizar a análise necessária para tomar uma decisão perfeita, o bom senso e a relação custo-benefício sugerem que simplesmente não vale a pena fazer uma análise aprofundada de uma decisão tão trivial ou repetitiva. A decisão sobre um chiclete simplesmente não merece tanto esforço. O resultado é que os clientes aceitam decisões menos do que perfeitas e buscam maneiras de lidar com o excesso de informações e complexidade.

O Prêmio Nobel de Economia Herbert Simon, que reposicionou o senso comum sobre decisões de clientes, chamou esse conjunto de limitações do cliente de *racionalidade limitada* e a aceitação de decisões imperfeitas de *satisfação*.[19] Simon acreditava que as pessoas tinham limites em sua capacidade e motivação para serem racionais e otimizar suas decisões com o processamento de todas as informações disponíveis. Em vez disso, elas se satisfaziam, ou seja, usavam uma heurística de decisão, como o modelo não compensatório, que elimina marcas do conjunto de consideração, apesar das decisões resultantes poderem ser subótimas, ainda que satisfatórias. Os indivíduos que tomam decisões de compra reconhecem que a decisão ótima exige tempo e esforços que não valem a pena e que podem ser até inviáveis. O uso do modelo de triagem não compensatório é um mecanismo que reduz o número de opções e, logo, reduz também as informações envolvidas e a complexidade da decisão.

Pesquisas empíricas mostram que a probabilidade de ocorrência de um passo de triagem não compensatório cresce com o número de alternativas, o número de dimensões e a complexidade da decisão. Se o decisor tem poucas alternativas e precisa avaliar poucas dimensões, pode não ser necessário usar um passo de triagem para simplificar a decisão.

A fase não compensatória será afetada pelo contexto. Quanto maior a incerteza, mais marcas têm chances de serem incluídas no conjunto de consideração. Se uma dimensão for binária, por exemplo, um carro ser híbrido ou não, a triagem é fácil de aplicar. Se, no entanto, o critério for baixa ou alta eficiência de combustível e há incerteza sobre a eficiência das alternativas, a triagem deixa passar mais marcas. A triagem também pode depender da confiabilidade dos dados. Um estudo de opções de apartamentos revelou que mais unidades tendem a ser eliminadas se as informações sobre tamanho e local são confiáveis.[20] Se as informações são menos confiáveis, a probabilidade das alternativas serem incluídas aumentam. Os respondentes relutavam em excluir opções quando as informações eram incertas.

O desafio para o gerente da marca ou executivo de *marketing* que busca definir uma nova categoria ou subcategoria é como posicioná-la em torno de uma ou mais dimensões bem-definidas, com os limites da categoria ou subcategoria definidos com o mínimo de ambiguidade possível. É preciso relacionar as características e os contextos de uso a uma marca, e mais nenhuma, sem ambiguidades.

Uma opção é elevar uma dimensão e depois sugerir que apenas a melhor marca naquela dimensão deve ser considerada. Daí vem "a melhor garantia da América", da Hyundai, e a afirmação da General Mills de que nenhuma marca de cereal tem mais fibras que a Fiber One. Ambas sugerem um critério de eliminação claro: aceite apenas o melhor nas dimensões mais importantes. Ao aceitar esse argumento, o consumidor pode não sentir que a marca está oferecendo literalmente o melhor, mas pode ter certeza de que ela pelo menos está muito próxima do melhor e que simplesmente não vale a pena ajustar a análise com mais detalhes.

Medindo a relevância

A mensuração da relevância precisa começar com uma categoria ou subcategoria bem-definida. A existência de um nome, como no caso das barras energéticas ou dos minicomputadores, ajuda. Se o mercado não tem um nome aceito por todos, precisamos de uma descrição curta, por exemplo, "produtos de depilação para mulheres". A seguir, a primeira dimensão de relevância é medida por uma série de perguntas que refletem a probabilidade de o respondente comprar a categoria ou subcategoria. Você já comprou? Vai comprar? Está interessado? A segunda dimensão da relevância determina que marcas estão no conjunto de consideração. Se você vai comprar a categoria ou subcategoria, que marcas serão consideradas?

As páginas do banco de dados de acompanhamento de alta tecnologia da Techtel demonstram como mensurações baseadas em relevância podem produzir *insights* estratégicos. Durante a década de 1990, a Intel queria estar associada a atributos como velocidade e poder e ter processadores que são o padrão do setor. Os dados de acompanhamento mostravam que, no fim dos anos 1990, o programa Intel Inside funcionara bem para esses critérios, mas não para um novo: a busca por soluções poderosas relacionadas com a Internet. Enquanto 55% dos respondentes viam a IBM como fortemente associada a termos como *e-commerce* e *e-business*, ambas, a Intel (com 12%) e a Dell, tinham níveis baixos nessa medida. Assim, a Intel e a Dell tinham um problema: pouca gente as via como relevantes em uma categoria emergente, a de aplicativos de Internet. Com o tempo, a Intel tentou responder com a expansão da marca Intel Inside para torná-la relevante além dos microprocessadores que ficam dentro dos computadores, enquanto a Dell buscou fortalecer sua linha de servidores de alto nível.

Uma alternativa à questão do conjunto de consideração que em alguns casos pode ser incluída com facilidade em pesquisas de opinião é fazer aos clientes em potencial perguntas abertas, por exemplo: que marcas você acha que são capazes de oferecer a categoria ou subcategoria? A pergunta exige que as marcas sejam fortes o suficiente para terem *recall* sem auxílio. Apesar do resultado das perguntas sem auxílio poder incluir marcas que não pertencem ao conjunto de consideração, a relação entre os dois costuma ser bem forte. E se a marca não passa pelo teste da pergunta aberta, ela provavelmente não faz parte do conjunto de consideração.

Em geral, o simples reconhecimento (que marcas dessa lista estão associadas a essa categoria ou subcategoria?) é uma medida muito fraca. Na verdade, as marcas sem reconhecimento e pouco lembradas são chamadas de *marcas cemitério*. Essas são aquelas marcas das quais já ouvimos falar, mas tão baixas na escala de relevância que não nos ocorrem quando estamos considerando uma categoria ou subcategoria de produtos. Imagine que um segmento de público precisasse dizer o nome de carros compactos, e depois lesse uma lista de 20 marcas de carros compactos e sublinhasse quais reconhecem como fabricantes de carros compactos. Se a Dodge é reconhecida por muitos, mas poucas disseram Dodge na tarefa de *recall* sem auxílio, a marca Dodge tem alto reconhecimento e baixo *recall*.

Estar no cemitério é muito pior do que ser um desconhecido absoluto, pois é difícil gerar notícias em torno de uma marca cemitério. Como a marca já é conhecida, os membros do público acham que já sabem o suficiente sobre ela e não prestam atenção na "notícia". Uma marca desconhecida, por outro lado, tem mais chances de ser notícia.

Um erro comum é usar categorias ou subcategorias associadas com a marca como medida de relevância. Associações do tipo realmente sugerem algo sobre a imagem atual da marca e os obstáculos para mudanças. É mais fácil compreender a imagem da Sony se sabemos que ela está associada a televisores, eletrodomésticos, filmes, música e jogos. A associação mais importante do ponto de vista da estratégia, no entanto, e aquela que está por trás da relevância, é que marca os clientes associam com a categoria ou subcategoria. Se um cliente menciona a Sony como opção quando está considerando câmeras de vídeo, então a Sony é relevante para o mercado de câmeras de vídeo e não importa que outros produtos o cliente imagina que a Sony fabrica. Na verdade, uma marca que pretenda ser relevante em múltiplas categorias ou subcategorias pode acabar descobrindo que algumas pessoas não conseguem lembrar de todas as categorias para as quais ela é relevante quando o estímulo usado é o nome da marca. Mas isso não importa, pois é o *recall* de marca orientado por categorias ou subcategorias que determina a força da marca no mercado.

Agora que já elaboramos o conceito de relevância de marca, passamos para os cerca de 20 estudos de caso de marcas que tentaram lutar e vencer a batalha por relevância de marca. A maioria tentou criar novas categorias ou subcategorias. A ideia é criar uma série de contextos que esclareçam os problemas, os desafios e as recompensas de se tornar um dos primeiros líderes do mercado e o exemplar de uma nova categoria ou subcategoria.

Lições principais

A categorização, o modo como as pessoas formam e definem categorias e subcategorias, está no centro da relevância. Se uma marca pode se tornar o exemplar usado para definir a categoria ou subcategoria, isso coloca as outras marcas em desvantagem. O enquadramento, que influencia o modo como uma categoria ou subcategoria é percebida, afeta o processamento de informações, atitudes e comportamentos. Diferenças sutis na apresentação da categoria ou subcategoria podem levar a diferenças em percepções. As pessoas costumam usar um passo de triagem na escolha de marcas para determinar se cada marca deve ou não ser considerada. As marcas são eliminadas se têm um problema de relevância para a categoria ou subcategoria ou se não têm visibilidade e energia. A mensuração da relevância se baseia na categoria ou subcategoria ser selecionada; o fato de marca ser considerada depende dessa escolha.

Para discussão

1. Cite exemplos de marcas exemplares. Qual é o impacto desse *status* em seus programas de *marketing*?

2. Para a indústria automobilística ou outro setor, descreva como suas subcategorias são enquadradas. Alguma marca está dirigindo o enquadramento?

3. Identifique uma marca que quase nunca entra no conjunto de consideração para uma categoria ou subcategoria, mas que todo mundo sabe que vende uma oferta que deveria ser qualificada como relevante.

4. Escolha duas marcas e crie um sistema de mensuração de relevância para elas.

Capítulo 3

Mudando o Mundo do Varejo

Eu não sei qual é o segredo do sucesso, mas o segredo do fracasso é tentar agradar todo mundo.
—Bill Cosby

Sem diferenciação não há inovação.
—A. G. Lafley, ex-CEO da P&G

Os próximos três capítulos descrevem um conjunto de 20 estudos de caso de marcas que tentaram desenvolver novas categorias ou subcategorias em três setores da economia, algumas sem sucesso. Os casos oferecem uma boa perspectiva sobre os desafios e as complexidades da tarefa, mas também sobre os enormes ganhos de um esforço bem-sucedido. Coletivamente, o objetivo é entender de onde vêm as ideias, qual é o papel da interpretação e projeção de tendências, como categorias ou subcategorias são definidas, como as empresas têm sucesso ou por que uma ideia tropeçou ou fracassou, por que os concorrentes não conseguiram responder e como as barreiras aos concorrentes são erguidas.

Os três setores da economia oferecem contextos e esforços muito diferentes. O Capítulo 4 em especial, sobre a indústria automobilística, oferece *insights* sobre a resposta dos concorrentes e como ela não é considerada de modo isolado e sim sempre interligada com a estratégia da própria indústria. O Capítulo 5, sobre o setor alimentício, analisa as complexidades e dinâmicas de uma megatendência, a saber, a alimentação saudável, e deve ser uma excelente lição para qualquer empresa que está tentando interpretar e talvez influenciar uma tendência do mercado. Neste capítulo, sobre o varejo, veremos de perto o poder da cultura e dos valores e como as categorias e subcategorias são definidas.

Os varejistas têm uma série de vantagens na criação de novas categorias ou subcategorias. Eles podem trabalhar com muitas variáveis, incluindo seleção e precificação de produtos, apresentação dos produtos, atmosfera da loja e modos de interessar e envolver os clientes. Além disso, o varejista pode refinar novos conceitos enquanto eles ainda não chamaram a atenção. A Pret A Manger, uma sanduicheria de muito sucesso da Grã-Bretanha, refinou seu conceito durante cinco anos, enquanto tinha apenas uma loja. O varejista pode experimentar, testar vários conceitos com investimentos pequenos e esperar até que um desse certo. A The Limited experimentou vários conceitos dentro de uma loja existente e depois criou redes, como a Bath & Body Works e a Structure, a partir daquelas que pareciam ter potencial.

Obviamente, é preciso ser inteligente e perceptivo para saber que conceitos devem ser testados e ter bom senso para decidir se um teste local de sucesso dará certo em outras geografias e outros momentos. Além disso, ampliar a escala de uma boa ideia de varejo, expandir sua área de atuação, pode ser um processo demorado. Durante esse período, os concorrentes podem observar o modelo de negócio e as operações por trás da possível nova categoria ou subcategoria. Nada impede que eles sejam os pioneiros em outra cidade ou país. Logo, é muito difícil descobrir um conceito vencedor e ampliar sua escala em vários mercados ao mesmo tempo que se rechaça a concorrência. E ainda assim, uma série de varejistas conseguiu fazer exatamente isso. Suas histórias são instrutivas. Como eles inventaram os conceitos? Como ampliaram a escala? Como evitaram que outros copiassem seus conceitos?

Entre os modelos de varejistas que conseguiram cumprir essa missão temos a Victoria's Secret e a Zara, no vestuário feminino; Eddie Bauer e L.L.Bean, em vestuário e acessórios para recreação ao ar livre; The Body Shop e Bath & Body Works, em higiene pessoal; a Amazon e o *shopping* virtual japonês Rakuten, em *e-commerce*; IKEA e La-Z-Boy, em móveis; Apple e Best Buy, em computadores; Walmart e Target, em varejo de preço baixo; McDonald's e Subway, em *fast food*; e muitas outras. Todas conseguiram ampliar sua escala, muitas vezes com base em uma história própria e uma cultura de apoio e ofertas exclusivas. Analisaremos em mais detalhes as histórias da Muji (vestuário e móveis), IKEA, Zara, H&M (vestuário feminino), Best Buy, Whole Foods Market, Subway e Zappos (loja de calçados *online*), todas as quais estabeleceram e dominaram uma nova subcategoria e possuem um conjunto de características que representam a diferenciação sustentável.

Muji

Uma das marcas de varejo mais fortes do Japão é a Muji. A Brand Japan mede a força de marca de 1.100 marcas japonesas há nove anos. A Muji está sempre entre as 30 maiores e quase sempre entre as 20 maiores, um posto que apenas três outras marcas de varejo compartilham. Tudo começou com um pequeno setor de vendas da loja de departamentos Seiyu, com apenas nove produtos domésticos e 31 produtos alimentícios. Depois de abrir sua primeira loja própria em 1983, a Muji se tornou uma empresa independente em 1990 e agora tem mais de 330 lojas, quase um terço das quais fora do Japão. Poucas marcas geram benefícios emocionais e autoexpressivos tão bem quanto a Muji. Mas a visão de marca da Muji é não ser uma marca! A Muji quer ser uma marca não marca.

Muji, abreviação de Mujirushi Ryohin, é representada por quatro caracteres que significam literalmente "bens de qualidade sem marca". Seus valores giram em torno de simplicidade, natureza, moderação, humildade e comedimento. A filosofia da Muji é vender produtos funcionais que tentam ser não os melhores, mas "suficientes". "Suficiente" não significa meios-termos e resignação, mas sim, o sentimento de satisfação em saber que o produto vai fazer o que deve e nada mais. Recursos e atributos supérfluos que não têm relação com a função do produto são omitidos. A aspiração da Muji é realizar o extraordinário com modéstia e simplicidade na busca do puro e do ordinário. Na Muji, isso não é uma contradição.

Visitar uma loja Muji é uma experiência de abrir os olhos. Uma das primeiras coisas que notamos é que as roupas são todas simples, em geral brancas ou bege, mas nunca em tons fortes. Bege funciona. As camisetas não têm logotipos. Aliás, elas não têm nem etiquetas, dentro ou fora das roupas. Etiqueta para quê? Os móveis, utensílios de cozinha e materiais de escritório são simples, mas funcionais. Os *designs* são simples, não por alguma estética minimalista, mas para oferecer apenas o necessário para cumprir sua função. A Muji realiza concursos de *design* periódicos que sempre recebem mais de 2 mil inscrições; o resultado é a criação de novos produtos que apoiam as crenças e estilo de vida da Muji. Os preços não são baixos porque a loja usa materiais baratos ou *designs* de baixa qualidade, mas sim, porque elimina o supérfluo e usa *designs* com objetivo certo.

A loja em si apoia os produtos e a filosofia. A música ambiente é agradável. A atmosfera é relaxante e produz benefícios emocionais com um estilo muito japonês, mas que se adapta bem a outros países. Aliás, no Japão, ao contrário dos Estados Unidos, a calma é uma dimensão de personalidade que aparece relativamente com frequência. E a Muji tem calma.

Não é surpresa que a Muji preste atenção no ambiente. A loja tenta viver de modo compatível e sensível à Terra. Para tanto, a Muji desenvolveu uma série de três espaços de acampamento que permitem que as pessoas aproveitem a natureza em seu estado mais puro. Os acampamentos recebem os piqueniques de verão da Muji, eventos que ligam a Muji e os participantes à natureza.

A Muji pode ser descrita como uma reação aos excessos do Ginza e outros *shopping centers* recheados de marcas, todas tentando ser mais luxuosas que todas as outras. A Muji é antiexcesso. Ela deseja explicitamente eliminar os benefícios autoexpressivos aos quais as pessoas costumam aspirar. O emblema da Louis Vuitton é o exato oposto da Muji. Ironicamente, esse desejo de eliminar os benefícios autoexpressivos acaba gerando benefícios autoexpressivos. Comprar na Muji e usar produtos Muji é uma afirmação clara sobre quem você é. Você está além da busca por marcas estampadas nos seus produtos. Você é, pelo contrário, uma pessoa racional, interessada nos valores certos, ligada a uma empresa que se concentra na função, em marcas antiprestígio, na calma, na moderação e na natureza.

O fato de a Muji enfrentar pouquíssima concorrência de verdade mostra a força das barreiras que a marca ergueu. Além dos produtos, essas barreiras também se baseiam em tudo aquilo que emana dos seus valores centrais e da sua cultura, incluindo suas pessoas, atmosfera, programas e filosofia. A Macy's nunca conseguiria criar uma seção separada com uma submarca e recriar o espírito, o estilo de vida e os produtos da Muji. Simplesmente não daria certo.

A Muji tem uma história de marca incomum: uma não marca que gera benefícios emocionais e autoexpressivos. As tendências atuais tornam a história ainda mais interessante. Os consumidores descobriram o lado ruim dos excessos das compras materialistas financiadas por endividamento. Há quase uma ânsia por simplicidade, um distanciamento dos benefícios de marca orgulhosos e egocêntricos e uma aproximação com valores que geram mais satisfação. Os desejos por alimentos com menos aditivos, sistemas de entretenimento fáceis de operar, menos confusão nos produtos, consumo sustentável e tudo mais estão se tornando visíveis. Pode ser que o simples e o discreto se torne uma fórmula mais mainstream, não uma estratégia de nicho. Nesse caso, a marca Muji pode se tornar um modelo para muitas outras.

IKEA

O fundador da IKEA começou vendendo canetas, carteiras e outros produtos a preços baixos quando tinha 17 anos, em um vilarejo sueco em 1943. Em 1953, ele passou a vender também móveis baratos, produzidos na região, e abriu uma loja para demonstrar a qualidade dos seus produtos no contexto de uma guerra de preços. Três anos depois, um funcionário removeu as pernas de uma mesa para colocá-la em um carro. Esse fato levou ao conceito de embalar móveis em caixas fáceis de transportar e terceirizar a montagem para os clientes.

Hoje, a IKEA tem mais de 300 lojas e é a maior varejista de móveis do mundo. Como a Muji, a IKEA oferece produtos a preços acessíveis, com materiais selecionados com o custo em vista e *designs* que são simples sem perder a alta qualidade. Mas as duas também têm diferenças fortes. A IKEA gera menos benefícios emocionais e autoexpressivos que a Muji. Comprar IKEA não é uma afirmação contra as marcas que massageiam o ego dos consumidores. As lojas da IKEA têm armazéns eficientes, nos quais os clientes recolhem os itens desmontados que selecionaram em *displays* que imitam ambientes domésticos. As lojas têm áreas enormes, sinalização bastante visível, *layout* exclusivo e restaurantes que oferecem energia instantânea, com alta visibilidade e muitas vezes *buzz* para a marca IKEA. Além disso, boa parte do orçamento de *marketing*, cerca de 70%, é destinado a um catálogo de 350 páginas que oferece visibilidade dentro do lar e mais um elo entre o cliente e a loja. A ideia é disponibilizar móveis de qualidade para o grupo de clientes mais abrangente possível.

A IKEA também aproveita seu histórico na Suécia. Os *designs*, muitos dos quais têm marcas próprias, pertencem à tradição do *design* sueco que faz o simples e o funcional parecerem inteligentes e mais atraentes. A IKEA serve comida sueca dentro da loja, como almôndegas e geleia de loganberry, uma atitude charmosa que estabelece um elo com a Suécia.

Assim, IKEA significa móveis a preços acessíveis por causa da escala, do *design* e da venda desmontada, além do catálogo amplo, da facilidade de compra, dos *displays* informativos e do estilo sueco.

Zara

A Zara abriu sua primeira loja na Espanha em 1973 e hoje tem mais de 1.500 ao redor do mundo. Junto com a sueca H&M, a Zara foi pioneira e aprimorou o conceito de *fast fashion* com o uso da estratégia de *value pricing* (determinar o preço de acordo com o valor para o cliente). Ambas são os exemplares da categoria. *Fast fashion* significa que assim que um desfile de moda termina ou uma nova tendência aparece, o lojista oferece o último estilo a preços baixíssimos. Os clientes, especialmente mulheres jovens e atentas à moda, veem a proposição como irresistível.

O varejo de *fast fashion* exige a integração do *design* e da cadeia de suprimentos. Mesmo hoje, as lojas de roupa costumam planejar com seis a nove meses de antecedência, em parte para permitir o funcionamento da cadeia de suprimentos, geralmente baseada na China ou em outros países que fabricam produtos a custos baixos. A Zara trabalha diferente. A empresa usa integração vertical, com o *design* e a produção na Espanha ou no norte de Portugal (onde os salários são baixos) para as mercadorias que representam a última moda. Seu conhecimento sobre corte, tingimento e materiais, junto com o dom para o *design*, representam uma vantagem significativa. O resultado é que a Zara consegue criar *designs* e abastecer as lojas entre duas e cinco semanas, obtendo economias de processo no caminho, já que os desafios de comunicação e logística são menores.

Além de dar acesso à última moda, o modelo de *fast fashion* oferece outro benefício importante aos clientes: a loja sempre tem novidades. O perfil do estoque da Zara está sempre em mudança. A maioria dos *designs* dura apenas um mês e tudo o que não vende some em menos de uma semana. As consumidoras gostam da ideia de visitar a Zara com frequência para ver o que há de novo. Um estudo descobriu que a cliente média da Zara na Espanha visita a loja 17 vezes por ano, *versus* três vezes por ano para as concorrentes, por causa da renovação contínua da linha de produtos.[1] O *buzz* resultante, aliado à forte presença de varejo, impulsionaram a marca à sua posição atual. O resultado é que a Zara não precisa ter um orçamento de publicidade.

Um dos fatores que permite a existência do método da Zara, além do sistema integrado de *design* e suprimentos, é sua capacidade de detectar as tendências da moda e reagir com rapidez. As lojas concorrentes confiam nos instintos de comerciantes inteligentes e perspicazes para fazer previsões com seis meses de antecedência ou mais. Mas por melhores que sejam esses comerciantes, a tarefa é praticamente impossível. A Zara trabalha com um horizonte de previsões muito mensos estrito e usa diversas entradas muito úteis no seu processo. Uma é a experiência das lojas, especialmente aquelas mais antenadas na última moda, nas quais os clientes tendem a ser mais atentos à moda. Quando um *design* vende bem nesse ambiente, isso sinaliza que ele pode ser estendido e distribuído com mais vigor. As consultoras de vendas das lojas são outra entrada importante nesse processo. Elas estão em contato diário com os clientes e podem oferecer ideias cumulativamente. Um terceiro é a rede de escritórios da Zara ao redor do mundo, que emprega pessoas atentas à moda para observar as tendências, especialmente em países e segmentos que costumam ser líderes no mundo da moda.

Sucesso e escala, no entanto, oferecem vantagens e desafios. É muito útil ter um nível de vendas com tamanho suficiente para obter eficiência e erguer barreiras aos clientes. Entretanto, quando um negócio cresce além desse ponto e deixa de ser uma operação regional, fica muito difícil manter a integridade do modelo de negócios.

E a Zara está tendo dificuldades para ampliar a escala do seu modelo à medida que a capacidade das suas operações espanholas de atender a empresa em nível mundial chega ao limite.

H&M

A H&M, uma varejista sueca que tem índices de crescimento de 20% há décadas e hoje tem mais de 2 mil lojas no mundo todo, também usa *fast fashion*, mas em geral atua em níveis de preços menores do que os da Zara. Cerca de 25% do estoque da H&M é composto por itens de *fast fashion* com alta rotatividade. O objetivo é ter algo de novo na loja todos os dias. Os itens são desenhados na Suécia e fabricados em países europeus onde os salários são mais baixos por fornecedores ligados diretamente à H&M e bastante integrados com a empresa.

Para gerar interesse, a H&M foi pioneira no uso de marcas de estilistas famosos. O estilista italiano Roberto Cavalli e a estilista parisiense Sonia Rekeil têm linhas vendidas na H&M. Além disso, celebridades como Madonna e a cantora Kylie Minogue (uma das marcas da H&M se chamava "H&M loves Kylie") servem de garotos-propaganda para coleções limitadas que costumam se esgotar em poucos dias. O resto dos produtos da loja, itens básicos e cotidianos que podem ter tempos de ciclo maiores, são fabricados na Ásia. A H&M também coloca itens recomendados pela revista de moda *Elle* nas suas vitrines americanas para gerar interesse e credibilidade.

Ambas Zara e H&M tiveram índices de crescimento incríveis nos últimos 25 anos. Sua proposição de valor baseada em *fast fashion*, a saber, a última moda a preços baixos e renovação contínua do estoque nas lojas, ganhou força entre os segmentos de consumidores de vestuário. Sua cadeia de suprimentos que oferece rapidez e custos baixos e sua sensibilidade para o mundo da moda representam barreiras dificílimas para o resto do setor.

Best Buy

A tradição da Best Buy começa com uma pequena rede de lojas de varejo chamada Sound of Music, fundada em 1966 no estado de Minnesota. Mas foi em 1983 que a Best Buy abriu sua primeira *superstore* e começou sua ascensão no cenário do varejo americano. Em 2010, a empresa, ainda com sede em Minnesota, tinha mais de mil lojas. Estima-se que a Best Buy domine cerca de 20% do mercado americano de varejo de eletrodomésticos e a marca já tem uma cabeça de ponte na China e na Europa. Enquanto isso, uma das principais concorrentes, a Circuit City, foi à falência.

A Best Buy sempre ofereceu o valor produzido pela escala de ter *superstores* e uma rede de distribuição com armazéns. Ao mesmo tempo, a empresa também soube o que os clientes queriam e trabalhou para reduzir o estresse e a frustração de lidar com decisões e produtos relativamente complexos. Em 1989, a Best Buy adotou a política de eliminar as comissões de vendas, o que apoiou um relacionamento com os clientes muito diferente do que era o padrão em lojas semelhantes. O vendedor se transformou em assessor e o cliente passou a sentir menos pressão para comprar e ficar preso a alguém que não poderia ser a melhor opção. Foi uma decisão corajosa, pois os fornecedores poderiam ter se rebelado. Eles estavam acostumados com a estrutura de comissões como uma arma para vender as mercadorias que mais os interessavam, fosse por causa de uma margem de lucro alta ou por terem *design* obsoleto. A estrutura de comissões era uma parte importante do seu *marketing*. A Best Buy conseguiu manter os fornecedores e mudou a experiência de compra. Muitos anos depois, em 2005, a Best Buy eliminou todos os reembolsos postais, outra mudança que acabou facilitando a vida dos clientes mas que também mexeu com as promoções dos fornecedores.

Depois do ano 2000, as consequências do estouro da bolha de tecnologia e o incidente de 11 de setembro de 2001 dificultaram o ambiente de mercado. Além disso, a Walmart e a Amazon, assim como a Costco e a Dell, emergiram como fortes ameaças à Best Buy, pois todas estavam entrando no mercado de eletroeletrônicos com vantagens significativas. Então, como a Best Buy iria competir com essas empresas, que praticamente eliminaram seus concorrentes nos ramos de livros, músicas, filmes e brinquedos?

A resposta que surgiu quando a Best Buy analisou clientes, tendências e concorrentes foi a criação de uma nova subcategoria, a venda de serviços em vez de produtos, ou aliada à venda de produtos. Os clientes ficavam extremamente frustrados pelos produtos, difíceis de avaliar e impossíveis de montar. Os produtos tinham recursos demais, que contribuíam para a hipercomplexidade e pura frustração nas tentativas de instalá-los e operá-los em casa ou no escritório, especialmente quando os clientes esperavam que eles funcionassem uns com os outros. A Best Buy tentou oferecer um serviço em torno da compra e instalação do equipamento que reduzisse o tempo, as más decisões e o estresse envolvidos no processo. A pedra fundamental dessas estratégias foi o Geek Squad, além de programas centrados no cliente, como o Twelpforce.

O Geek Squad era uma *startup* de Minneapolis com oito anos de existência e 50 funcionários que instalava e consertava computadores quando a Best Buy a adquiriu em 2002. A empresa foi fundada com 200 dólares e uma bicicleta por Robert Stephens, que assim como Bill Gates, fundador da Microsoft, não terminou a faculdade.[2] A empresa era minúscula e apenas regional, mas ganhou credibilidade com seus preços fixos para atendimento de grandes clientes e Stephens tinha talento. Esperava-se que o Geek

Squad fosse o alicerce de um serviço que resolveria a necessidade não atendida de seleção, instalação e conserto de produtos de informática. O Geek Squad forneceu o núcleo inicial de funcionários, mas também a marca, a personalidade e o logo (Figura 3.1) que se encaixaram com os esforços da Best Buy de relacionar a sua própria marca com diversão e irreverência. Como boa parte da linha de produtos da loja era de entretenimento, pareceu uma boa ideia afastar a marca das preocupações mais sérias com preços e funções que dominam as lojas do setor.

O Geek Squad desenvolveu toda uma família de personagens engraçados, incluindo os agentes especiais que atendiam a domicílio, os contra-agentes que ajudavam nas lojas, os agentes duplos que faziam ambos e os agentes infiltrados que atendiam por telefone. Eles dirigiam Geekmobiles, Fuscas pintados no estilo do Geek Squad. Stephens descreveu o Geek Squad como uma "história em quadrinhos viva".[3] Os funcionários usavam uniformes ultranerds, com gravatas tipo *clip-on*, calças pretas e meias brancas. Com o tempo, o Geek Squad expandiu seu portfólio de serviços para incluir *home theaters*, serviços de instalação em automóveis e serviços para iPods e MP3. Hoje, o serviço tem um *site*, uma maneira de verificar o progresso do seu pedido pela Internet, uma rota para serviços prioritários (chamado de *911 repair*), um blog e uma parceria com o programa de TV *HouseSmarts*.

O Geek Squad, uma equipe de TI para indivíduos e um assessor confiável, se tornou um determinante na hora de escolher a loja certa. A Circuit City tentou copiar o modelo em 2005 com o Firedog, mas este foi fraco demais, pequeno demais e chegou tarde demais tanto em termos de substância quanto de marca. A Walmart anunciou um plano para oferecer serviços semelhantes com o uso de terceirizados, mas essa opção tinha limitações significativas. Em 2010, o Geek Squad tinha mais de 20 mil membros, cerca de 13% de todos os funcionários da Best Buy, e era o motor por trás de um negócios muito lucrativo e em forte expansão.

Outro elemento que apoia a orientação de serviços, chamado de "centricidade no cliente", foi estimulado pela ideia de que os melhores clientes devem ser identificados e a experiência de compra adaptada a ele, não a um cliente médio.[4] Os arquétipos dos conjuntos de clientes primários podem incluir o entusiasta por tecnologia com dinheiro; a mãe de classe média ocupada; o jovem fanático por *videogames* e orientado aos últi-

Figura 3.1 O logotipo do Geek Squad.

mos aparelhos eletrônicos; o pai de família preocupado com os preços; e o proprietário de um pequeno negócio. Cada loja se especializaria em um ou alguns desses segmentos, dependendo da sua clientela, o que afetaria a disposição interna e outras características da loja e o tipo e treinamento da equipe. As lojas dedicadas às mães de classe média ocupadas, em especial, tinham consultores de *personal shopping* que orientavam, recomendavam, ajudavam com a transação e carregavam os equipamentos nos veículos. As lojas que vendiam para fanáticos por *videogames* tinham uma ampla seleção de jogos e uma área em que o cliente podia experimentá-los antes de finalizar a compra.

Outra iniciativa que se encaixa com a nova estratégia foi a Twelpforce, na qual centenas de funcionários interagem com os clientes via Twitter. Eles podem responder perguntas em tempo real sobre serviços ou problemas de aplicativos. Os *tweets* são agregados e disponibilizados no *site* da Best Buy para o cliente interessado em problemas específicos. A Twelpforce reforça o fato de a Best Buy ter funcionários inteligentes que ajudam você a ter uma experiência de compra e uso melhor e oferece uma plataforma de informações úteis que se transformam em autoridades para alguns clientes.

Em 2009, a Best Buy deu início a um programa com o potencial de criar uma nova subcategoria: lojas que lideram a reciclagem de produtos eletrônicos e se preocupam com o meio ambiente.[5] A gerência reconheceu que a sustentabilidade é um valor social em ascensão e, logo, uma boa oportunidade de negócios. A Best Buy trabalhava com pequenos programas de reciclagem desde 2001, mas em março de 2009 lançou o novo programa, que acabaria recebendo o nome de Greener Together, no qual as lojas recebem praticamente qualquer produto eletrônico sem custos. Televisores, computadores e monitores exigem uma taxa de reciclagem de 10 dólares, compensada por um cupom de desconto no mesmo valor. Ao contrário do Geek Squad, o esforço não gera lucros, mas oferece um serviço e valida a afirmação da empresa de ter um relacionamento eterno com os clientes. Ele também convida os clientes a visitarem a loja, uma parte importante do *marketing* de varejo. Acima de tudo, ele ajuda a loja, pois faz com que a Best Buy se destaque como líder verde em sustentabilidade e sensibilidade ambiental e funciona como mais uma base para o relacionamento entre marca e cliente. As pessoas gostam de trabalhar com empresas que respeitam e admiram.

É possível que o esforço de reciclagem um dia leve a ofertas como cataventos e painéis solares. A credibilidade no espaço de energia também pode levar a produtos que ajudam a monitorar e controlar o uso de energia por meio de computadores. A Best Buy já vende motocicletas elétricas, possivelmente o modo de transporte com melhor economia de energia.

O grande avanço da Best Buy, sua adoção de um modelo de serviços, envolveu uma série de fatores. Primeiro, havia uma necessidade não atendida bastante óbvia.

Não era preciso ser gênio para ver que os clientes ficavam incrivelmente frustrados com a instalação e o uso de eletroeletrônicos e ainda mais quando os componentes precisam se comunicar entre si. Pesquisas com consumidores não geraram o *insight* principal, mas quantificaram a necessidade não atendida e aumentaram sua visibilidade interna. Segundo, o programa de reciclagem era motivado por uma forte tendência em direção a atitudes verdes e foi influenciada pelo desejo de aprofundar o relacionamento entre cliente e marca, tornando a Best Buy parte do processo desde o momento da seleção até a eliminação depois do fim da sua vida útil. Terceiro, havia o espectro de concorrentes grandes e poderosos entrando no espaço da Best Buy com a capacidade de oferecer descontos radicais. A empresa precisava de um novo ponto de diferenciação que tornasse os concorrentes menos relevantes. Foi exatamente isso que fizeram a relação de consultoria com os clientes, o Geek Squad e os programas de reciclagem. Finalmente, a Best Buy tinha uma forte motivação interna para levar o relacionamento com o cliente a um novo nível, então, a empresa se comprometeu a investir em suas lojas, pessoal e processos para transformar essa visão em realidade.

Whole Foods Market

Em 1978, John Mackey e um sócio abriram uma loja de alimentos naturais em Austin, Texas, com o nome de Saferway, uma brincadeira com a marca Safeway. Dois anos depois, uma fusão com outra pequena marca local levou à criação da primeira loja do Whole Foods Market. Desde o princípio, o Whole Foods Market, sob a liderança de Mackey, era uma grande mercearia de alimentos naturais (sem aditivos, preservativos ou adoçantes) e orgânicos (que não foram expostos a produtos químicos e contaminantes correlatos durante a produção). Seu sucesso se deve em parte à capacidade da empresa de adquirir ou se fundir com outros supermercados regionais com filosofias semelhantes e imbuí-los com a cultura, as operações e características do Whole Foods Market. Em 2009, o Whole Foods Market tinha cerca de 275 lojas, algumas delas na Europa, e estava próximo de 10 bilhões de dólares em vendas. No processo, ele se tornara muito diferente das outras redes de mercearia em pelo menos três aspectos.

Primeiro, a empresa dá visibilidade à sua atuação socialmente responsável, com o objetivo explícito de cuidar das comunidades, das pessoas e do meio ambiente. Seu *slogan* é *Whole Foods, whole people, whole planet* (Whole Foods, pessoas integrais, planeta integral). Apesar de todas as empresas pretenderem ser socialmente responsáveis, poucas o são de fato, e ainda menos recebem crédito do mercado pelo que fazem. O Whole Foods Market tem programas concretos que fazem a diferença. Além disso, os programas têm visibilidade cumulativa e reforçam sua reputação de superarem todos os outros e, acima de tudo, se importarem de verdade. O resultado é uma relação com os principais segmentos-alvo da empresa que se baseia em valores compartilhados e no respeito por programas eficazes.

Os programas sociais do Whole Foods e suas iniciativas de proteção e informação dos clientes são impressionantes. A empresa obedece padrões de cultivo de frutos do mar e foi a primeira loja dos Estados Unidos a oferecer frutos do mar com certificação do Marine Stewardship Council, uma organização independente que promove práticas de pesca sustentável e que criou e executa uma série de padrões ambientais de aquacultura para cultivo de frutos do mar. A empresa mudou suas práticas de compra para refletir o tratamento mais ético dos animais. Em 2006, o Whole Foods Market se tornou a única empresa na lista *Fortune 500* a compensar 100% do seu gasto de eletricidade com créditos de energia eólica. Em 2007, ela criou o programa Whole Trade Guarantee, que afirma que todos os produtos identificados envolvem bons salários para os trabalhadores, boas condições de trabalho e práticas ambientais de qualidade, destinando 11% do preço de varejo para a Whole Planet Foundation, uma instituição de combate à pobreza. Com ainda mais visibilidade, a empresa eliminou o uso de sacolas plásticas descartáveis, em parte com a venda de grandes sacolas coloridas feitas de garrafas recicladas (a Figura 3.2 apresenta uma versão da sacola com *design* especial). Esses e outros programas são tão ligados à marca e geram tanta visibilidade cumulativa que o Whole Foods Market conquistou uma série de prêmios.

Segundo, o Whole Foods Market tem e comunica uma paixão por alimentos e saúde. A empresa aspira a satisfazer e agradar, a tornar o processo de compras divertido e interessante. Ela vende produtos como sopas frescas, material de confeitaria e alimentos que envolvem o cliente com aromas, oportunidades de provar gostos novos e uma ampla variedade. A compra se torna uma aventura estimulante. Vários itens foram vendidos pela primeira vez no Whole Foods Market e outros são exclusividade da loja. A disponibilidade de itens saudáveis deixa claro onde estão seus interesses e prioridades. Os "membros da equipe" reforçam os valores centrais da empresa sobre alimentação saudável, natural e orgânica, pois são informados, engajados e demonstram o quanto se importam com o tema.

Terceiro, o Whole Foods Market desenvolveu a capacidade de fornecer alimentos orgânicos e naturais com qualidade consistente e uma ampla variedade. A empresa tem um programa que gerencia ativamente o manuseio e rotulamento dos produtos orgânicos e naturais. Sua experiência com a aquisição e apresentação desses produtos alimentícios não é fácil de imitar. Para o segmento crescente que busca produtos orgânicos e naturais, o Whole Foods Market é a fonte principal de alimentos.

Figura 3.2 A sacola de compras reutilizável típica do Whole Foods Market.

Outras lojas estão tentando responder com aumentos em suas seções de produtos orgânicos e naturais, mas é uma batalha difícil. Além da competência, o Whole Foods Market também tem a autenticidade gerada por sua tradição e seus valores. As outras podem copiar o que a empresa faz, mas não quem ela é. A realidade é que muitos concorrentes do Whole Foods Market estão mais interessados em logística, armazenamento, eficiência dos caixas e ganhar dinheiro do que em comida, e isso não é difícil de ver.

O Whole Foods Market representa uma estratégia de comprometimento. A empresa é apaixonada pelo seu negócio e essa paixão se reflete na sua cultura e nas suas operações, o que é muito difícil de imitar. Com o passar dos anos, a estratégia de fusões horizontais e aquisições permitiu que a empresa transformasse um negócio local em um gigante nacional e talvez até global, criando vantagens de escala. O Whole Foods Market nunca perdeu seus objetivos de vista ou se distraiu com outros ramos de negócios que não tinham relação direta com a sua paixão.

O Whole Foods Market acertou o *timing* e desenvolveu vantagens que a concorrência teria dificuldades em superar. A procura por alimentos naturais e orgânicos cresceu 20% por vários anos, em parte devido a uma revolução na sensibilidade e nas atitudes relativas à alimentação, e se tornou difícil de ignorar. A alimentação saudável e as questões ambientais estavam no noticiário e nas livrarias e afetaram atitudes em relação a marcas. Apesar dessas tendências cada vez mais visíveis, o movimento natural e orgânico passou despercebido entre a maioria dos grandes supermercados. Ele era visto como apenas um nicho *semi-hippie*, alegremente delegado a lojas menores. Mas o nicho cresceu e algumas dessas lojas menores acabaram se juntando ao Whole Foods Market.

Foi só perto de 2005, quando as vendas de produtos naturais e orgânicos chegaram a cerca de 14 bilhões de dólares, que as grandes redes de supermercados começaram a prestar atenção e aumentar suas ofertas. As redes tradicionais reconheceram que havia um problema de relevância no horizonte. Um segmento cada vez maior queria alimentos naturais e orgânicos com credibilidade. Além disso, a presença ou ausência desse tipo de produto sinalizava se a loja estava ou não interessada em alimentos saudáveis. Como as tendências haviam chegado a um ponto de desequilíbrio, as redes precisavam agir e adicionar alimentos naturais e orgânicos às suas lojas. Agora o problema era gestão de marca, pois elas não tinham plataformas de marca adequadas para apoiar ofertas orgânicas e naturais com credibilidade.

Um caminho adotado pela gestão de marcas dos supermercados foi o uso de submarcas. Em 2006, o Safeway lançou a marca O Organic, que teve tanto sucesso que passou a ser vendida em lojas fora da rede Safeway. No mesmo ano, a Kellogg's desenvolveu uma versão orgânica dos seus principais cereais, como o Organic Raisin Bran. Mas as redes tinham vários problemas. Suas marcas, mesmo com submarcas fortes como a O Organic ou marcas de fornecedores como a Kellogg's, estavam em desvantagem perante o Whole Foods Market, que tinha credibilidade tanto na área de produção dos benefícios como no fato de realmente acreditar no que faz. Na melhor das hipóteses, as redes tradicionais iriam apenas produzir os benefícios funcionais. E mesmo isso não seria fácil, pois a oferta era limitada e as operações envolvidas na manutenção da pureza orgânica eram um grande desafio.

A história do Subway

Hoje, o Subway tem mais de 32 mil restaurantes espalhados por quase 100 países. A rede tem vendas de mais de 90 bilhões de dólares por ano e sempre aparece como número um na lista das melhores franquias compilada pela revista *Entrepreneur*.[6] Fundada em 1965, ela chegou a 16 lojas em 1974, quando decidiu se converter ao modelo de franquia. Durante as décadas de 1980 e 1990, o Subway era uma loja de sanduíches-submarino que oferecia boa relação custo-benefício com ingredientes frescos, pão feito na hora e a capacidade de fazer o sanduíche "do seu jeito", com uma ênfase óbvia em limpeza e segurança alimentar. Como líder da subcategoria, o Subway tinha uma proposição de valor que girava em torno do frescor e da vitalidade dos seus sanduíches. A assinatura da rede era o BMT, que significava *biggest, meatiest, tastiest* (o maior, o com mais carne, o mais saboroso) e incluía salame, calabresa e presunto.

Tudo mudou em 1999. Primeiro, nos anos 1990 a tendência em direção à alimentação saudável, e o papel da gordura, especialmente a gordura saturada e a trans, ganharam visibilidade. Segundo, em 1999, a revista *Men's Health* publicou um artigo sobre um universitário chamado Jared Fogle que perdeu mais de 110 quilos apenas andando e comendo uma dieta de apenas dois sanduíches Subway por dia, um de 15 cm de peru no almoço e um vegetariano de 30 cm no jantar.[7] Terceiro, o Subway tinha a capacidade latente de oferecer comidas saudáveis, em comparação com as alternativas de pizzas, hambúrgueres, galinha frita e taco. Alguma coisa estalou no Subway e os três fatos se fundiram. O resultado foi a criação de uma nova subcategoria, o *fast food* saudável. A nova subcategoria era uma parte do mercado de sanduíches-submarino e uma pequena parte de todos os *fast food*, mas ela tinha substância e energia.

O primeiro passo foi relativamente fácil: explorar o cardápio do Subway que já existia. Em 1997, a rede desenvolveu um logotipo em torno de seu cardápio "7 com menos de 6", ou seja, 7 dos seus sanduíches tinham menos de 6 gramas de gordura. Essa foi a peça fundamental de sua marca de *fast food* saudável. É claro que a maioria dos clientes pede os sanduíches mais gordurosos, mas as opções mais saudáveis ganharam bastante visibilidade. O Subway cercou suas afirmações sobre ser "mais saudável" com informações nutricionais na sinalização, que ficava em destaque na frente da loja em vez de escondida atrás do balcão.

Com o tempo, o Subway fortaleceu a substância e aparência de seus cardápios mais saudáveis. Em 2003, a empresa adicionou um Kids Pak com suco de caixinha, frutas processadas e um brinquedo ativo. No ano seguinte, o Subway lançou uma linha de *wraps* com controle de carboidratos, com menos de 5 gramas de carboidratos líquidos. A empresa também criou um currículo escolar com o *slogan One Body? One Life? Eat Fresh! Get Fit!* (Um Corpo? Uma Vida? Coma Alimentos Frescos! Entre em Forma!), destinado a alunos das séries iniciais e apoiado pelo *site* subwaykids.com. Em 2007, o Subway lançou as refeições FreshFit e FreshFit for Kids, que vêm com acompanhamentos mais saudáveis, como fatias de maçã, uvas-passas, leite desnatado, água mineral e iogurte Danone. O Subway desenvolveu as refeições para seguir a abordagem da Associação Americana do Coração para um estilo de vida saudável. Em apoio ao FreshFit, 150 embaixadores de marca do Subway deram bicicletas e milhares de cartões Subway Cash Cards para consumidores e espectadores em seus "atos aleatórios de boa forma", como sessões de subir escadas e *power walking*. No mesmo ano, o Subway removeu toda a gordura trans do cardápio e adicionou pães de aveia e mel e de trigo com alto teor de fibras.

O principal motivador para a criação da categoria de *fast food* saudável foi Jared Fogle, sua história do Subway e o símbolo de suas calças enormes. Ele se tornou a peça central da publicidade e um porta-voz da marca, representando o Subway 200 dias por ano. Jared fez muito mais do que contar sua história. Ele participou de programas para transformar sua história em progresso real, ajudando crianças a fazerem escolhas melhores, que oferecem energia e vitalidade. Os programas infantis incluíam os cartões de informação Jared's Steps to Healthier Kids e o passeio escolar Jared and Friends School Tour, que destacava a importância de fazer exercícios e ter uma alimentação saudável. Além disso, o lançamento do FreshFit reuniu Jared Fogle e o músico LL Cool J em um ônibus de dois andares que realizou um evento para televisão, revistas e jornais na Times Square, em Nova Iorque.

O programa como um todo deu certo. O Subway se tornou a opção de *fast food* saudável. Em 2009, a pesquisa Zagat Fast-Food Survey considerou a marca Subway como número 1 em "opções saudáveis".[8] Os fatores por trás dessa escolha foram a substância por trás do cardápio; a marca por trás do "7 com menos de 6"; o símbolo da história de Jared, apoiado por uma pessoa de verdade; e a visão que gerava um fluxo contínuo de programas que sustentaram o posicionamento de alimentação saudável. A mera combinação de cardápio e publicidade não teria levado ao sucesso.

Outra história sobre como o Subway precisava se preocupar com manter sua relevância perante uma subcategoria emergente demonstra o desafio de permanecer relevante quando estamos enfrentando algo de novo no mercado. O Subway percebeu o apelo de um rival em ascensão, o Quiznos, que criara sua própria subcategoria (sanduíches-submarino tostados) e que se tornara a marca número 2 do mercado. Fundado em 1981, em 2000 o Quiznos tinha mil lojas e em 2003 chegou a 2 mil. Em resposta, o Subway instalou fornos em todas as suas unidades em 2005 e ofereceu aos clientes versões tostadas dos seus sanduíches. O Subway não promoveu esse recurso adicional. A intenção da rede não era entrar na subcategoria de sanduíches tostados, mas eliminar um motivo para não escolher o Subway, mantendo-se relevante entre os clientes que gostam de tostar seus sanduíches.

Zappos

Uma marca que é sinônimo de felicidade? Disney? Não. Zappos.

Em 1999, Nick Swinmurn passou um dia frustrante tentando comprar sapatos. Nenhuma loja tinha o seu tamanho, cor ou modelo. Swinmurn raciocinou que uma loja de calçados na Internet poderia estocar uma ampla variedade de produtos e remover essa fonte de frustração, então, ele fundou uma empresa chamada Shoesite.com. Em parte porque 1999 foi o auge da bolha da Internet, Swinmurn vendeu a ideia para uma empresa de capital de risco chamada Venture Frogs, que financiou a ideia com um investimento de 500 mil dólares, com a condição de que ele contratasse alguém que entendesse de calçados.

A Venture Frogs foi cofundada por Tony Hsieh (pronuncia-se "xei"), que também foi confundador da LinkExchange, empresa vendida para a Microsoft por 275 milhões de dólares apesar de ter apenas 10 milhões de dólares em vendas e de Hsieh ter apenas 24 anos na época. Hsieh, aluno de ciências da computação em Harvard, estava no lugar certo na hora certa. Foi um grande momento. Com a sua parte da venda, Hsieh decidiu fundar a Venture Frogs como um fundo que incubaria *startups* na Internet.

Swinmurn descobriu que, mesmo com um profissional de calçados da Nordstrom no projeto, o trabalho operacional era demasiado. As empresas de calçados relutavam em participar, pois associavam a Internet com preços baixos e queriam proteger seus relacionamentos de varejo . Além disso, o uso de varejistas locais para cumprir os pedidos com a técnica de *drop shipping*, o único modelo operacional viável, era muito caro e não oferecia um serviço de alta qualidade, pois muitos modelos encomendados pelos clientes estavam esgotados. Depois de seis meses e com apenas três fornecedores, a empresa estava dando errado. É a história da maioria das *startups* com grandes ideias que poderiam criar novas categorias ou subcategorias: falta de dinheiro, barreiras reais à execução e equipe e liderança inadequadas. Nesse caso, no entanto, Hiseh, que estava cansado de financiar empresas problemáticas e queria criar um lugar divertido para trabalhar, deu uma segunda chance ao conceito: ele mesmo decidiu apoiar a empresa e, mais importante, se tornou o co-CEO.

O nome da empresa mudou para Zappos, estimulado pela palavra italiana para "sapatos", *zapatos*, e pela percepção de que, no longo prazo, ela não poderia ficar presa apenas a essa categoria de produtos. Na verdade, a Zappos acabaria vendendo óculos, bolsas, acessórios, relógios e produtos eletrônicos. A empresa também tem planos de entrar em setores de serviço, como bancos, hotéis e linhas aéreas. O nome não foi a única mudança. Por causa da dificuldade de obter os produtos de uma ampla variedade de fornecedores, foi decidido que a essência de marca seria a excelência do serviço, não a variedade dos produtos. A Zappos acabaria adotando o *slogan Powered by service* ("Energizada pelo serviço"). Ainda assim, o escopo de fabricantes cresceu. Depois de um ano e meio, a empresa tinha 50 fornecedores, chegando a cem depois de mais um ano, apesar de ter demorado sete anos para a Nike concordar em participar.

A missão era oferecer o serviço de mais alta qualidade no setor. A empresa se caracterizava pelas políticas de frete grátis (clientes que esperavam cinco ou seis dias de demora se surpreendiam com o transporte aéreo); política de retorno de 365 dias, também com frete grátis; e um *call center* que funcionava 24 horas por dia, 7 dias por semana, com uma equipe de atendentes americanos, envolvidos, bem-informados e focados no cliente. A Zappos, ao contrário de outras empresas de *e-commerce*, incentiva os clientes a ligarem para ela, com um número gratuito de destaque, pois ela acredita que o contato pessoal com seus representantes de venda promove o relacionamento com a marca. A Zappos também foi diferente das outras empresas de *e-commerce* porque não tentou competir em termos de preço, mas sim, de qualidade do serviço e seleção dos produtos. Em 2003, para conseguir prestar os serviços esperados, a Zappos abriu um armazém no Kentucky e basicamente acabou com todo o *drop shipping*, permitindo que a empresa controlasse a logística e reduzisse os casos de produtos esgotados.

Esse nível de serviços era caro e foi financiado em parte pelo fato de a empresa aceitar menos lucros e em parte por um orçamento de *marketing* reduzido. A empresa não teve lucro até 2006, quando as vendas chegaram a 600 milhões de dólares. Hsieh decidiu que o melhor uso para o orçamento de *marketing* seria o frete grátis e o *call center* 24 horas, ambos os quais gerariam recomendações interpessoais. Além disso, o *marketing* em mecanismos de busca era extremamente eficaz e barato. A Zappos simplesmente comprava os nomes das marcas dos fabricantes, então, quando o cliente buscava por uma marca de calçados no Google, o resultado era um anúncio da loja.

O grande segredo para o nível de serviços não era as políticas e os programas da empresa, mas sua cultura e seus valores. O primeiro valor era oferecer atendimento ao cliente de nível "Uau!". O objetivo explícito da Zappos era exceder expectativas e fidelizar os clientes. Uma história entre muitas é que, quando uma cliente informou a Zappos que os calçados foram encomendados para seu marido que havia morrido em um acidente de carro, além de reembolsar o valor da compra, a atendente do *call center* mandou flores para o funeral. Por conta própria.

Outros valores incentivam os funcionários a estimularem mudanças, serem criativos, terem mente aberta, buscarem o crescimento, desenvolverem relacionamentos honestos e abertos, criarem um espírito de família e serem passionais e humildes. Mas o valor que define a atmosfera acima de todos os outros é a criação de um ambiente divertido e até meio estranho. A capacidade de ser engraçado e esquisito, o que torna a vida no escritório divertida e imprevisível e encoraja as inovações, é mais do que tolerada: a empresa recompensa essas qualidades e as comunica interna e externamente.

O processo de contratação e treinamento e o sistema de recompensas possibilitam a manutenção de uma cultura forte, apesar de os salários e benefícios (exceto pelo generoso plano de saúde) estarem abaixo da média. O processo de contratação inclui uma seção de adaptação à cultura. Por exemplo, os candidatos precisam descrever o quanto são esquisitos, em uma escala de 1 a 10; o número não importa, mas a reação à pergunta sim. Um teste de humildade envolve perguntar se o último cargo do candidato era adequado. Os candidatos, especialmente os mais velhos, são avaliados em contextos sociais informais. A empresa também realiza uma sessão de treinamento cultural de duas semanas, seguida de duas semanas em um *call center* e mais uma no armazém. Depois disso, os funcionários recebem 2 mil dólares, sem compromisso, e podem abandonar a empresa se não se sentirem confortáveis com a cultura. Ao contrário da maioria dos call centers, os representantes não são julgados pela duração das chamadas ou por suas vendas. Em vez disso, a Zappos realiza verificações de conversas ocasionais e os representantes de vendas são avaliados de acordo com o quanto conseguem deixar o cliente feliz e conectado. O objetivo é uma conexão emocional pessoal (PEC). A incapacidade de se adaptar à cultura é motivo para demissão.

A cultura também é apoiada por uma série de atividades que reforçam os valores. Hsieh, cuja escrivaninha discreta fica no meio de uma fileira de cubículos, usa o Twitter regularmente para falar com os funcionários e seus 1,6 milhão de seguidores, fazendo observações inteligentes para inspirar, informar, conectar ou entreter os seus leitores. Todos os anos, os funcionários contribuem para um livro de cultura com comentários de 100 a 500 palavras sobre o que a cultura Zappos significa para cada um. O livro é enviado a todos os interessados. O escritório tem trepadeiras penduradas do teto, enquanto outros recebem visitantes com sinos ou pompons. A empresa recebe muitos visitantes que querem assistir ao serviço de qualidade em ação. Espera-se que os gerentes passem de 10 a 20% do tempo socializando com seus subalternos.

A Zappos, como a Disney, está vendendo seus truques e programas de cultura. A empresa oferece um seminário de dois dias, com custo de 4.000 dólares, sobre como criar uma cultura forte. O *site* Zappos *Insights* oferece vídeos sobre gestão e dicas da sua equipe, ao custo de 39,95 dólares por mês. O projeto reforça a cultura dentro da empresa, ao mesmo tempo em que gera credibilidade e *buzz* em torno da sua missão de serviços externamente.

De volta à felicidade. Hsieh se interessou profissionalmente pela felicidade e concluiu que a visão da Zappos deveria ser a produção de felicidade para clientes e funcionários. Ele observou que muitos estudos sobre felicidade e teorias formuladas por psicólogos e outros profissionais sugerem que o sentimento é influenciado por quatro necessidades básicas: percepção de controle, percepção de progresso, conexão e pertencer a uma visão maior. Ele tenta garantir que a Zappos tenha programas e políticas sensíveis a essas necessidades.

A percepção de controle é produzida em parte ao permitir que os funcionários da Zappos controlem os relacionamentos com os clientes. Os atendentes do *call center*, por exemplo, não ficam presos a roteiros e são incentivados a serem eles mesmos e deixarem suas personalidades transparecerem nas conversas. Além disso, eles têm tanta autoridade para resolver os problemas dos clientes quanto Hsieh. Os funcionários também têm algum controle sobre sua compensação, pois conquistam aumentos quando completam cursos em cerca de 20 conjuntos de habilidades diferentes.

Na Zappos, o progresso profissional é contínuo em termos de treinamento e de evolução. Funcionários com dois anos de experiência ou mais podem escolher entre uma série de programas de desenvolvimento profissional, desde treinamento especializado a desenvolvimento pessoal, como cursos sobre como falar em público. As promoções ocorrem com mais rapidez, pois são divididas em incrementos de seis meses que tornam o progresso mais contínuo. A empresa também oferece várias oportunidades de reconhecimento.

As últimas duas dimensões da felicidade são movidas pela cultura. A conectividade é estimulada pela manutenção de uma atmosfera social familiar, pelos eventos e pela triagem cultural no processo de contratação. Ela é medida por quantos melhores amigos trabalham na empresa. Os valores, especialmente a prestação de serviços de nível "Uau!", criam a visão maior. A Zappos nunca se concentrou em metas de venda, mas sim, na prestação da melhor qualidade de serviços possível.

A felicidade também se aplica aos clientes, especialmente quanto ao alto nível de controle que recebem, à sua participação na família interativa de clientes e funcionários e à conscientização de que seu relacionamento com a Zappos vai além de meras transações. A arquitetura orientada pelo cliente do *site* permite que o usuário controle a experiência de compra. Os clientes são incentivados a ligarem para a loja se precisarem de conselhos ou ajuda. Os clientes mais apaixonados, que combinam mais com os valores e a experiência da Zappos, podem criar ou assistir vídeos com comentários sobre a marca e colocar um botão "Eu Amo a Zappos" nos seus perfis do Facebook. O ato de fazer propaganda sobre a Zappos amplia e aprofunda o relacionamento de marca. A cultura, os valores e os conceitos de felicidade permitiram que a Zappos criasse uma nova subcategoria de varejo, baseada na energia e autonomia dos funcionários para criar um relacionamento de nível "Uau!" com os clientes. É interessante que a estratégia foi implementada sem o apoio dos investidores de capital de risco, que acreditavam que ela prejudicaria a rentabilidade de curto prazo da empresa. No longo prazo, ninguém duvida que valeu a pena.

As vendas da Zappos ultrapassaram 1 bilhão de dólares em 2008. Estima-se que a Amazon tenha pago 1,2 bilhão pela empresa em 2009. A Amazon pediu que Hsieh administrasse a Zappos de modo independente, com a missão de manter e aprimorar a cultura e a produção do serviço sensível e "Uau!" frente ao foco da Amazon nos preços baixos. Espera-se que as barreiras consideráveis que a marca criou na forma de relacionamentos com os clientes cresçam à medida que a Zappos ganha acesso à tecnologia e infraestrutura da Amazon para se tornar mais eficaz e melhorar o desempenho para o cliente em termos de atendimento mais rápido e eficiente de pedidos e menos casos de produtos esgotados. Parece que a combinação das duas vai mesmo criar a famosa sinergia, muito planejada e pouco realizada com as grandes aquisições corporativas. Os fãs e membros da equipe Zappos esperam ansiosamente pela emergência dessa visão.

Lições principais

- Uma cultura e uma visão fortes, que estabeleçam uma relação com um grupo central de clientes, como vimos no caso da Muji, IKEA, Whole Foods Market, Zara, H&M e Zappos, dá energia durante os primeiros anos, além de direção e comprometimento enquanto a empresa passa pelas fases de crescimento e expansão do escopo.

- Uma cultura organizacional orientada pela visão tem muito poder para fazer com que uma estratégia tenha sucesso. Como a cultura envolve valores, programas e liderança, ela é difícil de copiar.

- O *brand equity*, também chamado de valor da marca é, uma barreira significativa para os concorrentes, e pode se basear em visibilidade de marca e em relacionamentos com os clientes que envolvem benefícios emocionais e autoexpressivos, aspectos profundos e difíceis de afetar.

- O *timing* é crucial, pois a tarefa já é difícil o suficiente quando estamos correndo a favor do vento. O Whole Foods Market e a Muji se beneficiaram do interesse crescente nas suas visões. A Zappos não teria dado certo em outra época, com a Internet em um estágio diferente de maturidade.

- Os conceitos evoluem com o tempo, especialmente durante o começo da fase de crescimento da empresa. Muji, IKEA, Best Buy e Whole Foods Market começaram com escopos e ambições pequenos e expandiram suas visões à medida que foram conquistando energia e aceitação e descobriram o que estava dando certo. A Zappos mudou sua proposição de valor de variedade para serviço.

- Um fator muito frequente por trás de conceitos de sucesso é uma necessidade não atendida que está oculta ou é mal servida pelo mercado. A Zappos, por exemplo, foi estimulada por uma experiência de compra frustrante que os vendedores de calçados existentes não pensavam em questionar.

- As operações, críticas para o sucesso, são difíceis; elas exigem financiamento, inovação, pessoas com habilidades especializadas que acreditam no que estão fazendo e uma visão e um defensor inspiradores.

- As marcas podem transmitir a mensagem de inovação. O Geek Squad, por exemplo, contava a história da qualidade do serviço de um modo cheio de vida, com humor e personalidade. O "7 com menos de 6" ajudou o Subway a se comunicar.

- Os valores verdes e programas sociais estão crescendo em popularidade na maioria dos mercados, mas poucas organizações têm credibilidade nesse espaço. O Whole Foods Market e a Muji conseguiram entrar nele com sua substância visível. Esse segmento importante de clientes vê as marcas como compartilhando seus valores, interesses e até estilos de vida.

Para discussão

1. Identifique alguns varejistas com alto nível de diferenciação. O que os torna diferentes? Como eles produzem e mantêm essa diferença?

2. Avalie a decisão da Best Buy de comprar o Geek Squad em vez de construir a mesma capacidade internamente. Quais são os prós e contras da decisão? Qual é o principal fator por trás dessa decisão?

3. Por que outras lojas de calçados não criaram o modelo Zappos quando esta começou? Compare a Zappos com a Nordstrom.com enquanto loja de calçados.

Capítulo 4

Dinâmica de Mercado no Setor Automobilístico

> *Vou democratizar o automóvel. Quando terminar, todos vão poder comprar um carro e praticamente todos já vão ter um.*
>
> —Henry Ford

> *Ideias ousadas são como as peças de xadrez que se movem para a frente; podem ser comidas, mas podem começar um jogo vitorioso.*
>
> —Goethe

Pense na história do mercado automobilístico nos últimos cem anos. Dezenas de inovações criaram novas áreas de negócios, como o automóvel com motor de combustão interna; a linha de montagem; a linha de produtos da GM, do Chevrolet ao Cadillac; a venda parcelada; o câmbio automático; o aluguel de automóveis; os carros japoneses da década de 1970, vendidos em versão simples e de luxo, o que eliminava uma série de escolhas; peruas; conversíveis; minivans; utilitários esportivos; *crossovers*; picapes de luxo; híbridos; e minis. Além disso, alguns carros revolucionários mudaram a indústria, como o Ford Modelo T, Jeep, Ford Thunderbird, Ford Mustang, o minicarro Fiat 500, o Volkswagen Fusca, Pontiac Firebird, Dodge Caravan e Plymouth Voyager, Lexus LS 400, Mazda Miata, Saturn, Prius, Minicooper e Nano, entre outros. E no mercado de aluguel de automóveis surgiram a Enterprise Rent-A-Car e a Zipcar. Em todos os casos, os inovadores produziram lucros acima da média, em alguns deles por muitos anos.

Neste capítulo, vamos analisar algumas dessas subcategorias e as marcas que as criaram: o Prius híbrido da Toyota, a minivan da Chrysler, a Saturn da GM, o Nano da Tata, o Yugo, a Enterprise Rent-A-Car e a Zipcar. O objetivo é descobrir como essas empresas conseguiram criar e dominar novas subcategorias e por que os concorrentes ficaram parados. A indústria automobilística é um contexto muito interessante para se estudar as reações da concorrência a inovações que claramente revolucionaram o mercado. Na batalha por relevância, a vitória depende muito do que os concorrentes fazem ou deixam de fazer. As histórias deste capítulo são uma demonstração vívida desse fato.

Prius, o híbrido da Toyota

O Prius foi lançado nos EUA em 2000. Mais do que o carro híbrido dominante em um submercado em ascensão, tornou-se o símbolo da liderança tecnológica e do comprometimento ambiental da Toyota. Uma década após seu lançamento, o Prius tinha aparência e desempenho melhores e dominava a subcategoria. Sua história é muito interessante.

O híbrido não é exatamente uma novidade. Ferdinand Porsche, na época um engenheiro de 23 anos, desenvolveu um carro híbrido chamado Mixte, a pedido de um fabricante de carrocerias de Viena que queria um carro silencioso e movido a bateria. Lançado em 1901, o Mixte tinha boa eficiência de combustível e desempenho. Porsche concluiu que um carro movido apenas a bateria seria inviável e que o híbrido era a única solução. Os carros elétricos e híbridos foram um nicho de mercado durante os primeiros anos da indústria. Na verdade, em 1900, 38% dos carros eram elétricos. Mas o automóvel movido a gasolina alcançou uma posição dominante com a procura por carros mais rápidos; a disponibilidade de gasolina barata; a construção das rodovias; o lançamento do Ford Modelo T em 1908, um carro de baixo custo; e a invenção do motor de partida, vendido pela primeira vez em 1912, pela Cadillac, que eliminou uma limitação de *design* incômoda e perigosa dos carros a gasolina: a manivela. Por mais de 50 anos, os carros a bateria passaram quase despercebidos em um período de gasolina barata e melhorias nos motores de combustão interna.

A crise do petróleo de 1973 estimulou uma iniciativa governamental de criar carros mais eficientes. Um dos resultados foi a regulamentação da Economia de Combustível Média da Corporação (CAFE) de 1975, que especificava que o consumo de combustível médio de cada montadora deveria melhorar com o tempo (ainda que, estranhamente, caminhonetes e utilitários esportivos pesados tenham sido excluídos dessa regra, em parte devido à influência política dos fazendeiros e pequenos empresários que usavam caminhonetes). Atender aos padrões CAFE era um grande desafio. Apesar de o híbrido ser uma solução em potencial, a indústria automobilística de Detroit não avançou muito na área.

Uma invenção curiosa foi o trabalho de um engenheiro e inventor: Victor Wouk estava trabalhando em um híbrido sob a tutela do fundador da Motorola, que se preocupava com a poluição atmosférica desde a década de 1960. Wouk projetara um carro híbrido por causa da limitação dos veículos movidos à bateria. A Agência de Proteção Ambiental (EPA), a força por trás da iniciativa, testou um veículo Wouk e descobriu que ele atendia as diretrizes rígidas para a emissão de poluentes e tinha consumo eficiente de combustível. Ainda assim, em uma decisão difícil de explicar, a EPA rejeitou o produto, apesar de o preço do petróleo no mercado mundial não ter caído significativamente. Sem dúvida, a decisão se explica em parte por motivos políticos e interpessoais, pois Wouk não pertencia ao mundo de Detroit. Não basta ter o melhor carro se as barreiras para levá-lo ao mercado não forem superadas.

Ainda mais difícil de explicar é por que uma das montadoras americanas não prestou atenção nessa inovação e criou uma subcategoria e uma marca. Podemos, no entanto, oferecer uma série de possíveis explicações econômicas, políticas, técnicas e de mercado. A mais importante é que as montadoras, que obviamente influenciam os legisladores de modos diferentes, podiam estar preocupadas que o sucesso criaria leis e regulamentações caras e inconvenientes. Além disso, havia a percepção de limitações corporativas, a cultura avessa a riscos das empresas americanas e o movimento estratégico em direção às tecnologias existentes. As montadoras também podiam estar sofrendo da síndrome do "não inventado aqui". Em retrospecto, talvez tenha sido uma oportunidade perdida. Mesmo que os primeiros modelos não fossem lucrativos, com o passar dos anos, as melhorias no sistema poderiam ter levado a uma posição dominante em um mercado atraente, especialmente quando o preço do petróleo quase dobrou de novo seis anos depois. Mas as montadoras de Detroit, seus clientes e os legisladores continuaram se recusando a enfrentar essas possibilidades.

Um desenvolvimento tecnológico de 1978 seria muito importante para o futuro dos híbridos. Quando um carro freia, a energia é dissipada na atmosfera na forma de calor e, logo, perdida. Um engenheiro chamado David Arthurs desenvolveu um modo de coletar essa energia e usá-la para recarregar a bateria. Batizado de sistema de frenagem regenerativa, foi isso (além de várias outras inovações) que viabilizou os carros híbridos modernos.

Este é um bom momento para fazer uma observação sobre carros movidos à bateria, pois seu desenvolvimento está ligado ao híbrido em termos de política e tecnologia. Em 1990, influenciado pelo protótipo movido à bateria da General Motors, patrocinado por Roger Smith, CEO da GM naquela época, o California Air Resource Board (CARB), buscando uma maneira de atender o Clean Air Act, uma lei estadual de poluição atmosférica, declarou que as empresas que trabalham no Estado precisariam produzir veículos com emissão zero. Esses veículos precisariam representar 2% das vendas de automóveis na Califórnia em 1998, 5% em 2001 e 10% em 2003. Essa regulamentação estimulou a atividade no campo dos carros à bateria.

O carro à bateria mais importante era o subcompacto GM EV1, mas apenas cerca de mil veículos foram produzidos e vendidos entre 1996 e 1999, a um preço altíssimo. Em razão da experiência com o EV1, especialmente pelo alto custo de fabricação, a GM não tinha confiança de que os carros à bateria seriam viáveis com as tecnologias atuais. Os carros da GM e da concorrência acabariam sendo usados como evidências no tribunal e em audiências do CARB, nas quais foi argumentado com sucesso que os padrões do CARB não eram realistas e precisavam ser menos estritos. O CARB reduziu os padrões de 1998, com o intuito de eliminá-los no futuro, baseado na ideia de que a tecnologia não estava pronta, especialmente em relação às baterias. A GM, a Ford e outras ficaram gratas e abortaram seus produtos. A GM, na verdade, tentou destruir todos os carros desse tipo. Rick Wagoner, CEO da GM entre 2000 e 2009, opinou no final de 2006 que abandonar o carro elétrico foi o maior erro da empresa.[1] Naquele ano, a GM estava apostando alto em outro carro elétrico, o Chevrolet Volt, que seria lançado em 2010.

Voltemos à história do híbrido. Em 1993, foi formada a Partnership of a New Generation of Vehicles (PNGV, Parceria de uma Nova Geração de Veículos), estimulada em parte pelo trabalho do vice-presidente Al Gore e pelas regulamentações do CARB. Um programa de pesquisa criado para desenvolver carros que fizessem 34 quilômetros por litro e emitissem baixos níveis de poluentes reuniu as três grandes montadoras dos EUA (e, logo, excluía a Toyota e outras montadoras estrangeiras), além de oito agências federais e várias universidades. O objetivo era impulsionar o desenvolvimento tecnológico para que os motores de combustão interna tivessem um concorrente pouco poluente viável no mercado. Pouco menos de 2 bilhões de dólares foram investidos, quase metade dos quais pelo governo americano.

Depois da investigação de vários outros caminhos, os híbridos a diesel surgiram como a melhor alternativa. As três montadoras alcançaram ou chegaram perto das metas de eficiência com seus carros híbridos com baterias a diesel, com custo estimado de 3.500 a 7.500 dólares adicionais para fabricação em massa. Apesar desse sucesso, o programa foi encerrado pelo governo em 2002 e substituído por outro, batizado de FreedomCAR (Carro Liberdade), com foco em carros movidos a hidrogênio, a tecnologia preferida pela GM. Todos concordavam que esta seria a solução final, mas que ainda faltava pelo menos 10 anos para ser viável, e provavelmente demoraria muito mais.

Por que nenhuma das três montadoras americanas usou a tecnologia de híbridos a diesel como plataforma para criar e dominar a área dos híbridos a diesel? As explicações são esclarecedoras. Primeiro, talvez a tecnologia não estivesse pronta. Em especial, a bateria, um componente essencial, era uma barreira ao custo e amplitude da eficiência. A nova tecnologia de baterias que reduziu o problema, a NiMH, surgiu apenas em 2000, depois de as montadoras já terem desistido do projeto. Segundo, os protótipos, possivelmente devido a problemas com as especificações, não atendiam os níveis atuais de emissões. Então ainda era preciso trabalhar mais neles. Terceiro, no mercado de carros pequenos, no qual esses veículos provavelmente competiriam, as montadoras americanas tinham dificuldade em ser rentáveis, devido a suas estruturas de custos, aos salários negociados com os sindicatos, aos custos fixos com pessoal e processos caros. E o sobrepreço dos híbridos era considerado significativo para a parcela mais econômica do mercado.

Mas o maior obstáculo para a participação americana no mercado de híbridos foi uma mentalidade contrária à tecnologia e favorável aos carros e caminhonetes convencionais. Com o tempo, as regras do CARB, o grande motivador da pesquisa sobre híbridos, se tornaram diluídas e passaram a ser um incentivo menor. Era mais fácil convencer os políticos a mudar as regras do que tentar cumpri-las. Além disso, o fantasma dos carros a hidrogênio rondava as montadoras, tentadores apesar de muito, muito distantes. Seus problemas incluíam questões de armazenamento de hidrogênio no veículo e o trabalho formidável de gerar um sistema de postos de abastecimento para fornecer o combustível para os motoristas. Ainda em 2004, Bob Lutz, o influente vice-presidente de desenvolvimento de produtos da GM, chamava os híbridos de uma curiosidade interessante.[2] Mas os programas de hidrogênio davam à GM e outras empresas uma história para contar a quem perguntava sobre estratégia. A realidade é que as montadoras americanas não acreditavam no híbrido ou não o queriam. Elas não tinham comprometimento. Seu único desejo era pacificar o governo.

No final de 1995, Hiroshi Okuda, CEO da Toyota, excluído do consórcio de pesquisa PNGV, desafiou sua equipe de engenharia a desenvolver um carro que dobrasse a eficiência de consumo de combustível e lançá-lo em 1997. Uma história sobre essa decisão ajuda a explicar a situação da Toyota. Okuda visitou a Daimler Benz no outono de 1995 e foi apresentado ao Classe A, carro que a empresa pretendia vender como o menor do mercado. Okuda ficou perturbado com a possibilidade de outra montadora, especialmente uma europeia, assumir uma posição de liderança em carros pequenos. Ele não deixaria isso acontecer! Logo, o desafio. A história lembra a iniciativa de outro executivo da Toyota: Eiji Toyoda, que em agosto de 1983 observou que os proprietários de carros estavam ficando mais ricos e maduros e desafiou a organização a "criar um carro de luxo que estivesse à altura dos melhores". O resultado desse desafio foi o Lexus.[3]

Em reação à meta proposta por Okuda, o engenheiro-chefe responsável pelo trabalho disse que isso seria impossível. Mas entre pedir demissão e cumprir o objetivo, ele decidiu tentar. Inspirado pela história de outras pessoas que fizeram o impossível, ele liderou a equipe até o lançamento do Prius no Japão, em dezembro de 1997. Foi um sucesso. Para criar o Prius, a Toyota precisou desenvolver uma série de descobertas e avanços tecnológicos. As tecnologias comerciais existentes eram muito inadequadas. Uma versão melhorada, com uma bateria muito menor e mais confiável, foi lançada como um carro compacto nos Estados Unidos em 2000.

A Toyota usou melhorias e recursos inovadores para transformar o Prius em um alvo móvel. O tamanho da segunda geração americana, lançada em 2004, era intermediário entre o Corolla e o Camry, com um desempenho semelhante ao do Camry 2004. O modelo tinha um sistema de câmbio exclusivo, o Hybrid Synergy Drive, que otimiza o uso da bateria, do motor a gasolina e do motor elétrico para recarregar a bateria. Esse componente exclusivo se tornou mais um ponto de diferenciação e uma afirmação de autenticidade. A terceira geração, lançada em 2009, incluía vários modelos e opções e foi considerado o veículo mais limpo e com maior eficiência de combustível vendido nos EUA. A Figura 4.1 apresenta uma foto desse carro.

O Prius foi um sucesso incrível. A Toyota vendeu mais de 1,2 milhão de Prius até meados de 2009. O veículo era o líder absoluto do mercado de híbridos, com participação de 50% em 2008. E os clientes eram fiéis. Cerca de 94% dos clientes Prius afirmam que comprariam outros veículos da marca.[4] Apesar dos primeiros Prius terem dado prejuízo para a empresa, em 2002 a Toyota já estava lucrando com a venda de cada unidade.

Além de benefícios funcionais, o Prius também produzia os benefícios autoexpressivos de lutar contra as crises de energia e do aquecimento global. Em 2007, mais de metade dos compradores do Prius em uma pesquisa disseram que o principal motivo para terem adquirido o carro é que "ele diz algo sobre mim", uma porcentagem que crescera com o tempo.[5] O Prius só está disponível como híbrido. Quando vemos um Prius na estrada ou em um estacionamento, não há dúvida de que o dono comprou um híbrido. Quem dirige um Honda Civic ou o utilitário esportivo Ford Escape, por outro lado, pode ou não ter um híbrido. Comprar um Civic ou um Escape nada diz para o mundo.

Além disso, a tecnologia foi expandida para outros modelos, incluindo o Camry, o Highlander e o Lexus. O resultado é que a Toyota vendera mais de 1,7 milhão de híbridos no mundo todo até 2009 e chegara a uma participação de mercado de quase 79% na subcategoria de híbridos. Além disso, o Prius fortaleceu a posição da Toyota como marca mais inovadora do Japão e a mais sensível a questões ambientais. A Toyota fez muitas coisas com suas fábricas e programas sociais para merecer ambos os títulos, mas foi o Prius que se transformou em uma declaração de alta visibilidade da cultura e dos valores da empresa.

Onde estavam a Honda e as outras montadoras? Na verdade, a Honda lançou um híbrido no mercado americano antes do Prius: o Insight, um veículo para dois passageiros, produzido entre 1999 e 2006. Durante o período, a empresa vendeu apenas 18.000

unidades, então, ele foi mais um teste prolongado do que um produto de massa sério. Em 2002, a Honda lançou o Civic Hybrid, um produto mais sério, mas ligado à marca Civic, que tinha muito menos energia do que a Prius. O Civic teve dificuldades, conquis-

Figura 4.1 O Prius de terceira geração nos EUA.

tando apenas 10 a 15% do mercado de híbridos. Em 2009, a Honda lançou mais um híbrido, dessa vez com a marca Insight. A intenção era competir com o Prius no mercado americano. Mas o Insight, que concorria principalmente em termos de preço, teve um começo decepcionante, talvez em parte porque quem compra um Prius não deixa o preço dominar sua decisão.[6] Pelo menos durante a primeira década, a Toyota venceu a batalha de tecnologia e a de *marketing*.

A Ford foi a primeira montadora americana a lançar um híbrido, o utilitário esportivo híbrido Ford Escape, lançado em 2005 e também o primeiro híbrido da subcategoria. Entretanto, a Ford estava atrás da Honda no mercado e as outras montadoras americanas sequer contavam nesse mercado. A GM, depois de desdenhar dos híbridos durante muitos anos, formou uma parceria com a DaimlerChrysler em 2004 para produzir veículos híbridos em 2006; pelo menos no princípio, esses produtos tiveram pouco impacto no mercado.

A Toyota dominou a subcategoria de carros híbridos compactos por mais de uma década por causa de suas inovações contínuas, tanto incrementais quanto substanciais; sua marca forte; seus programas de *marketing*; suas vantagens de distribuição; e seu comprometimento com o Prius. O comprometimento deu os recursos necessários para o sucesso inicial da marca e também para sua capacidade contínua de criar um alvo móvel para a concorrência. Os esforços da Toyota foram auxiliados pela mentalidade das montadoras americanas e pela incapacidade atípica da Honda de acompanhar seus avanços tecnológicos.

Com o Prius atuando como exemplar da subcategoria de carros híbridos compactos durante a primeira década do século XXI, uma nova subcategoria está emergindo: os veículos elétricos. Estimuladas em parte pela adaptação das baterias de íon lítio usadas em aparelhos eletroeletrônicos, diversas empresas tradicionais e *startups*, algumas delas chinesas, com dezenas de marcas diferentes, estão criando um mercado durante a primeira metade da década que começa em 2010. O desafio de todas as marcas de carros elétricos é fazer com que os consumidores acreditem que a economia de custos com combustível e a contribuição para o meio ambiente valem a pena, apesar das limitações de amplitude e do alto custo dos veículos. Em parte, o problema da amplitude é perceptual, pois a maioria das viagens de carro são curtas. Ainda assim, a possibilidade de ficar sem energia e não ter uma maneira conveniente de reabastecer o carro é um problema. Um sistema de recarga ou substituição de baterias está surgindo em alguns países menores, mas na maior parte do mundo esse fator continua a ser um problema. É muito provável que os carros elétricos se tornem uma opção viável, mas a natureza e magnitude da sua aceitação dependerá de desenvolvimentos futuros da tecnologia das baterias, das infraestruturas de recarga e do preço da gasolina.

A história da Saturn

Com a iniciativa Prius, a Toyota mostrou o que significa comprometimento contínuo com uma nova marca e subcategoria. A GM mostrou um tipo diferente de comprometimento com a Saturn, seu projeto de criar uma nova subcategoria de automóveis: carros americanos compactos de alta qualidade e uma experiência diferenciada na concessionária. A GM se comprometera a alcançar o sucesso, mas não tinha o mesmo sentimento com a perpetuação e alavancagem desse sucesso, devido a mudanças de liderança, ao foco nos lucros de curto prazo e a incapacidade de financiar tantos negócios e marcas diferentes.

No dia 7 de janeiro de 1983, Roger Smith, o presidente da GM, o mesmo Roger Smith que foi o grande defensor do carro elétrico da empresa, anunciou a criação da Saturn Corporation, que chamou de "o segredo da competitividade, da sobrevivência e do sucesso de longo prazo da GM como montadora nacional". Sua missão, em parte, seria vender veículos compactos desenvolvidos e fabricados nos EUA e que fossem "líderes mundiais em qualidade, custos e satisfação do cliente".[7]

Deu certo. A GM criou uma organização independente e orientada a equipes, com seus próprios projetistas; uma fábrica exclusiva em Spring Hill, Tennessee; uma relação de parceria informal com o sindicato, muito diferente do resto da GM; e uma rede totalmente nova e arrojada de concessionárias. Em 1990, a marca lançou um carro que durante muitos anos foi um dos líderes de qualidade, ao lado de marcas mais caras como Lexus, Infinity e Cadillac. A experiência na concessionária era sem precedentes no mercado, com vendedores sem comissões e sem pressão, churrascos no quintal da loja e o fim das infames negociações de preço. A política de preços *no haggle* ("sem barganha") só era possível porque as concessionárias adjacentes tinham proprietários em comum, o que significa que não havia concorrentes próximos. A Saturn vendia a empresa – e sua filosofia de tratar os clientes com respeito, como se fossem amigos – e não o carro. Os clientes e funcionários da Saturn acreditavam de verdade no seu *slogan A different kind of company, a different kind of car* ("um tipo diferente de empresa, um tipo diferente de carro"). Tudo foi feito sob a liderança de um CEO carismático e gentil, Skip LeFauve, que quebrou uma série de normas e procedimentos da GM ao longo do processo. A Saturn foi um sucesso incrível em termos de vendas e valor de revenda e conquistou níveis excelentes de fidelização do cliente. Alguns até se casaram nos seus Saturns. Os proprietários de Saturns não eram apenas defensores da marca, mas também consultores de venda para compradores potenciais. E mais de 40 mil foram a Spring Hill para uma festa em 1994. Lembrava um pouco a lealdade à Harley-Davidson. Os proprietários de Saturns tinham orgulho do fato de uma empresa americana fabricar carros de alta qualidade e estabelecer um relacionamento com o cliente com base na amizade e no respeito.

Os concorrentes estavam em uma sinuca de bico. O modelo de distribuição não podia ser duplicado por quem já estava preso aos seus próprios sistemas, por causa do histórico de propriedade das concessionárias, protegidas por uma legislação estadual onerosa. A Saturn não tinha concessionárias, a rede começou do zero. Além disso, o grupo Saturn tinha descoberto o segredo da qualidade, praticamente a única organização de Detroit a fazê-lo, com exceção da *joint-venture* Toyota-GM (NUMMI), que nunca fora transferida com sucesso para outras fábricas da GM. Os funcionários da Saturn, incluindo os sindicalizados, faziam parte da mesma equipe, o que garantia que a qualidade nunca teria problemas. Finalmente, a fidelidade incrível dos clientes, em níveis que lembravam a da Harley-Davidson, não era algo que outra marca pudesse capturar, especialmente na subcategoria dos carros mais baratos. A Saturn não era uma marca cara e de prestígio.

E o que a GM fez com essa belezinha? A empresa investiu em um novo modelo em meados da década de 1990, algo para concorrer com o Camry, o Accord e o Altima, criando uma plataforma para derrotar a Toyota, a Honda e a Nissan? Não. Durante 10 anos, com exceção de mudanças cosméticas insignificantes, a GM não fez investimentos de produto no Saturn. Em vez disso, no que a GM investiu? No Oldsmobile! A GM criou o Aurora do zero. Lançado em 1995, o modelo durou quatro anos, exceto por uma tentativa fracassada de ressuscitá-lo em 2001. A ideia do Aurora era salvar o Oldsmobile. Ironicamente, a empresa eliminou qualquer conexão com o Oldsmobile do *marketing* do Aurora, pois a imagem do Oldsmobile era de um carro de gente velha, sem excelência em *design* ou qualidade. O Aurora fracassou em parte por sua incapacidade de criar uma nova marca, mas também porque simplesmente não era um carro muito bom em termos de qualidade. Se o investimento no Aurora tivesse sido direcionado ao Saturn, o resultado poderia ter sido um carro de qualidade superior. A família Saturn, os engenheiros, a equipe de produção e as concessionárias teriam garantido a qualidade.

Como isso pôde acontecer? O que podemos aprender com essa história e aplicar hoje? Primeiro, a GM tinha bocas demais para alimentar. Todas as marcas faziam fila e diziam "minha vez". Era a vez da Oldsmobile de ganhar um novo modelo, e, apesar de a marca estar em apuros, a GM não podia aceitar as consequências e eliminá-la (embora ela finalmente tenha morrido em 2004). Segundo, a empresa estava concentrada em lucros de curto prazo e não tinha visão estratégica ou planejamento de cenários, um problema que não é exclusividade da GM. Para a GM, a linha Saturn não tinha um retorno saudável, em parte porque os custos com mão de obra prejudicavam a rentabilidade de carros baratos, mas também por causa do alto investimento necessário para fundar a Saturn (segundo uma estimativa, 5 bilhões de dólares). Terceiro, Roger Smith, o grande defensor da Saturn, não estava mais na empresa. Pior ainda, Smith caíra em desgraça porque suas políticas (descritas no próximo estudo de caso) durante a década de 1980 foram desastrosas para a GM. Quarto, a alta gerência da GM não cultivava o tipo de inovação e cultura que a Saturn representava, enquanto os líderes sindicais não eram fãs da parceria com os funcionários e o contrato flexível da Saturn. A GM não aprendeu com a Saturn, assim como não aprendeu com sua parceria com a Toyota na fábrica NUMMI em Fremont, Califórnia. Ambos foram tratados como entidades independentes da GM e as lições das duas não conseguiram penetrar a rigidez organizacional e cultural da GM.

Os executivos da GM na década de 1990 não compartilhavam o sonho daqueles que desenvolveram o conceito Saturn em 1985, ou seja, que a Saturn era uma plataforma para combater as marcas japonesas e que poderia ser essencial para a sobrevivência da GM, especialmente caso os clientes perdessem seu interesse por carros com alto consumo de gasolina. Era o sonho dos outros. Faltava o comprometimento contínuo demonstrado pela Toyota. Se a Saturn tivesse uma variedade de carros mais ampla para competir com a Toyota, talvez a GM tivesse uma chance nessa guerra. Mas faltou visão estratégica, ou então ela foi derrotada por preocupações de curto prazo com o retorno sobre investimento.

Em 2009, a GM tomou a decisão de fechar a Saturn e abandonou um ativo de concessionárias que criara uma experiência de venda completamente diferente.

A minivan da Chrysler

Em 1974, Hal Sperlich, um talentoso engenheiro da Ford, propôs que a empresa construísse uma minivan. Sperlich tinha o apoio do presidente Lee Iacocca, um homem muito orientado ao *marketing*. Suas pesquisas indicavam que o mercado seria grande, caso a altura do veículo fosse baixa o suficiente para atrair compradoras mulheres, se o carro coubesse em uma garagem e se ele tivesse um "nariz" com o motor na frente para proteger o motorista em caso de acidente. Entretanto, seria preciso um investimento significativo em ferramentaria e, apesar das pesquisas serem muito promissoras, um conceito inédito desse tipo não era uma aposta certa. Além disso, todas as plataformas da Ford da época usavam tração traseira, mas, para criar o espaço interno que tornaria o produto desejável de verdade, a empresa precisaria de um sistema de tração dianteira, e desenvolvê-lo seria um projeto caro. Henry Ford II, CEO e coproprietário da Ford, não queria investir nesse projeto, especialmente em uma época em que a empresa estava passando por algumas dificuldades financeiras, e rejeitou a ideia. Ford foi influenciado em parte por sua experiência com o Edsel na década de 1950, um dos lançamentos automobilísticos mais desastrosos de todos os tempos; confiava demais na opinião da sua equipe de finanças, avessa a riscos; estava irritado com a visibilidade de Iacocca e não queria outro motivo para deixá-lo aparecer; e tinha um forte comprometimento com carros pequenos, sempre observando "carros pequenos, lucros pequenos".

Cinco anos depois, Sperlich e Iacocca, ambos demitidos por Henry Ford, em parte porque defendiam a minivan, estavam na Chrysler. Ambos ainda confiavam no projeto da minivan e Iacocca, agora CEO, tinha a autoridade necessária para realizá-lo. Eles estavam no lugar certo e na hora certa. A Chrysler acabara de desenvolver uma plataforma de tração dianteira, que seria a base para uma linha de veículos de sucesso, a série K. Além disso, a Chrysler dominava o mercado de vans de grande porte, um veículo parecido com uma caminhonete. A empresa tinha participação de mercado de 45%, o que dava a ela credibilidade e experiência de mercado. Seus sucessos com as vans se baseavam em conveniências típicas dos carros de passageiros, como janelas automáticas, sistemas de som de qualidade e desembaçadores traseiros, todos recursos que ajudariam a vender minivans. Acima de tudo, a Chrysler era fraca no mercado de peruas, no qual a Ford e a GM geravam lucros significativos. A chance da nova categoria das minivans roubar parte dos clientes das peruas seria excelente para a Chrysler.

Mas havia um problema. Quando Iacocca chegou em 1979, a Chrysler estava falida. A empresa precisava de socorro do governo na casa de garantias de 1,7 bilhão de dólares (um dinheirão, naquela época) para conseguir financiar a minivan e, na verdade, para sobreviver. Dada a necessidade desesperadora de novos veículos, Iacocca decidiu gastar 6,5 bilhões de dólares em cinco anos apenas no desenvolvimento de novos veículos, o primeiro dos quais foi a minivan. Talvez Iacocca não tivesse tomado essa decisão corajosa se fosse um executivo ligado a finanças, que pensaria primeiro em realizar reestruturações e fechar fábricas, ou se a situação não fosse tão terrível que a mudança no perfil de produtos não fosse óbvia. Assim, talvez as crises tenham ajudado a Chrysler.

No dia 2 de novembro de 1983, a Chrysler lançou a minivan: o Plymouth Voyager e o Dodge Caravan, minivans para sete passageiros "engarajáveis" com tração dianteira, amplo espaço interior, baixa altura de entrada e assentos removíveis. Chamado de *Magic Wagon* ("Vagão Mágico") por seus admiradores, o novo veículo lembrava mais um carro do que uma caminhonete. Ele vendeu mais de 200.000 unidades no primeiro ano e mais de 12,5 milhões até 2009, incluindo a marca Chrysler Town and Country.[8] Depois do sucesso inicial, a Chrysler tomou a difícil decisão de construir uma segunda fábrica, apostando que as vendas iniciais não eram fogo de palha. Foi exatamente o tipo de decisão "ou tudo ou nada" que a Asahi fez quando aumentou a sua capacidade depois do sucesso da Asahi Super Dry, como vimos no Capítulo 1. Durante pelo menos 16 anos, a Chrysler não enfrentou um concorrente sério. Hoje, mais de 20 anos depois, a empresa continua a líder do mercado. Todas as outras estão correndo atrás do prejuízo. Em 2009, mais de 25 anos depois do lançamento da minivan, a Chrysler ainda tinha participação de mercado de 44%, mais do que a Toyota e a Honda juntas.[9]

A concorrência apresentou opções inferiores para tentar participar da nova categoria criada pela Chrysler, mas o primeiro desafio de verdade só veio em 1998, depois que os engenheiros da Honda passaram seis meses estudando as experiências dos motoristas americanos e lançaram a segunda geração do Odyssey. A primeira geração não foi bem recebida: o veículo era estreito, tinha quatro portas convencionais e um motor de quatro cilindros muito fraco. A Toyota lançou o Sienna em 1998, mas demorou alguns anos até o carro melhorar o suficiente para se tornar uma alternativa de verdade aos produtos da Chrysler. Antes do Sienna, a Toyota vendia o Previa, um veículo com motor fraco, tração traseira e um formato esquisito.

É incrível que a Chrysler tenha sido a única opção viável de uma nova categoria durante quase 16 anos e a líder depois disso. A melhoria contínua do produto ajudou. A empresa foi a primeira a lançar várias inovações na categoria minivan. Em 1990, a empresa adicionou a primeira tração integral em uma plataforma de tração dianteira e travas de segurança nas portas de correr. A porta de correr no lado do motorista e os assentos removíveis Easy-Out Roller Seats estavam disponíveis em 1995. Durante os cinco anos seguintes, a empresa passou a vender fones de ouvido sem fio e uma tela de LCD para sistemas de entretenimento internos, além do controle de temperatura de três zonas. Em 2009, os veículos incluíam um sistema de entrada fácil para a terceira fileira, o sistema de assentos Swivel 'n Go, no qual a segunda fileira pode ser rotacionada, e um assento infantil integrado.

Em 1985, a GM e a Ford lançaram vans com tração traseira e parecidas com caminhonetes, o Chevrolet Lumina e o Ford Aerostar. Ambos eram vistos como ineficientes e pesados. Mesmo nos primeiros anos do século XXI, a GM e a Ford continuavam praticamente irrelevantes no mercado de minivans de médio porte, apesar de terem uma presença mais forte no mercado de vans de grande porte.

Por quê? Por que a concorrência deixou que a Chrysler se apropriasse de um segmento tão grande e por tanto tempo? As razões diferem um pouco de um para o outro, mas tudo se resume às prioridades de investimento e visões estratégicas das empresas.

Durante a década de 1980, sob o comando do CEO Roger Smith, um executivo orientado pelas finanças, mas também sob seus predecessores, a GM estava concentrada na redução de custos e em alta tecnologia.[10] A grande maioria dos 80 bilhões de dólares investidos durante aquela década foram gastos com robôs, que não funcionavam ou eram até destrutivos (supostamente, um robô destruía os para-brisas quando tentava instalá-los), a fim de reduzir os custos e a folha de pagamento sindicalizada. Outra série de investimentos foi em empresas de tecnologia que deram errado, incluindo 6,5 bilhões na Electronic Data Systems (EDS), a empresa de sistemas de informática de Ross Perot, e cerca de 5 bilhões na Hughes Aircraft. Mas a GM também investiu em veículos. Um esforço de 7,5 bilhões de dólares tentou criar um novo carro de médio porte, um projeto necessário mas que acabaria fracassando, e mais 5 bilhões no Saturn. A GM também investiu nos mercados de caminhonetes e utilitários esportivos e fez esforços para aumentar a semelhança entre os modelos a fim de reduzir os custos. Além disso, as peruas, que concorriam com as minivans, eram lucrativas — a categoria dava muito dinheiro para a GM.

Por causa da estratégia da GM durante a década de 1980, a empresa não tinha energia ou visão direcionada ao mercado de minivans criado pela Chrysler, nem uma maneira de oferecer um veículo que concorresse na categoria. Os modelos e processos da GM passaram toda a década de 1990 tentando compensar os erros da década de 1980, que deixaram a empresa sem os recursos necessários para atacar o mercado de minivans, especialmente durante a recessão do começo da década.

Durante os anos 1980 e 1990, a Ford priorizou três áreas. A primeira foi o projeto de *design* que levou aos sucessos extraordinários do Taurus (e do Sable), lançado em 1985 e o carro mais vendido até a década seguinte. A segunda foi a caminhonete da série F, o veículo mais vendido entre 1978 e os anos 1990. A terceira foi os veículos da classe de utilitários esportivos, construídos sobre uma base de caminhonete. O Ford Explorer, lançado em 1990 como um utilitário esportivo com conforto e recursos extras, liderou a categoria por muitos anos. Seu sucessor foi o Ford Expedition, um veículo maior lançado em 1997 e muito lucrativo para a empresa. O sucesso das caminhonetes e dos utilitários esportivos de grande porte foi possibilitado em parte pelo fato de os padrões CAFE não se aplicarem a esse tipo de automóvel, uma lacuna incrível da legislação.

As decisões de investimento da Ford foram influenciadas pelos vieses pessoais de Henry Ford, mencionados anteriormente, e mais dois outros fatores. Primeiro, o negócio de peruas fora extremamente lucrativo para a Ford desde a década de 1950, quase sempre vendendo mais de 200.000 unidades por ano e às vezes muito mais do que isso.11 Durante a década de 1980, a Ford vendeu em média 160.000 peruas por ano. Não havia incentivo para ajudar as minivans a matarem a galinha dos ovos de ouro; a estratégia mais sensata era melhorar as peruas e combater as minivans. Segundo, a Ford foi infectada pela mania de diversificação da GM e investiu em serviços financeiros e alta tecnologia, além de esforços agressivos de reaquisição de ações. Não sobrou muito dinheiro para a minivan e a empresa via o Ford Aerostar, um produto falho, como um tapa-buracos adequado.

Os motivos pelos quais as montadoras japonesas não conseguiram oferecer minivans que concorressem com as da Chrysler durante tanto tempo são muito diferentes. As japonesas foram prejudicadas em 1981 e 1984 pelas quotas voluntárias, causadas pelo medo de que o governo americano faria algo extremo para reduzir a ameaça dos produtos importados à indústria nacional. O resultado foi que os esforços japoneses durante as décadas de 1980 e 1990 tinham como objetivo principal criar lançamentos para o mercado de carros de luxo, de modo que cada unidade vendida sob as regras da quota fosse mais rentável. Isso explica o lançamento do Acura, do Lexus e do Infinity no final da década de 1980. Outra prioridade era aprimorar os modelos já existentes, pois a melhoria contínua faz parte do DNA dessas empresas. Uma última prioridade era aumentar a capacidade de produção nos Estados Unidos e tentar reduzir o estigma dos importados.

A Chrysler tinha uma visão inteligente e baseada no mercado que foi executada com perfeição. A Chrysler não teria conseguido sem a confluência de vários fatores, incluindo crises financeiras e de produtos, um CEO e um executivo de engenharia talentosos, a existência do projeto de tração dianteira exatamente no momento certo e um mau posicionamento na categoria de peruas. A montadora também teve a sorte de as cinco grandes concorrentes terem prioridades de investimento muito diferentes e de nenhuma poder se dar ao luxo de entrar no mercado de minivans.

Tata Nano

O conceito de um "carro do povo", com preço tão baixo que abre o mercado automobilístico para a grande massa, teve efeitos drásticos no setor em diversos momentos. Inspirado pela ideia de criar um carro para "as multidões", Henry Ford lançou o Modelo T em 1908. O carro, vendido apenas na cor preta, se baseava em um *design* estático e econômico e na técnica da linha de montagem. A Ford vendeu mais de 15 milhões de unidades em 16 anos, principalmente para pessoas que nunca poderiam pagar por algum outro modelo.

Em 1932, Ferdinand Porsche teve a visão de um *Volkswagen* (traduzido como "carro do povo") e projetou o veículo hoje reconhecido como o famoso Fusca. O Fusca vendeu mais de 21 milhões de unidades entre 1946 e 2003. Nos Estados Unidos, seu auge foi 1968, quando vendeu 423 mil unidades, um recorde que ainda não foi superado. Em um trapalhada estratégica clássica, a Ford recusou a oportunidade de assumir o Fusca e suas fábricas de graça em 1946. Ernest Breech, o braço direito da Ford, teria concluído que o *design* nunca venderia nos Estados Unidos e que nada valia. Como todo os erros do tipo, e não foram poucos na história humana, a incapacidade de projetar a evolução de um produto e considerar mercados virgens foi a peça fundamental de um erro de cálculo trágico.

Em março de 2009, a história se repetiu com o lançamento comercial do novo "carro do povo", o Tata Nano, voltado principalmente para o mercado indiano, anunciado para o público pouco mais de um ano antes. O automóvel para quatro passageiros, com motor traseiro de seis cilindros, foi projetado para uso urbano e rural e faz 22 quilômetros por litro na cidade. Dependendo do modelo, um Nano sai por 2.000 a 2.500 dólares, o que faz dele o carro mais barato do mercado. Esse novo "carro do povo" tinha o potencial de alterar o mercado automobilístico da Índia e, mais do que isso, do mundo inteiro.

O conceito do Nano nasceu quando Ratan Tata, presidente do grupo Tata, observou que um modo de transporte muito comum, se não o dominante, era a motocicleta dirigida pelo pai, com a esposa na traseira e um filho na parte da frente. Ele decidiu que era necessário criar uma versão melhor, de quatro rodas, mais segura e confortável.

Figura 4.2 O Nano.

Como não conseguiu encontrar parceiros asiáticos interessados em um esforço de desenvolvimento cooperativo, ele decidiu que a Tata desenvolveria seu próprio carro (ver Figura 4.2).

A ideia inicial, de basear o veículo nas motocicletas, foi descartada, pois as peças existentes eram ruins e os critérios funcionais guiaram o projeto em direção a um carro novo, projetado do zero. À medida que o processo evoluiu, a Tata atualizou o conceito de um veículo sem portas ou janelas, que lembrava um jinriquixá, e se aproximou de um carro fechado moderno. O preço-alvo de 2.000 dólares saiu de uma estimativa casual para a imprensa do que seria possível fazer. Essa estimativa arbitrária se tornou a meta dos projetistas. Além disso, a equipe recebeu a missão de gerar um projeto que satisfizesse os padrões de poluição e segurança e atingisse certas metas de aceleração e eficiência de combustível.

Um foco intenso em custos, baseado em parte na restrição dos recursos ao "essencial" e não ao "legal", e em parte na mais pura inovação criativa, dominou o esforço. As ideias de economia incluíam o uso de um único limpador de para-brisas, colocar os instrumentos no meio do painel para funcionar em carros com volantes em qualquer um dos lados e projetar um computador de bordo para controle do motor com funções e sensores reduzidos. A peça central da equipe de engenharia era um modelo do carro com suas partes internas expostas. Os engenheiros analisavam esse modelo todos os dias, sempre em busca de modos de simplificar o projeto e reduzir os custos. A Tata não fez tudo sozinha. Os fornecedores fizeram parte da equipe e apresentaram abordagens essenciais para a redução de custos; mais de 40 fornecedores estabeleceram fábricas adjacentes à do Nano para reduzir os custos de logística e inventário. O esforço foi global. A equipe interna de projetistas foi suplementada por uma empresa italiana, enquanto os sistemas de controle de motor foram criados por um fornecedor com sede na Alemanha. Finalmente, as empresas obtiveram subsídios do governo para construir as suas fábricas.

O Nano conseguiu superar o Muruti 800, um carro para quatro passageiros muito popular na Índia. O Nano era muito mais barato e tinha até 21% mais de espaço interior, por causa da altura, apesar do exterior ser 8% menor. O veículo também foi muito elogiado em termos de forma e acabamento, enquanto a versão tinha uma série de recursos, incluindo ar-condicionado.

Ao levar a possibilidade de ter um automóvel a pessoas que não poderiam pagar por algum outro, o Nano prometia uma forte expansão do mercado. Uma estimativa coloca esse grupo na casa de 65%. Com isso, o Nano venderia para novos segmentos, além de impactar a venda dos modelos atuais. O caso lembra os relógios baratos Swatch, que expandiram o mercado de relógios de pulso sem afetar as vendas dos relojoeiros suíços tradicionais.

A procura foi tão forte que 206 mil pessoas entraram em uma loteria para selecionar quem poderia comprar as primeiras 100 mil unidades durante um período de três semanas em abril de 2009 (Ray Debusis, Diretor de Comunicações Corporativas, comunicação pessoal, julho de 2010). Um ano depois, 45 mil carros já haviam sido entregues.

Yugo

Antes do Nano havia o Yugo, o carro iugoslavo que vendeu cerca de 150 mil unidades entre 1985 e 1992.[12] Um perdedor de proporções históricas, o carro era mal construído, inseguro, estragava o tempo todo, consumia muita gasolina e emitia poluentes até não poder mais. Durante esse período, ele foi várias vezes reconhecido como "o pior carro vendido nos Estados Unidos". E as piadas com o Yugo não acabavam mais.

- **O que vem junto com o manual do Yugo?**   Resposta: Os horários dos ônibus.
- **O que o Yugo e o ventilador de teto têm em comum?**   Resposta: Os dois têm o mesmo motor.
- **Como fazer um Yugo ir de 0 a 100 em menos de quinze segundos?**   Resposta: Atirá-lo de um penhasco.
- **Como fazer um Yugo ir rápido?**   Resposta: Usar um guincho.
- **Como se chama um Yugo com freios?**   Resposta: Customizado.

No começo, o Yugo vendeu bem e gerou muita animação. O lançamento foi muito positivo, com cobertura da mídia, filas nas concessionárias, resenhas favoráveis de críticos que não tiveram a chance de dirigir o carro e um promotor incrível. Foi o carro importado europeu que mais vendeu no seu primeiro ano em toda a história dos EUA. Mas toda essa animação já estava lá antes do carro chegar. Na verdade, a escassez ajudou a intensificar a espera.

Como tantas pessoas puderam errar tão feio? Primeiro, o Yugo era incrivelmente barato, com preço mais de 20% menor que a alternativa, tornando um carro novo ou segundo carro muito mais acessível. Segundo, o *design* da Fiat dava credibilidade para o carro, pois representava a aprovação indireta de uma grande montadora. Terceiro, ele era fabricado em um país que sediara uma Olimpíada de Inverno com sucesso e tinha a reputação, talvez imerecida, de colocar as coisas nos eixos. Quarto, praticamente ninguém duvidava do Yugo. A força do trabalho de RP era incrível. Todos, incluindo os especialistas, confiaram na opinião geral em vez de testar o carro de verdade.

O Yugo é uma lição de humildade sobre como a propaganda em torno do produto pode tomar conta da situação. Tudo o que ouvimos três vezes deve ser verdade. O carro também é uma lição sobre a importância de implementar o conceito e cumprir a promessa. As melhores ideias fracassam quando são mal executadas.

Enterprise Rent-A-Car

Jack Taylor, o fundador da Enterprise, começou o seu negócio em 1962, com 17 veículos na cidade de St. Louis e um *insight* sobre os clientes: as pessoas precisam de carros quando os seus estão na oficina. O negócio cresceu e chegou a quase 1 milhão de veículos, uma equipe de 65 mil funcionários e um modelo e uma estratégia muito diferentes no ramo de aluguel de automóveis. A Hertz, a Avis e outras empresas de aluguel de automóveis tomaram a decisão lógica de se concentrar nos *heavy users*, os profissionais que viajam a negócios e pagariam extra pela conveniência do atendimento no aeroporto. Assim, essas empresas se comprometeram com o serviço em aeroportos e instalações de apoio. A Enterprise, por outro lado, atenderia pessoas que precisassem de carros em suas cidades natais para substituir os seus veículos no conserto ou em ocasiões especiais, como passeios de fim de semana. Para atender sua base de clientes, a Enterprise desenvolveu pontos de varejo em várias partes de cada cidade. Com essa estratégia, a Enterprise conseguiu conquistar mais de 90% dos cidadãos americanos que moram em um raio de 24 quilômetros de cada ponto da empresa. Ao evitar instalações em aeroportos, a empresa conquista uma vantagem de custos significativa. Quando passou a atender aeroportos em 1995, a Enterprise usou pontos mais baratos, fora da estrutura do aeroporto em si.

A Enterprise Rent-A-Car criou uma nova subcategoria de aluguel de carros. Com uma série de inovações e programas que se tornaram barreiras significativas à concorrência, a Enterprise teve a subcategoria quase que toda para si durante pelo menos 30 anos, uma excelente receita para a rentabilidade. Em meados da década de 1990, as vendas da empresa chegaram a ultrapassar a Hertz; em 2008, a Enterprise tinha 10,1 bilhões de dólares em vendas, em contraste com os 6,7 bilhões da Hertz. Além disso, a Enterprise era menos suscetível às flutuações das companhias aéreas. A Enterprise é uma empresa de capital fechado, mas estima-se que valia 17 bilhões de dólares na segunda metade da década de 2000.[13]

A Enterprise sempre foi muito empreendedora, com todos os seus escritórios representando um centro de lucros. Como a base de clientes é local, o gerente e a equipe dos escritórios têm espaço para desenvolver relacionamentos e afetar os negócios, muito mais do que o gerente de uma filial de aeroporto, que atende clientes de fora da cidade. A organização usa um programa de incentivos vigoroso, baseado na rentabilidade das filiais, e os funcionários têm autonomia para inovar. Na verdade, o programa *We'll pick you up* ("nós te pegamos") foi criado por um gerente de escritórios de Orlando em 1974 e se transformou em uma assinatura da empresa.

Ao mesmo tempo, a cultura da Enterprise valoriza o serviço ao cliente, enfatizando um comportamento profissional, simpatia e assistência personalizada. Jack Taylor começou tudo isso com sua filosofia: "Cuide do seu cliente e dos funcionários antes de mais nada... e os lucros virão em seguida". A estrutura de incentivos mencionada se aplica ao serviço ao cliente, não apenas aos lucros. Um a cada 15 clientes é entrevistado para determinar se ficou plenamente satisfeito. A porcentagem que marca "completamente satisfeito" no questionário se torna um indicador de desempenho crucial para cada filial e os resultados afetam promoções e compensação. A média da empresa é de quase 80%.

Como reconhece que as seguradoras, que geram um terço das suas vendas, são clientes importantes, assim como as oficinas mecânicas, a Enterprise desenvolveu o *Automated Rental Management System* (ARMS, Sistema de Gestão Automatizada de Aluguéis), uma interface eletrônica para reservas, cobrança, pagamentos e muito mais. Com o ARMS, lidar com a Enterprise se tornou um processo eficiente e indolor. A empresa patenteou o processo, o que representa mais uma dificuldade para concorrentes que tentam invadir seu território. O *site* da Enterprise é amigável e coloca os produtos e serviços da empresa ao alcance das seguradoras e do usuário final. E a Enterprise também oferece gestão de frotas para grandes empresas. Com esse serviço, a Enterprise gerencia a frota de veículos, incluindo decisões sobre o perfil da frota, aquisição dos veículos e gestão dos serviços de manutenção. A infraestrutura desenvolvida pela Enterprise fideliza a base de clientes e gera mais dificuldades para a concorrência.

A Enterprise também criou duas barreiras adicionais. Primeiro, sua onipresença no mercado cria uma proposição de valor significativa em torno da conveniência, tanto para os clientes quanto para as seguradoras, que só precisam lidar com uma empresa nos seus programas de aluguel de veículos. Seria muito caro tentar duplicar esse tipo de cobertura. Segundo, a Enterprise tem uma vantagem de custos em relação a suas principais concorrentes. A rentabilidade e o balanço da empresa geram uma classificação de risco A para a empresa, em comparação com o B da Hertz, ou seja, a Enterprise consegue financiar seu inventário de veículos a taxas de juros menores. Além disso, como não precisa pagar franquias e pessoal em aeroportos, a Enterprise tem uma vantagem de custos histórica, apesar desta diminuir com a expansão do seu programa de abrir lojas em aeroportos.

Por que a Hertz, a Avis e o resto da concorrência deixaram a Enterprise crescer e ter sucesso? Elas não enxergaram a mesma oportunidade? Em parte, a resposta é não. Durante muitos anos, a oportunidade era uma parte relativamente pequena do mercado de aluguéis, que estava concentrado nos aeroportos. A Enterprise não passava de uma curiosidade. A Hertz praticamente não estava ciente da Enterprise até 1989, quando esta começou a realizar campanhas de publicidade e já se tornara uma força no mercado, com cerca de 600 milhões de dólares em vendas.[14] Mais do que isso, eles estavam prestando atenção em outras coisas. A Hertz estava concentrada nas outras marcas de aeroporto, e competia furiosamente com elas, envolvida no velho jogo da preferência de marca.

Enquanto a Enterprise cultivava o mercado, suas vantagens competitivas se tornaram significativas. Fatores como seus relacionamentos com os clientes, o portfólio de serviços para seguradoras, sua reputação junto às oficinas mecânicas, a cobertura dos escritórios e as vantagens de custos se tornaram barreiras aos concorrentes. Quando a Hertz e o resto deles acordaram, a Enterprise era a força dominante nas grandes cidades americanas.

Zipcar

As grandes empresas de aluguel de carros foram surpreendidas uma segunda vez pelo compartilhamento de carros. Fundada em Boston no ano 2000, a Zipcar se baseia em um conceito totalmente novo, no qual as pessoas compartilham os carros em vez de serem donos deles. Nas cidades, a maioria dos carros é usada apenas algumas horas por semana. De que adianta pagar pela propriedade e manutenção dos carros quando não estão em uso? Em vez disso, os proprietários podem se juntar a um clube e virarem Zipsters, o que dá acesso a carros disponíveis em vários locais espalhados pela cidade. Os membros podem simplesmente reservar os carros *online* ou por telefone, a qualquer hora do dia ou da noite, minutos ou dias ou meses antes de precisarem. Quando chegam aos carros, os microchips em seus cartões Zipcard mandam um sinal e destravam as portas do carro. Depois disso, os motoristas podem dirigir durante várias horas ou dias. O sistema também pode ser acessado pelo aplicativo Zipcar para iPhone. O contrato inclui estacionamento, combustível e seguro completo. O usuário paga pelo uso dos carros por hora ou por dia.

Os membros da Zipcar podem eliminar a necessidade de adquirir e manter um carro, ou pelo menos um segundo carro, o que economiza uma quantidade significativa de dinheiro. Estima-se que cada Zipcar elimine 15 a 20 veículos de propriedade pessoal.[15] Além disso, os clientes podem escolher uma ampla variedade de carros, dependendo do seu humor e do que querem fazer com ele. E tem mais: os membros podem causar um impacto positivo no estilo de vida urbano e, meio ambiente de vários modos. Para começar, eles tendem a dirigir menos. Depois de entrarem para a Zipcar, 90% dos membros reduzem sua distância viajada, em média, em 8 mil quilômetros. Outro fator importante é que os veículos mais antigos são substituídos por carros novos, menos poluentes, e as pessoas tendem a dirigir carros menores. O resultado é um modo visível de expressar uma preocupação pessoal com o meio ambiente.

A visão do Zipcar, articulada por Scott Griffith, que se tornou CEO logo depois de a empresa ser fundada e precisar de financiamento, é se tornar uma marca global de estilo de vida.[16] O objetivo não é alugar carros, mas tratar da vida urbana e da liberdade de não ter e manter um carro sem perder o acesso a um veículo. Esse espírito oferece uma maneira de lidar com a vida urbana de um modo divertido, feliz e ambientalmente correto. A Zipcar quer ser uma marca de estilo de vida. A Zipcar Low-Car Diet, uma promoção bem típica da marca, pede que os clientes escrevam um blog sobre não ter mais carro. A ideia se encaixa bem com o estilo de vida. Nessa promoção, um parceiro de marca de bicicletas dá uma bicicleta de graça em cada cidade.

A Zipcar era a marca líder em serviços de compartilhamento de carros no mundo todo em 2010, com mais de 350 mil membros e 6.500 veículos em áreas urbanas e universidades em 28 estados e províncias da América do Norte e em Londres. A empresa oferecia mais de 30 marcas e modelos de carros, incluindo veículos elétricos, e está revolucionando a indústria automobilística. Sua capacidade de se tornar líder de mercado se deve em parte à estratégia de adquirir operações menores para estabelecer sua presença local ou regional. Uma estimativa colocava o mercado da Zipcar em 2009 entre 150 e 250 milhões de dólares, com o potencial de alcançar 3,3 bilhões de dólares em 2016.[17]

A resposta das empresas de aluguel de carros é criar ofertas mais flexíveis, incluindo alugar por hora em vez de por dia e se transformar em concorrentes diretos em certos nichos, como *campi* universitários e empresariais. Mas a Zipcar criou uma tecnologia de processos, uma infraestrutura e uma personalidade de estilo de vida que representam barreiras significativas para os outros. A Zipcar é a marca autêntica de compartilhamento de carros.

Lições principais

- Às vezes as necessidades não atendidas estão ocultas, às vezes elas têm alta visibilidade. Um *insight* sobre necessidades não atendidas estimulou as ideias de conceito na Zipcar, Enterprise e Chrysler. Para outras empresas, como nos casos do Prius e do Nano, as necessidades estavam visíveis para todos; o único problema era desenvolver e produzir uma oferta que as atendesse.

- O *timing* relativo ao mercado, à empresa e à tecnologia pode ter um papel essencial no processo. A Chrysler já havia desenvolvido a plataforma K com tração dianteira, necessária para as minivans. A tecnologia de baterias e o sistema de frenagem regenerativa estavam disponíveis para o Prius, mas não para seus antecessores. A Zipcar tinha acesso à Internet e à tecnologia de cartões.

- É possível sonhar um conceito que parece inviável e transformá-lo em realidade. O Tata Nano, a Zipcar e o Prius da Toyota foram o resultado de inovações que possibilitaram o impossível.

- Regulamentações estatais tiveram uma função crucial na história do híbrido e um papel secundário nas histórias da Saturn e da minivan, pois todas foram motivadas pela necessidade de oferecer melhor eficiência de combustível, incentivada por regulamentações. Os subsídios, como aqueles oferecidos por governos regionais para influenciar as decisões sobre onde instalar uma fábrica, ajudaram no desenvolvimento da Saturn e do Nano.

- A liderança forte e decisiva de um CEO foi o fator fundamental em todos os casos. Claro, alguns também tinham grandes defensores do produto, mas o apoio do CEO ainda foi fundamental.

- Com exceção da Saturn, todos os vencedores estavam comprometidos com seus *insights* e estratégias. Os CEOs da Toyota criaram desafios organizacionais que levaram ao Lexus e depois ao Prius. A Enterprise começou e continua a ter certos princípios fundamentais e inabaláveis com relação à qualidade do serviço. O caso da Saturn demonstra que o comprometimento precisa ser duradouro.

- Todos os vencedores tinham um alto nível de diferenciação. Havia um espaço substancial em toda uma série de dimensões entre os produtos existentes e cada nova subcategoria.
- Todos os vencedores criaram barreiras de entrada significativas. A tecnologia do Prius, a cultura e a rede de concessionárias da Saturn, o *design* da Chrysler e as operações e a presença de varejo da Enterprise e da Zipcar dificultaram muito a reação dos concorrentes. A diferença de custo do Nano, baseada em inúmeras inovações, sem contar eficiências de fabricação e aquisição, é muito difícil de imitar.
- Em vários casos, as prioridades dos concorrentes, não as barreiras, eram vistas como os principais motivos pelos quais eles não reagiram. Os concorrentes se concentraram em automação, em diversificação, em outras linhas de produtos, como caminhonetes e utilitários esportivos, e em lidar com outros problemas, como quotas de importação voluntárias. O resultado é que eles não estavam prontos para competir na nova subcategoria. A avaliação estratégica de um novo conceito deve levar em consideração que os concorrentes decidem participar ou não da competição em parte por causa de problemas e oportunidades concorrentes.
- Em todos os casos, o desenvolvimento de uma marca forte foi crucial para criar uma barreira à concorrência e definir a categoria ou subcategoria. No caso do Prius, a decisão da Toyota de restringir a marca aos híbridos permitiu a realização de benefícios autoexpressivos que nunca teriam sido possíveis se o novo carro fosse batizado de Corolla Hybrid, a opção escolhida pela Honda.

Para discussão

1. Liste outros exemplos de carros que criaram uma nova categoria ou subcategoria. Eles conseguiram evitar a concorrência? Como? Que barreiras eles criaram?
2. Considere o processo de geração de conceitos. Como surgiu cada conceito? Até que ponto o estímulo foi uma epifania, uma evolução, uma tecnologia ou um *insight* sobre o mercado?

3. Duas empresas, a WhipCar de Londres e a Relay Rides de Boston, lançaram negócios que permitem que os clientes aluguem carros de outros indivíduos. As empresas verificam a carteira dos motoristas e os documentos dos carros e, no caso da Relay Rides, todos os proprietários participantes têm carros que podem ser acessados com o uso de um cartão. Qual é sua avaliação do potencial desse conceito?

Capítulo 5

O Setor Alimentício se Adapta

De nada adianta mandar o rio parar de correr, o melhor é aprender a nadar com a correnteza.

—Anônimo

O excesso de simplificação é o ponto fraco típico de cientistas de todas as gerações.

—Elmer McCollum, autor de
A History of Nutrition, 1957

Sempre houve interesse em conquistar e manter a saúde. Durante toda a história, gurus da área prestaram atenção nesse interesse e empregaram, interpretaram e promoveram a ciência para descobrir produtos e práticas que apoiassem uma vida mais saudável. Em 1614, Giacomo Castelyetro fracassou em sua tentativa de convencer o rei da Inglaterra a comer mais frutas e verduras. No final do século XIX, o cirurgião vegetariano John Harvey Kellogg, pai do cereal moderno, defendeu uma dieta com alto teor de verduras, grãos, frutas, nozes e legumes, além de bastante água e muita mastigação da comida. E não faltou gente antes ou depois desses primeiros nutricionistas.

Cientistas de várias áreas desenvolveram teorias e conduziram experimentos para testá-las. Alguns achados tiveram ampla aceitação, mas a conclusão geral é que o corpo, os alimentos que este consome e o estilo de vida que o cerca representam um sistema de alta complexidade. Por isso, a ciência muitas vezes é ambígua ou incipiente, enquanto muitas avaliações e decisões partem do princípio de que os achados são mais definitivos do que de fato o são.

Além de cientistas e gurus da saúde, o governo tem uma função no discurso, pois ele valida ou se opõe a certas posições, comunica ideias e regula produtos. Um estudo da função de gurus, cientistas e governos, além de ajudar e dar contexto às estratégias das empresas do setor alimentício, também demonstra por que não é fácil prever e interpretar tendências. As tendências são poderosas, ambíguas e complexas e costumam flutuar.

As lições do setor alimentício sobre como lidar com tendências podem ser aplicadas a outras atividades. Todos os setores enfrentam o desafio de identificar, compreender, prever e às vezes influenciar as tendências que afetam os mercados. Os lojistas lidam com as tendências da moda, o desenvolvimento de materiais em vestuário, as preferências dos consumidores e assim por diante. A indústria automobilística precisa enfrentar questões de tecnologia, regulamentações governamentais, tendências de estilo, preferências dos consumidores, demografia e muito mais.

Os grandes tradutores das tendências e das suas teorias fundamentais são as empresas do setor alimentício, que prestam muita atenção a questões de saúde. Essas empresas têm dois desafios. O primeiro é aproveitar a oportunidade de se apropriar de subcategorias à medida que elas surgem. A outra é evitar a irrelevância, o perigo de ficar parado na estação quando o trem fecha as portas. Para isso, essas empresas precisam adaptar suas ofertas às novas teorias do momento.

Este capítulo tem vários objetivos. O primeiro é analisar em mais detalhes uma megatendência, a alimentação saudável, para que possamos entender melhor sua complexidade e as forças políticas, culturais, tecnológicas e de *marketing* que a influenciam. A maioria das empresas precisa interpretar e reagir a tendências e tem muito a aprender com esse estudo de caso. Outro objetivo é apresentar uma série de estudos de caso de respostas estratégicas à imagem da alimentação saudável, sempre crescente mas também sempre mutante, para descobrir mais sobre o que estimula ideias, os riscos envolvidos, as opções de estratégia de marca, os fatores por trás das respostas da concorrência e a função dos fatores incontroláveis, especialmente as tendências voláveis, nas decisões e suas consequências.

Começaremos com a guerra contra a gordura. Muita gente acha que alimentos com gordura não são saudáveis. Mas que tipo de gordura? A resposta para essa pergunta não é simples e, na verdade, mudou muito com o passar do tempo. Quando examinamos os fatores por trás das mudanças e algumas respostas desenvolvidas por marcas como Nabisco, Dreyer's e Olestra, entendemos melhor a dificuldade de se aproveitar as forças e tendências do mercado. A seguir, vamos além da gordura e analisamos a alimentação saudável em geral. Para isso, vamos explorar o que duas empresas fizeram a fim de tentar liderar ou responder a essa força do mercado: a ConAgra, com sua marca Healthy Choice, e a General Mills.

Travando a guerra da gordura

A guerra da gordura está no centro da alimentação saudável há muito tempo. Os gurus opinam sobre ela e criam suas próprias teorias e dietas para lidar com o teor de gordura dos alimentos. Os cientistas estudam a gordura e desenvolvem teorias, mas quase todas acabam substituídas por novas versões ou por teorias completamente diferentes. E o governo atua como árbitro dessa batalha.

Primeiro devemos examinar os papéis e o impacto de gurus e cientistas. Três teorias sobre a gordura ajudam a explicar o escopo das ideias e as diferenças entre elas. A seguir, examinamos o papel do governo em regular a gordura. Finalmente, depois de preparar o contexto, esta seção detalha os esforços de três empresas, Nabisco, Dreyer's e Procter & Gamble, para responder a teorias e tendências de consumo relevantes para a gordura.

Os papéis de cientistas e gurus

As empresas do setor alimentício precisam seguir as teorias do momento que estão conquistando força entre o público e se preparar para oferecer produtos que respondam a elas na hora certa. Gurus e cientistas influentes representam uma fonte dessas teorias, e com o passar das décadas o grupo já deve conter milhares de membros. Para dar uma amostra dos seus esforços e da dinâmica intelectual resultante, faremos uma breve análise de três cientistas que geraram dietas e teorias influentes em torno da gordura. Dois deles, Nathan Pritikin e Dean Ornish, deram seus nomes a dietas. O Terceiro, Ancel Keys, foi o criador da Dieta Mediterrânea.

O inventor Nathan Pritikin foi diagnosticado com uma doença cardíaca em 1958, quando tinha 41 anos de idade. Os conselhos médicos da época eram parar de fazer exercícios e não se preocupar quando comia duas ou três bolas de sorvete depois do almoço. Mas Pritikin preferia uma dieta vegetariana, com poucas gorduras e muitos carboidratos não refinados, e começou uma série impressionante de experimentos para mostrar que essa dieta, combinada com exercícios moderados, reverteria a doença cardíaca. Ele foi influenciado pela informação de que as doenças cardíacas e o diabetes haviam diminuído durante a Segunda Guerra Mundial, quando os produtos com alto teor de gordura estavam indisponíveis, além de outras pesquisas que mostravam como dietas com baixo teor de gordura poderiam reduzir drasticamente o colesterol e a probabilidade de morte dos pacientes. Em 1975, Pritikin abriu um *spa* e centro de longevidade. Quatro anos depois, ele publicou um *best-seller* baseado nessa dieta, *O Programa Pritikin de Dieta e Exercícios* (em coautoria com Patrick M. McGrady).[1] Pritikin e outros autores publicariam mais de 10 livros de apoio à dieta.

Dean Ornish se interessou pela prevenção das doenças cardíacas quando era estudante de medicina, em meados da década de 1970. Depois de formado, conduziu pesquisas que exploravam como dietas com baixo teor de gordura, aliadas a exercícios em moderação e atividades de redução do estresse, como a ioga, poderiam reverter doenças cardíacas e de outros tipos. Em 1990, Ornish publicou um *best-seller*, *Salvando o seu Coração*, seguida por oito livros adicionais sobre alimentação e sobre o seu programa.[2] Alguns autores consideram a Dieta Ornish muito extrema, pois ela defende que menos de 10% da dieta deve vir da gordura e que devem ser evitados peixes e nozes, que contêm tipos de gordura considerados benéficos por muitos cientistas.

Em 1970, Ancel Keys publicou os resultados de um estudo realizado em sete países e com 12 mil homens, enfocando o impacto da dieta sobre doenças cardiovasculares.[3] Os habitantes de Creta tinham resultados de saúde muito melhores. A hipótese de Keys era de que esse resultado se explicava em parte por sua dieta, que continha muito azeite de oliva e, logo, gordura. O estudo foi seguido de vários outros, que concluíram que uma dieta mediterrânea produziria uma ampla variedade de benefícios médicos. A dieta consistia em bastante azeite de oliva, verduras, frutas, pães, nozes e grãos integrais; quantidades moderadas de laticínios, peixe, aves e vinho; e pouca carne. A manchete foi que o azeite de oliva não era apenas aceitável, mas benéfico. Durante a década de 1990, a Dieta Mediterrânea ganhou força e se tornou um fator importante no debate sobre alimentação saudável.

O papel do governo

Uma das funções do governo americano é aprovar a venda de produtos e determinar como serão apresentados e rotulados. Outro é legitimar as teorias e achados científicos do momento, um trabalho muito difícil, pois os problemas são complexos e, a ciência, incompleta e incerta. Ainda assim, espera-se que o governo seja um árbitro objetivo e confiável, o que lhe dá um papel importante na criação e influência de tendências. Logo, além das atitudes dos consumidores, as empresas de quase todos os setores precisam também antecipar e influenciar as ações do governo.

A Lei Federal de Alimentos, Drogas e Cosméticos de 1938 incluía uma "regra de imitação", determinando que os consumidores precisavam ser informados caso alimentos como pães e queijos incluíssem substitutos baratos no lugar dos ingredientes "de verdade". Parece um esforço razoável para impedir a adulteração de alimentos, mas a regra inibiu a capacidade da indústria de reformular a comida americana e eliminar o grande malefício alimentar da época, a gordura. Nenhuma empresa poderia vender, por exemplo, creme de leite sem gordura sem o creme, a menos que chamasse o produto de "imitação" de creme de leite, o que seria uma marca negativa fatal para o produto. O setor de alimentos, apoiado pela Associação Americana do Coração e outros grupos médicos, trabalhou muito e finalmente conseguiu revogar a lei em 1973. Foi quando se abriram as portas da inovação dos produtos sem gordura.

Outro evento importante ocorreu em 1977. O senador George McGovern, presidente da Comissão Superior do Senado para Nutrição e Necessidades Humanas, realizou audiências sobre doenças cardíacas, consideradas uma epidemia entre certos setores. Apesar de os participantes terem observado à comissão algumas das complexidades do tema, o relatório final definia metas alimentares para os Estados Unidos, uma das quais era "consumir menos carne vermelha".[4] Entretanto, depois da interferência da indústria da carne, a regra se transformou em algo como "escolha carnes que reduzirão seu consumo de gorduras saturadas". Embora receita não fosse mais comer menos carne, agora o governo estava chamando a atenção para a gordura saturada.

Apesar do posicionamento definitivo do governo sobre a gordura saturada, as evidências não eram assim tão claras. Em 2001, um artigo muito influente da revista *Science* citava as ambiguidades das evidências e observava que, apesar do consumo de gordura ter diminuído, a incidência de obesidade e diabetes havia aumentado. O artigo também observava que, apesar de os estudos ligarem a gordura saturada a altos níveis de colesterol, e estes a ataques cardíacos e mortes, o estabelecimento de uma cadeia de causalidade entre gordura saturada e mortes era ainda mais difícil. Os cientistas estão descobrindo que a relação entre elas é complexa. Por exemplo, um aumento nas doenças cardíacas nos EUA pode ser causado não pelo consumo de gorduras saturadas, mas sim, pela realidade atual de que os americanos estão comendo menos frutas e verduras. Ainda assim, a aceitação da gordura como vilã, e especialmente da gordura saturada, deu origem a uma série de produtos sem gordura ou com baixo teor de gordura. Uma estimativa do ano 2000 colocava o número de produtos desse tipo na casa dos 15 mil.[5]

O governo teve um papel importante em uma solução para o problema da gordura saturada, a saber, transformar a gordura trans (ou hidrogenada) em vilã. Cerca de cem anos atrás, os cientistas descobriram que era possível adicionar hidrogênio a óleos líquidos, convertendo-os em gorduras sólidas para uso na fabricação de alimentos. O primeiro produto desse tipo foi o Crisco, da P&G, lançado em 1911 e apoiado por livros de culinária gratuitos que mostravam como usar a novidade na cozinha. A tecnologia de hidrogenação levou ao desenvolvimento de produtos de margarinas, vendidos como alternativas à manteiga e às gorduras vegetais, e que se tornou um substituto cada vez mais comum para a gordura animal. Como a gordura trans era um conservante eficaz e melhorava o gosto e a textura, ela foi bem recebida pelas empresas de comida processada e *fast food*, que durante a década de 1980 precisaram lidar com os supostos malefícios da gordura saturada.

A gordura trans era considerada segura até 1990, apesar das evidências do contrário terem começado a surgir antes disso. Em meados da década de 1990, a ciência demonstrou que a gordura trans tinha um efeito deletério nos níveis do colesterol bom e do ruim. Em 2002, o governo dos EUA aprovou uma lei obrigando as empresas a colocarem o teor de gordura trans nos rótulos dos produtos até 2005. Também em 2002, a Dinamarca praticamente proibiu o uso de gordura trans na comida. Depois do fracasso de uma campanha pública para reduzir o consumo de gordura trans, a Comissão de Saúde da Cidade de Nova York votou a favor da proibição da gordura trans nas comidas vendidas em restaurantes. As empresas começaram a correr para eliminar a gordura trans dos seus produtos. Era difícil, mas não impossível. Até o Crisco, agora de propriedade da J. M. Smucker, eliminou a gordura trans em 2002. Em 2009, o Grupo de Trabalho Interagências para Alimentos Vendidos para Crianças, representando o FDA e três outras agências do governo, especificou um padrão de menos de 1 grama de gordura saturada e 0 grama de gordura trans por porção em alimentos infantis.

Está claro que o governo foi altamente influente, se não determinante, com relação ao papel da gordura em uma megatendência de comida, a saber, a alimentação saudável. Se uma empresa quer ser um motor de tendências nesse contexto, ela precisa antecipar as respostas legislativas e regulatórias do governo às questões do momento e influenciá-las sempre que possível por meio da contribuição de estudos científicos. Quando aliamos a ambiguidade e complexidade das ciências da saúde com os ventos políticos, é difícil e às vezes arriscado ser um motor de tendências. Por outro lado, as vantagens do pioneirismo, especialmente com respeito ao valor da marca, podem ser significativas.

Biscoitos da Nabisco

A indústria de biscoitos vende cerca de 6 bilhões de dólares por ano nos Estados Unidos, mas perdeu espaço durante a última década. A queda é motivada pelos custos crescentes, pelo surgimento de lanches alternativos e pela preocupação com a saúde. Na verdade, a porcentagem de crianças que comem biscoitos caiu do nível histórico de 97% para o atual de 90%. A seguir, para examinar as várias questões de saúde que afetaram o setor, analisaremos mais de perto as duas principais marcas da Nabisco: SnackWell's e Oreo.[6]

No começo da década de 1990, as dietas com baixo teor de gordura ganharam visibilidade, lideradas por gurus como Pritikin, Ornish e outros, principalmente pelo seu sucesso na redução do peso. Em resposta, a Nabisco lançou a SnackWell's em 1993, uma linha de biscoitos e bolachas em sua maioria sem gordura. A marca usava o *slogan Live well. Snack well.* ("Viva Bem. Faça Bons Lanches."). Foi um dos lançamentos de maior sucesso na história dos bens de consumo, com vendas tão fenomenais que o produto às vezes precisava ser racionado. Em 1993, as vendas superaram 200 milhões de dólares, e em 1995 ultrapassavam 430 milhões de dólares. Além disso, o licenciamento da marca SnackWell's gerou outros 150 milhões de dólares em 1995. A SnackWell's estava no lugar certo na hora certa.

Entretanto, o colapso subsequente das vendas foi quase tão radical quanto sua ascensão. Um dos problemas foi o gosto, que se tornou mais visível depois que a novidade e animação inicial desapareceram. A gordura, ao que parece, melhora o gosto. Em 1998, as vendas haviam caído para 222 milhões de dólares, então, a SnackWell's decidiu reformular a linha e adicionar gordura, tornando-se uma opção com baixo teor de gordura em vez de zero gordura. Em geral, os novos produtos tinham metade da gordura da concorrência, apesar de terem mais açúcar em alguns casos. Uma novidade com um alto orçamento de apoio reduziu a decadência da marca, mas as vendas em 2000 caíram para 160 milhões de dólares. Um produto com baixo teor de gordura é um meio-termo e o mercado-alvo não se impressionou com a ideia. Toda uma série de produtos com baixo teor de gordura fracassaram no mercado, incluindo o McLean Deluxe, um hambúrguer com menos gordura lançado pelo McDonald's em 1991; a opção de galinha sem pele do KFC; e as sobremesas congeladas com baixo teor de gordura da marca Sara Lee.

Um segundo problema é que as pessoas que comem itens pouco calóricos ou com baixo teor de gordura tendem a comer mais. Alguns se considerariam aptos a comer toda uma caixa de SnackWell's. A tragédia da Nabisco é que esse fenômeno foi batizado de "síndrome SnackWell's", apesar de aplicável a qualquer produto cujo rótulo conota baixos teores calóricos. Outra maldição do sucesso. Quando as pessoas leem sobre estudos científicos ou aprendem em primeira mão que a SnackWell's não é uma receita para perder peso, a marca perde toda a sua energia. A SnackWell's ainda é uma marca viável e seu negócio ainda vale a pena, mas não é mais um astro. Entretanto, a marca SnackWell's continua em uma posição excelente para capitalizar a preferência por comidas com baixo teor de gordura no futuro, criando a possibilidade de ser um ativo significativo muito além de seus negócios atuais.

Uma marca muito maior da Nabisco passou por uma história semelhante: os biscoitos Oreo. O Oreo é o biscoito mais vendido dos Estados Unidos; as vendas não são divulgadas regularmente, mas uma estimativa de 2002 coloca seu valor acima de 900 milhões de dólares. A forma atual do biscoito Oreo, lançada em 1952, na verdade foi desenvolvida pela Sunbeam com seu biscoito Hydrox, que perdeu participação de mercado para a Nabisco e seria retirado do mercado em 1999. O Oreo original era feito com banha, então, o biscoito tinha alto teor de gordura saturada. Quando esse tipo de gordura se tornou um problema de saúde, o Oreo adotou a gordura trans em 1992, sem afetar o gosto e a gordura do original. Mas quando a gordura trans passou a ser o problema, a solução não era tão fácil. A empresa realizou uma iniciativa gigante de P&D durante muitos anos para encontrar um substituto para a gordura trans. Em 1996, a Nabisco finalmente lançou uma nova versão do Oreo, com gosto e textura aceitáveis e sem gordura trans, mas a essa altura o Oreo era alvo de suspeitas há vários anos.

A Nabisco tentou mais uma vez correr atrás da relevância para um público que, apesar de acostumado a comer guloseimas, se preocupava com o controle do peso. Em 2007, a Nabisco foi pioneira nas embalagens de lanches de 100 calorias. Com isso, a marca soube aproveitar o patrimônio do seu portfólio de marca. Um dos primeiros foi o Oreo Thin Crisps, por exemplo, um produto que lembra bolachas mas tem gosto de biscoitos Oreo. O sucesso inicial foi significativo e a inovação estabeleceu uma posição em uma nova subcategoria. Mas, com poucas barreiras à entrada, a concorrência conseguiu alavancar suas próprias marcas e se aproveitar do conceito das porções de 100 calorias. Além disso, muitas pessoas aprenderam a preparar as suas próprias porções.

Sorvete Dreyer's Slow Churned

Em 1928, o sorveteiro William Dreyer e o confeiteiro Joseph Edy abriram a sorveteria Grand, na Grand Avenue, em Oakland, Califórnia. Assim começou a Dreyer's Grand Ice Cream. O legado de inovação em sabores começou no ano seguinte, quando a empresa inventou o sabor Rocky Road. A Dreyer's começou sua expansão para a Costa Leste dos EUA no começo da década de 1980, onde passou a usar o nome Edy's para evitar confusões com a Breyer's, uma importante marca de sorvetes da Unilever e que já era tradicional naquela parte do país. A Nestlé começou a investir na Dreyer's em 2002 e adquiriu toda a organização em 2006.

Em 1987, a Dreyer's respondeu às preocupações com gordura e foi pioneira na subcategoria dos sorvetes *light*, com o lançamento de um sorvete com baixo teor de gordura. Apesar de o sorvete *light* ter conquistado uma boa parcela do mercado, seu gosto e textura eram claramente inferiores ao do sorvete tradicional. Assim como a SnackWell's, a iniciativa atingiu um limite e começou a cair. Havia uma necessidade clara de produtos que oferecessem o benefício do baixo teor de gordura sem sacrificar o sabor do alimento.

Depois de cinco anos de pesquisa, a Dreyer's descobriu a resposta: uma nova tecnologia, a extrusão de baixa temperatura. Na produção tradicional de sorvetes, o produto precisa ser congelado depois de batido, um processo que cria grandes cristais de gelo a menos que o sorveteiro acrescente a gordura do leite. Com o novo processo, o sorveteiro não precisa congelar o produto, nem adicionar a gordura do leite. O resultado é um produto com metade da gordura do sorvete tradicional e dois terços das calorias. Em testes cegos, oito em cada dez respondentes não conseguem distinguir o novo produto dos sorvetes normais. O processo é apoiado pelo nome de marca, que comunica a nova tecnologia ao mesmo tempo que dificulta as tentativas da concorrência de lançar alternativas com credibilidade.

A empresa lançou o sorvete Dreyer's Slow Churned em junho de 2004, que prometia causar mudanças radicais no mercado. Gary Rodgers, CEO da Dreyer's, chamou o processo de a primeira grande inovação tecnológica no mundo dos sorvetes desde a batedeira manual e a pasteurização do leite.[7] A marca foi lançada com mais de 16 sabores, além de algumas edições limitadas sazonais, como Abóbora (Dia das Bruxas) e Gemada (Natal). O lançamento da nova marca foi cheio de energia e incluía uma promoção na qual as pessoas podiam escrever uma proposta para uma festa de sorvete na sua casa ou vizinhança, tudo patrocinado pela Dreyer's. As vendas da categoria *light*, que estavam estagnadas, cresceram 75%. Seis anos depois, o novo produto cresceu tanto que parece prestes a superar as vendas do sorvete tradicional.

A decisão de usar a marca Dreyer's (e Edy's) para representar o novo produto significou que não seria preciso introduzir mais uma marca à geladeira, mas também que seria necessário desenvolver uma forte submarca para representar essa inovação transformacional. A marca Slow Churned ("Batido Lentamente") descreve o processo, o que é importante para a credibilidade do produto, de um modo fácil de entender. Ela também evoca a imagem de um tempo mais simples, quando o sorvete caseiro era batido lentamente, à mão. Assim, a marca está associada a ingredientes naturais e não processados e a eventos familiares.

A Breyer's tinha um problema. Ela precisava de uma resposta. A solução foi um produto, lançado um ano depois do Dreyer's Slow Churned, com o nome inicial de Double Churned, uma marca que dava legitimidade na nova subcategoria e diluía a vantagem do pioneirismo da Dreyer's. O produto se saía bem nos testes de preferência, mas chegou um ano atrasado e não tinha a variedade de sabores da Dreyer's. Um problema mais grave era o uso de um aditivo geneticamente modificado.

A Breyer's, com suas raízes em 1866, tinha uma tradição de ser absolutamente natural. Na verdade, o nome do produto era Breyer's All Natural. Um anúncio clássico mostrava alguém tentando ler os ingredientes de um sorvete concorrente, mas depois lendo apenas "leite, creme, açúcar e baunilha" no da Breyer's. Depois de adquirida pela Unilever em 1993, a empresa adicionou goma de tara ao sorvete. Tecnicamente, ela ainda é um aditivo natural, embora o conceito de uma fórmula simples e pura tenha sofrido um pouco com essa decisão.

O Breyer's Double Churned precisava lidar com um problema mais complicado. O produto usava um aditivo patenteado criado por pesquisadores da Unilever, batizado de proteína anticongelante (PAC). Fabricado a partir de grandes lotes de levedo geneticamente modificado, o aditivo imita uma substância que impede certas espécies de peixe de congelarem mesmo em águas geladas e evita a formação de cristais de gelo, o que elimina a necessidade de adicionar a gordura do leite. Grupos preocupados com modificações genéticas e opostos ao uso desse tipo de aditivo nos alimentos publicaram artigos questionando a segurança de longo prazo do produto e a possibilidade de esse aditivo em especial causar inflamações.[8] Ainda assim, o produto foi aprovado pelo FDA e os riscos pareciam remotos. A publicidade negativa era limitada e pode não ter causado problemas para o Breyer's Double Churned. Considerando a tradição da empresa, no entanto, ele é no mínimo constrangedor.

O Breyer's Double Churned nunca conseguiu afetar a energia da Dreyer's. Em 2009, a Breyer's reformulou seu produto e trocou o nome para Smooth and Dreamy All Natural. A empresa achou uma maneira de se livrar das PACs e voltar às suas raízes. No ínterim, entretanto, a Dreyer's conquistara uma vantagem de cinco anos, enquanto o produto da Breyer's tinha algumas incertezas relativas à sua dimensão de sabor.

Figura 5.1 Sorvete Dreyer's Slow Churned.

O Olestra da P&G

A história do Olestra da P&G mostra o risco de tentar seguir tendências e prever a aceitação dos produtos que respondem a elas. Todos os produtos têm vantagens e desvantagens, então, a empresa corre o risco associado de uma inovação tropeçar no mercado por causa de falhas que acabam soterrando os atributos positivos. A história também indica como terceiros, no caso o Center for Science in the Public Interest (CSPI), uma organização sem fins lucrativos, podem influenciar o posicionamento de uma nova categoria de produtos.

Em 1968, dois pesquisadores da P&G, na época trabalhando em gorduras que poderiam ser digeridas com mais facilidade por bebês, descobriram o Olestra. Esse produto incrível era um substituto de gordura que, ao contrário dos outros, tinha zero calorias e dava o mesmo gosto que todas as gorduras que estava substituindo. Além disso, ele podia ser frito ou assado, um atributo extremamente importante. As aplicações alimentares potenciais eram imensas. Especulava-se que o Olestra poderia render 1,5 bilhão de dólares e solucionar de vez os problemas da gordura saturada e da gordura trans.

Depois de uma tentativa fracassada de aprovar o produto como medicamento para redução do colesterol, a P&G buscou aprovação do FDA para uso do Olestra como aditivo alimentar. Para tanto, a empresa realizou cerca de 150 estudos para provar sua segurança. Em 1996, o FDA, sob pressão pública para acelerar seu processo de aprovação, finalmente deu permissão para o uso do Olestra em lanches. Entretanto, o aditivo só poderia ser usado com o seguinte aviso na embalagem: "Olestra pode causar cólicas intestinais e descontrole fecal. O Olestra inibe a absorção de algumas vitaminas e outros nutrientes. Vitaminas A, D, E e K foram adicionadas". O aviso refletia o fato de o produto ter efeitos colaterais. Para alguns consumidores, esses efeitos colaterais, apesar de não representarem risco de morte, eram extremamente desconfortáveis e inconvenientes.

Dois anos depois, a Frito-Lay lançou sua linha de lanches da submarca WOW!, fabricados com Olestra, agora sob a marca Olean. Havia um Lay's WOW!, um Ruffles WOW! e assim por diante. Uma das marcas de maior sucesso dos anos 1990, o grupo WOW! vendeu cerca de 350 milhões de dólares em produtos no seu primeiro ano. Mas as reclamações sobre os efeitos colaterais afetaram a procura e as vendas caíram para 200 milhões de dólares no ano 2000. Em 2003, depois que alguns estudos adicionais da P&G convenceram o FDA de que os efeitos colaterais eram "leves e raros", comparáveis aos de alimentos com alto teor de fibras, a agência revogou a obrigatoriedade do aviso. No ano seguinte, a Frito-Lay rebatizou os salgadinhos WOW! de Light e as vendas decolaram de novo.

Durante todo esse processo, o CSPI travou uma guerra feroz contra a P&G e a Frito-Lay. Em 1996, a organização argumentou que os efeitos colaterais eram tão graves que o produto deveria ser banido do mercado, um ponto que o CSPI defendeu de modo contínuo e aberto. A organização alegava que os estudos mostravam que além de inibir a absorção de vitaminas importantes, o uso de Olestra também reduzia fortemente a incidência de carotenoides no corpo. Com base em uma série de estudos, os pesquisadores desenvolveram a hipótese de que os carotenoides estão ligados a uma ampla variedade de efeitos de saúde de longo prazo. Alguns até teorizam que, com o tempo, os usuários de Olestra estariam mais sujeitos a desenvolver câncer. O CSPI também lembrava que o corrimento anal, outro possível efeito colateral do produto, não era mencionado no aviso. Sem dúvida, o CSPI conseguiu colocar o Olestra e a WOW! na defensiva. Quando a Frito-Lay mudou o nome do produto de WOW! para Light, o CSPI argumentou vigorosamente que a Frito-Lay estava enganando os consumidores de propósito, tentando convencê-los de que os produtos não continham mais Olean (Olestra).

A P&G basicamente desistiu do Olestra em 2002. A empresa vendeu a fábrica para um fornecedor e cancelou um investimento significativo nela, apesar de reter os direitos sobre a marca e a tecnologia. Além disso, a Frito-Lay e a Pringles, da P&G, continuaram a usar Olean (Olestra) sob a submarca Light. Imagina-se que os clientes que sofrem os efeitos colaterais aprenderam a não usar Olean, enquanto o resto pode aproveitar seus benefícios. Além disso, uma aplicação tecnológica secundária permitiu que a P&G lançasse um aditivo para tintas em 2009 com uma substância parecida com o Olestra. O produto tem várias qualidades positivas, incluindo a ausência de gases tóxicos.

Em retrospecto, a aventura do Olestra custou milhões de dólares para a P&G e desviou recursos que poderiam ter sido destinados a opções mais produtivas. A P&G pode ter superestimado o apelo do produto e não aceitou ou levou a sério o suficiente seus aspectos negativos ou a influência do CSPI. Entretanto, dado o tamanho inegável e a urgência do problema de encontrar um substituto funcional e pouco calórico para a gordura e as vantagens competitivas que a empresa teria conquistado caso o Olestra tivesse dado certo, o potencial era enorme e a aposta deve ter sido tentadora. É preciso distinguir entre boas decisões e bons resultados. Este pode ter sido um caso de uma boa decisão que levou a um mau resultado.

Da gordura à saúde

A história da alimentação saudável vai muito além da gordura. Ela está cheia de capítulos e personagens. Entre as sugestões de alimentação saudável mais famosas, podemos citar a redução do consumo de carboidratos; sódio; açúcar; e, para algumas pessoas, glútens, simultânea ao aumento do consumo de grãos integrais, fibras, soja, proteínas, culturas probióticas, vitaminas e óleo de peixe, além do uso de alimentos naturais e orgânicos. Essas 13 dimensões dos alimentos são apenas uma lista parcial. Todas têm seus defensores.

As teorias de baixo teor de carboidratos receberam uma atenção especial e ajudaram a chamar a atenção para o controle do peso e para a alimentação saudável em geral.

O número de dietas com poucos carboidratos é praticamente infinito. Elas incluem a Dieta Atkins, a Dieta de Scarsdale, a Zona, Sugar Busters e a Dieta de South Beach. A Dieta Atkins, formalizada por Robert Atkins em um livro de 1972, utiliza reduções extremas dos carboidratos refinados, mas poucas restrições à gordura. A popularidade da Dieta Atkins variou muito, mas em 2003 praticamente 1 de cada 11 americanos estava realizando alguma versão do programa.[9] A Dieta de South Beach, descrita em um livro de 2003 pelo cardiologista Arthur Agatston e pela nutricionista Marie Almon, em parte aconselhava os leitores a evitar alimentos como batatas ou álcool, pois eles aumentam o índice glicêmico, uma medida da velocidade com a qual um alimento se transforma em açúcar na corrente sanguínea.[10] Estima-se que *A Dieta de South Beach* e seus livros de apoio tenham vendido mais de 20 milhões de exemplares.

Estudos científicos exploraram e testaram direta ou indiretamente esses planos de dietas, todos de forma contínua. Apesar do surgimento de alguns achados gerais, houve muita ambiguidade com relação a alguns aspectos específicos dos diversos planos de dieta e sua eficácia. Além disso, essas ambiguidades alimentam as percepções e atitudes do público e criam fortes variações de comportamento, o que dificulta a vida das empresas que estão tentando prever e reagir às tendências, sem falar das que querem liderá-las. Uma tendência parece dar lugar à outra sem muito aviso, com as mudanças causadas talvez por um livro particularmente bem escrito ou por uma ação específica do governo. Nesse contexto, analisamos como a General Mills e a marca Healthy Choice, da ConAgra, responderam ao interesse crescente por alimentação saudável.

A General Mills e as tendências de saúde

A história da General Mills demonstra como uma empresa pode interpretar e reagir a uma tendência para vencer a batalha por relevância, mantendo-se importante e criando contextos nos quais os concorrentes perdem essa qualidade. Um segredo da sua estratégia foi a flexibilidade criada pelo uso de múltiplas marcas e produtos e a capacidade representada por uma cozinha criativa.

A General Mills tem uma tradição e cultura orientadas a produtos mais saudáveis e apelos relacionados à saúde. A marca Cheerios, lançada em 1941 com o nome Cheeri Oats, foi o primeiro cereal de aveia frio pronto para comer e tem um longo histórico de afirmações de saúde. No começo, a General Mills destacava o ingrediente de aveia integral no Cheerios. Mais recentemente, a empresa promoveu seus estudos mostrando que comer Cheerios regularmente reduz o colesterol. E o Cheerios multigrãos, lançado em 1992, é fortificado com vitaminas e contém fibras. A franquia Cheerios, com seus quatro produtos, é a marca líder absoluta no setor de cereais, com participação de mercado de cerca de 12%. Seus benefícios de saúde percebidos com certeza a tornaram relevante para pelo menos alguns consumidores atentos à questão dos alimentos saudáveis. Entretanto, alguns autores observaram que o Cheerios tem alto teor de sódio (o que também é verdade para outros produtos de cereais) e alguns questionam as alegações sobre o colesterol. Nada é simples.

A General Mills lançou toda uma série de marcas baseadas em alimentação saudável e criou plataformas para ofertas orientadas pela saúde. As histórias de todas elas dão uma mensagem de aprendizado para todas as empresas respondendo a tendências de mercado.

Em 1975, a General Mills lançou a Nature Valley Natural Crunch Oats and Honey Granola Bar, um produto com mel de verdade e açúcar mascavo, combinados com flocos de aveia, criando um lanche natural e nutritivo, com alto teor de fibras e proteínas e poucas gorduras saturadas. Desde então, a Nature Valley expandiu a linha de produtos; hoje, ela inclui as barras de granola Trail Mix, Yogurt, Sweet & Salty Nut e Roasted Nut Crunch, além da Granola Nut Clusters. Ela também solidificou as associações naturais da marca com um relacionamento de 30 anos com a American Hiking Society. Para alguns consumidores, esse nível de diferenciação é tão forte que os produtos da linha Nature Valley representam uma subcategoria à parte.

Em 1985, a General Mills lançou o cereal Fiber One e entrou no campo dos produtos com alto teor de fibras. O nome refletia o fato de que o Fiber One dominava a concorrência em termos do teor de fibra entre os cereais frios, com cerca de 57% da recomendação diária de fibras, com 14 gramas de fibras por porção. A marca era lucrativa em parte por causa dos seus seguidores ultrafiéis (a maior fidelização de qualquer marca de cereais) e não precisava de *marketing*. Entretanto, as vendas eram fracas e estagnadas.

Em 2007, quando a importância das fibras ficou mais evidente em parte por sua função de equilibrar o consumo de carboidratos em dietas nas quais essas substâncias são restritas, a Fiber One começou um vigoroso programa de expansão. A equipe Nature Valley percebeu que a marca Fiber One poderia ter sucesso na sua área e trabalhou no desenvolvimento de uma linha de barras que usasse a marca e promessa da Fiber One. No primeiro ano, a linha de produtos ultrapassou a cobiçada marca dos 100 milhões de dólares em vendas por ano. Com base nesse sucesso, a General Mills usou a marca Fiber One para lançar uma série de alimentos com alto teor de fibras em outras categorias, incluindo iogurtes, pães, mistura para muffin, salgados para torradeiras e queijo cottage. Todos tinham níveis de fibra suficientes para torná-los líderes das suas categorias na dimensão fibras. É um bom exemplo do desenvolvimento de pontes entre os silos da empresa por meio da combinação e alavancagem de ativos, no caso, uma marca, receitas, *marketing* e capacidades de produção.

Em 2000, a General Mills lançou um produto de leite de soja com a marca 8th Continent em uma *joint-venture* com a DuPont. A DuPont desenvolvera um produto de soja mais doce, mas não tinha acesso a canais de distribuição, então, firmar uma *joint-venture* fazia sentido. O mercado de soja havia ultrapassado 2 bilhões de dólares e estava crescendo rapidamente; o mercado de leite de soja estava em cerca de 200 milhões de dólares, mais de metade dos quais dominados pela marca Silk, e projetava-se que chegaria a 1 bilhão de dólares em pouco tempo. A oportunidade estava à mão. Em 2004, a General Mills lançou uma versão *light* do produto. Entretanto, o leite de soja se revelou uma área de crescimento muito mais fraca do que parecia, em parte devido à incerteza sobre suas afirmações de saúde e em parte porque o negócio exigia investimentos significativos e gerava retornos apenas marginais. A empresa decidiu que tinha investimentos mais interessantes em outras áreas e vendeu o negócio em 2008. A General Mills aprendeu uma lição dupla com o empreendimento: projeções otimistas podem mudar, considerações de negócio são importantes, um mercado apoiado por uma tendência real não é suficiente e um modelo de negócios lucrativo também é necessário.

Em 2001, a General Mills entrou no ramo dos alimentos orgânicos quando adquiriu a Small Planet Foods, um dos principais produtores de alimentos orgânicos, com sede em Sedro-Woolley, Washington. A empresa obteve duas marcas no negócio. A Cascadian Farm era a número 1 ou número 2 nos mercados de frutas orgânicas congeladas, verduras, sucos e entradas, enquanto a linha Muir Glen era líder nas áreas de tomates enlatados, molhos para massas, salsas e condimentos orgânicos. A General Mills passou a vender as marcas, muito conhecidas em canais de alimentos orgânicos e naturais, em supermercados e mercearias tradicionais. A empresa também ampliou a marca Cascadian Farm para incluir cereais e a Muir Glen para incluir sopas orgânicas. Ambas eram relativamente pequenas, mas tinham o potencial de crescer junto com o interesse em produtos orgânicos.

A Wheaties foi criada em 1922, resultado do derramamento acidental de uma mistura de farelo de trigo em um fogão aceso por um clínico de Minnesota que trabalhava para a Washburn Crosby Company (empresa que se transformaria na General Mills). Outra iniciativa foi a revitalização da marca Wheaties, famosa por ser o "Café da Manhã dos Campeões", uma marca com altíssimos níveis de reconhecimento e até benefícios emocionais, uma marca que todos conhecem e respeitam, mas poucos comem. Com níveis tão altos de reconhecimento e uma imagem excelente, a marca tinha um potencial latente enorme. Cinco atletas de elite, incluindo o jogador de futebol americano Peyton Manning e o jogador de basquete Kevin Garnett, formaram um painel para ajudá-la. O resultado de sua primeira tarefa, especificar o que gostariam de ver em um cereal que ajudaria seu desempenho, foi a criação de um conjunto de parâmetros de ingredientes. Os atletas também ajudaram a criar três possíveis fórmulas para produzir esses ingredientes. Os leitores da revista *Men's Health* ajudaram a selecionar a versão final. O resultado foi o Wheaties Fuel, distribuído em uma embalagem preta com Manning na parte da frente e o painel no verso, disponível nos supermercados desde janeiro de 2010. Era um cereal raro, criado e direcionado para homens. Praticamente todos os outros cereais eram destinados principalmente ao público feminino. Sua mensagem de saúde era voltada para atletas, uma associação que encontra eco junto a muitos homens, especialmente aqueles entre 30 e 50 anos de idade.

Além das novas marcas mestre que criara, a General Mills também fez um esforço para tornar todos os seus produtos mais saudáveis.[11] Algumas dessas mudanças foram provocadas por ações da concorrência. Por exemplo, o Green Giant Valley Fresh Steamers, um produto que facilita a preparação de vegetais congelados em molhos naturais, foi considerado uma das cinco melhores novidades de 2009 e ajudou a General Mills a energizar e melhorar sua marca Green Giant.[12] O produto foi estimulado pelo Birds Eye Steamfresh, lançado em 2006. A linha General Mills Yoplait adicionou um produto YoPlus em 2007, que incluía culturas probióticas, fibras e vitaminas para ajudar o processo de digestão. Foi uma resposta ao Activia, da Danone, lançado em 2006 e grande detentor das vantagens do pioneirismo na subcategoria.

Outras iniciativas da General Mills de deixar seus produtos mais saudáveis não foram estimuladas pelos produtos da concorrência, mas por sua crença de que a saúde, junto com o sabor e a conveniência, era o principal motivador dos clientes. Suas inovações incrementais mais famosas incluem:

- Em 2005, todos os cereais da General Mills usavam grãos integrais e o consumidor (que normalmente varia entre algumas marcas) podia ter confiança de que qualquer cereal com a marca "Big G" (o logotipo dos cereais da General Mills) conteria grãos integrais.

- Em 2006, a Progresso Soups adicionou uma versão *light* e recebeu o selo de aprovação do Vigilantes de Peso, confirmando a declaração da marca de que as sopas da Progresso devem receber zero pontos no seu sistema de dieta. Logo depois, a Progresso criou uma versão com baixo teor de sódio para várias das suas sopas *light*.

- O iogurte Kids tinha 25% menos açúcar, além de culturas que facilitavam sua digestão mesmo para consumidores com intolerância à lactose.

- Em 2009, a Yoplait parou de comprar laticínios feitos do leite de vacas expostas a um hormônio controverso.

- O Bisquick Heart Smart reduziu drasticamente a quantidade de gordura saturada e trans no Bisquick.

- Em 2007, a General Mills lançou porções de 100 calorias para diversos produtos, incluindo os lanches Chex.

Uma iniciativa que criou uma nova subcategoria foi o lançamento das misturas de sobremesa Betty Crocker Gluten Free em 2009, possibilitada pela invenção de novos ingredientes sem glúten. O esforço foi tão promissor que a General Mills mudou, reconheceu ou promoveu outros produtos como não contendo glúten. Alguns, como a família de cereais Chex, tiveram um forte aumento nas vendas. A empresa descobriu que a preocupação com glúten é muito maior do que se imaginava e que consumidores celíacos (com intolerância ao glúten) têm muita dificuldade em determinar se um produto contém a proteína ou não. Em 2010, a General Mills lançou um *site* com informações sobre produtos sem glúten, listando 250 produtos da empresa junto com receitas da cozinha Betty Crocker. O *site* tinha o potencial de se tornar uma autoridade na área. Além disso, o sucesso mostra que mercados de nicho, antes considerados pequenos, se tornaram mais acessíveis com a força das mídias digitais.

A estratégia da General Mills envolvia o desenvolvimento de uma série de plataformas de marca com a força e a flexibilidade necessárias para se adaptar a tendências de saúde. As grandes marcas, com submarcas como Cheerios Multigrain e Wheaties Fuel, desenvolveram plataformas para apoiar inovações de produtos que criavam ou participavam de novas subcategorias. A marca Betty Crocker tinha permissão de ser uma parceira na culinária saudável. Além disso, a General Mills investiu em produtos e marcas, como Fiber One e Nature Valley, os quais não eram uma peça central do seu negócio, embora fossem relevantes para mercados de nicho. A empresa continuou seu apoio a esses produtos de nicho e, no mercado, construiu boas plataformas de marca. Depois, com a emergência da categoria geral da alimentação saudável em suas várias formas, a General Mills tinha as marcas, a experiência e o conhecimento de mercado para seguir em frente. Sem as marcas Nature Valley, Fiber One, Betty Crocker e Yoplait, a empresa teria muito menos espaço para suas táticas. Ninguém pode duvidar que novas ofertas têm muito mais chance de sucesso quando podem contar com uma marca estabelecida e que tem credibilidade em áreas de nicho.

Healthy Choice

A Healthy Choice representa um caso raro em que as origens da marca e da sua proposição de valor são claras. A história envolve três fases: pioneirismo, maturidade e revitalização.

Em 1985, Mike Harper, presidente da ConAgra, uma empresa diversificada que vende uma série de marcas de alimentos, incluindo Hunt's e Orville Redenbacher's, sofreu um ataque cardíaco e decidiu mudar sua dieta. Ele ficou chocado ao descobrir quantos produtos de alimentos processados, incluindo aqueles fabricados pela ConAgra, tinham alto teor de gordura e sódio, o que os tornava impróprios para quem se preocupava com doenças cardíacas. Nos supermercados, as opções para os consumidores procurando alimentos benéficos para a saúde cardíaca eram limitadas. Os produtos especializados que se encaixavam nessa descrição tinham uma reputação merecida de terem um péssimo sabor.

A grande maioria dos consumidores não se preocupava com isso, em parte porque não prestavam atenção em fatores de risco cardíaco, mas também porque o teor de gordura e sódio das marcas era comunicado apenas nas letras miúdas das embalagens. Mas a situação estava mudando: os fatores de risco cardíaco estavam se tornando mais conhecidos e o segmento de consumidores preocupados estava crescendo. Mas a indústria de alimentos processados ainda não havia captado a mensagem.

Com o despertar de Mike Harper, a ConAgra mudou sua missão de *We build on basics* ("Construímos a partir dos elementos básicos") para *Feeding people better* ("Alimentando as pessoas de uma maneira melhor"). A empresa se comprometeu a vender produtos mais nutritivos e saudáveis aos consumidores. A ConAgra Frozen Foods estabeleceu os alicerces dessa estratégia com o lançamento das refeições congeladas Healthy Choice em 1987. O objetivo da marca era minimizar a gordura e controlar o nível de componentes como colesterol e sódio. Entretanto, os produtos ainda tinham um sabor que conseguia competir com outras marcas nacionais. Assim, o núcleo da identidade da Healthy Choice era o sabor excelente e a boa nutrição.

Os consumidores de marcas concorrentes, como Stouffer's Lean Cuisine e Weight Watchers (no Brasil, Vigilantes do Peso), que se posicionavam como oferecendo benefícios de controle de peso, representavam o mercado-alvo, pois muitas pessoas interessadas no controle do peso também se sentiam atraídas pela saúde em geral. A Healthy Choice era uma marca atraente para esse subsegmento grande e crescente.

A linha de comida congelada Healthy Choice teve sucesso por vários motivos. Primeiro, seus produtos não eram percebidos como tendo problemas de gosto; eles estavam pelo menos no mesmo nível que os concorrentes nesse patamar. Segundo, por causa das suas linhas tradicionais, a ConAgra Frozen Foods tinha acesso a canais de distribuição, o que garantia que as grandes redes de supermercados experimentariam os novos produtos. Terceiro, o *timing* foi perfeito. A Healthy Choice apareceu exatamente quando as pessoas interessadas em saúde e fatores de risco cardíaco estavam se transformando de um pequeno segmento em um grande mercado *mainstream*. Quarto, os concorrentes estavam comprometidos com uma posição diferente, mais estreita (o controle de peso), em parte devido a seu sucesso anterior, e sua resposta foi lenta. A Weight Watchers em especial não tinha motivação para prejudicar sua marca e liderar o mercado em outra direção.

Logo depois do surgimento da Healthy Choice, os concorrentes contra-atacaram com submarcas como Stouffer's Right Course e LeMenu Light Style, mas todas tinham seus problemas de posicionamento. A submarca Right Course estava ligada à Stouffer e atraía principalmente outros clientes da marca. A LeMenu Light Style atacava a Weight Watchers e não estava posicionada para concorrer com a Healthy Choice. Na verdade, a organização reconheceu a conotação de controle do peso do nome "Light Style" e rebatizou a marca de LeMenu Healthy. Já a Healthy Choice era uma marca nova e que podia desenvolver um posicionamento forte e com apelo para um mercado amplo.

Outras submarcas foram lançadas posteriormente, como Budget Gourmet Hearty and Healthy; Tyson Healthy Portion; e finalmente, em meados de 1992, Weight Watchers Smart Ones. Esses atrasadinhos tinham a difícil missão de tentar roubar os membros do segmento Healthy Choice. Enquanto isso, a equipe Healthy Choice continuava a expandir e melhorar suas linhas de entradas e refeição, com produtos como Fiesta Chicken Fajitas, Country Glazed Chicken e Cheese French Bread Pizza.

A capacidade de uma marca de se estender depende das associações de marca centrais e deve se basear em um relacionamento com os clientes. As associações centrais da Healthy Choice eram sabor e nutrição, nenhuma das quais ligada à área de comida congelada e ambas muito capazes de funcionar em outras prateleiras. Nesse caso, as associações centrais são bastante amplas, criando um alicerce para uma *range brand*, ou seja, uma marca que abrange uma ampla gama de produtos.

Diversas unidades operacionais da ConAgra começaram a procurar outras áreas de produtos para aplicar a marca e as associações da Healthy Choice. As melhores candidatas eram as classes de produto nas quais não havia uma marca com uma forte imagem ligada à saúde cardíaca. As concorrentes assustadas ficaram nervosas e reavaliaram suas ofertas de marca e perfis de classe de produto para descobrir se estavam vulneráveis. E a resposta era quase sempre "sim". Para contra-atacar a Healthy Choice e reagir às preocupações crescentes dos consumidores com alimentos mais nutritivos, várias empresas lançaram novos produtos, muitos usando submarcas como Lite, Fresh, Healthy, Right Choice ou Fat Free, criadas para servir de ataque preventivo ou contra-ataque. Entretanto, devido às suas fortes associações e sua presença em outras categorias de alimentos, a Healthy Choice foi um adversário à altura mesmo quando as outras conseguiram desenvolver submarcas "saudáveis".

Em 1995, estima-se que as vendas da Healthy Choice no varejo chegavam a 1,275 bilhão de dólares, um aumento em relação aos 858 milhões de dólares de 1993, 471 milhões de dólares de 1991 e 30 milhões de dólares de 1989. Em 1993, a Healthy Choice foi considerada "o novo lançamento de marca de alimentos de maior sucesso em 20 anos" pela revista *Advertising Age*. A marca estampava mais de 300 produtos, incluindo sopas (a linha de sopas Healthy Choice foi considerada o produto do ano de 1992 pela revista *Progressive Grocer*), sorvetes (marca nacional número um de sorvete *light*) e frios. Enquanto a Weight Watchers foi uma das novas *range brands* de maior sucesso da década de 1980, nos anos 1990 o título ficou com a Healthy Choice.

A Healthy Choice perdeu sua energia nos 10 anos seguintes, em parte porque a ConAgra estava mais preocupada com eficiências e controle de custos do que com o cardápio ou o apelo do produto. O resultado foi que as ofertas começaram a ficar cansadas. O foco da equipe Healthy Choice em limitar características indesejadas, como o teor de gordura e sal dos produtos, começou a desenvolver uma desvantagem de sabor significativa em relação à concorrência, que não tinha o mesmo objetivo. O resultado foi que a comida congelada Healthy Choice passou a ser vista como irrelevante por muitos consumidores. Além disso, a marca quase parou de inovar e de ser notícia.

Em 2004 e 2005, a equipe da Healthy Choice realizou um grande estudo dos clientes para explorar o que os consumidores procuravam nas comidas congeladas. Uma lição importante foi que uma das principais necessidades não atendidas era obter o mesmo frescor oferecido por refeições preparadas. O frescor estava associado com uma boa experiência de alimentação em termos de sabor, textura e benefícios de saúde. Outro *insight* é que a preparação no vapor era uma forte indicação de frescor. Vegetais a vapor, por exemplo, eram vistos como produzindo as características de frescor. A linha de vegetais Bird's Eye Steamfresh, lançada em maio de 2006, obteve altos níveis de aceitação entre os clientes, o que reforça o *insight* do estudo.

Um dos desafios da Healthy Choice foi criar uma técnica de cozimento a vapor para comidas congeladas, nas quais o molho costuma ser congelado com os outros ingredientes. A solução de P&D foi um sistema de bandejas de dois níveis: o molho na bandeja de baixo cozinha a vapor e dá aroma aos alimentos na bandeja de cima. O resultado é uma experiência de cozimento a vapor que preserva a cor, a textura e o sabor dos alimentos, produzindo vegetais mais crocantes, carnes mais suculentas e massa *al dente*. O outro desafio era criar receitas mais atraentes. Para tanto, o conceito de remover elementos como gordura e sal dos alimentos foi substituído pelo foco em acrescentar ingredientes saudáveis, como grãos integrais, azeite de oliva extra virgem e pedaços de vegetais grandes. O resultado foi a linha Café Steamers, lançada em 2007 e escolhida o melhor lançamento no setor de alimentos em 2008 pela empresa de pesquisa Information Resources Inc (IRI). Mais do que um sucesso de vendas, a marca foi um fator crucial na virada da Healthy Choice. A Café Steamers foi seguida pela Asian Inspired Café Steamers em 2009 e pela Mediterranean Inspired Café Steamers em 2010, refletindo o fato de que os termos "asiático" e "mediterrâneo" têm conotações de saúde.

Outros produtos Healthy Choice também mudaram e inovaram, incluindo uma nova linha de entradas naturais, com variedades como Portabella Spinach Parmesan e Pumpkin Squash Ravioli, com antioxidantes e alto teor de fibra e pouca gordura saturada. A Healthy Choice também lançou uma linha de misturas frescas de produtos básicos, com longos prazos de validade no mercado e na despensa. Cada embalagem compacta contém molho, massa e um escorredor para que o consumidor possa prepará-lo na mesa do trabalho, sem necessidade de refrigeração ou congelamento. Uma última opção saudável foi o pão Healthy Choice Hearty 7 Grain.

A revitalização da marca foi indicada por uma nova embalagem, que incluía um ponto de exclamação. A empresa também começou uma campanha de publicidade engraçada. A trama envolvia a comediante Julia Louis-Dreyfus, que coletava informações sobre a nova Healthy Choice para decidir se deveria ou não ser porta-voz da marca. A

Capítulo 5 O Setor Alimentício se Adapta **141**

Figura 5.2 Café Steamers, marca Healthy Choice.

Healthy Choice recuperou seu vigor e sua energia e conquistou mais participação de mercado. No futuro, a marca quer ser conhecida por alimentos saudáveis com sabor excelente, mas, mais do que isso, a Healthy Choice quer ser vista como uma marca que apoia um estilo de vida saudável. Viver de modo a aproveitar a vida ao máximo. Fazer coisas. Revitalizar.

Com a perspectiva oferecida pelos estudos de caso de três setores (varejo, automóveis e alimentos), passamos agora para as quatro tarefas associadas à criação de novas categorias e subcategorias. A primeira, encontrar o conceito, será discutida no próximo capítulo.

Lições principais

- As tendências são complexas e ambíguas. Pior ainda, suas direções e intensidades mudam rapidamente, motivadas por forças além do controle das marcas. Detectar, monitorar e compreender essas tendências é um grande desafio, assim como qualquer esforço para influenciá-las.
- Influenciadores e árbitros objetivos, como gurus e o governo, respectivamente, são importantes. No entanto, gurus podem ser superados por outros gurus e por outras fontes de informação com alta credibilidade. Além disso, o governo pode ser incerto ou agir no momento errado e também estar sujeito a pressões políticas sem relação com as questões do momento.
- Uma marca forte, como Fiber One, Healthy Choice ou Dreyer's, pode ser transformada em plataforma para novas ofertas. O sucesso exige uma marca ou submarca forte que consiga representar uma inovação. Uma marca mestre estabelecida, como a Healthy Choice, ou o patrocínio de uma marca forte, como a Betty Crocker, oferece credibilidade, familiaridade e associações úteis. Criar uma marca nova do zero, como no caso da Fiber One ou da Nature Valley, pode ser um processo caro, demorado e difícil, mas também necessário; quando dá certo, a nova marca em si pode se transformar em plataforma para extensões futuras.
- Ter um portfólio de marcas, como fazem a General Mills, ConAgra e Nabisco, dá flexibilidade à empresa, pois as marcas podem se tornar candidatas para dar energia a novas ofertas. É difícil ter certeza sobre a direção

do mercado. Ter opções de marca é um bom caminho para o sucesso em mercados dinâmicos.

- Uma ampla variedade de ofertas, como vimos no caso dos vários sabores de Dreyer's e da linha Healthy Choice, pode representar uma barreira importante à concorrência, pois o maior número de ofertas estabelece mais laços com os clientes, mais exposição e fortalecimento para a marca, mais inovação e mais energia.

- Uma oferta com grande potencial pode ser acompanhada de grandes riscos, alguns dos quais são difíceis de quantificar e talvez estejam além do controle da empresa. No caso do Breyer's Double Churn e do Olestra, as percepções foram afetadas por terceiros.

- A criação de uma oferta envolve dificuldades previstas e imprevistas em *design*, entrega e resposta da concorrência. Todas as incertezas devem ser reconhecidas, explicadas e gerenciadas.

- As necessidades não atendidas são fundamentais para as novas ofertas. Em alguns casos, determinar as necessidades não atendidas é um fator essencial para o sucesso. Mas, na maioria dos casos descritos neste capítulo, a necessidade não atendida era óbvia, o problema era criar uma oferta que a atendesse.

- Ideias de novos produtos podem surgir de outros silos da empresa. A concorrência não tem acesso a essa fonte. A ideia das barras de Fiber One, por exemplo, veio do grupo de cereais Fiber One.

Para discussão

1. Como uma ideia ou teoria sobre como comer ganha força? Até que ponto isso depende dos fatos objetivos? Uma escola de pensamento diz que as pessoas não processam ou respondem aos fatos. Comente.

2. Cite empresas do setor de alimentos embalados que criaram novas subcategorias. Como elas conseguiram? Que barreiras estavam envolvidas?

3. Que empresas tentaram criar novas subcategorias e não conseguiram? Até que ponto o fracasso pode ser explicado por mau *timing*, má execução, procura inadequada ou a resposta da concorrência?

Capítulo 6

Encontrando Novos Conceitos

A melhor maneira de ter uma boa ideia é ter muitas ideias.
—Linus Pauling

A questão não é o que você vê, mas o que enxerga.
—Henry David Thoreau

O objetivo estratégico deve ser sempre o desenvolvimento de uma nova categoria ou subcategoria, de modo que a competição por preferência de marca, difícil e destrutiva, deixe de ser o padrão. O trabalho envolve diversas tarefas que a Apple sabe fazer muito bem: encontrar e avaliar novos conceitos, defini-los e criar barreiras aos concorrentes.

Apple

Em outubro de 2001, a Apple lançou o iPod. O produto combinava a maestria tecnológica, a visão sobre facilidade de uso e o dom para *design* da empresa.[1] Foi um sucesso imediato. Com o tempo, a Apple lançou variações do produto, como o iPod Shuffle, o iPod Nano e o iPod Touch. Oito anos depois, a empresa venderá mais de 220 milhões de unidades e o iPod ainda levara à criação de mais quatro novas subcategorias: a iTunes store, o iPhone, a Apple Store e o iPad.

O *design* do iPod tinha estética e funcionalidade de tirar o fôlego. A limpeza das linhas, a cor, a sensação do produto e a roda clicável fizeram o produto se destacar no mundo dos eletroeletrônicos. Sua funcionalidade, desde a interface até a velocidade do *download* de músicas, ia muito além dos outros *MP3 players* no mercado. Bastava ver o produto uma vez para apreciá-lo. O iPod era legal e o consenso geral era de que ele era usado por pessoas legais.

    A Apple acertou o *timing*. Steve Jobs reconheceu que havia uma janela de oportunidade para o iPod. O mercado tinha uma necessidade, os produtos concorrentes tinham falhas graves e a combinação da tecnologia da Apple com as novas opções de hardware criou uma abertura. Um avanço essencial para a produção do iPod foi a disponibilidade de um disco rígido barato de 4,5 cm da Toshiba, que podia armazenar mais de mil músicas. Para reagir rapidamente ao mercado e acessar competências em áreas essenciais, a Apple usou parceiros no processo de desenvolvimento.[2] A equipe foi liderada pela PortalPlayer, que criou a plataforma básica, e gerou um produto que incluía um conversor digital-analógico estéreo da Wolfson Microelectronics, um *chip* de memória *flash* da Sharp Electronics, um controlador de interface da Texas Instruments e um circuito integrado de gerenciamento de energia da Linear Technologies. A Apple não enfrentou o projeto sozinha.

    O lançamento foi parte de uma quantidade inimaginável de *buzz*. O produto foi incluído em filmes e programas de TV sem que a empresa precisasse pagar por *merchandising* simplesmente porque era legal. A força da marca Apple, revitalizada pelo *design* exclusivo do iMac em 1998, apenas um ano depois de Jobs voltar para a Apple de seu exílio forçado, foi um ingrediente crucial. O *buzz* e a marca foram complementados por um programa de *marketing* eficaz.

    Outro componente crítico para o sucesso foi o aplicativo iTunes, muito fácil de usar, que organiza e toca músicas no computador. Em abril de 2003, a Apple lançou a iTunes store, que permitia ao usuário comprar (em vez de roubar) músicas e, posteriormente, livros, podcasts e programas de TV, e que por si só representava uma nova categoria. Steve Jobs e sua equipe fizeram o que parecia impossível. Além de criar o *software* que possibilitasse o processo, a empresa cumpriu a missão delicada de convencer as cinco grandes gravadoras de música a venderem cada música por 99 centavos de dólar pela Internet. Além disso, mais do que ligada ao iPod, a operação da iTunes store fazia parte do próprio iPod. Bastava selecionar iTunes store no menu do iPod no computador. A capacidade de Jobs de convencer músicos e gravadoras a participar do projeto com a ideia de vender músicas se deve em parte à sua credibilidade e habilidades como vendedor, mas também em parte devido ao desespero dos músicos e das gravadoras com sua incapacidade de controlar a pirataria na Internet. Até a Sony Music entrou no jogo. A iTunes store vendeu sua bilionésima música menos de três anos depois do seu lançamento.

    O papel de Steve Jobs no sucesso do iPod foi crucial, assim como nos outros sucessos da Apple. Ele permitiu que o projeto começasse quando percebeu que os aplicativos de MP3 existentes eram lentos e tinham interfaces deficientes. Durante o processo de desenvolvimento, seu estilo era incentivar a equipe a ser excelente. Jobs demonstrava uma incapacidade obstinada de aceitar meios-termos. Seu estilo administrativo lembra o CEO da Toyota que deu à sua equipe a missão aparentemente impossível que levou ao desenvolvimento do Prius.

Uma pequena digressão. Durante a gigantesca feira Las Vegas Comdex no outono de 1999, a Sony, líder de longa data no campo da música portátil desde a emergência do Walkman em 1979, lançou dois tocadores de música digital dois anos antes do iPod. Um deles, desenvolvido pela Sony Personal Audio Company, era o Memory Stick Walkman, que permitia que os usuários armazenassem música no Memory Stick, um aparelho da Sony que lembrava um chiclete gigante. O outro, desenvolvido pela VAIO Company, foi o VAIO Music Clip, que também armazenava músicas na memória e lembrava uma caneta-tinteiro gorducha.[3]

Ambos fracassaram por vários motivos. Primeiro, a tecnologia ainda precisava de alguns anos. Ambos armazenavam 64 megabytes de dados, apenas o suficiente para cerca de 20 músicas, e ambos eram muito caros para o mercado geral. Segundo, devido à tendência tradicional da Sony de evitar padrões tecnológicos, ambos os produtos usavam um sistema de compressão proprietário da Sony chamado ATRAC3. O software para converter arquivos MP3 para o formato Sony não era conveniente e, pior ainda, criava transferências lentas. Terceiro, o fato de a Sony promover dois aparelhos diferentes criou dois silos incrivelmente independentes, confundindo o mercado e a própria organização Sony. Pior ainda, outro silo, a Sony Music, estava mais preocupada com evitar a pirataria do que com o sucesso do novo produto digital. A Sony Music inibiu o acesso a um amplo catálogo musical, levando ao uso de um processo de *upload* difícil e complicado.

A Apple também teve seus produtos prematuros. Um dos mais visíveis foi o Newton, um PDA lançado em 1993, quando John Scully era CEO da empresa. O produto gerenciava agendas e uma lista de contatos, suportava anotações com o uso de um sistema de reconhecimento de escrita e ainda realizava várias outras tarefas. Apesar do *marketing* do lançamento ter sido excelente, o produto fracassou e foi eliminado quando Steve Jobs voltou para a Apple em 1997. O Newton era caro, lento e pouco confiável. Ainda por cima, era difícil ler o texto na sua tela. Se o produto tivesse esperado apenas dois anos, a tecnologia teria melhorado, o *design* teria sido mais confiável e o produto provavelmente teria sido um sucesso. Em 1996, a Palm usou tecnologias mais avançadas e uma visão de produto menos ambiciosa para lançar o PalmPilot, um PDA mais simples que foi um grande sucesso de vendas.

Em uma das suas decisões estratégicas mais incríveis, Jobs decidiu que a Apple se tornaria uma varejista. Em vez de apenas fornecer o produto, a empresa teria uma rede de lojas para representar a marca Apple, apresentar e comunicar os produtos e criar um relacionamento de mais intimidade com os clientes. A decisão, muito criticada na época, se baseava em parte na observação de que os varejistas atuais não podiam ou não conseguiam representar os produtos e a marca da Apple com autenticidade. A Apple Store abriu em maio de 2001 e jogou água gelada nos críticos mais céticos, superando a GAP e se tornando a loja que mais crescia no mercado. Em três anos, a Apple Store vendia 1 bilhão de dólares. Em cinco, passava de 4 bilhões de dólares. Em 2010, a Apple tinha mais de 300 lojas em 10 países.

As lojas são limpas, elegantes, espaçosas e localizadas em áreas de alto nível e com bastante movimento. Toda loja tem um Genius Bar, onde ficam os profissionais de assistência técnica, teatros para apresentações, estúdios para treinamento com produtos e zonas de soluções para elementos como fotografia digital e edição de vídeos. As lojas vão além da experiência de compras e abrangem a experiência de propriedade e o estilo de vida dos clientes. A ideia era de que a Apple fracassaria no varejo porque o setor exige um conjunto de habilidades diferentes ou porque a decisão desagradaria seus canais de distribuição atuais. O sucesso incrível das lojas da Apple se deveu em parte ao seu *design* e *layout*, à energia da marca Apple e seus produtos, à força e penetração do iPod e à fidelidade maluca dos usuários. Compare essa situação com a da Gateway Computers, que fechou sua rede de 250 lojas por causa dos produtos sem diferenciação, dos locais pouco atraentes e da falta de estoque (os clientes só podiam encomendar computadores na loja).

Duas outras grandes subcategorias emergentes estavam relacionadas com o fenômeno iPod: o iPhone, lançado em janeiro de 2007, e o iPad, em março de 2010.

O iPhone é um iPod que se conecta à Internet e que funciona como telefone. Ele é muito Apple: um produto simples e elegante, fácil de usar e com uma série de funções que se combinam pra criar uma experiência muito diferente para o usuário. Apesar de não ter sido o primeiro, o iPhone logo se tornou o exemplar no campo dos *smartphones*. O interessante é que o desenvolvimento do iPhone começou com o objetivo de criar um tablet com tecnologia sensível ao toque, em parte porque o mercado de telefones celulares era uma bagunça. Mas o produto evoluiu e passou a incluir um telefone e conexão com a AT&T. Foi uma vitória incrível. Estima-se que o barulho em torno do lançamento do produto tenha valido tanto quanto 400 milhões de dólares em propaganda. E dois anos depois, a "App Store" da Apple vendia cerca de 150 mil aplicativos diferentes para o produto. Como está ligado à iTunes store e ao *software* da Apple, é muito difícil concorrer com o iPhone.

O iPad é um novo tipo de computador *tablet*, que Jobs chama de "um produto mágico e revolucionário".[4] O iPad se conecta a uma loja na Internet e dá acesso a uma ampla variedade de livros, revistas, jornais, filmes e jogos. Ele está se posicionando para desafiar o Kindle pela supremacia na área de *e-books*. Exceto pela falta de uma câmera, ele lembra um iPhone gigante, com muitos dos mesmos controles *touchscreen* conhecidos dos usuários do iPhone e com acesso a todos os aplicativos do iPhone. Especula-se que além dos *notebooks*, o iPad também substituirá alguns computadores portáteis pouco usados para processamento de texto ou gerenciamento de dados.

Outra digressão. Muitos *tablets touchscreen* foram lançados antes do iPad. Em 2000, Bill Gates e a Microsoft apresentaram o Tablet PC, um computador sem teclado, na Comdex, a principal feira de informática do mundo. O produto não pegou, em parte porque a tecnologia não estava pronta e em parte porque nada havia de legal no produto. A Panasonic e a Toshiba fabricam esses *tablets* relativamente no anonimato há anos, principalmente para usuários de negócios. Apesar da presença de mercado inicial dos concorrentes, a Apple também conquistou a posição de exemplar na categoria de *tablets*.

É uma história incrível, talvez cinco novas subcategorias em apenas 10 anos, todas da mesma empresa e do mesmo CEO: iMac, iPod, iTunes, iPhone e iPad. Isso sem contar a Pixar, também de Steve Jobs, o estúdio de animação de muito sucesso vendido à Disney em 2006. Várias lições. Primeiro, em todos os casos, o produto final evoluiu com o tempo. A visão final não estava lá desde o início. Todos partiram de inovações que existiam em produtos anteriores. Nenhum produto começou do zero e nenhum ficou parado. Segundo, a necessidade não atendida do cliente era um tanto óbvia. O desafio era quase todo tecnológico e foi resolvido com uma mistura de produtos e talentos internos e externos. Terceiro, a empresa ergueu fortes barreiras à concorrência, mantendo-a afastada durante bastante tempo. Uma dessas barreiras foi a criação de um ecossistema, incluindo um sistema operacional da Apple, o iTunes e a App Store, na qual os aplicativos são vendidos. Outras, incluindo a marca Apple, uma base de clientes com alto comprometimento e notícias e energia contínuas do produto, se acumularam com o tempo e tornaram a Apple um alvo móvel para os concorrentes.

De onde se originaram as ideias para o iPod, o iTunes, o iPhone e o iPad? Não dos clientes. Todas vieram de *insights* de mercado de Jobs e de seus colegas, que são famosos por acreditar que os clientes não ajudam com conceitos que ainda não estão no mercado. Esses *insights* de mercado se basearam em uma confluência de fatores: a crença de que os clientes responderiam a uma suíte de aplicativos, um conhecimento sobre a evolução das tecnologias relevantes, a deficiência absoluta dos produtos que já estavam no mercado e a confiança na própria capacidade de melhorar e agregar recursos. O *timing* foi crítico. A tecnologia e o mercado precisavam estar prontos, então, a Apple devia ficar de olho em ambas.

A função do CEO da Apple, como visionário e como força em busca de algo grandioso, foi essencial. Mas outra lição é que empresa nenhuma, mesmo com Steve Jobs no comando, acerta todas as vezes e em todos os produtos. Jobs, com sua capacidade extraordinária de criar produtos fáceis de usar e com *designs* exclusivos para usuários individuais, teve menos sucesso em vender para empresas que não trabalhavam no ramo de serviços criativos. A Apple está há muito tempo fora do mercado corporativo de computadores. A NEXT, o esforço de Jobs no sentido de criar um computador para usuários corporativos durante seu exílio da Apple, nunca deu certo, apesar de o software da

NEXT ter sido a passagem de Jobs de volta à Apple. Assim, mesmo Jobs teve algumas decepções em meio à sua longa série de sucessos.

■ ■ ■

Os cinco primeiros capítulos deste livro apresentaram mais de 20 casos de marcas que desenvolveram ofertas com o potencial de criar novas categorias ou subcategorias. Cada caso apresenta uma perspectiva diferente sobre como as empresas trabalharam e por que cada uma teve ou não sucesso no mercado. Um tema geral desse conjunto é que os esforços de transformar o mercado estão cercados de dinâmicas complexas, desafios formidáveis de criação e implementação e uma boa dose de incerteza.

Nesse contexto, que orientação podemos dar a quem pretende fugir da competição por preferência de marca e criar áreas de mercado nas quais a relevância dos concorrentes é menor ou até inexistente? Como uma empresa pode criar e dominar uma nova categoria ou subcategoria com uma proposição de valor diferente e um grupo de clientes fiéis?

As respostas para essas perguntas podem ser estruturadas em quatro tarefas ou desafios inter-relacionados que precisam ser enfrentados por todas as organizações, desde as *startups* até as mais maduras. Como resumido pela Figura 6.1, estes são a geração de conceitos, a avaliação de conceitos, a definição e o gerenciamento de novas categorias ou subcategorias e a criação de barreiras à concorrência. Este capítulo tratará da geração de conceitos. Os três capítulos seguintes analisam e discutem as três outras tarefas.

O Capítulo 10 discute o desafio de manter a relevância. No Capítulo 11, detalhamos as características de uma organização inovadora e apoiadora.

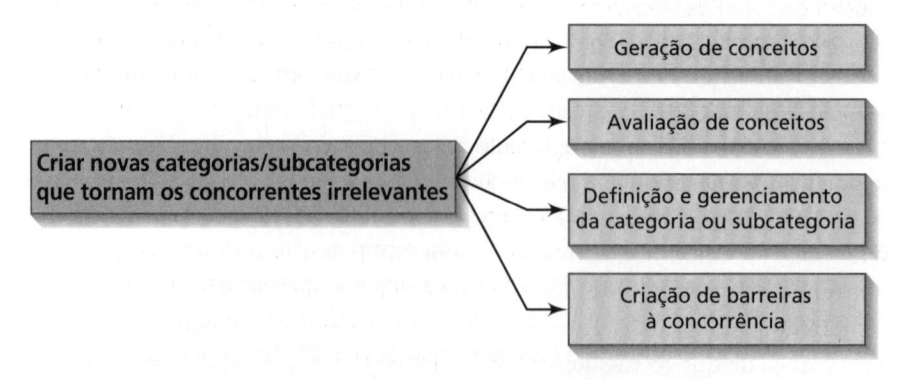

Figura 6.1 Criando ofertas que impulsionam novas categorias ou subcategorias.

No Epílogo, colocamos todo o processo em perspectiva. A realidade é que, apesar de a recompensa ser alta, o processo é difícil e arriscado e o resultado é incerto.

Geração de conceitos

Começaremos pela criação de conceitos. De onde saíram essas ideias? Como gerar um fluxo de novos conceitos? Apesar de detalharmos várias abordagens específicas que podem ser usadas, primeiro é importante compreender dois construtos essenciais que estão por trás desse processo: as necessidades não atendidas e a criatividade organizacional.

Necessidades não atendidas

Conceitos importantes que podem levar a inovações substanciais ou transformacionais quase sempre giram em torno de necessidades não atendidas. O foco nas necessidades não atendidas dos clientes e não, por exemplo, nas suas motivações, é muito útil, pois produtos ou serviços que respondem a necessidades têm alta probabilidade de serem relevantes para os clientes e podem levar a novas categorias ou subcategorias, na medida em que representam mercados vazios ou mal atendidos. Por exemplo, quando a Best Buy transformou o relacionamento com o cliente em um conceito de ajudá-lo na loja e depois, com o Geek Squad, de ajudá-lo em casa, a organização estava atendendo uma necessidade significativa. As misturas de bolo sem glúten da Betty Crocker Gluten Free também trabalhavam uma necessidade não atendida importante. Em ambos os casos, as empresas criaram uma nova subcategoria, muito bem-definida, e as marcas concorrentes se tornaram menos relevantes.

A OfficeMax descobriu que as pessoas, especialmente profissionais do sexo feminino, queriam que o seu local de trabalho, em geral um cubículo, tivesse cores, padrões e texturas. O resultado foi quatro linhas de produtos que prometiam dar vida e personalidade aos ambientes dos cubículos, todas sob o slogan *Life is beautiful, work can be too* ("A vida é bela, o trabalho também pode ser"). Mais do que um caminho para uma oferta de sucesso, as necessidades não atendidas também levam à criação de novas subcategorias. A Ariat entrou no mercado de calçados equestres com a venda de calçados de alto desempenho para cavaleiros que não gostavam das botas tradicionais. Motivada pela crença de que os cavaleiros também são atletas, a Ariat desenvolveu uma marca e uma linha de produtos que atendiam essa carência.

Às vezes, uma necessidade não atendida óbvia serve de base para um conceito. O problema é superar as dificuldades técnicas e transformar o conceito em realidade. O desejo por alimentos com baixo teor de gordura estava lá, por exemplo, mas produzi-los sem sacrificar o sabor é difícil, como a SnackWell's descobriu. A necessidade de melhor eficiência de combustível é bem conhecida, mas a equipe do Prius, com a ajuda de muitos predecessores, precisou superar diversas barreiras tecnológicas. Todos sabiam que a experiência nas concessionárias era dolorosa, mas todos partiam do pressuposto de que as pessoas precisavam aprender a viver com ela, pois não havia uma solução prática para o problema. Mas então a Saturn inventou o conceito da concessionária regional, que possibilitou a precificação *no haggle* ("sem barganha") com a ajuda de consultores em vez da venda sob pressão.

Em outros momentos, a necessidade não atendida é conhecida, mas latente, pois imagina-se erroneamente que o investimento nela seria grande demais ou a procura pequena demais para valer a pena. Esse pode ter sido o caso da minivan da Chrysler ou do Geek Squad da Best Buy antes que os conceitos provassem seu valor no mercado.

Entretanto, em muitos casos é preciso um *insight* para identificar uma necessidade não atendida pouco óbvia. Esse pode ter sido o caso da Enterprise, da Muji e da Zara, cujos fundadores reconheceram necessidades não atendidas sem visibilidade no mercado. O *insight* do mercado acaba resultando na possibilidade da vantagem do pioneirismo, pois os outros talvez não reconheçam a mesma necessidade.

Um bom exercício é listar entre 5 e 10 das principais necessidades não atendidas do mercado. Categorize-as de acordo com serem óbvias mas sem solução no momento, estarem latentes ou não estarem chamando a atenção. Continue monitorando-as para determinar a hora certa de explorar ativamente uma oferta que atenda cada necessidade.

Mesmo quando a organização determina uma necessidade não atendida, ela ainda precisa enfrentar o desafio de compreender o seu impacto e trajetória. Ela será suficiente para sustentar um negócio caso a empresa encontre soluções? Qual é a magnitude da inovação necessária? O problema é significativo o suficiente para que qualquer progresso seja útil e resulte em um novo lançamento de sucesso? Para responder essas perguntas, é interessante colocar a necessidade não atendida em contexto e determinar o formato e a proposição de valor de uma oferta que a atendesse.

Criatividade organizacional

Como uma organização ou indivíduo gera conceitos com o potencial de criar novas categorias ou subcategorias? Como uma organização pode incentivar a criatividade organizacional que produzirá uma oferta e impulsionará um novo negócio? As pesquisas sobre criatividade não faltam. A partir delas, podemos listar algumas observações e diretrizes que se aplicam à busca por novas ofertas capazes de transformar o mercado.

Seja curioso. A curiosidade é a mãe da invenção. É importante ter curiosidade sobre por que um evento estranho e inesperado acontece, por que uma observação inexplicada apareceu ou por que uma limitação o afeta. A Toyota é famosa por sua abordagem dos cinco por quês: os problemas são resolvidos quando encontramos a resposta correta para a pergunta "por quê?" até revelarmos a causa mais básica da situação (por essa lógica, conheço uma criança de dois anos que seria um inovador excelente).

Absorva informações. As informações são o sangue da invenção. Pessoas e organizações com bases de conhecimento amplas conseguem variar elementos e fazer combinações, uma das bases tradicionais da inovação. As organizações precisam lembrar os formigueiros, com tentáculos que estão sempre determinando o que está mudando no ambiente e o que poderia ser alterado. Como em um formigueiro, a organização deve realizar uma busca incansável por novas informações e ser capaz de se basear nelas para agir na hora certa.

Charles Draper passou 20 anos estudando, a maior parte do tempo no MIT, aprendendo sobre temas como psicologia, engenharia eletroquímica e física. Um dos cientistas mais inovadores do seu tempo, Draper é considerado o "pai da navegação inercial" e o escopo do seu conhecimento certamente foi um dos motivos do seu sucesso. Os gerentes sobrecarregados quase sempre acham que é um desperdício absorver informações que não têm uma aplicação imediata, mas informações que estão além das barreiras da organização podem ser importantes quando se trata do pensamento criativo na empresa.

Ouça pessoas diferentes. Pessoas e organizações diferentes trazem consigo bases de conhecimento, experiências e perspectivas diferentes. A essência da criatividade é combinar ideias. Assim, as organizações se beneficiam de ter pessoas com históricos diferentes, ou de ter acesso a elas. O grande desafio é reuni-las na mesma sala, real ou virtual, para se concentrarem em um mesmo problema. Mais do que contribuir ideias, as múltiplas partes podem refiná-las. A maioria das novas ofertas nasce em formatos inviáveis ou fáceis de rejeitar. O refinamento realizado pelos diversos parceiros é o que viabiliza as ofertas.

Conheça e use o brainstorming. Muitas pessoas e organizações acham que sabem realizar *brainstormings*, mas poucas o tornam parte dos seus ritmos gerenciais ou usam a técnica corretamente. A empresa de inovação IDEO sugere algumas diretrizes para realizar *brainstormings* eficazes além de simplesmente realizar sessões regulares. Primeiro, tenha uma declaração de problema motivante e de alta qualidade. As melhores quase sempre giram em torno de uma necessidade do cliente. Além de extravasar as primeiras ideias, a técnica pode ser usada para trabalhar problemas ou barreiras persistentes que surgem junto com as ideias de ofertas. Segundo, garanta um período de "suspensão de avaliações", durante o qual o objetivo é gerar um alto volume de ideias e permitir que as mais esquisitas se acumulem e ajudem a criar outras melhores. Contar as ideias ajuda. Tente gerar entre 100 e 150 ideias em uma sessão de uma hora. Terceiro, quando o fluxo de energias e ideias desacelera, tente encontrar outro ponto de partida, mesmo que ele seja um pouco fantasioso. Quarto, a menos que o grupo seja experiente, estabeleça um período de aquecimento.[5]

Force novas perspectivas. Cada perspectiva diferente representa uma fonte de ideias. O objetivo é desafiar as ideias e levar o pensamento aos limites. O que o gerente de um hotel cinco estrelas poderia aprender com um zoológico? O que um médico de pronto-socorro aprenderia trabalhando em um restaurante de *fast food*? Na consultoria de marcas e *marketing* Prophet, as equipes de prática de inovação costumam incentivar os clientes a começar pela descrição da pior ideia possível. A pior extensão de conceitos para uma boneca popular, uma prostituta, levou à linha de roupas noturnas apropriadas para a marca. Até mesmo começar tudo de novo no mesmo ponto pode ser útil. Em um estudo, um grupo que tentou resolver um quebra-cabeças sem interrupções foi superado por outro, que precisou resolver uma charada no meio da tarefa.

Não busque apenas ideias revolucionárias. A inovação pode ser uma ideia simples. Ela não precisa envolver uma tecnologia transformacional. Muita gente acredita que as inovações precisam ser drasticamente novas e diferentes. Não é verdade. A maioria dos inovadores apenas combina o que já está disponível em uma nova forma ou aplica tecnologias ou componentes existentes de um modo inédito ou para uma aplicação diferente. O contêiner que revolucionou a logística foi apenas uma modificação do reboque tradicional. O iPod apenas reuniu componentes e tecnologias que já existiam. Assim, o segredo é saber o que está disponível e ter a capacidade de combinar todos os elementos de uma nova maneira.

Obtendo conceitos

Muitas abordagens ou métodos são úteis na geração de novos conceitos de ofertas, como vemos no resumo da Figura 6.2. Cada um deles representa um conjunto de perspectivas muito diferentes sobre o mercado e sua dinâmica, servindo assim como ímpeto e catalisador da criatividade. A maioria das organizações inovadoras é muito habilidosa apenas em algumas dessas abordagens. Mas a aprendizagem é gradual e desenvolver competência em algumas delas pode ser muito produtivo. Elas são complementares, no entanto, então o desafio é trabalhar com um conjunto, não escolher apenas um.

A primeira parcela desse grupo de abordagens busca *insights* entre clientes atuais e potenciais. As outras abordagens buscam *insights* entre tendências de mercado, concorrentes, modelos de comportamento, tecnologias e o melhor aproveitamento de ativos e competências atuais.

Necessidades não atendidas articuladas pelo cliente

Algumas necessidades não atendidas estão visíveis para os clientes de uma oferta, que muitas vezes conseguem articulá-las quando têm a oportunidade. O truque é acessar essas informações e fazer com que os clientes detectem e comuniquem as necessidades não atendidas. Que problemas de experiência de uso emergiram com a oferta? O que frustra os clientes? Qual é a diferença entre ela e as experiências das ofertas concorrentes? O sistema de uso total no qual o produto está integrado, incluindo outros produtos e serviços, tem algum problema? Por exemplo, os substitutos para ovos são usados em um sistema de café da manhã que envolve outros produtos e vários processos, incluindo preparação, apresentação e limpeza. Como melhorar o produto? Pesquisas desse tipo ajudaram a Dow a inventar a Spiffits, uma linha de toalhas umedecidas descartáveis.

Um aviso: ao interagir com os clientes, é importante diferenciar entre as limitações da categoria ou subcategoria e as insatisfações resultantes do fato de a marca não conseguir cumprir o prometido. É fácil misturar os dois quan-

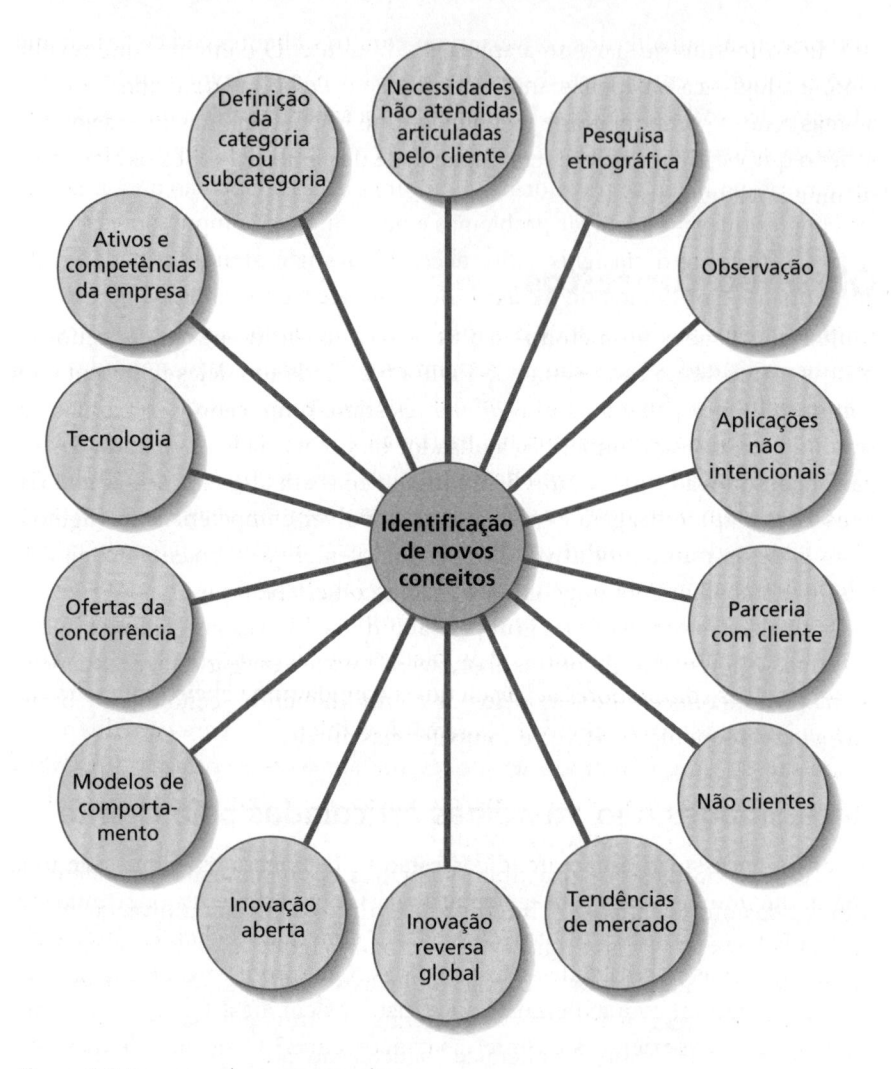

Figura 6.2 Encontrando novos conceitos.

do estamos discutindo insatisfações e problemas, mas o foco deve estar sempre nas necessidades não atendidas associadas à categoria ou subcategoria.

Uma abordagem direta é simplesmente ter uma conversa informal com os clientes. Quando Lou Gerstner assumiu a IBM no começo dos anos 1990, a empresa estava em dificuldades. Ele usou seus primeiros cem dias para conduzir a *Operation Bear Hug* ("Operação Abraço de Urso"), na qual ele e seus

200 principais subalternos conversariam com três clientes cada e fariam anotações sobre as entrevistas. Essa base de informações levou a IBM a tomar algumas decisões estratégicas fundamentais, a saber, manter a unidade da empresa, aprimorar e alavancar a marca IBM e produzir uma proposição de valor sistêmica que havia se transformado em uma necessidade não atendida, pois os clientes queriam resolver problemas e não comprar computadores.

Outra fonte de *insights* sobre necessidades não atendidas pode vir dos mecanismos cotidianos de *feedback* dos clientes, representados pelo *site* da empresa, pelos telefones 0800 e pelos *sites* de mídias sociais ativos. O segredo é minerar os dados para que esclareçam as necessidades não atendidas e depois examinar o tamanho e as tendências dessas necessidades.

Uma abordagem estruturada, batizada de *pesquisa de problemas*, quantifica as necessidades não atendidas. Primeiro, gera-se uma lista de problemas potenciais com o produto ou serviço. A seguir, os problemas são priorizados. Para isso, pede-se a um grupo de 100-200 respondentes que avaliem cada problema de acordo com sua (1) importância, (2) frequência e (3) a existência de soluções para eles. O escore de cada problema é uma combinação desses fatores. Um estudo de pesquisa de problemas sobre comida para cachorro descobriu que os compradores achavam que a comida tinha cheiro ruim, era cara demais e não estava disponível em tamanhos diferentes para cães diferentes. Depois disso, surgiram produtos que respondiam a essas críticas. Outros estudos levaram uma companhia aérea a modificar suas cabines para oferecer mais espaço para as pernas entre os assentos.

Outra abordagem é procurar os clientes cujos requisitos vão além dos limites das ofertas atuais. A Intel, por exemplo, começou a projetar microprocessadores por causa da necessidade de um cliente japonês que estava fabricando uma calculadora. A inovação que esse projeto gerou se tornou uma plataforma de crescimento incrível e energizou a Intel por várias décadas. Por muitos anos, a HP usou o modelo da "bancada ao lado", pelo qual um colega engenheiro articulava uma necessidade não atendida e explicava por que os instrumentos atuais não eram apropriados para o serviço. O resultado seria um novo produto de instrumentação que resolveria o problema.

Eric von Hippel, pesquisador do MIT que estuda os clientes como fontes de inovações de serviços, sugere que os usuários líderes são uma fonte especialmente fértil para a descoberta de necessidades não atendidas e novos conceitos de produtos.[6] Os usuários líderes são aqueles que enfrentam necessidades meses ou anos antes do resto do mercado. Uma pessoa muito interessada em nutrição, por exemplo, seria um usuário líder no campo da alimentação saudável. Os usuários líderes em automação de escritórios seriam as empresas que têm mais a lucrar com avanços tecnológicos. Os usuários líderes estão posicionados para obter benefícios significativos com ofertas que respondam às suas necessidades.

Pesquisa etnográfica

Às vezes, os clientes podem não estar cientes das próprias necessidades não atendidas. Eles ficam tão acostumados às limitações implícitas dos equipamentos existentes que simplesmente aceitam os problemas. Uma frase famosa de Henry Ford é que se ele tivesse perguntado aos clientes o que precisavam antes de lançar o automóvel, eles teriam respondido "um cavalo mais rápido". Eles não tinham como antecipar a opção de um carro funcional. Além disso, os clientes nem sempre são uma boa fonte para alguns tipos de necessidades não atendidas, especialmente aquelas que envolvem benefícios emocionais ou autoexpressivos, então, talvez seja necessário contratar pessoas criativas e experientes para realizar o trabalho. A vantagem de um utilitário esportivo, por exemplo, não é o resultado dos seus benefícios funcionais. Os clientes não queriam ou não conseguiam descrever os benefícios autoexpressivos de ser uma família vigorosa e que gosta do ar livre (mas que, na verdade, quase nunca faz acampamentos de verdade).

Logo, é fundamental aprofundar seu entendimento sobre os clientes para detectar necessidades não atendidas que podem ser invisíveis para os próprios e depois aplicar a criatividade para imaginar novas possibilidades. A pesquisa etnográfica fornece os *insights* necessários sobre os clientes e também uma plataforma para gerar ofertas criativas que respondam a essas necessidades.

As pesquisas etnográficas, antropológicas ou de imersão envolvem a observação direta dos clientes em tantos contextos quanto possível. Com a observação precisa de como e *por que* o produto ou serviço é usado, as empresas compreendem melhor as necessidades e motivações dos clientes e geram *insights* que levam a ações. Por exemplo, para melhorar ou estender seus serviços, a empresa de dados financeiros Thomson Corporation estuda regularmente grupos de 25 a 50 clientes, analisando seu comportamento desde três minutos antes do uso dos seus dados até três minutos depois.[7] Um estudo, que descobriu que os analistas dos clientes da Thomson inseriam os dados em planilhas eletrônicas, levou a um novo serviço que eliminou esse passo de entrada de dados.

Quando a observação direta seria invasiva ou ineficiente, as pesquisas etnográficas podem usar câmeras. A Kimberly-Clark usou câmeras ativadas por movimento para filmar a troca de fraldas e, assim, gerar centenas de casos que poderiam ser examinados em câmera lenta. A pesquisa levou a *insights* sobre a relação do ajuste da fralda com o problema de lidar com bebês que não param de mexer as pernas.

A seguir apresentamos alguns fatos relacionados à pesquisa etnográfica:[8]

- Por causa de uma pesquisa etnográfica que constatou que as pessoas ficam frustradas quando limpam o banheiro, a P&G desenvolveu o Magic Reach, um aparelho com cabo longo e cabeça giratória.

- O Downey Single Rinse, também da P&G, nasceu de uma análise detalhada do problema de disponibilidade de água na zona rural do México. Quando a água é extremamente preciosa, um único ciclo de lavagem se torna um luxo caríssimo.

- As observações de profissionais que trabalham com construção civil e reformas domésticas resultaram no desenvolvimento do martelo OXO (com centro de fibra de vidro para reduzir as vibrações e com um amortecedor de borracha na parte de cima para não deixar marcas com a remoção de pregos), parte de uma linha de ferramentas profissionais.

- A Sirius acompanhou 45 pessoas durante uma semana, estudando as músicas que ouviam, as revistas que liam e os programas de TV que assistiam. Os *insights* sobre os hábitos dessas pessoas levaram ao desenvolvimento de um aparelho de rádio por satélite portátil que armazena até 50 horas de música que podem ser ouvidas posteriormente.

- Com pesquisas etnográficas, a GE descobriu que os compradores de fibras plásticas para jaquetas à prova de fogo estavam mais preocupados com desempenho do que com preço, o que levou a um modelo de negócios completamente diferente.

- A Marriott pediu que uma equipe multifuncional de sete pessoas (incluindo um *designer* e um arquiteto) passasse seis semanas com os hóspedes nos *lobbies*, cafés e bares dos seus hotéis. O resultado foi que a Marriott redesenhou os *lobbies* e as áreas adjacentes para facilitar a realização de negócios. A empresa instalou luzes mais fortes e zonas sociais com um misto de mesas grandes e pequenas e espaços semiprivados.

- A Prophet falou com um grupo de mulheres em seus lares sobre a sua gaveta de calcinhas. Os *insights* sobre as insatisfações femininas contribuíram para o desenvolvimento do sutiã One Fabulous Fit da Maidenform.

Apesar de essa abordagem de pesquisa existir há quase um século, ela ganhou vida nova nos últimos anos. Além de empresas de bens de consumo como a P&G e de software como a Intuit, ela também foi adotada por empresas de *business-to-business* (B2B), como a Intel e a GE. A P&G institucionalizou as pesquisas etnográficas, com programas nos quais os executivos e outros funcionários moram com os consumidores (*Living it*), fazem compras com eles (os chamados *shop-alongs*) e trabalham nos balcões dos varejistas (*Working it*). Quase todos os executivos da P&G realizaram pelo menos uma experiência desse tipo e muitos participam desses programas regularmente. Um dos achados é que, além de fornecer *insights* concretos que levam a ações, o contato com os consumidores melhorou a satisfação no trabalho dos funcionários.[9] Os *shop-alongs* ajudaram a Safeway a entender a confusão dos compradores e toda a experiência de compras e influenciaram o desenvolvimento de suas lojas Lifestyle, nas quais iluminação, objetos decorativos e apresentação foram projetados para apoiar a venda de soluções, não os itens; as lojas vendem saladas, não pés de alface.

Não é fácil conduzir uma pesquisa etnográfica. O trabalho vai muito além de apenas morar ou fazer compras com os clientes. Alguns indivíduos dominam as habilidades envolvidas mais do que os outros, mas estas podem ser aprimoradas para o uso de qualquer um. O antropólogo Grant McCracken fala sobre duas habilidades principais. A primeira é a capacidade de perceber o inusitado, o que não pode ser explicado com facilidade ("o que será aquilo?").[10] Essa capacidade envolve observação e explicação. O desenvolvimento contínuo de hipóteses faz parte do processo. Se um engenheiro de *design* consulta a Internet, por exemplo, ele faz isso porque está buscando um modelo de comportamento ou porque precisa fazer uma pausa? A segunda habilidade é a empatia, a capacidade de sentir o que os outros estão sentindo. Quando Lafley, um praticante e grande defensor da pesquisa etnográfica e que se tornou CEO da P&G em 2001, conversa com uma cliente mexicana, por exemplo, a empatia ajuda a criar o *insight* de que os produtos de cuidados da pele também produzem entretenimento e não apenas benefícios funcionais. Os produtos de cuidados da pele se tornam o assunto de conversas, um ponto de interesse dentro de um estilo de vida. McCracken acredita que a empatia pode ser aprendida, ou pelo menos melhorada, com a experiência e a prática. Ela não é totalmente inata.

A pesquisa etnográfica muitas vezes se beneficia do uso de equipes. A P&G, por exemplo, envia duplas para os lares dos clientes. Uma pessoa faz anotações enquanto a outra observa e conversa com os participantes. A conversa tende a ser inquisitiva e adaptável. Os pesquisadores quase nunca pensam no final da conversa. Depois das entrevistas, a equipe reúne e destila a experiência em busca de *insights*. Essa fase, bastante demorada e muito exaustiva, pode envolver alguns esforços de brainstorming para revelar os insights e transformá-los em ideias que podem se converter em ações.

Observação

A inovação pode nascer da simples observação. Não é preciso ter um projeto de pesquisa normal. Basta observar clientes, vendedores, colegas ou pessoas aleatórias. Preste atenção no incomum. Pergunte por que, ou por que não.

Você pode observar a si mesmo, sua família e seus amigos. Liste tudo o que incomoda você e os outros. O fundador da Quicken teve a ideia do *software* financeiro da empresa depois de observar a frustração da sua esposa quando tentava controlar suas finanças e percebeu que uma interface gráfica parecida com um talão de cheques reduziria a barreira para o uso de um sistema informatizado. Um jovem de 26 anos que estava se recuperando de um acidente de esqui e queria se exercitar decidiu fazer um pouco de caminhada na neve. Ele ficou admirado com o quanto as raquetes de neve eram desengonçadas, corpulentas e ineficientes. O resultado foi que ele desenhou as raquetes de neve de alta tecnologia que vemos no mercado hoje e criou um novo setor da economia. Hoje, seu negócio já ultrapassou os 10 milhões de dólares.[11]

Você precisa ser persistente e levar a observação a um novo nível. Algumas inovações transformacionais se basearam em coincidências e golpes de sorte: alguém observou alguma coisa e enxergou as consequências do que estava vendo. Lá por 1880, um erro de produção levou a um sabão que flutuava. Esse sabão se tornou o sabonete Ivory e foi o produto-base da P&G. Alguém reconheceu os benefícios simbólicos e funcionais de um sabonete que flutuava em vez de apenas corrigir o problema e seguir em frente. O Ivory passou a significar pureza e suavidade, uma afirmação significativa em uma época de sabões ásperos. A qualidade de flutuação se tornou um ponto de diferenciação que durou muitas décadas. A linha de cuidados da pele SK-II da P&G se originou quando foi observado que as trabalhadoras mais velhas de uma fábrica de saquê tinham mãos jovens e macias. A observação levou a uma linha de produtos de cuidados da pele de alto nível com seguidores incrivelmente fiéis. O segredo é poder capitalizar a sorte, reconhecendo o potencial de um evento positivo, e preparar-se para desenvolver e testar o conceito resultante.

Encontrando novas aplicações, não intencionais

Como os clientes usam a oferta no mundo real? Alguns usos são muito diferentes do original? Em caso positivo, algum grupo específico poderia ter uma necessidade semelhante? Esse uso representa uma proposição de valor muito diferente? As pesquisas etnográficas podem esclarecer as aplicações, mas estas também podem ser descobertas quando damos aos clientes os meios (uma pesquisa de opinião, por exemplo) para comunicar como estão utilizando o produto ou serviço. O segredo é ser curioso e estabelecer alguma conexão com os clientes.

Um exemplo clássico é o bicarbonato de sódio Arm & Hammer, nascido em 1846 e que há muito tempo é usado em banhos e limpezas dentárias, não apenas como ingrediente de receitas. Em 1972, descobriu-se que os clientes estavam usando o produto nas suas geladeiras para refrescar o ar e proteger os alimentos do mau cheiro. Ao colocar essa aplicação na sua propaganda, a empresa criou um novo negócio e injetou altos níveis de crescimento em uma marca sonolenta. A porcentagem dos lares que informava usar essa aplicação do produto passou de 1 para 57% em apenas 14 meses. A Arm & Hammer usou a propriedade de proteção contra odores para expandir a marca e incluiu produtos para desodorização de pias, congeladores, caixas de areia e tapetes. O mercado tinha outras marcas de desodorantes, claro, mas apenas uma solução de bicarbonato de sódio. Na última década, a empresa passou a vender um recipiente especial para geladeiras e um saleiro especial para o bicarbonato Arm & Hammer.

A Nalgene foi fundada em 1949 para fabricar equipamentos de laboratório de polietileno, como garrafas, filtros e tanques de armazenamento. No começo da década de 1970, alguns cientistas começaram a usar uma das garrafas para levar água em acampamentos. Um executivo observou que a prática seria muito útil para um acampamento de escoteiros e decidiu comercializar o produto. Assim nasceu a Nalgene Outdoor Products. O negócio era lento e fraco, mas então surgiu a controvérsia em torno das garrafas d'água plásticas.

O fato de os americanos descartarem 38 bilhões de garrafas d'água plásticas todos os anos, que consomem 17 milhões de barris de petróleo e não são biodegradáveis, começou a ganhar visibilidade.[12] As garrafas Nalgene foram uma resposta a esse problema, sugerindo uma nova aplicação para os seus produtos que prometia superar em muito o foco em atividades ao ar livre. Uma das lições dessa história é que, apesar de negócios fracos serem pouco atraentes, sua presença cria a opção de participar de tendências relevantes. Lembre-se de que a marca de cereal Fiber One se tornou um ativo de verdade quando o valor do consumo de fibras ganhou visibilidade.

Parceria com o cliente na geração de conceitos

Os clientes podem ser parceiros eficazes no desenvolvimento de conceitos revolucionários. Mais do que apenas identificar as necessidades, eles podem propôr soluções que, por sua vez, podem ser transformadas em ofertas. A LEGO, por exemplo, usa sua base de clientes para desenvolver, customizar e testar novos produtos. Mais de cem usuários ajudaram a criar o LEGO Mindstorms, um *kit* que combina as peças de LEGO com a tecnologia de robótica. Muitos outros fãs estão envolvidos no desenvolvimento de modelos de castelos e cidades da LEGO.

Uma maneira eficaz e eficiente de acessar os clientes é usar a Internet para estabelecer um diálogo com eles. A Dell, por exemplo, tem um *site* chamado Ideastorm, no qual os clientes podem postar suas ideias e observar e "votar" nas ideias dos outros. Os clientes também veem as reações da Dell, que incluem respostas como "sob revisão" e "implementada parcialmente". Entre as sugestões oferecidas no *site*: teclados com iluminação traseira; suporte para *software* livre, como Linux; desenvolver computadores mais silenciosos; e ter mais portas USB. A Starbucks, com seu *site* My Starbucks Idea, é uma das muitas empresas que está tentando fazer algo parecido.

Um dos riscos dos *sites* com ideias dos clientes é a possibilidade de um movimento espontâneo a favor de ideias impraticáveis ou não recomendadas, o que coloca a empresa na defensiva. Mas esses *sites* têm o potencial de alavancar múltiplas perspectivas e gerar ideias que podem resultar em inovações e energias reais. Eles também ajudam a determinar o momento certo de lançar uma oferta ou se uma ideia precisa de mais tempo.

Um *site* voltado para os clientes também pode testar e refinar ideias. O *site* Wells Fargo Labs expõe os clientes a novas ideias e tecnologias e solicita seus comentários. O *site* Intuit Labs disponibiliza para os clientes aplicativos experimentais, *software* para telefones celulares e soluções para pequenos negócios e solicita seus comentários. Cerca de 120 mil pessoas participaram do World Design Team, uma iniciativa da Boeing. O projeto era um fórum global na Internet no qual ideias sobre o *design* do avião Dreamliner fluíam durante o processo de desenvolvimento. O público atraído por esses *sites* é composto de clientes com algum interesse especial pelo tema, pessoas capazes de compreender e comentar o assunto, o que representa um excelente perfil amostral.

Com relação a empresas de B2B, uma maneira clássica de conquistar uma diferenciação sustentável é trabalhar com os clientes para desenvolver uma solução sistêmica a problemas mais amplos em vez de tentar vender um produto ou serviço. No processo, a proposição de valor se fortalece e a capacidade da concorrência de duplicar a oferta é reduzida. A ideia é formar parcerias com os clientes para incluir na oferta itens como solicitação de pedidos, logística, armazenamento, etc. A Federal Express (FedEx), por exemplo, trabalhava com os clientes para fornecer um serviço de armazenamento para produtos que atendem necessidades imediatas. A FedEx até administrava as devoluções. A P&G trabalhou com a Walmart e outras redes de varejo para criar eficiências em logística, armazenamento e solicitação de pedidos, criando uma barreira para empresas que gostariam de concorrer com sua proposição de valor de preços baixos.

Necessidades de não clientes

Os clientes conhecem a categoria ou subcategoria, têm experiência com ela e estão, assim, bem posicionados para identificar necessidades não atendidas. Mas os não clientes da categoria ou subcategoria também têm potencial. Eles representam um território inexplorado, uma nova fonte de crescimento. Por que os não clientes não estão comprando? O que os impede? Qual é a barreira? Falta alguma função que eles precisam em suas aplicações? Ou a categoria simplesmente é complexa demais, cara demais ou avançada demais para as suas necessidades? Por que cartões telefônicos e não celulares? Por que comida congelada e não alimentos que ficam guardados na despensa, como a linha Hamburger Helper?

A fabricante de peças para bicicletas Shimano estava na posição invejável de ter a melhor reputação e credibilidade para ciclistas de alto nível que queriam atualizar o seu equipamento. O problema é que o número de bicicletas não estava crescendo. Para descobrir por que, a Shimano falou com alguns dos 160 milhões de americanos que não andam de bicicleta. A maioria tinha boas lembranças de andar de bicicleta quando eram crianças, mas acreditavam que o esporte se tornara muito caro, complicado e até um tanto intimidador para elas. Em resposta, a Shimano desenvolveu e definiu a experiência de uma bicicleta *coasting*: assentos mais largos, possibilidade de colocar os pés no chão e frear com uma contrapedalada, guidão vertical e sem controles. A caixa de câmbio, oculta e controlada por um microprocessador, tem três marchas e é automática. Energizadas em parte pela Shimano Coaster e pelo maior desejo de ir e voltar para o trabalho de bicicleta, as bicicletas *coasting* decolaram. Em 2009, a revista *Kickstand*, destinada aos ciclistas *coasters*, foi lançada, dando à subcategoria um sinal da sua ascensão.

Em geral, especialmente em economias emergentes, o problema é o preço. Há um abismo enorme entre o que está disponível no mercado e o que os clientes podem pagar. Pesquisando os consumidores indianos, a Nokia descobriu que até mesmo um telefone simples era caro demais.[13] Entretanto, quando o telefone combinava lanterna, despertador e rádio, o preço do conjunto, apesar de alto, estava muito mais próximo do aceitável. Mas o produto enfrentava outros problemas: a poeira prejudicava a confiabilidade, a umidade deixava as mãos dos usuários escorregadias e a luz do sol dificultava a leitura da tela. Para resolver esses problemas, a empresa desenvolveu um aparelho à prova de poeira, mais fácil de segurar e com uma tela polarizada. As lojas não queriam vender os telefones, então a Nokia desenvolveu uma rede de pessoas que venderiam os aparelhos em banquinhas e quiosques. Em 2007, havia mais de 100 mil pontos de varejo vendendo telefones Nokia. Tudo isso nasceu da identificação e resolução de barreiras à compra.

Tendências de mercado

Em 1997, a Thomson Corporation era uma empresa de mídia de Toronto com cerca de 55 jornais diários.[14] A empresa estava tendo bons resultados, mas o CEO Richard Harrington observou uma série de tendências no ambiente que o levaram a afastar a empresa do ramo dos jornais. Ele enxergava que a Internet acabaria com os classificados e que, junto com a TV a cabo, ela também roubaria os leitores. Apesar de a empresa dar lucro, ele tomou a decisão drástica de sair do ramo dos jornais diários e investir na distribuição de informações e serviços *online* nos setores de direito, educação, saúde e finanças. Por causa dessa decisão, nove anos depois a Thomson estava prosperando, enquanto outras empresas jornalísticas enfrentavam dificuldades. A decisão se baseou na projeção de tendências ambientais existentes e em agir com base nessas projeções.

Uma tendência dos clientes pode se transformar no motor da categoria ou subcategoria. Correr na frente. Essa foi parte da estratégia do Whole Foods Market com os produtos orgânicos: a empresa conseguiu capitalizar o interesse emergente por produtos orgânicos. Que forças de mercado influenciarão as proposições de valor e escolhas vencedoras em cada mercado-alvo? Que tendências criarão novas necessidades não atendidas ou darão visibilidade às antigas? O que é o espaço vazio em torno da tendência, os mercados inexplorados? Havia tendência em direção ao menor consumo de gordura, mas nenhuma empresa encontrara uma maneira de produzir sorvetes com um sabor cremoso até que a Dreyer's lançou o Slow Churned.

Se uma oferta conseguir acessar múltiplas tendências ao mesmo tempo, melhor ainda, pois os concorrentes passam a enfrentar barreiras mais fortes. A Annie Chun capitalizou quatro tendências com uma linha de culinária asiática que vendia os sabores da Ásia, alimentação saudável, ingredientes naturais e a conveniência de fazer refeições em casa. Em um mercado superlotado, essa combinação, aliada a cardápios muito interessantes, criou uma subcategoria especial.

As empresas têm o costume de não entender tendências importantes ou preverem eventos futuros. Um dos motivos é que os executivos se concentram na execução, então sobra pouca atenção para "o que poderia ser". Outro é o viés perceptual natural que nos leva a ignorar ou distorcer informações que estão em conflito com o modelo estratégico do momento. Um terceiro é o apoio do "pensamento coletivo" dentro da organização: chamar a atenção para o erro dos pressupostos básicos do grupo pode ser desconcertante. Finalmente, não há como negar que a tarefa em si é muito difícil.

Como uma empresa poderia se sair melhor na detecção e alavancagem das tendências? Algumas diretrizes.

Primeiro, estenda seus tentáculos organizacionais no ambiente relevante, buscando os sinais fracos e não apenas os fortes. As buscas externas devem ser elevadas ao *status* de uma disciplina estratégica, apoiada por um sistema de informações interno. A pedra fundamental deve ser uma intranet funcional. Seja curioso.

Segundo, crie mecanismos de descoberta. A Texas Instruments faz uma reunião de "mar de ideias" toda semana para reconhecer necessidades emergentes e inovações que estão nos limites do seu negócio. Uma dessas reuniões levou ao desenvolvimento de um *chip* de baixa potência para telefones celulares.

Terceiro, busque efeitos secundários e não apenas primários. A Johnson & Johnson utiliza um processo de estratégia chamado Frameworks que analisa regulamentações, cobertura de seguros e ações competitivas e considera suas consequências. Em geral, podemos esperar que novos produtos e subcategorias tenham um impacto indireto sobre o comportamento e outros produtos. O iPod teve uma série de efeitos indiretos. Por exemplo, alto-falantes para iPod afetaram hábitos musicais e a produção desses equipamentos.

Inovação reversa global

O objetivo da inovação reversa global é desenvolver produtos mais simples e baratos para mercados emergentes, como a Índia e a China, e depois adaptá-los a mercados desenvolvidos, como os Estados Unidos e a Europa. Também conhecida como *inovação frugal*, a ideia é começar do zero e criar um projeto que cumpra as funções necessárias a custos muito menores. A abordagem global tradicional ao desenvolvimento de negócios, por outro lado, elabora produtos sofisticados para países e mercados mais ricos e depois versões simplificadas para mercados emergentes. A tática é lógica, eficiente e tem cada vez menos sucesso.

As empresas têm duas razões para participar da inovação reversa global. A primeira é que a única maneira de ganhar força nos mercados emergentes é inovar diretamente para eles. Adaptar produtos não funciona. A economia indiana não precisa de um carro pequeno e simplificado: ela quer um carro drasticamente diferente, como o Nano descrito no Capítulo 4, projetado especialmente para o mercado indiano. A Tata Chemicals, por exemplo, criou um sistema de filtragem de água baseado em purificação que usa bastante casca de arroz. O produto custa 24 dólares e a Tata espera vender 100 milhões de unidades ao ano.[15] O produto não foi uma adaptação, mas sim, algo concebido e desenvolvido no contexto do mercado indiano.

Segundo, a realidade é que as empresas vão vender produtos baratos, adaptados aos mercados emergentes, também nos Estados Unidos e em outros mercados semelhantes. Quem vai dominar: as empresas chinesas, com os eletrodomésticos Haier? As indianas, com os automóveis Tata? Ou as empresas dos países desenvolvidos também vão participar? Sem dúvida, os mercados desenvolvidos têm espaço para ofertas simples e baratas. À medida que as limitações de renda aumentam, aumenta também a atenção dada aos preços. Um varejista britânico observou que "agora o frívolo é inaceitável e o frugal é 'legal'".[16] E espera-se que esse período de redução de despesas ainda dure muito tempo.

Em 2009, a GE anunciou que gastaria 3 bilhões de dólares em seis anos para criar mais de cem inovações de saúde que "reduziriam custos, aumentariam o acesso e melhorariam a qualidade em níveis significativos".[17] Um dos modelos que a empresa tentaria imitar é um aparelho de ultrassom barato, portátil e baseado em computadores tradicionais, desenvolvido por uma equipe chinesa para uso em clínicas rurais no país. Vendido inicialmente por cerca de 30 mil dólares, o produto representou uma primeira oferta para a GE, que antes vendia apenas equipamentos de 100 mil dólares ou mais. Uma nova versão de 2007 cortou o preço para 15 mil dólares e as vendas decolaram, não apenas na China, mas também nos EUA. Hoje, ele é usado em frotas de ambulâncias americanas, em prontos-socorros e até em salas de cirurgia, onde ajudam a colocação de cateteres para anestesia.

Inovação aberta

Na criatividade, o mais importante é estabelecer conexões, às vezes entre fontes ou perspectivas que parecem completamente diferentes. Produtos, tecnologias e até ideias de pessoas ou empresas de fora da organização podem ter potenciais incríveis para os esforços criativos da empresa. A P&G, com seus programas Connect and Develop (C&D), iniciados em 2001 sob a tutela do então novo CEO A. G. Lafley, é o modelo.[18] O objetivo do C&D é tornar a P&G uma organização aberta, com redes amplas que um dia gerarão metade do fluxo de novos produtos da empresa. No programa, cerca de 75 empreendedores de tecnologia de todo o mundo estabelecem relações com diversas universidades, institutos de pesquisa e outras organizações. Além de procurar produtos que dão sinais de valer a pena, eles também pesquisam necessidades de mercado e sugerem direções para o trabalho de inovação. Os empreendedores são apoiados por centros de inovação que simulam ambientes domésticos e de varejo, nos quais as ideias podem ser testadas. Os esforços são complementados por sistemas *online* como o InnoCentive, que liga "buscadores" (empresas com problemas) e "resolvedores" (especialistas com soluções). E uma empresa apoiada pela P&G, a YourEncore.com, aproveita o conhecimento e a experiência de profissionais aposentados da P&G e de outras empresas.

Depois de sete anos, o programa C&D estava gerando cerca de dois conceitos de produto por semana e dera origem a mais ou menos 200 produtos, incluindo:

- *Olay Regenerist,* que chegou a vendas anuais de 250 milhões de dólares depois de quatro anos, baseado em um ingrediente para cura de ferimentos desenvolvido pela Sederma, uma pequena empresa francesa.
- *Swiffer Duster,* obtido da Unicharm, uma empresa japonesa que concorre com a P&G nas categorias de fraldas e produtos femininos. A P&G até usou a propaganda e as ideias de posicionamento da Unicharm.
- *Mr. Clean Magic Eraser.* Uma equipe do C&D percebeu que uma esponja doméstica vendida no Japão era um apagador eficaz. A tecnologia fundamental foi licenciada da empresa química alemã BASF e lançada nos Estados Unidos com a marca Mr. Clean.
- *Nice 'n Easy Root Touch-Up.* Uma empresa de *design* desenvolveu uma escova para retoque de raízes para a Nice 'n Easy, adaptando a tecnologia proprietária do grupo Clariol, da P&G, usada anteriormente em pelos faciais masculinos. O Nice 'n Easy Root Touch-Up foi escolhido pela revista Marie Claire como um dos 25 produtos que mudaram a vida das mulheres.[19]

Na tentativa de criar perspectivas externas, a prática de inovação da Prophet (mencionada anteriormente) utiliza uma biblioteca humana inspirada pelo projeto da biblioteca municipal de Malmo, Suécia, no qual os visitantes podem "retirar" pessoas vivas para conversas de 45 minutos. Os participantes são selecionados como "livros" da biblioteca humana porque oferecem uma perspectiva ou contexto tangencial ao assunto em questão. Por exemplo, uma empresa que vendia para o público feminino falou com um cabeleireiro para compreender os elementos que compõem a feminilidade e aprender sobre as tendências que o estilista estava percebendo. Um banco privado, interessado em parcerias com os clientes, aprendeu sobre como estabelecer confiança em uma conversa com um profissional de dança de salão. O diretor de um restaurante refinado conversou com um especialista de uma marca de vestuário de luxo sobre como aumentar as percepções de alta qualidade em suas ofertas, comoditizadas por concorrentes que enfocavam os preços baixos. O uso da biblioteca humana não foi projetado para gerar soluções ou mesmo ideias, mas sim, para oferecer novas perspectivas que podem se transformar em pontos de partida.

Buscando modelos de comportamento

Olhar além do próprio setor da economia é muito útil, pois outras empresas conseguiram vencer problemas com características semelhantes ao seu. Por exemplo, no desenvolvimento do Dreamliner, a Boeing analisou o sistema de controle de estoque da Walmart em busca de ideias sobre como lidar com as bagagens dos passageiros, um dos principais problemas das companhias aéreas. A empresa também observou a Disney para aprender mais sobre como prestar serviços que agradam os clientes.

Como mencionado anteriormente, as ideias quase nunca são novas, é tudo uma questão de reenquadrá-las e reembalá-las. Henry Ford, por exemplo, não inventou a linha de montagem.[20] Na verdade, Ford reuniu e adaptou tudo o que aprendeu com uma série de modelos. Ele tirou a ideia da linha de montagem da indústria frigorífica de Chicago e combinou-a com o conceito de peças intercambiáveis, introduzido por Eli Whitney em 1801 na montagem de pistolas, e a produção de fluxo contínuo, usada pela indústria tabagista desde 1882.

O desafio é observar como outras empresas resolveram problemas análogos e depois estabelecer a conexão. A rede britânica Marks & Spencer percebeu que o seu negócio de sanduíches usava uma quantidade excessiva de mão de obra para passar manteiga no pão.[21] O líder da unidade responsável pela produção de sanduíches observou um processo de serigrafia usado por outro fornecedor para a impressão de padrões em lençóis. O processo funcionava para o trabalho de passar manteiga no pão e o resultado foi uma vantagem exclusiva em um negócio importante e de forte crescimento. Ideia velha, contexto novo.

Análise da concorrência: procurando aberturas

A concorrência frequentemente é fonte de novas ideias quando cria categorias ou subcategorias vulneráveis ao lançamento de ofertas mais atraentes. Muitas das inovações da Apple estão nessa categoria. A ideia é assumir o controle de uma nova categoria ou subcategoria ou então criar outra e superar os concorrentes. Que concorrentes estão tendo sucesso em mercados promissores, aqueles com procura crescente e talvez até *buzz*? Como os benefícios oferecidos pelas marcas concorrentes podem ser superados por produtos com melhorias qualitativas? Que concorrentes entraram em áreas fortes ou com forte potencial e estão tendo dificuldades? Como as limitações ou deficiências dos concorrentes podem ser superadas?

É incrível quantas novas ofertas de sucesso que impulsionaram novas categorias ou subcategorias foram possibilitadas diretamente por melhorias em relação às ofertas dos concorrentes. Às vezes, a concorrência simplesmente foi prematura, pois a tecnologia ainda não estava pronta. Apple, Zara, Zappos e Prius se beneficiaram de avanços oportunos em informática que os ajudaram a superar desafios técnicos. O Subway explorou os cardápios pouco saudáveis da concorrência e usou a história incrível de Jared Fogle para mostrar como o *fast food* poderia ser mais saudável.

A Nintendo, a marca de maior sucesso na década de 2000 segundo o estudo anual Brand Japan (ela passou da posição 135 no Japão em 2005 para a número 1 em 2008 e 2009), tinha uma estratégia motivada pela concorrência. O Sony Playstation e o Xbox da Microsoft enfatizavam o desempenho gráfico, o segredo para o sucesso nos jogos de ação destinados ao público jovem masculino. Em vez de entrar no jogo do desempenho, a Nintendo escolheu tirar a ênfase da tecnologia e voltar-se para o envolvimento dos jogadores e a expansão do perfil de uso. Em vez de homens jovens, a empresa faria um produto para toda a família. Nesse grupo, o segredo era uma ampla variedade de jogos envolventes e fáceis de usar, que iriam além do gênero de ação e incluiriam até alguns veículos de aprendizagem. Um dos objetivos era transformar a mãe em participante e defensora em vez de cética e inimiga. Outro era envolver toda a família, de modo que os jogos não representassem apenas um refúgio para garotos. Os concorrentes da Nintendo haviam deixado um espaço vazio enorme no mercado.

Às vezes, a própria força dos concorrentes pode estimular opções. A força da Kirin no ramo das cervejas lager se virou contra a empresa quando a Asahi lançou a Super Dry, "não lager, não velha, não tradicional". Do mesmo modo, o sucesso do conceito perua e a abordagem claramente funcional ajudou a Chrysler a estabelecer a minivan como alternativa à subcategoria.

Conceitos estimulados pela tecnologia

Um desenvolvimento tecnológico pode estimular um conceito. Nesse caso, o desafio é criar ou simular uma necessidade não atendida, não reconhecida ou latente. Não havia uma necessidade não atendida por cerveja dry no Japão até a invenção da Asahi Super Dry e a empresa, com seu produto e suas atividades de construção de marca, criou uma nova subcategoria. O mesmo vale para a Kirin Ichiban e a IKEA.

Em 1991, a indústria de enciclopédias movimentava 1,2 bilhão de dólares e a Britannica lutava com a WorldBook para vender coleções de 1.000 dólares. Dois anos depois, a Microsoft lançou a Encarta, uma versão da enciclopédia Funk & Wagnalls, ligeiramente inferior às outras, mas em CD e ao preço de 100 dólares. Três anos depois, a Encarta capturara 20% de um mercado que encolhera para 600 milhões de dólares. Os vendedores ambulantes das empresas tradicionais passaram de ativo a passivo. As enciclopédias em CD eram uma nova subcategoria, possibilitada pela tecnologia. O segredo estava em reconhecer a aplicação potencial de uma nova tecnologia, talvez com o auxílio de um exercício de pensamento criativo. A Microsoft abandonou a Encarta em 2009, mas o empreendimento foi um sucesso durante quase duas décadas.

Muitas vezes, novas tecnologias são desenvolvidas para um uso muito diferente do que acaba sendo seu papel na criação de uma nova área de negócios. O desafio é reconhecer desenvolvimentos promissores e sempre testá-los em aplicações que vão além do seu escopo inicial. Como observado anteriormente, o grande motor dos negócios da Intel entre meados dos anos 1980 e o final da década de 1990 foi o microprocessador, desenvolvido quando uma empresa japonesa pediu que a Intel projetasse os mecanismos internos de uma calculadora que estava em fase de planejamento. No começo, as aplicações comerciais da nova tecnologia não pareciam promissoras, mas elas eram intrigantes o suficiente que a empresa decidiu adquirir os seus direitos. Em 1981, quando a IBM escolheu o processador 8086 da Intel para o seu computador pessoal, esse foi um evento inesperado na aposta com os microprocessadores e o negócio decolou. A memória *flash*, um grande negócio para a Intel na década de 1990, era vista como tendo pouco potencial, até que todos passaram a acreditar que ela poderia substituir os drives de disquete e CD/DVD e sua sede por eletricidade. Pelo menos dois dos maiores produtos da Intel durante 20 anos de crescimento fenomenal, os microprocessadores e a memória *flash*, foram alimentados por aplicações inesperadas que emergiram muito depois do desenvolvimento inicial da tecnologia.

O *timing* é especialmente importante em ofertas de base tecnológica. As prematuras podem fracassar, enquanto poucos anos depois uma oferta muito semelhante, com o benefício dos avanços tecnológicos, pode se tornar uma grande vencedora. A Apple teve um lançamento prematuro com o Newton, mas acertou o *timing* em vários dos seus outros produtos. O desafio é acompanhar os desenvolvimentos tecnológicos e ter o instinto de enxergar quando uma barreira pode ser superada com os novos avanços. O mercado também precisa estar pronto, especialmente se a tecnologia for radical e exigir mudanças em relação aos hábitos do cliente.

Alavancando ativos e competências

Para ter durabilidade, uma nova categoria ou subcategoria precisa se basear em ativos e competências difíceis de duplicar. Se for possível alavancar ativos e competências existentes, isso significa que eles não precisam ser desenvolvidos e já estão prontos, ainda que seja necessário realizar algumas adaptações. Assim, a maior parte dos riscos é reduzida. O processo começa com a identificação exata de quais são os ativos e competências, por exemplo, elementos de *marketing*, distribuição, produção, *design*, P&D ou marca. A Mercedes-Benz, por exemplo, lançou uma divisão de estilo em 2010 para aproveitar sua experiência no *design* de helicópteros, iates, relógios, interiores e muito mais.

A Disney tem uma marca poderosa, sinônimo de diversão familiar e lembranças. A empresa também tem inúmeras submarcas baseadas em diversos personagens (a começar pelo Mickey), experiências em parques temáticos e filmes como *O Rei Leão*. A Disney também tem excelência operacional: a capacidade de execução, como vemos nas operações dos parques temáticos, tão exemplares que outras organizações usam a Disney como modelo de comportamento. Os ativos de marca e competências operacionais se combinam para tornar os navios de cruzeiro da Disney um serviço com alto nível de diferenciação e que imediatamente forma uma nova subcategoria em cruzeiros.

Quando uma empresa encontra uma tecnologia revolucionária, as aplicações que serão as grandes vencedoras nem sempre são óbvias. O caminho com mais energia é alavancar a tecnologia, explorando uma ampla variedade de aplicações. O Freeplay Group, da Cidade do Cabo, África do Sul, inventa e vende aparelhos que geram eletricidade quando o usuário gira a manivela de um produto semelhante a uma lanterna, que contém dentro de si uma mola de aço-carbono.[22] Quando a mola volta ao normal, ela produz eletricidade. Esse avanço levou a uma série de produtos que precisavam de uma fonte de energia, incluindo um rádio, um GPS, um detector de minas terrestres, um purificador de água e um carrinho de brinquedo.

Uma maneira de alavancar ativos e competências é empregar em outros locais aqueles descobertos em uma unidade de negócios. Quando isso acontece, a oferta resultante muitas vezes tem uma vantagem exclusiva da organização e, assim, fácil de defender. A Optical Systems Division, uma divisão da 3M, por exemplo, fabrica telas de computador com consumo de energia mais eficiente, mais fáceis de ler e capazes de direcionar a luz no sentido do usuário, pois se baseiam em *insights* e tecnologias desenvolvidos em várias partes da empresa. E a P&G sempre tenta descobrir se as tecnologias de uma área de produtos podem ser usadas nas outras. Por exemplo, o Crest Whitestrips foi desenvolvido com a combinação da tecnologia de filmes do P&D corporativo, da tecnologia de alvejante da organização de lavagem de roupas, do conhecimento de negócios da Crest em questões de higiene bucal e dos ativos de distribuição. Outras empresas, sem as mesmas competências, teriam dificuldades para duplicar essa oferta.

Empregar ativos e competências de um modo que atravesse os silos organizacionais deveria ser fácil, pois essas divisões muitas vezes são literalmente vizinhas. Entretanto, as barreiras dos silos podem ser graves e mesmo o compartilhamento de informações talvez exija o uso de incentivos e programas proativos. A Unilever tem o projeto Genesis, que incentiva avanços científicos que possam ser usados em múltiplas linhas de produtos da empresa.[23] O grande modelo interno é um branqueador que cancela tonalidades amareladas, desenvolvido para o detergente Radiant e a pasta de dentes Signal.

Considere as definições de categorias ou subcategorias

Outra abordagem a fim de obter ideias para novos conceitos é observar como as categorias e subcategorias são definidas e determinar se alguma dessas definições leva a um novo conceito. A maioria das definições de categorias e subcategorias envolve uma quantidade limitada de proposições de valor, como adicionar um serviço a uma oferta, benefícios sistêmicos, *design* funcional, ofertas *premium*, ofertas de nova geração e ofertas que compartilham um interesse com os clientes, por exemplo, cuidado com bebês. O Capítulo 8 apresenta uma descrição de 18 dessas proposições de valor definidoras.

Priorizando a análise

O resultado da fase de geração de conceitos não é necessariamente um conceito que será levado ao mercado. Em vez disso, o processo pode identificar um conceito que, apesar de promissor, ainda não está maduro. Ou talvez uma área com bom potencial, mas sem que a empresa tenha em mente um conceito que responda às suas necessidades. Talvez haja uma tendência promissora, um desenvolvimento tecnológico potencial, uma aplicação emergente ou alguma outra dinâmica de mercado que poderia se tornar a peça central de uma nova categoria ou subcategoria, desde que a dinâmica cresça ou se transforme ou que algumas das barreiras sejam removidas. Talvez haja um conceito de oferta que é apenas a identificação de uma oportunidade de mercado em potencial. Qualquer que seja a natureza da dinâmica, ela pode definir uma área de necessidade informacional, uma área que merece monitoramento e análise contínuos.

O problema é que há dezenas de áreas de necessidades informacionais com incertezas estratégicas associadas, levando a um processo infinito de coleta e análise de informações que talvez continue a absorver recursos indefinidamente. Uma editora pode se preocupar com TV por satélite, padrões de estilo de vida, tendências educacionais, leitores de livros digitais, tecnologias sociais, mudanças populacionais geográficas e mudanças nas preferências dos leitores. Cada uma dessas questões envolve diversos subcampos e poderia facilmente levar a uma série infinita de pesquisas. Por exemplo, uma investigação dos leitores de livros digitais poderia envolver diversos fornecedores, tecnologias, reações dos leitores, estratégias competitivas e experimentos dos autores. A menos que a organização estabeleça prioridades claras, a análise total pode se tornar impossível de administrar.

O desafio é identificar e priorizar as áreas de necessidades informacionais. Algumas merecem forças-tarefas de alta prioridade, enquanto outras precisam apenas de esforços de monitoramento mais discretos. O nível de recursos despendidos e a forma do esforço de monitoramento e análise dependem do impacto potencial sobre a estratégia e seu entendimento.

Impacto. Qual é a probabilidade de uma oferta emergir a partir da área de necessidade informacional e ter um impacto profundo sobre os negócios em termos de ativos, competências e estratégias da empresa e não apenas financeiramente? Por exemplo, as tecnologias de bateria terão um impacto significativo nos fabricantes de carros híbridos atuais e potenciais. Uma área de necessidade informacional também pode envolver ameaças potenciais. Qual é a probabilidade de o mercado mudar de modo que as ofertas e estratégias atuais da empresa se tornarão menos relevantes para um segmento significativo? Por exemplo, a ascensão de um mercado de microcervejarias poderia causar um forte impacto nas cervejarias tradicionais.

Imediatismo. O imediatismo de uma questão ou incerteza estratégica está relacionado com a probabilidade de os eventos ou tendências envolvidos ocorrerem dentro do horizonte de planejamento. Uma área de incerteza que representa uma área de baixíssima probabilidade no futuro imediato é menos interessante. Depois que uma tendência ou evento se concretiza, a empresa precisa desenvolver uma estratégia de reação, ou seja, uma nova oferta ou estratégia. Uma variável essencial é o tempo de reação que provavelmente estará disponível em relação ao tempo necessário. Se esse tempo de reação for inadequado, passa a ser importante antecipar melhor os eventos e as tendências emergentes para que as estratégias futuras sejam iniciadas com mais antecedência.

A Figura 6.3 sugere uma abordagem à priorização. Quando o imediatismo e o impacto potencial dos eventos e das tendências fundamentais forem altos, a melhor solução pode ser uma força-tarefa com dedicação exclusiva e orçamento próprio, assim como o desenvolvimento posterior de estratégias ou planos de reação. Se o imediatismo e o impacto forem baixos, então o monitoramento de baixo nível talvez seja suficiente. Se o impacto possível for baixo, mas o imediatismo alto, a área pode merecer um nível mais elevado de análise e monitoramento.

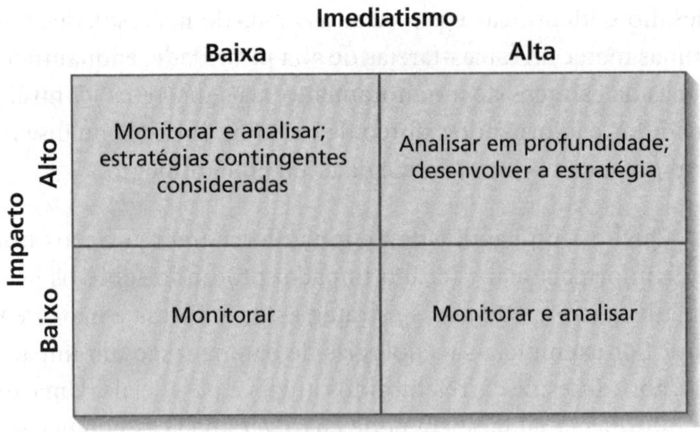

	Imediatismo Baixa	Imediatismo Alta
Impacto Alto	Monitorar e analisar; estratégias contingentes consideradas	Analisar em profundidade; desenvolver a estratégia
Impacto Baixo	Monitorar	Monitorar e analisar

Figura 6.3 Priorizando áreas de necessidades informacionais.

Se o imediatismo for baixo e o impacto alto, a área pode exigir monitoramento e análise mais aprofundados, além da consideração de estratégias contingentes, mas não necessariamente seu desenvolvimento e implementação. Eventos considerados raros, mas que podem ter impactos enormes, muitas vezes são subestimados. A história está cheia de crises financeiras que estouraram porque um evento considerado raro aconteceu de verdade. A identificação de sinais relacionados à probabilidade de um evento ocorrer, ou de uma tendência se intensificar, ajuda a evitar surpresas. Se a probabilidade aumenta, a organização pode implementar as estratégias contingentes.

O objetivo de uma abordagem para a identificação e priorização das áreas de necessidades informacionais não deve ser a construção de uma biblioteca de fatos. O processo deve ser desenhado para evitar esforços descritivos, sem foco e ineficientes. A ênfase deve estar na compreensão das dinâmicas de mercado que têm o potencial de criar novas categorias ou subcategorias. Nesse espírito, o processo deve estar ligado a estratégias, oportunidades potenciais e ofertas atuais, além das ameaças em torno destas.

Lições principais

As organizações podem melhorar suas chances de criar uma nova oferta que transformará o mercado ao se tornarem mais proficientes em pensamento criativo e ao utilizarem várias abordagens de geração de ideias, como a identificação de necessidades não atendidas articuladas pelos clientes, a condução de pesquisas etnográficas, observação, identificação de aplicações não intencionais, parcerias com os clientes, perguntar-se por que os não clientes não compram da empresa, interpretação de tendências de mercado, uso de inovação reversa global, emprego de inovações abertas, busca de modelos de comportamento, superação das ofertas da concorrência, aproveitamento de oportunidades baseadas em tecnologias, alavancagem dos ativos e competências da empresa e busca das proposições de valor mais usadas para a definição de categorias e subcategorias. Alguns conceitos e tendências que ainda não estão prontos para o mercado devem ser priorizados com base no seu impacto e imediatismo.

Para discussão

1. Liste entre 5 e 10 das principais necessidades não atendidas do seu mercado. Categorize-as de acordo com a viabilidade de uma oferta que atendesse essas necessidades. Qual seria o tamanho do mercado potencial?

2. Que tendências emergentes afetariam a Best Buy? Apple? Zappos? Priorize suas áreas de necessidades informacionais associadas.

3. Que modelos de comportamento poderiam sugerir ideias de oferta para a Muji? E para o Wheaties?

Capítulo 7

Avaliação

Uma grande empresa tem mais chances de morrer de indigestão por excesso de oportunidades do que de fome por falta delas.
—David Packard, fundador, HP

Ninguém nunca apostou demais em um cavalo que ganhou a corrida.
—Richard Sasuly, escritor, especialista em corridas de cavalo

Um dos segredos da criação e implementação de uma oferta que irá direcionar uma nova categoria ou subcategoria é a avaliação exata das chances de um conceito e da capacidade de realizá-lo. O caso do Segway é um bom exemplo das dificuldades existentes.

O Segway Human Transporter

Dean Kamen era um inventor de sucesso, trabalhando principalmente no ramo dos aparelhos médicos. Uma das suas invenções era a cadeira de rodas iBot, que podia subir escadas. Essa tecnologia serviu de base para um produto muito mais interessante, o Segway Human Transporter (HT), lançado em 2001. O HT era um veículo vertical de duas rodas que o motorista podia acelerar ou frear apenas se inclinando para frente ou para trás. Ele andava a cerca de 20 km/h e tinha alcance de 27 quilômetros antes de precisar de recarga. Seu mecanismo central, batizado de *estabilização dinâmica*, envolvia seis giroscópios, dois sensores de inclinação e um computador duplo capaz de ajustar o Segway cem vezes por segundo.

O potencial do Segway era alto em 2001. Um dos principais financiadores previu que as vendas chegariam a 1 bilhão de dólares mais rápido do que qualquer outra empresa e que o produto seria tão importante quanto a Internet. Steve Jobs previu que o Segway teria um impacto tão grande quanto o computador pessoal.[1] O próprio Kamen previu que o produto "seria para o carro o que o carro foi para a carroça"[2] e construiu uma fábrica enorme, com a capacidade de produzir quase 500 mil unidades por ano.[3] A empresa estava avaliada em 600 milhões de dólares. Esperava-se que as vendas ficassem entre 50 mil e 100 mil unidades durante os primeiros 13 meses e depois continuassem a crescer. Em vez disso, as vendas não passaram de 30 mil unidades durante os primeiros sete anos.[4]

Por quê?

Não foi por falta de atenção. A propaganda do produto foi incrível. O Segway apareceu em programas de TV e em grandes revistas. Ele até fez parte da história de programas de TV populares, como o seriado *Frasier*. Celebridades usavam o Segway. Poucos produtos receberam mais atenção da mídia do que o Segway. Uma capa da revista *New Yorker*, por exemplo, mostrava Osama bin Laden atravessando o interior do Afeganistão com uma versão *off-road* do Segway. Como o produto era diferente e ligado a preocupações ambientais com o consumo de energia, ele produzia benefícios autoexpressivos fortíssimos. Houve até um evento organizado por proprietários de Segway em Chicago em 2003, a SegwayFest, para celebrar o estilo de vida Segway.

E também não foi porque a empresa não cumpriu o prometido ou porque o produto não funcionava. As histórias sobre problemas de desempenho ou qualidade foram raríssimas. As primeiras versões tinham alguns problemas de *design* que foram resolvidos, mas nada que inibisse as vendas.

O problema é que a necessidade não atendida foi superestimada e as limitações do produto subestimadas. No princípio, o grande mercado-alvo seria os funcionários que se beneficiariam de um aparelho que concorresse com o ato de caminhar, pois ele era três vezes mais rápido e precisava de muito menos esforço. Menos de 5% dos carteiros caminhavam de fato, e os que experimentaram o Segway não gostaram do fato de não poderem ajustar a correspondência entre as paradas, pois era preciso usar as duas mãos para operar o aparelho. Além disso, não havia possibilidade de usar um guarda-chuva. A polícia e os profissionais de segurança se preocupavam com a distância que o produto alcançava e as vendas para esse grupo foram muito menores do que o esperado. Alternativas como *mountain bikes* eram mais baratas e nunca ficavam sem combustível. Outros trabalhadores que poderiam ter sido clientes também acharam que a nova alternativa era uma mudança muito radical em relação a seus hábitos e processos.

Houve uma série de problemas de aceitação entre os clientes. A Amazon começou a vender o Segway Human Transporter para o público em 2002. Um dos problemas era a recomendação de cerca de quatro horas de treinamento, difíceis de fornecer com o canal direto da Amazon. Outro era o fato de alguns estados e municípios não permitirem que o Segway utilizasse as calçadas, com o argumento de que seria perigoso para os pedestres, especialmente os deficientes físicos, enquanto outras jurisdições impunham um limite de velocidade de 13 km/h. O peso da unidade, 36 kg, também era um problema, mas pior ainda era a limitação de distância antes que o aparelho precisasse de uma nova recarga. Faltava uma massa crítica para disseminar a experiência de uso e criar uma aprovação social visível para o produto. Finalmente, para quem não estava acostumado com um veículo tão estranho, o valor do HT não era óbvio. As vendas nunca atingiram um ponto de desequilíbrio.

O produto também enfrentou problemas de *marketing*. A empresa tinha dificuldade em manter seus principais executivos. O cargo de diretor de vendas ficou vago em um momento em que a distribuição era o segredo do sucesso. A empresa também parece ter cometido alguns erros estratégicos. Segurar as vendas para o consumidor final e depois depender apenas da Amazon pode ter sido um erro. Se a Segway tivesse estabelecido uma parceria com empresas com uma presença física no varejo, como uma concessionária de automóveis ou grandes redes como Costco, Home Depot ou Sears, talvez tivesse criado alguns pontos de teste para usuários.

A Segway não desistiu. A empresa lançou um HT para transporte em campos de golfe em 2004 e uma linha de produtos de segunda geração em 2005 que usava o LeanSteer, com o qual a unidade podia ser manobrada com as inclinações do usuário. Ela expandiu sua rede e hoje vende para cerca de 60 países. Ela também desenvolveu um *site* de rede social no qual os donos de Segways podem compartilhar suas observações e experiências. O produto ainda não tem concorrente e a empresa está considerando uma extensão para veículos de quatro rodas em cooperação com a GM. Mas não há dúvida de que as previsões mais otimistas não se materializaram.

Kamen não ficou desestimulado. Seu próximo projeto é um purificador de água que funciona queimando esterco de vaca.[5] Se o aparelho, barato e com peças confiáveis projetadas pelas empresas de Kamen, conseguir obter uma rede de distribuição, ele tem o potencial de reduzir drasticamente o número de mortes causadas por impurezas na água. Estima-se que 5 milhões de pessoas por ano morrem por causa desse problema. Mas Kamen aprendeu uma lição com o Segway. No futuro, ele pretende fazer com que uma grande empresa cuide da fabricação e distribuição do produto.

Qual é a lição aqui? Onde a avaliação errou? Primeiro, a pesquisa de mercado precisava de mais profundidade. A superestimação do mercado para profissionais de segurança e correios poderia ter sido reduzida, talvez com pesquisas etnográficas ou testes de campo mais sistemáticos. Segundo, a distribuição é um elo crucial em qualquer nova oferta e, em retrospecto, a Segway precisava de redes que pudessem demonstrar, treinar e oferecer manutenção. Terceiro, a deficiência de talento em *marketing* contribuiu para as vendas decepcionantes. O papel do talento é muito subestimado. Finalmente, a exuberância e a onipresença midiática têm seu lado ruim. Se uma avaliação tivesse levado a um plano modesto, dividido em fases durante uma década, o Segway poderia ter entrado para a história como um grande vencedor, pois o produto tinha desempenho, qualidade e publicidade.

Avaliação: escolhendo os vencedores

As organizações sempre terão ideias sobrando se estiverem abertas a inovações, e mais ainda se incentivarem a criação de novas ideias. Como toda organização tem recursos limitados e um nível de tolerância máxima para riscos, a capacidade de filtrá-los com disciplina e identificar aqueles com o maior potencial de serem revolucionários passa a ter importância crítica. Parte da volta por cima da Apple depois do retorno de Steve Jobs em 1997 e também da P&G quando A. G. Lafley se tornou CEO em 2000 foi a decisão disciplinada de se concentrar nas novas ofertas mais promissoras e parar de correr atrás de tantas ideias diferentes.

Um dos motivos para uma porcentagem tão grande de novas ofertas fracassarem, em especial aquelas radicalmente novas, é que elas não contam com o comprometimento necessário para o apoio do seu desenvolvimento final, com as melhorias necessárias e com o *marketing* que precisam para ter sucesso. Quando os recursos são divididos em diversos projetos, a maioria não recebe o financiamento apropriado e a porcentagem de fracassos aumenta. O foco é, com certeza, essencial.

Um filtro rigoroso atribui à avaliação um peso ainda maior. Acertar essa fase se torna mais importante do que nunca. O risco, é claro, vai além do financiamento de decepções. As empresas também podem cancelar errônea ou prematuramente ideias com potencial. Esses erros, quase sempre ocultos ou esquecidos, são os mais caros de todos.

O risco de financiar uma ideia problemática ou prematura, ou que não pode ser implementada pela empresa por incompatibilidade cultural ou por ausência de ativos ou competências essenciais, pode ser astronômico. Estima-se que a AT&T tenha perdido mais de 50 bilhões de dólares na década de 1990 tentando entrar em três ramos que só produziram fiascos para a empresa: computadores com a NCR, telefones celulares com a McCaw Cellular e Internet banda larga via cabo com a TCE e a MediaOne.[6] A Intel perdeu cerca de 1 bilhão de dólares com um empreendimento de hospedagem de *sites*. O processo de avaliação deve ser profissional e objetivo e minimizar a probabilidade de a empresa perder grandes oportunidades e se envolver em desastres.

Basicamente, a empresa precisa responder três perguntas, como vemos na Figura 7.1:

- Há um mercado?
- Podemos competir e vencer?
- A liderança de mercado será duradoura?

Todas as perguntas são difíceis. Os executivos que avaliam as opções precisam fazer previsões sobre tendências dinâmicas e complexas; inovações incertas, algumas das quais sequer estão em evidência; o impacto das limitações organizacionais, as respostas dos clientes a novas ofertas, que podem ter diferenças radicais em relação às atuais; e a reação dos concorrentes à nova categoria ou subcategoria.

Figura 7.1 As três dimensões da avaliação.

Há um mercado? A oportunidade é real?

A empresa tem mesmo uma inovação transformacional que vai mudar o que as pessoas compram e criar novas categorias ou subcategorias? A capacidade de diferenciar entre inovações incrementais e substanciais ou transformacionais está no cerne dessa questão. E haverá clientes em número suficiente na nova categoria ou subcategoria para fazer com que o investimento necessário valha a pena? Qual é o potencial do crescimento de vendas na categoria ou subcategoria em questão? Ela é um modismo? Ou tem mais durabilidade? Vai crescer e se transformar em algo de substância? Ou nunca passará de um nicho?

Prever o futuro do mercado é de importância crítica. É preciso que o mercado valha a pena. Caso contrário, não faz sentido investir. Uma análise das muitas falhas de mercado da P&G, incluindo algumas decepções significativas, revela que um dos principais motivos por trás delas foi que o mercado acabou se revelando pequeno demais.[7]

Uma previsão teve um efeito considerável no destino de duas fabricantes de aviões.[8] Em meados da década de 1990, a Boeing e a Airbus realizaram um estudo de mercado conjunto para estimar o tamanho do mercado para um avião a jato superjumbo, maior do que o 747, um enorme sucesso da Boeing, que até então vendera mais de 1.000 unidades. Em parte por causa dessa pesquisa, a Airbus estimou que o mercado era de mais de 1.000 aviões e decidiu investir mais de 10 bilhões de dólares no A380. A Boeing, por outro lado, estimou que a procura seria de 250 unidades e tomou uma decisão muito diferente: investiu 10 bilhões de dólares no 787, um avião de tamanho intermediário que sacrificava um pouco de velocidade para obter maior eficiência operacional. Obviamente, as empresas usaram outras fontes de informação, além do estudo de mercado conjunto, mas ambas estava analisando as mesmas tendências, os mesmos clientes e o mesmo ambiente.

Essa história mostra como uma estimativa de mercado pode impactar decisões estratégicas que, por sua vez, podem determinar o sucesso da empresa e, mais do que isso, a própria natureza da sua organização no futuro: suas pessoas, seus sistemas e sua cultura. Outra observação é que os mesmos dados, quando obtidos de uma mesma pesquisa, podem produzir interpretações muito diferentes. Por quê? Em parte, duas empresas podem dar pesos diferentes a cenários diferentes. Uma, por exemplo, acreditava na eficiência e no crescimento dos voos de longa distância de companhias aéreas como as de Cingapura e Dubai, enquanto a outra via mais futuro nas viagens de ponto a ponto, representadas pela Southwest Airlines e pelas empresas regionais europeias. Outra causa possível é o viés de confirmação. A Airbus, vendo o sucesso da Boeing com o 747, pode ter sofrido uma espécie de "inveja da fuselagem". Além disso, alguns membros mais importantes do consórcio por trás da Airbus, como o governo francês, podem ter acraditado no benefício gerado por encomendas de aviões grandes. Talvez a Boeing tivesse visto os problemas com aviões grandes ou já tivesse um avião menor em fase de planejamento. Mas a verdade é que as informações podiam acabar sendo filtradas e interpretadas por ambas as partes de modo a apoiar suas estratégias preferidas.

Avaliando tendências. O objetivo é avaliar a oferta e sua categoria ou subcategoria associada. Entretanto, como as ofertas serão motivadas em parte por tendências do mercado ou da sociedade, a avaliação das tendências deve ser integrada ao processo de avaliação como um todo. Ela é real, ou apenas um modismo que vai decair ou até desaparecer? Vai persistir ou mesmo explodir? É crucial avaliar corretamente as tendências que devem gerar crescimento para uma nova oferta e sua categoria ou subcategoria associada.

Perder uma tendência importante pode ser muito prejudicial para a empresa. Em 1985, a Schwinn, um nome clássico no ramo das bicicletas, proclamou que as *mountain bikes* eram apenas um modismo. O resultado para sua posição de mercado e, com o tempo, para a saúde da empresa, foi terrível.

Pressupor que uma tendência é forte quando ela na verdade é fraca ou inexistente pode ser pior ainda. Uma tendência "miragem" pode durar apenas o suficiente para atrair recursos que teriam sido mais produtivos em outros investimentos.

Algumas perguntas importantes:

O que está por trás da tendência? A fonte do poder e da energia de uma tendência é um dos principais indicadores da sua força. Uma tendência, ao contrário de um modismo, precisa de um alicerce forte e duradouro. As tendências têm maior probabilidade de serem motivadas por fatores demográficos (em vez da cultura pop), valores (e não modas), estilos de vida (e não grupos da moda) ou tecnologias (em vez da mídia).[9] Assim, as tendências são apoiadas por uma substância duradoura, enquanto os modismos são vazios. A união de duas forças, tecnologia e estilo de vida, por exemplo, pode tornar a tendência estável. Considere as forças por trás dos fenômenos Twitter e Facebook. A autora Faith Popcorn observa que os modismos giram em torno de produtos, enquanto as tendências giram em torno do que leva os consumidores a comprarem produtos.

Ela também sugere que as tendências (que são grandes e amplas, com duração média de 10 anos) não podem ser criadas ou alteradas, mas apenas observadas.[10]

O crescimento inicial das vendas é igual a uma bolha? Crescer muito e rápido demais pode significar que estamos aproveitando um modismo, especialmente se o crescimento estiver baseado em uma moda ou em uma tecnologia experimental. Um modismo clássico é o sapato de borracha colorido Crocs, que se tornaram onipresentes e fizeram com que as ações da empresa saltassem para 75 dólares em outubro de 2007; 18 meses depois, quando a moda morreu, as ações da empresa despencaram para 1,20 dólar.[11] Talvez a Crocs sobreviva oferecendo outros *designs*, mas seu produto clássico não tinha como manter sua posição. O sucesso inicial do Yugo estava baseado em propaganda, não em substância, e seu colapso era previsível.

A tendência é acessível para o mercado mainstream? Muitas tendências fortes e atraentes têm força de verdade, mas estão inicialmente limitadas a mercados de nicho. Outras se integrarão ao *mainstream* e terão um impacto muito maior. É importante entender o que determina se a oferta irá evoluir em direção ao mercado *mainstream* ou se outros fatores inibirão esse avanço. Qual é o papel dos hábitos de consumo, dos níveis de preços excessivos ou da dificuldade de uso, por exemplo?

A tendência se baseia em conversa ou em ação? Só porque alguém diz algo três vezes não significa que é verdade. Peter Drucker opinou que mudança é algo que as pessoas fazem, enquanto modismo é algo sobre o qual as pessoas falam.[12] A ideia é que as tendências exigem substância e ações apoiadas por dados, não simplesmente uma ideia que prende nossa imaginação.

Ela encontra expressão em diversas categorias ou setores da economia? Em caso positivo, ela pode ser qualificada como megatendência, como sustentabilidade, tecnologia digital e alimentação saudável. Essas tendências começaram com segmentos pequenos, mas tiveram um crescimento tão explosivo que hoje afetam muitas operações de negócios, se não a grande maioria delas. Ignorar ou evitar as megatendências é uma decisão especialmente arriscada. Por outro lado, elas também podem ser difíceis de interpretar, pois assumem muitas formas diferentes em contextos diferentes. Além disso, elas atraem concorrentes, então, é muito importante ter uma oferta e uma categoria ou subcategoria com alto nível de diferenciação.

A tendência se baseia em inovações futuras e projetadas? Para ver um exemplo claro da dificuldade de prever o sucesso de produtos futuristas, basta ler a análise de mais de 90 previsões de novos produtos, tecnologias e mercados significativos publicadas nas revistas *BusinessWeek* e *Fortune* e no jornal *The Wall Street Journal* entre 1960 e 1979.[13] O crescimento previsto não se materializou em 55% dos casos citados. Entre os motivos temos a supervalorização de tecnologias (por exemplo, TV a cores tridimensional e vacinas contra a cárie), a procura dos consumidores (por exemplo, sistema de TV a cabo bidirecional, aparelhos de som quadrifônicos e comida desidratada), não levar em consideração uma barreira de custos (por exemplo, transporte supersônico (TSS), uma aeronave que excede a barreira do som; e calçadas móveis), ou problemas políticos (por exemplo, mineração submarina). As previsões para cigarros de palha, minicharutos, uísque escocês e radioamadorismo sofreram com mudanças nas necessidades e preferências dos consumidores. As previsões sobre uma sociedade sem cheques, na qual os cheques de papel não seriam mais necessários, errou em pelo menos 50 anos.

> **Sim, mas...**
>
> Algumas tendências são reais, mas podem ser exageradas se não forem colocadas em perspectiva. Por exemplo:
>
> Sim, o acesso e o uso da Internet estão crescendo rapidamente, *mas...*
>
> > Uma parcela significativa da população ainda não vê a Internet como necessária e alguns são hostis à tecnologia.
>
> Sim, as pessoas podem e de fato pesquisam preços na Internet, *mas...*
>
> > Muitas são fiéis a um só *site* e não usam serviços de comparação de preços.
>
> Sim, a tendência em direção a exercícios e alimentação saudável é forte, *mas...*
>
> > Alimentos prazerosos, como chocolates de luxo, sorvetes superpremium e hambúrgueres gordurosos, ainda representam um nicho significativo e, em alguns casos, em crescimento.
>
> Sim, os celulares são uma plataforma para programas de *marketing* multimídia, *mas...*
>
> > Em 2009, quase metade dos clientes de telefonia celular nos EUA usava seus aparelhos apenas para fazer ligações e nunca mandava mensagens SMS ou acessava a Internet com eles.

Mesmo que a tendência seja real, ela pode não ser uma boa base para o sucesso de uma nova categoria ou subcategoria. A força por trás da nova categoria ou subcategoria é real ou apenas tangencial? A Zipcar teve o apoio do estilo de vida urbano; a Healthy Choice, das tendências de vida saudável;

a Muji, da tendência natural e de retorno à natureza; o Whole Foods Market, de tendências naturais e orgânicas; e o Subway, da tendência de perda de peso causada por preocupações com obesidade. Todos estavam respondendo a tendências reais. O Segway não conseguiu se apoiar na tendência verde porque esta não tinha um papel central nas percepções sobre o produto.

O viés róseo. Um dos perigos ao avaliar novas ofertas é o viés róseo, ou seja, o pressuposto de que os clientes ficarão tão emocionados e impressionados com a nova oferta quanto os seus defensores dentro da empresa, que passaram meses ou até anos pensando nos seus atributos e no seu potencial. Eles construíram e refinaram um argumento lógico de que os avanços são transformacionais e que criarão uma nova categoria ou subcategoria. Pode ser muito difícil deixar de lado esse otimismo quase obsessivo e se colocar no lugar do cliente, que é inundado por mensagens conflitantes e precisa enfrentar decisões de alocação orçamentária complicadas. O cliente pode ter muita dificuldade em se emocionar com uma inovação ou até em prestar atenção nela, como demonstra o estudo de caso da Segway.

O defensor da oferta tem razões profissionais e psicológicas para acreditar nela. Para começar, a inovação talvez esteja fortemente associada à carreira de uma pessoa ou grupo dentro da organização. Um sucesso representaria um grande avanço para as suas carreiras, o fracasso ou mesmo uma saída prematura poderia atrasá-las. Além da energia profissional, os defensores também sentem uma energia psíquica pessoal. Defender uma inovação é simplesmente mais divertido e estimulante, enquanto administrar um negócio antigo pode parecer chato. Acima de tudo, o desenvolvimento de uma nova oferta transformacional pode se tornar parte da identidade do dono da ideia, então, o sucesso representa uma realização pessoal e não apenas profissional.

Por causa da forte necessidade do defensor da ideia e da equipe associada de ver a oferta seguir em frente e ter sucesso, as informações começam a ser filtradas. Informações que apoiem a oferta passam, as que não apoiam são distorcidas ou minimizadas. É o viés de confirmação. E decisões difíceis são adiadas ou se tornam menos objetivas do que deveriam ser. Essa é a natureza das pessoas e organizações. Obviamente, um processo de avaliação objetivo e disciplinado pode reduzir os riscos, mas nunca eliminá-los por completo.

O resultado é que a proposição de valor pode acabar superestimada ou até mesmo se revelar uma miragem. A visão de um serviço financeiro que atende todas as necessidades, por exemplo, tinha muito menos valor para os clientes do que o esperado quando foi tentada pela primeira vez no começo dos anos 1980. A ideia também não deu certo quando foi tentada mais uma vez, 20 anos depois. Os clientes queriam competência e excelência de serviço em todos os seus fornecedores de serviços financeiros; não importa muito quem era o fornecedor do serviço. No entanto, aqueles que desenvolveram o conceito só enxergavam as vantagens da ideia no papel e ignoraram as barreiras à implementação que eliminavam mesmo as vantagens mais modestas.

O viés pessimista. Os riscos de cancelar um projeto com alto potencial por causa de avaliações errôneas ou falsas pode ser muito maior do que o risco de dar sinal verde para um projeto que irá fracassar. A possibilidade de uma grande plataforma de negócios pode ser perdida por uma decisão equivocada. Além disso, os executivos que gastam recursos com fracassos são responsabilizados pelos seus erros, mas os casos em que os executivos deixam as oportunidades escapar das suas mãos acabam esquecidos. Por exemplo, apesar de os péssimos investimentos em robótica e TI do ex-CEO Roger Smith serem visíveis, a decisão menos visível de cancelar o carro elétrico ou a falta de uma resposta para a minivan da Chrysler podem ter sido igualmente ruins para a GM. O viés pessimista pode se basear em uma projeção pessimista da capacidade da empresa de melhorar uma oferta com inovações, resolver falhas, encontrar a aplicação correta ou o mercado certo. O desconforto com abordagens radicalmente diferentes também pode ser um fator.

Um exemplo drástico dos riscos de cancelar um projeto de desenvolvimento é a história do Tide, o detergente sintético da P&G lançado em 1946 que revolucionou a lavagem de roupas. O esforço de P&D demorou mais de 10 anos e durante os últimos cinco o projeto não recebeu financiamento. Foi cancelado. Ainda assim, o projeto não morreu. O desenvolvimento seguiu discretamente, pois um cientista estava comprometido com o seu sucesso. A alta gerência foi informada apenas em 1945, quando o produto funcionou em laboratório. Os executivos perceberam as possibilidades transformacionais do produto, deram meia-volta e tomaram a decisão extraordinária de fazer um investimento fabril gigantesco. A empresa eliminou dois anos do processo normal de teste de mercado para ganhar tempo em relação à concorrência. Se o processo de revisão tivesse funcionado cinco anos antes, talvez a P&G ainda fabricasse apenas sabão.

Às vezes, as empresas pressupõem erroneamente que um defeito é fatal. O serviço de finanças pessoais Mint.com, por exemplo, teve dificuldade para conseguir financiamento porque ninguém acreditava que alguém forneceria informações financeiras pessoais a um *site* independente. Mas essa avaliação estava errada. A empresa argumentava que o serviço não estaria vulnerável a movimentações financeiras por indivíduos não autorizados porque ele fora projetado como um sistema apenas para leitura. O Mint.com podia dizer honestamente que a segurança do *site* jamais fora comprometida, apesar de patrocinar ataques dedicados exatamente a isso. A empresa também descobriu outras maneiras de comunicar os dados com segurança, utilizando marcas de terceiros, como VeriSign e Hackersafe.

Como mostra o exemplo do Tide, as empresas correm o risco de desistir de conceitos prematuramente por causa de falhas na ideia em revisão. É fácil desconsiderar a possibilidade de mais refinamentos e melhorias que poderiam mudar a equação. A indústria automobilística tem inúmeros exemplos de produtos falhos, desde a Toyota na década de 1960 à Hyundai na de 1990, e muitos outros que foram desprezados e poderiam ter sido cancelados por um processo de avaliação, mas que em vez disso sobreviveram e, depois de melhorias, se tornaram líderes de mercado.

As estimativas do tamanho do mercado podem depender demais de mercados existentes, compostos por produtos falhos. Os leitores de livros digitais, também chamados de *e-readers*, existiam havia 10 anos, mas nunca tinham conseguido ganhar força junto ao público, em parte porque acessar os livros era um processo difícil e as unidades eram esquisitas e complicadas. Mas em novembro de 2007 a Amazon lançou o Kindle, com seu sistema Whispernet para *download* rápido de livros, bateria com 30 horas de duração, uma experiência de leitura muito semelhante aos livros de papel e muito *buzz* no mercado. O Kindle vendeu mais de 1 milhão de unidades em apenas um ano e destruiu a relevância das vendas de produtos anteriores como pontos de referência.

Um conceito pode ser liquidado porque a aplicação certa não é identificada ou as previsões se baseiam na premissa errada. A experiência da Intel com o desenvolvimento do microprocessador 80286 demonstra que encontrar a aplicação certa pode ser muito difícil, especialmente quando as tecnologias secundárias estão em desenvolvimento. Durante a fase de desenvolvimento, que começou em 1978, a empresa identificou 50 aplicações possíveis.[14] O computador pessoal, a aplicação final que se tornaria a base do negócio da

Intel durante décadas, não era uma das 50. Essa falha se deveu em parte à incapacidade compreensível de prever o desenvolvimento de uma série de tecnologias secundárias e aplicativos que acabariam por tornar o PC um sucesso incomparável. A lição é que pode valer a pena cultivar avanços tecnológicos, mesmo quando suas aplicações finais ainda são incertas.

Uma nova oferta também pode dar sinais fortes de que vai fracassar porque foi direcionada ao mercado errado. A Joint Juice foi fundada por um cirurgião ortopédico com a ideia revolucionária de disponibilizar a glucosamina, muito eficaz na redução da dor nas articulações, em formato líquido.[15] O mercado-alvo inicial, atletas jovens e de meia-idade, levou a uma série de escolhas em termos de conteúdo, embalagem, distribuição e publicidade, todos girando em torno de atletas profissionais. O problema é que o mercado real era um público mais velho, que queria produtos mais baratos e menos calóricos e que eram acessados por um mercado diferente. O esforço direcionado ao mercado errado quase levou o empreendimento à falência.

Também pode haver uma relutância básica em ir além dos modos tradicionais de trabalhar. Ofertas com perspectivas inéditas podem ser desconsideradas imediatamente. Uma história real: um praticante de salto em altura bom o suficiente para integrar a equipe de atletismo da Oregon State University tinha um estilo incomum. Os treinadores insistiam que ele deveria aprender a técnica do "rolamento ventral", mas seu desempenho caía tanto que a comissão técnica desistiu de ensiná-lo e deixou que saltasse como bem entendia. Alguns anos depois, no último da faculdade, ele ganhou uma medalha de ouro nas Olimpíadas com o seu "Fosbury Flop". Em cinco anos, esse método inédito era a regra e o recorde mundial avançara 5%.[16] O estilo de centenas de tenistas promissores foi destruído porque os treinadores os forçavam a rebater com *backhands* de uma mão, até que Chris Evert e Jimmy Connors tornaram o *backhand* de duas mãos aceitável. Hoje, usar as duas mãos é a regra. Assim, quando uma sessão de *brainstorming* produz uma abordagem inédita, lembre-se do Fosbury Flop e do *backhand* de duas mãos.

O problema do "mercado pequeno demais". Mercados precisam ser grandes o suficiente para sustentar um negócio. Um nicho pequeno demais pode ter diferenciação substancial e sustentável, mas não ter viabilidade, em parte devido a altos custos de *marketing* e operacionais. Entretanto, evitar mercados pequenos cria seus próprios riscos. Uma combinação de mercados de nicho pode criar um negócio considerável. Em uma era de *micromarketing*, muitos negócios correm por segmentos de nicho pequenos. Se a empresa evita estes, ela pode perder a maior parte da vitalidade e rentabilidade de uma área de negócios.

Além disso, a maioria das grandes áreas de negócio começam pequenas, às vezes por muitos anos, antes de se tornarem significativas. Assim, se a empresa evita os mercados pequenos, talvez ela precise superar a vantagem do pioneirismo das concorrentes ou acabar excluída do mercado. A Coca-Cola resistiu à venda de água mineral e outras bebidas durante muitos anos, em parte porque esses produtos eram pequenos demais para entrarem no seu radar, considerando a escala da empresa. Essa decisão foi um erro enorme. O Microsoft Office sufocou muitos empreendimentos incipientes na Microsoft, pois sua base de vendas gigante fazia muitas novas ideias parecerem triviais. O resultado é que muitas inovações tecnológicas vieram de outras empresas, apesar da grande quantidade de engenheiros excepcionais que trabalham para a empresa. A Frito-Lay, com uma política de evitar qualquer oferta que não gerasse grandes volumes de vendas nos primeiros anos, limitou sua capacidade de inovar e testar novas ideias no mercado.

Em geral, um dos problemas mais importantes é se o nicho de mercado, possivelmente com maior conexão com o cliente e diferenciação sustentável, pode ser ampliado e transformado em uma base de mercado mais ampla. Essa transição é difícil, pois a marca e a nova categoria ou subcategoria que representa muitas vezes perdem a qualidade que as fazia especiais quando se tornam *mainstream*. Algumas marcas conseguiram, como Nike, Starbucks e SoBe, mas muitas outras tentaram e esbarraram em problemas, como Snapple e Gucci. O sucesso exige muita personalidade e um conjunto de benefícios que a marca consegue reter mesmo quando ampliada. Não é fácil.

Embora o mercado potencial seja grande, o mercado real ainda pode ser pequeno demais por causa das barreiras à sua concretização. É provável que haja barreiras econômicas. Por exemplo, muitos países em desenvolvimento têm alta procura por computadores, mas falta dinheiro e a ausência de tecnologias apropriadas inibe a aquisição. Ou talvez a procura simplesmente demore mais a se materializar porque a tecnologia não está pronta, como no caso das baterias para carros elétricos, ou porque os clientes demoram para mudar. A procura por serviços bancários eletrônicos, por exemplo, demorou muitos anos a mais que o esperado para se materializar. Talvez um fator inibidor esteja impedindo que uma proposição de valor se traduza em comportamento. Por exemplo, as pessoas gostam da ideia de reduzir o teor de sal ou gordura dos alimentos, mas não estão dispostas a sacrificar o sabor. Ou talvez ninguém acredite na proposição de valor. Um detergente que limpa melhor com metade do produto e sem espuma foi rejeitado no México porque os clientes achavam que a ausência de espuma e o uso de quantidades menores significava que o produto limpava menos, uma crença que o fabricante não conseguiu superar.

Teste e aprendizagem. A avaliação de qualquer novo conceito deve incluir sua exposição a clientes potenciais. Os clientes podem avaliar a novidade em grupo, em pesquisas de opinião, em laboratórios, em simulações de lojas ou casas, em experiências de uso ou em testes de mercado. Além de testar o conceito, um programa contínuo de teste e aprendizagem orienta o processo de refinamento da oferta. Testes de sabor tiveram um papel importante na validação do potencial de vários produtos alimentícios, incluindo Asahi Super Dry, Kirin Ichiban, Wheaties Fuel, Dreyer's Slow Churned e Healthy Choice. Se os produtos não conquistam uma vitória nesse nível, o desenvolvimento ainda não terminou.

O *feedback* de clientes potenciais ajuda, mas não é definitivo, em parte porque o modo como a oferta é apresentada impacta as opiniões dos clientes. A oferta pode não ter sido desenvolvida por completo e o conceito provavelmente não estará cercado de programas de *marketing*. O resultado é que os respondentes podem não reconhecer ou compreender a proposição de valor. Também é possível que surjam limitações e objeções que teriam menos visibilidade em contextos mais realistas.

O contrário também é verdade: ofertas podem parecer mais atraentes em contextos limitados. A New Coke, um dos maiores desastres comerciais da história, foi lançada com base em testes cegos de sucesso. Sem um rótulo, a New Coke se saía bem. O problema era que, no mercado, o produto tinha uma marca. Quando a marca da Coca-Cola "de verdade" era identificada, a New Coke passava de vencedora a perdedora nos testes de sabor.

Os clientes têm dificuldade em avaliar novidades como o Segway. Mesmo quando o conceito é fácil de entender, as pesquisas mostram que os respondentes têm menor probabilidade de agir e comprar os produtos inéditos do que no caso de ofertas que representam mudanças menos radicais em relação às versões tradicionais e cujos benefícios são mais fáceis de entender. Em geral, o *feedback* mais útil no caso de produtos inéditos vem de adotantes iniciais e líderes de opinião, pessoas com interesse e intuição para novos conceitos, ou então se baseia no uso real em testes-piloto.

Começar com uma pequena presença de mercado representa um passo maior do que o uso de um mercado de teste. Nesse caso, a empresa está usando sua presença de mercado para validar e refinar conceitos; ela aprimora o que dá certo e substitui o que não funciona. Muitas marcas de varejo, como Muji, Zara, Best Buy e Whole Foods Market, evoluíram drasticamente durante seus primeiros anos de existência à medida que seus fundadores experimentavam ideias diferentes e outros tipos de apresentação. Outras empresas, em ramos como bens de consumo e serviços, começaram propositalmente com partes pequenas dos seus respectivos mercados a fim de testar e refinar suas ofertas e posições. Na verdade, poucas inovações revolucionárias não evoluíram com o tempo. Gerenciar esse processo é um fator muito importante para o sucesso.

Conhecer a proposição de valor. Uma série de novas ofertas definiu novas categorias ou subcategorias que não foram submetidas a um teste formal com clientes. Steve Jobs é famoso por não testar ideias, incluindo o iPod, o iPhone e o iPad. Ele simplesmente tem um conceito claro da proposição de valor, com base em seu conhecimento do que é possível, do que a concorrência tem e do que o mercado quer. Ted Turner nunca testou o conceito da CNN, mas por muitos anos simplesmente soube que uma rede de notícias com distribuição nacional por TV a cabo daria certo. Ele sabia que as pessoas gostavam de notícias e dariam valor à chance de não precisar esperar pelo noticiário noturno ou pela entrega do jornal.

A confiança na proposição de valor muitas vezes acompanha ou se baseia em um conhecimento profundo sobre o segmento-alvo. Lojas como a Muji e o Whole Foods Market tinham intimidade com seu público-alvo e entendiam suas motivações, além da energia e dos valores por trás dela. A Enterprise Rent-A-Car tinha uma compreensão profunda dos problemas enfrentados por seus clientes-alvo, os motoristas com carros na oficina e suas respectivas seguradoras. A Asahi também entendia bem seu segmento-alvo, jovens modernos e ocidentalizados que queriam uma alternativa para a cerveja "dos seus pais".

A intimidade com a concorrência e suas limitações também pode levar à confiança na proposição de valor. O Mint.com, apresentado anteriormente, é um serviço gratuito de gerenciamento financeiro via Internet. O sistema permite a preparação de orçamentos e declarações fiscais, o gerenciamento de investimentos e o controle de contas bancárias. O serviço foi estimulado pelas limitações da concorrência, o MSN Money e o Quicken.[17] Ambos os concorrentes exigiam que o usuário categorizasse suas despesas, um processo muito demorado, pois os programas de categorização são muito imprecisos. Além disso, os programas envolvem um processo de instalação doloroso antes que o usuário possa inserir seus dados. O Mint.com, por outro lado, usa um programa de categorização bastante preciso e é muito mais fácil de configurar, pois é um serviço *online*. Além disso, o serviço é gratuito, pois sua receita vem da indicação de serviços financeiros para os seus usuários.

Podemos competir e vencer?

Superestimar a capacidade da empresa de criar uma oferta confiável e de bom desempenho e levá-la ao mercado pode ser um defeito mortal. O risco de fracassar nessa dimensão é especialmente grave quando a empresa se aventura além do seu *core business*. Esse fato nos leva a uma série de perguntas sobre a oferta. Ela se encaixa com a estratégia da empresa? Ela tem sinergia com as operações atuais do *core business*? A empresa vai apoiar o esforço? E mesmo com o apoio da empresa, criar a oferta e levá-la ao mercado é mesmo viável?

Ela se adapta à estratégia?

Se a nova oferta se adapta à estratégia atual da empresa, o nível de conforto será alto. Na verdade, é possível que a iniciativa da nova oferta seja fruto da estratégia. Uma oferta de energia alternativa, por exemplo, se encaixaria com a direção estratégica da GE, que enfatiza negócios orientados à criação ou conservação de energia. A Kirin precisava de uma resposta para a Asahi Super Dry e o plano era gerar a Kirin Ichiban ou outro produto semelhante. Ou a oferta poderia ser algo que não foi planejado, mas ainda é consistente com a estratégia. Ela poderia usar os mesmos ativos e competências ou se dirigir aos mesmos mercados. Assim, não seria muito trabalhoso estender o plano de modo a incluir a nova oferta.

Quando o produto ou oferta vai além da estratégia e representa uma adição a ela, não uma simples extensão, ele expande os critérios que precisam ser cumpridos para sua aceitação. Quando a Intel entrou no ramo dos microprocessadores, por exemplo, a empresa não tinha as capacidades apropriadas e precisava desenvolver novas capacidades de *design* com base na lógica dos microprocessadores complexos. Assim, a decisão de aceitar a nova direção foi mais do que apenas se ajustar a uma nova oferta que estava abrindo uma nova subcategoria em um ramo tradicional. Na prática, a Intel precisou criar uma nova estratégia e aceitar o fato de que a empresa precisava cultivar novas capacidades.

Uma das decisões mais importantes da alta gerência é se deve ou não se comprometer a uma oferta que desvia da estratégia, pois custos, riscos e recompensas podem ser muito significativos. Essa decisão pode roubar recursos e atenção que estariam destinados à estratégia central e até mesmo colocá-la em perigo. Obviamente, ela também pode criar uma nova plataforma de crescimento, algo que talvez se torne importante, ou até crítico, no futuro. E também há outra possibilidade: ela pode precipitar uma mudança na estratégia, pois a empresa chega ao que Andy Grove, da Intel, chamou de "ponto de inflexão", motivado por uma mudança radical no ambiente competitivo que acaba com as chances da estratégia atual.[18] A decisão da Intel de abandonar o negócio de memórias em 1984, depois de elas se transformarem em *commodities*, é um exemplo de ponto de inflexão.

Como as empresas determinam se estão perante um ponto de inflexão? Grove dá algumas sugestões. Primeiro, observe quando ocorre uma mudança na identidade do concorrente mais temido.[19] Se você tivesse só uma bala no tambor, em qual concorrente você miraria sua arma? Você está mudando o alvo? Segundo, analise os dados, não as emoções, pois negócios decadentes podem ter muita energia emocional. O que os dados dizem sobre vendas, preços, lucros e padrões de participação de mercado? Terceiro, considere a "dissonância estratégica", que ocorre quando as ações dos gerentes na linha de frente não fluem a partir da estratégia e, em vez disso, se espalham para todos os lados.

Ela cria sinergia?

Uma nova oferta que pretende criar uma nova categoria ou subcategoria será mais atraente e terá muito menos dificuldades para ser aceita pela empresa se puder compartilhar ativos e competências com as unidades de negócios mais antigas. Se a nova oferta pode utilizar um sistema de distribuição existente ou alavancar um ativo de marca, parte do risco de execução é reduzido. Além disso, a nova oferta pode obter uma vantagem competitiva muito importante, talvez até decisiva, e também fortalecer os ativos e competências. Se, por exemplo, uma marca antiga for usada na nova oferta, ela pode conquistar mais energia e reforçar suas associações.

O Kindle, por exemplo, cria uma série de sinergias. A Amazon é a principal livraria do mercado. Nesse contexto, os livros digitais deveriam ser uma ameaça. Em vez disso, ao assumir uma posição de liderança, a Amazon participou do mercado de livros digitais, criando um negócio enorme com a venda de títulos, além da venda dos Kindles em si. No processo, a empresa gerou muita energia para a marca Amazon e reforçou sua imagem como o melhor lugar para comprar livros.

Quando o novo negócio é muito distante dos mercados tradicionais da empresa, esta precisa desenvolver ativos, competências e estratégias inéditos. A Segway, por exemplo, não tinha distribuição. Seus esforços fracassados na criação desse ativo foram decisivos para a decepção das vendas. Alem disso, a sinergia pode ser negativa quando a nova oferta prejudica ou canibaliza uma marca ou negócio existente ou quando rouba os recursos que o *core business* precisa. Lembre-se de como, durante a década de 1980, as montadoras desviaram recursos do *core business* e acabaram cavando para si um buraco do qual foi muito difícil escapar.

A rede Home Depot, fundada em 1978, obteve muito sucesso no mercado das reformas domésticas, oferecendo produtos variados e uma equipe capacitada para ajudar o público que gosta de fazer suas próprias obras e consertos. Em 1991, a empresa decidiu entrar no mercado de decoração doméstica de luxo e lançou a rede EXPO *Design* Centers. A sinergia era fraquíssima, pois o novo empreendimento envolvia um mercado diferente, um conjunto diferente de capacidades e ainda uma marca diferente. Depois de quase 20 anos de dificuldades, a rede finalmente fechou em 2009. Foi preciso uma recessão para forçar essa decisão difícil.

A falta de ajuste diminui a probabilidade de sucesso, mas também o torna mais valioso, pois a empresa pode acabar fortalecida, com uma marca e uma base de clientes mais amplas e também novas capacidades. O sucesso da companhia aérea Virgin, quando a empresa original era uma gravadora, com sua própria estratégia e personalidades, criou uma ampla gama de opções estratégicas para a organização.

A empresa vai apoiar o esforço?

Para que a nova oferta tenha sucesso, a empresa precisa se comprometer com ela, fornecer recursos, tolerar riscos e orientar seus esforços. Além de recursos, tudo isso exige força de vontade, especialmente quando a estrada é esburaca e exige inovações. Algumas empresas têm cofres cheios, mas mãos fechadas; quando a situação fica apertada, os recursos somem. Há uma diferença muito tênue entre avaliar racionalmente que um conceito não terá sucesso suficiente para merecer um investimento contínuo e a tendência de acabar com os projetos ao primeiro sinal de dificuldade.

O comprometimento da empresa depende da disponibilidade de recursos de investimento, das alternativas concorrentes dentro da empresa, do poder político daqueles que querem ter acesso aos recursos e do processo usado para alocar tais recursos. O Capítulo 11 discute a necessidade de ter um processo de alocação objetivo e que abranja toda a empresa. Esse processo deve identificar que iniciativas e unidades de negócios devem receber ou perder recursos, neutralizando o poder político e econômico das grandes unidades de negócios.

Um dos problemas mais importantes e mais comuns é a existência das vantagens do pioneirismo, que podem incluir economias de escala, ataques preventivos a locais e posições e uma base de clientes fiéis. Esses fatores, por sua vez, quase sempre dependem de a oferta ter um mercado amplo ou se restringir a um nicho, mas também do nível de comprometimento ser suficiente para conquistar a posição de líder inicial do mercado. Se a vantagem do pioneirismo for uma possibilidade, é particularmente importante que a empresa financie a nova oferta de modo adequado, com fundos suficientes para capitalizar a oportunidade.

A oferta pode ser criada?

A empresa consegue criar a oferta? Alguma empresa conseguiria? Ela é viável? Colocar usinas de energia nuclear no oceano, por exemplo, poderia representar barreiras de construção e inovação muito improváveis de serem superadas. É verdade que conceitos não devem ser eliminados apenas porque têm falhas ou limitações que exigem algumas inovações. Entretanto, a empresa precisa fazer uma avaliação realista da probabilidade de realizar a inovação necessária e dos custos resultantes. Se a probabilidade for baixa ou o custo alto em relação à recompensa, o conceito deve ser deixado de lado.

Mesmo se todos os problemas forem resolvíveis, pode haver incertezas em torno da capacidade da organização de solucioná-los. A estratégia talvez exija ativos e capacidades ainda inadequados ou inexistentes e os programas necessários para desenvolvê-los ou atualizá-los podem se revelar pouco realistas. Também pode ser difícil encontrar parceiros e aliados para preencher as lacunas. Os tipos corretos de pessoas, sistemas, culturas e estruturas talvez sejam incompatíveis com a organização atual. Por exemplo, o sucesso da empresa de animação Pixar dependia de uma mistura especial de cultura e pessoas que encorajava o trabalho em equipe, mas nada disso teria funcionado na maioria das organizações de cinema.

A oferta pode ser levada ao mercado?

Mesmo que a empresa desenvolva a oferta, será que esta pode ser levada ao mercado com sucesso? A empresa precisa realizar uma série de tarefas para que isso aconteça. A nova categoria ou subcategoria deve conquistar visibilidade e ser definida, desenvolvida e comunicada com clareza. Sua marca precisa adquirir credibilidade dentro da nova categoria ou subcategoria, um canal de distribuição eficaz e uma base de clientes fiéis. A empresa precisa de um plano, com uma visão de negócios para a oferta, a marca e a categoria e subcategoria, incluindo uma estratégia de *go-to-market*. Não é fácil.

Mesmo que a empresa realize todas as tarefas de construção de marca, o mercado pode ser volúvel e inconstante. A Segway e seu HT e a P&G com o Olestra acertaram em muitos pontos, mas o mercado não aceitou as duas ofertas quando as empresas não conseguiram superar as limitações do produto. A Sony desenvolveu o que alguns consideram o melhor formato de vídeo para videocassetes com sua tecnologia Betamax, mas não conseguiu convencer o mercado e acabou derrotada pelo formato VHS. Ao decidir se deve apoiar um conceito ou não, a empresa precisa considerar a probabilidade de um resultado decepcionante.

A oferta vai se sustentar?

Um dos maiores riscos para novas ofertas, se não o maior de todos, é a possibilidade de os concorrentes lançarem produtos equivalentes ou até superiores. A ameaça de produtos concorrentes deve ser avaliada em várias dimensões diferentes, incluindo a atratividade de um contexto de crescimento, as estratégias internas dos concorrentes e as barreiras à entrada.

Atratividade de um contexto de crescimento. As empresas têm a tendência de presumir que a concorrência não está enxergando a mesma oportunidade, em parte porque inteligência estratégica competitiva é difícil de obter, mas também em parte devido ao foco interno da empresa, não externo. Os muitos problemas difíceis e as incertezas que cercam um novo conceito sugam a energia da equipe. Se, no entanto, o mercado-alvo parece pronto para níveis de crescimento atraentes, a empresa corre o risco de muitos concorrentes usarem as mesmas informações e serem atraídos pela mesma análise.

A superlotação é uma realidade em praticamente todos os mercados badalados, incluindo ferrovias, aviões, estações e equipamentos de rádio, televisores, computadores e *e-commerce*. Durante a bolha, a Internet chegou a ter pelo menos mil *sites* de viagem e 30 *sites* de saúde e beleza ao mesmo tempo. O volume de vendas quase nunca é suficiente para sustentar todos os concorrentes. Nesse contexto, a pergunta é: a quantidade e a competência dos concorrentes que podem ser atraídos pelo mercado vão levar a uma situação de excesso de capacidade e concorrência de preço, criando um mercado hostil para os participantes?

As condições a seguir aumentam a probabilidade da superlotação:

- O mercado e seu índice de crescimento têm alta visibilidade, especialmente para empresas em mercados adjacentes.

- Previsões altíssimas e crescimento de vendas real nas primeiras fases são vistos como evidências que confirmam o alto crescimento do mercado.

- As primeiras barreiras ao sucesso, como a disponibilidade de distribuição ou fidelidade de marca, não estão visíveis ou são desprezadas. Nada há para conter o entusiasmo, que pode ser intensificado pela imprensa, pelo setor de capital de riscos e por muitos outros.

- Alguns concorrentes potenciais têm baixa visibilidade e suas intenções são desconhecidas ou incertas.

Estratégias da concorrência. Uma análise dos concorrentes deve identificar os candidatos mais prováveis de entrar no mercado, aqueles que já possuem os ativos e as competências necessários. Mas outros concorrentes encontrarão estratégias para contornar elementos que parecem ser ativos. Por exemplo, uma empresa pode escolher vender seus produtos ou serviços pela Internet, o que neutraliza a necessidade de acessar um canal de distribuição fixo.

Uma preocupação importante é que um *fast follower* poderá aprender com o primeiro líder do mercado e neutralizar a vantagem do pioneirismo.

As inovações e os resultados do processo de teste e aprendizagem talvez sejam visíveis, então a concorrência pode economizar investimentos em tempo e recursos e se concentrar em como ampliar ou melhorar sua oferta. O grande risco é que, depois de a empresa estabelecer sua posição em um mercado com altos índices de crescimento, um concorrente pode entrar com um produto claramente superior ou com vantagens de custo inerentes. Essa história se repetiu várias vezes. Por exemplo, no setor de eletroeletrônicos, as empresas japonesas e coreanas chegaram atrasadas ao mercado americano, mas ainda conseguiram conquistar posições de liderança com suas estratégias persistentes de preços baixos e melhorias graduais em seus produtos. Ironicamente, algumas dessas mesmas fabricantes de eletroeletrônicos foram pioneiras no mercado chinês, mas perderam suas posições para os *fast followers* chineses.

Um problema importante é se o concorrente tem a motivação ou os recursos disponíveis para entrar em uma nova área do mercado. Se a empresa enfrenta problemas estratégicos ou se outras oportunidades estão competindo pelos fundos, talvez ela não possa aproveitar a oportunidade do momento, por mais que seja atraente e combine com as suas capacidades. Quase sempre é uma questão de *timing*. Se, por sorte ou inteligência, uma empresa consegue ter iniciativa estratégica em uma nova categoria ou subcategoria enquanto a concorrência está ocupada em outros setores, a fase menos competitiva será mais certa e mais duradoura. A tendência é ignorar as ações da concorrência na hora de tomar decisões estratégicas, mas essas ações podem ter um papel crucial no sucesso ou fracasso da estratégia.

Lembre-se do caso da minivan da Chrysler. O produto passou cerca de 15 anos sem um concorrente sério no mercado e vendeu 12,5 milhões de unidades até 2009. Os concorrentes nunca tomaram a decisão explícita de não fazer os investimentos necessários na área de minivans. A GM investia em robótica, a Ford em caminhonetes e no Taurus, ambas em diversificação. Ambas estavam lucrando com a venda de peruas, vivendo a ilusão de que o fluxo de lucros dessa fonte continuaria para sempre. Nenhuma das duas queria matar a galinha dos ovos de ouro. As montadoras japonesas estavam reagindo às restrições às importações, aumentando a margem por veículo e entrando no mercado de carros de luxo com o Lexus, o Infinity e o Acura. Em todos os casos, a minivan não cumpria os critérios das empresas. Esse fato, mais do que a capacidade da Chrysler de criar um *design* de alta qualidade, inovar com o tempo ou desenvolver uma base de clientes fiéis, foi o grande responsável por esse período de 15 anos.

Barreiras à entrada. Um elemento essencial da análise das respostas da concorrência é determinar se a nova oferta conseguirá criar barreiras à concorrência fortes o suficiente para fazer a nova área de negócios valer a pena durante algum tempo. As barreiras podem envolver toda uma série de ativos e competências e se basear em tecnologia, distribuição, *design* do produto, programas e *insights* de *marketing*, marcas e muito mais. A marca quase sempre é o segredo, pois ela não pode ser copiada, ao contrário do produto ou serviço. O Capítulo 9 discute possibilidades de barreiras.

Além de agora ou nunca: um portfólio de conceitos

A avaliação não pode se restringir a uma decisão de "agora ou nunca", em que a empresa se compromete a levar o conceito ao mercado ou matá-lo para todo o sempre. A decisão positiva deve significar que o conceito avança para a próxima fase de um processo que pode ser definido por desenvolvimento, testes laboratoriais, testes de campo e lançamento no mercado. A ideia é reduzir os recursos. Disponibilizar recursos demais logo no começo pode levar a desperdícios, talvez na forma de gastos pouco inteligentes com um *design* cheio de defeitos. As empresas de capital de risco aprenderam a prudência de usar financiamentos graduais para não deixar os grupos empreendedores encherem a barriga.

Uma decisão negativa, por outro lado, pode levar à morte prematura de um bom conceito. É tudo uma questão de *timing*. Talvez o mercado ou a tecnologia simplesmente não estejam prontos agora, mas o mercado pode evoluir ou a tecnologia melhorar. Foi o caso dos *MP3 players* que vieram antes do iPod e dos carros híbridos lançados antes do Prius. A organização deve ter um processo de avaliação a fim de permitir que ideias promissoras sejam monitoradas e recebam investimentos contínuos para o entendimento e a resolução de problemas, em vez de serem simplesmente abandonadas e esquecidas. O objetivo não é criar um motivo para evitar decisões difíceis, mas sim, encontrar uma maneira de trabalhar as dinâmicas por trás de conceitos com potencial.

Como vimos no Capítulo 6, é possível priorizar as áreas de necessidades informacionais identificadas por uma tendência, tecnologia, aplicação ou segmento promissor, ou qualquer outro fator por trás de uma nova categoria ou subcategoria, com base na sua imediaticidade e impacto nos negócios. Se o conceito for promissor, mas não estiver pronto, a estratégia mais prudente é associá-lo a uma área de necessidade informacional e fazer com que uma equipe o analise ativamente ou apenas o monitore daquele ponto em diante.

Todo negócio deveria ter um portfólio de conceitos em diversos níveis de desenvolvimento, pois a realidade é que a empresa precisará tomar várias decisões à medida que o conceito avança em direção ao lançamento e todas essas decisões causarão atrito. Além de administrar o atrito, o portfólio de conceitos é a melhor maneira de utilizar os ativos organizacionais, que assim podem ser divididos em várias fases. Se muitos projetos ficam presos em uma mesma fase, por exemplo, lançamento no mercado, a equipe de *marketing* pode ficar sobrecarregada, enquanto o pessoal de P&D acaba sem projetos.

Lições principais

A avaliação se baseia em três perguntas. A primeira (há um mercado?) depende da avaliação da força das tendências fundamentais, da compreensão dos vieses róseo e pessimista, da determinação da possibilidade de mercados pequenos ou de nicho se tornarem mainstream, do emprego contínuo de uma estratégia de teste e aprendizagem e do conhecimento da proposição de valor. A segunda (podemos competir e vencer?) pergunta se a empresa é capaz de apoiar o conceito, o que depende em parte se ele se adapta à estratégia da empresa e cria sinergia e se a empresa tem os ativos e competências necessários para produzir a oferta e levá-la ao mercado. A terceira pergunta (a oferta vai se sustentar?) envolve a determinação da probabilidade de superlotação do mercado, a previsão das estratégias da concorrência e a avaliação das barreiras à entrada.

Para discussão

Escolha dois conceitos, um incipiente e outro mais refinado, e responda as perguntas a seguir para cada um deles.

1. Responda as três perguntas de avaliação:

    Há um mercado?
    Podemos competir e vencer?
    A liderança de mercado será duradoura?

2. Quais são os dois ou três principais problemas e áreas de incerteza que irão determinar se o conceito terá sucesso?

Capítulo 8

Definindo e Gerenciando a Categoria ou Subcategoria

> *Os resultados provêm do aproveitamento das*
> *oportunidades e não da solução dos problemas.*
> —Peter Drucker

> *A melhor maneira de prever o futuro é inventá-lo.*
> —Alan Kay

Criar uma nova categoria ou subcategoria é um caminho para gerar uma posição vencedora no campo da relevância de marca, fazendo com que os concorrentes não se qualifiquem para a disputa ou fiquem marginalizados. O segredo da estratégia é influenciar a definição e o posicionamento da categoria ou subcategoria e gerenciá-la ativamente com o tempo, fazendo com que evolua com base em um fluxo contínuo de inovações e de esforços de *marketing*. Se a empresa tiver sucesso nesse sentido, ela terá maior probabilidade de excluir os concorrentes no curto e também no longo prazo. A Salesforce.com e a Siebel são exemplos excelentes de empresas inovadoras que criaram um posicionamento forte e especial para as suas categorias, com rótulos descritivos claros (análogos a marcas), e depois gerenciaram as percepções sobre a categoria no longo prazo. No processo, ambas colocaram possíveis concorrentes em uma posição de extrema desvantagem.

Salesforce.com

Credita-se a Marc Benioff, um ex-funcionário da Oracle que fundou a Salesforce.com em 1999, o lançamento e a liderança de toda uma nova categoria de *software*, a ideia do *software como serviço* (SaaS). A categoria também é conhecida como *computação em nuvem*, pois o *software* não fica localizado nos computadores da empresa, mas sim, na Internet, ou seja, "nas nuvens".[1] Historicamente, o *software* empresarial, aquele usado por empresas ou organizações e não por indivíduos, fosse ele vendido pela Oracle, Microsoft, IBM ou outros, precisava ser instalado nos computadores da empresa e customizado na forma de aplicativos e recebia manutenção e atualizações periódicas. Todas essas tarefas atrapalhavam a vida da empresa e eram extremamente caras em termos de pessoas e dinheiro. A instalação de um grande programa de *software* empresarial podia demorar de seis a oito meses e muitas vezes exigia atualizações caríssimas das infraestruturas de TI, para não falar dos custos contínuos com atualização do *software* e manutenção.

A ideia de Benioff era manter e atualizar o *software* em outros locais e "alugá-lo" para empresas na forma de SaaS em um sistema de assinaturas individuais mensais. Ele achava que seria possível fazer pelo *software* empresarial o que a Amazon fizera pelo varejo, deixando o uso mais fácil e até divertido, além de ele estar sempre disponível. Como a Amazon, o serviço estaria disponível 24 horas por dia para todos que tivessem autorização para usá-lo. Como a infraestrutura seria compartilhada por muitos usuários, o preço de operar o *software* externo seria muito mais barato que a alternativa.

Benioff, um executivo da Oracle que conhecia de perto os custos e problemas associados com o *software* comercial na sua forma tradicional de venda e uso, estava remoendo essa ideia havia mais ou menos três anos e procurando a aplicação certa. O *software* de automação da força de vendas (SFA), usado pelos clientes para gerenciar a equipe de vendas desde fluxo de *leads* a contratos de vendas e relacionamento com os clientes, parecia a aplicação certa. Ela era bastante usada com fornecedores tradicionais, especialmente a Siebel Systems (Veja box). O SFA tinha os mesmos problemas que os outros programas de *software* comercial em termos de custos, incomodação e riscos significativos, então havia espaço para uma alternativa. Como a proposição de valor do SFA já estava bem estabelecida no mundo do *software* convencional, a Salesforce.com poderia se concentrar na criação da nova categoria, a computação em nuvem.

Os problemas de desenvolvimento eram significativos. O grande desafio era criar um sistema fácil de usar, com uma interface simples e direta, que pudesse ser ampliado para permitir o uso de milhões de usuários e que também fosse confiável e seguro o suficiente para superar o medo do cliente de perder o controle de um *software* de missão crítica. Na verdade, a ideia começou como um sonho: não havia substância por trás dela, apenas a crença de que ela podia se transformar em realidade. Obviamente, a Salesforce.com não precisou inventar tudo. Para começar, a empresa partiu do banco de dados da Oracle e da linguagem de programação Java desenvolvida pela Sun. Ainda assim, era essencial atrair os desenvolvedores certos com os objetivos certos, a saber, acertar tudo de primeira com um sistema rápido, simples e rápido (tão importante que precisa aparecer duas vezes). O último objetivo fora estimulado pelo terceiro princípio orientador do Google: "Rápido é melhor que devagar".

Uma tarefa crucial era convencer os clientes, acostumados a controlar seu *software* e seus dados, de que o novo sistema seria seguro e confiável. A questão da segurança era um problema menor, pois fora trabalhado por outras empresas, que prestavam serviços de *e-mail* e relacionados a outras áreas delicadas. Além disso, a metáfora dos múltiplos inquilinos ajudava: as pessoas que compartilham um prédio de apartamentos, por exemplo, podem fechar suas próprias portas e ainda ter acesso às áreas comuns. Mas a questão da confiabilidade era diferente, embora os sistemas internos também tivessem problemas nessa área. Apesar da garantia de múltiplos *backups* de dados em vários locais ao redor do mundo e da existência de um registro emergente de usuários, no começo, ninguém se sentia confortável com a ideia de depender das nuvens.

No final de 2005, o *site* da Salesforce.com caiu, a questão da confiabilidade se tornou um problema visível e a essência da empresa estava em jogo. Um dos resultados da crise foi a decisão de adotar uma política de transparência absoluta. A empresa criou um "*site* de confiança" (http://trust.salesforce.com), que descreve como os dados são protegidos, fornece informações sobre ameaças, posta avisos de manutenção programada dos serviços, oferece informações sobre novas práticas e tecnologias de segurança e lista informações em tempo real sobre o desempenho dos sistemas, incluindo velocidade e volume de transações. Os usuários têm acesso a estatísticas de tempo de atividade, que estava em 99,99% no ano de 2009. A Salesforce.com evoluiu e ampliou seu leque de aplicações, incluindo a gestão de relacionamento com o cliente (CRM) descrita no box sobre a Siebel. Entretanto, ainda havia procura por aplicativos muito mais variados e com escopo muito mais amplo do que a Salesforce.com jamais conseguiria oferecer. Assim, em 2005 foi lançada a Salesforce.com, uma plataforma operacional na Internet. O serviço ofereceria uma maneira para todos, incluindo clientes e desenvolvedores, criarem aplicativos *online* usando a Salesforce.com como uma Plataforma como Serviço (PaaS). A Morgan Stanley, por exemplo, usou o serviço para construir uma plataforma de recrutamento, enquanto outras empresas usaram-na para criar programas de contabilidade ligados à plataforma Salesforce.com, aproximando as empresas com a Salesforce.com e estreitando seu relacionamento. A plataforma liberou uma série de atividades de desenvolvimento. Para ampliar ainda mais a disponibilidade dos seus produtos, a Salesforce.com criou a AppExchange, um mercado de soluções no qual os desenvolvedores de software podem vender ou disponibilizar os seus aplicativos. A revista *BusinessWeek* chamou o serviço de "eBay para software de negócios".[2] Em 2008, o AppExchange tinha mais de 800 aplicativos criados por mais de 450 parceiros.

A Salesforce.com se posicionou como a concorrente pequena e cheia de energia que estava tentando apresentar uma nova forma de computação a empresas que empregavam software de computação empresarial tradicional, como os da Siebel Systems, que usavam outros tipos de sistema; era a "competição em nuvem". Essa personalidade de concorrente pequeno, o que cria energia e reforça posição de marca, foi muito bem utilizada por Apple, Virgin Airlines e muitas outras marcas. A Salesforce.com realizou vários golpes de publicidade para reforçar sua mensagem. Durante uma grande conferência do Siebel Users Group no Moscone Center em San Francisco, em fevereiro de 2000, a Salesforce.com contratou pessoas para fazerem um protesto na frente do centro de convenções, com placas como "Não ao *software*" e "O *software* está obsoleto". Repórteres de TV falsos aumentaram ainda mais a propaganda. Um anúncio mostrava o contraste entre um biplano antigo (Siebel) e um caça moderno (Salesforce.com). Obviamente, a Salesforce.com estava apenas fornecendo *software* de um jeito diferente, mas a ideia do "fim do *software*" era uma mensagem forte e chocante de que a empresa representava uma nova geração de *software*. Veículos como o *Wall Street Journal* e a revista *Forbes* acharam que a história de uma pequena empresa combativa que estava enfrentando um gigante do setor era intrigante, então a Salesforce.com conquistou muito espaço na mídia (ver Figura 8.1).

Benioff, um executivo excêntrico e fã de camisas havaianas e yôga, também tinha uma visão diferente sobre programas sociais. Influenciado por um guru indiano com quem interagira durante um ano sabático em meados da década de 1990, Benioff resolveu criar uma empresa que integrasse os programas sociais ao negócio. O resultado foi o programa 1/1/1. A Salesforce.com investia 1% do patrimônio e dos lucros em programas sociais. Por causa da sua experiência com Internet, um dos programas se concentrava em levar a Internet a escolas sem recursos e ensinar como usá-la. Além disso, 1% do tempo dos funcionários (na realidade, seis dias por ano) era disponibilizado para causas e programas sociais. Finalmente, 1% das instalações da Salesforce.com era destinado a organizações sem fins lucrativos, ajudando-as a se tornarem mais eficientes e eficazes. Para Benioff, além de fazer o bem, o programa 1/1/1 também ajuda a marca e dá um objetivo mais amplo aos funcionários.

Qual é o impacto da participação nesses programas sociais para os clientes da Salesforce.com e também de toda e qualquer empresa que torna a consciência social um dos seus valores? Alguns clientes ignoram ou não tomam conhecimento dessas atitudes. Muitos outros veem a consciência social da empresa como um aspecto positivo, com o potencial de afetar suas decisões de preferência de marca. Por outro lado, alguns clientes incluem a participação em programas sociais eficazes na definição da categoria e não consideram as marcas que não fazem pelo menos algum esforço mínimo nesse sentido. O tamanho e a intensidade desse grupo determinam se o apoio a programas sociais afetará ou não a própria definição da categoria.

Siebel Systems

Em 1993, seis anos depois da fundação da Salesforce.com, Tom Siebel, outro ex-funcionário da Oracle, fundou a Siebel Systems. A empresa se tornou a força por trás de uma nova categoria, o CRM, e no processo mudou o que os clientes de *software* compravam. Antes, eles compravam componentes; hoje, compram sistemas.

O conceito de CRM era oferecer uma suíte integrada de programas, todos envolvendo o gerenciamento de contatos com o cliente nos campos de aquisição de clientes, *feedback* de clientes, *call centers*, consultoria, suporte para produtos, atendimento ao cliente e serviços de contabilidade, além de um banco de dados com informações de apoio. Um elemento crucial do sucesso da empresa em se tornar exemplar no ramo de CRM foi sua capacidade de interligar mais de 700 empresas em uma aliança para lidar com uma ampla variedade de software e dados de suporte comercial. Desse modo, o cliente da Siebel estava conectado a um sistema abrangente de dados e *software*. Outro foi que os avanços em tecnologia de *software* e informática da década de 1990 permitiram que o produto existisse. A Siebel transformou uma indústria de *software* fragmentada e orientada a componentes, com cerca de 400 empresas em 1993, em ofertas de soluções de sistema integradas. As vendas da Siebel passaram de 8 milhões de dólares em 1996 para mais de 1 bilhão de dólares no ano 2000. A empresa controlava 45% do mercado em 2002. Em 2006, ela foi adquirida pela Oracle por 5,6 bilhões de dólares. A ideia era revolucionária e a execução, excelente.

Uma última observação: Tom Siebel gostou da ideia de computação em nuvem de Benioff e se ofereceu para implementá-la. Entretanto, ele estava interessado apenas no mercado de pequenas empresas que a Siebel Systems não atendia bem e não queria atrapalhar sua clientela principal, de grandes empresas. Logo, Benioff decidiu fundar sua própria empresa. O resultado foi a mesma história de sempre: uma empresa líder e de muito sucesso no mercado relutou em adotar uma inovação que poderia interferir em um negócio lucrativo.

A Salesforce.com foi muito proativa no posicionamento da nova categoria. No processo, a empresa contou uma história sobre a computação em nuvem e o serviço de assinatura de SaaS como uma nova geração de *software* e a maneira como deveria ser usada na computação empresarial. A nova geração era representada como pequena e cheia de energia, lutando contra seu irmão superpoderoso, assim como a marca,

Figura 8.1 Anúncio do Salesforce.com.

e cercada por uma aura de inevitabilidade. Ao definir a nova categoria, a Salesforce.com se tornou seu exemplar, ligando a marca a um novo modo de enxergar e utilizar o *software*. A Salesforce.com era mais que uma categoria, claro. Ela era uma organização com valores, uma suíte de aplicativos e um forte conjunto de submarcas.

A Salesforce.com chegou a 1 bilhão de dólares em sua primeira década e se tornou líder no setor de computação em nuvem, tanto em vendas quanto em número de clientes. Hoje, a empresa ultrapassa 65 mil clientes e 1 milhão de assinantes. A Salesforce.com também é líder intelectual. A empresa não poupa esforços para se manter em primeiro lugar. A empresa quer ser vista como a líder do mercado e o exemplar da computação em nuvem. A empresa realiza "eventos de lançamento" a cada seis/oito semanas para apresentar novidades, incluindo aquisições, parcerias e produtos, e para falar sobre o rumo do setor e seu papel nesse futuro.

Como observado no Capítulo 1, ao criar uma nova categoria ou subcategoria, os estrategistas de *marketing* têm uma responsabilidade que vai além da gestão da marca. Eles precisam definir e gerenciar ativamente a categoria ou subcategoria, uma tarefa que costuma passar despercebida. Entretanto, em mercados dinâmicos, as definições das categorias e subcategorias estão em jogo; o desafio é ser o motor por trás dessa dinâmica. Analisaremos primeiro a definição da categoria ou subcategoria, que cria a plataforma para a sua gestão. No processo, desenvolveremos uma análise e exemplos do conjunto de 18 dimensões usadas para definir categorias ou subcategorias, criando uma linha de base para o desafio definitório. Finalmente, faremos comentários e sugestões sobre como categorias e subcategorias podem ser gerenciadas, incluindo como aproveitar as inovações substanciais e transformacionais.

Definindo uma nova categoria ou subcategoria

A gestão de uma categoria ou subcategoria, assim como a gestão de uma marca, começa com um trabalho de definição cujas prioridades (associações aspiracionais, em geral entre uma e cinco) são identificadas. Esse conjunto determinante quase sempre é selecionado a partir de um grupo maior de associações. Como foi observado no Capítulo 1, o conjunto de associações prioritárias deve diferenciar a categoria ou subcategoria em relação às alternativas, atrair o cliente, determinar decisões de escolha e produzir benefícios funcionais e, se possível, também autoexpressivos e emocionais. Ele deve definir a categoria ou subcategoria de modo que os limites tenham o máximo de clareza, especialmente se a categoria ou subcategoria não tiver um nome. No processo, é preciso escolher uma ênfase que favoreça a marca como opção relevante e erga barreiras para outras marcas que pretendam ganhar relevância na área.

Apesar do conjunto de associações que define e orienta a categoria ou subcategoria poder ter até cinco dimensões, talvez uma ou duas sejam novas e exclusivas e se transformem nos verdadeiros motores da área. Assim, quando a Westin desenvolveu a Heavenly Bed, a empresa formou uma nova subcategoria, que incluía hotéis de luxo e boa localização. A experiência de sono e a estética e o conforto da cama eram elementos especiais. No mesmo sentido, a rede de hotéis "W" tem várias dimensões, mas seu *design* contemporâneo marcante e seu perfil de usuário são os grandes pontos de diferenciação.

A partir desse conjunto de associações definidoras surge um subconjunto, talvez composto de um único elemento, que será usado para posicionar a categoria ou subcategoria. As associações que refletem inovações substanciais ou transformacionais por trás da definição da categoria ou subcategoria quase sempre ganham destaque. O posicionamento, como vimos no Capítulo 1, orienta a comunicação de curto prazo e pode mudar de segmento para segmento. Assim, o Prius talvez enfatize seu lado econômico para o segmento mais ligado a aspectos funcionais, enquanto os benefícios autoexpressivos são enfocados entre o segmento "verde".

Como exemplo de definições de categoria ou subcategoria baseados em um conjunto de associações, pense em algumas das novas categorias ou subcategorias que encontramos até aqui. Algumas são definidas por exemplares e podem não ter nomes tradicionais. Outras têm rótulos ou descritores e podem ou não ter exemplares aceitos pelo mercado. A existência de um rótulo é significativa, pois quando ganha força junto ao público, este pode ser muito influente no processo de dar forma à categoria ou subcategoria.

Categorias ou subcategorias orientadas por exemplos de sucesso

- Prius: sedãs híbridos, tecnologia híbrida e sistema de condução de sinergia híbrida, expressão de valores verdes, economia de gasolina, *design* atraente
- Best Buy: varejo de eletrônicos simpático, vendedores como assessores bem informados, ampla variedade, programas verdes e de reciclagem, Geek Squad
- Enterprise-Rent-A-Car: empresas de aluguel de automóveis para reparos em função de acidentes, lojas onipresentes, "nós entregamos", orientação a serviços, conectada a seguradoras
- Whole Foods Market: natural, orgânico, sistemas para sustentar a distribuição de alimentos naturais e orgânicos, paixão pela alimentação saudável, sustentabilidade

- Lojas Muji: simples e funcional, natural, sustentável, ofertas econômicas, próximo à natureza, sem prestígio
- Dreyer's Slow Churn: sorvete, baixo teor de gordura, cremoso, variedades
- SnackWell's: sem gordura, biscoitos, guloseima saudável
- Salesforce.com: computação em nuvem, software de suporte à equipe de vendas, programas sociais

Categorias ou subcategorias designativas com rótulos ou descritores que podem ou não seguir um exemplo de sucesso

- Compartilhamento de carros: estilo de vida urbano, economizar dinheiro, valores verdes, conveniência
- Minivans: interior espaçoso, parece um carro, atividades e estilo de vida familiar
- *Fast fashion*: última moda, novas modas toda semana, preços baixíssimos, jovem
- Alto teor de fibras: alto teor de fibras, ativo, saudável
- Comida congelada saudável: tecnologia de cozimento a vapor, receitas interessantes, ingredientes saudáveis
- Sanduíches de *fast food* saudáveis: baixo teor de gordura, perda de peso, conveniente, atenção à nutrição
- Sedãs a diesel: boa eficiência de combustível, direção limpa, motoristas atentos ao meio ambiente
- Utilitários esportivos com tração 4x4: estilosos, confortáveis, boa eficiência de combustível, estilo de vida ao ar livre

Assim, a seleção das associações prioritárias é um passo crucial na gestão da nova categoria ou subcategoria. Quais são as associações mais importantes? Quais recursos e benefícios merecem maior destaque? Ela deveria ter uma personalidade? O que a diferencia das outras categorias ou subcategorias? Qual é a sua ligação com o cliente? Quais são seus benefícios emocionais, autoexpressivos e sociais? Que uma, duas ou cinco características definem a categoria ou subcategoria?

O próximo passo é uma análise das 18 associações ou dimensões potenciais, resumidas na Figura 8.2, que costumam servir de base para a definição de novas categorias ou subcategorias. Elas não são as únicas, mas as novas ofertas de sucesso quase sempre utilizam uma combinação dos itens nesse conjunto. E na maioria dos casos se trata mesmo de uma combinação. É raro que uma oferta nova e forte, desenvolvida por uma empresa que pretenda criar uma categoria ou subcategoria, se baseie em uma única associação.

Ter uma lista de definições associativas mais usadas no desenvolvimento de categorias e subcategorias também ajuda as organizações que estão tentando desenvolver uma nova oferta. Como foi sugerido no Capítulo 6, esse conjunto de opções estabelece o ponto de partida. Os envolvidos podem avaliar o potencial de cada uma delas no contexto relevante. Algumas serão inadequadas, outras serão promissoras e algumas outras serão muito, muito promissoras. Seja como for, a lista estimula ideias para novos conceitos.

Na Figura 8.2, o primeiro grupo lista os benefícios funcionais por trás de uma proposição de valor. O segundo amplia os benefícios funcionais e inclui os fatores por trás do relacionamento com o cliente, trabalhando dimensões como personalidade, interesses e valores compartilhados, paixões ou programas sociais. Cada grupo inclui uma possível parte obrigatória da definição da categoria ou subcategoria. Sem uma dessas associações específicas ligadas à categoria ou subcategoria, a marca sequer será considerada, ou seja, ela não será relevante.

Precisamos enfatizar que, apesar de esse conjunto de associações definidoras se aplicar a categorias e subcategorias, todas essas características também valem para marcas. E quando o mercado tem uma marca exemplar, a categoria ou subcategoria se funde com a visão ou posição da marca. Por ora, estamos preocupados apenas com a definição da categoria ou subcategoria, não da marca.

Benefícios funcionais produzidos pela oferta

Toda nova categoria ou subcategoria precisa de uma proposição de valor. Esta quase sempre oferece um benefício funcional que pode definir ou contribuir para a definição da categoria ou subcategoria. Se a marca não tem esse benefício, ela não pertence à categoria ou subcategoria e não é sequer considerada. A Volvo há muito tempo se apropriou do benefício da segurança, projetando seus carros e posicionando sua marca de modo a ter uma credibilidade extremamente forte nessa dimensão. Para algumas pessoas, a Volvo é exemplar na subcategoria "carros seguros". A Heinz tem um ketchup que escorre lentamente porque é espesso e forte, o que para alguns consumidores define

Benefícios funcionais

- Benefícios sistêmicos totais
- Relevante para o segmento
- Ofertas econômicas
- Envolvimento do cliente
- Intimidade com o cliente
- Ofertas premium
- Design estético
- Design funcional
- Nova geração
- Combinação de benefícios
- Aplicação ou atividades
- Recursos/benefícios
- Espaço competitivo expandido

Definindo categorias e subcategorias

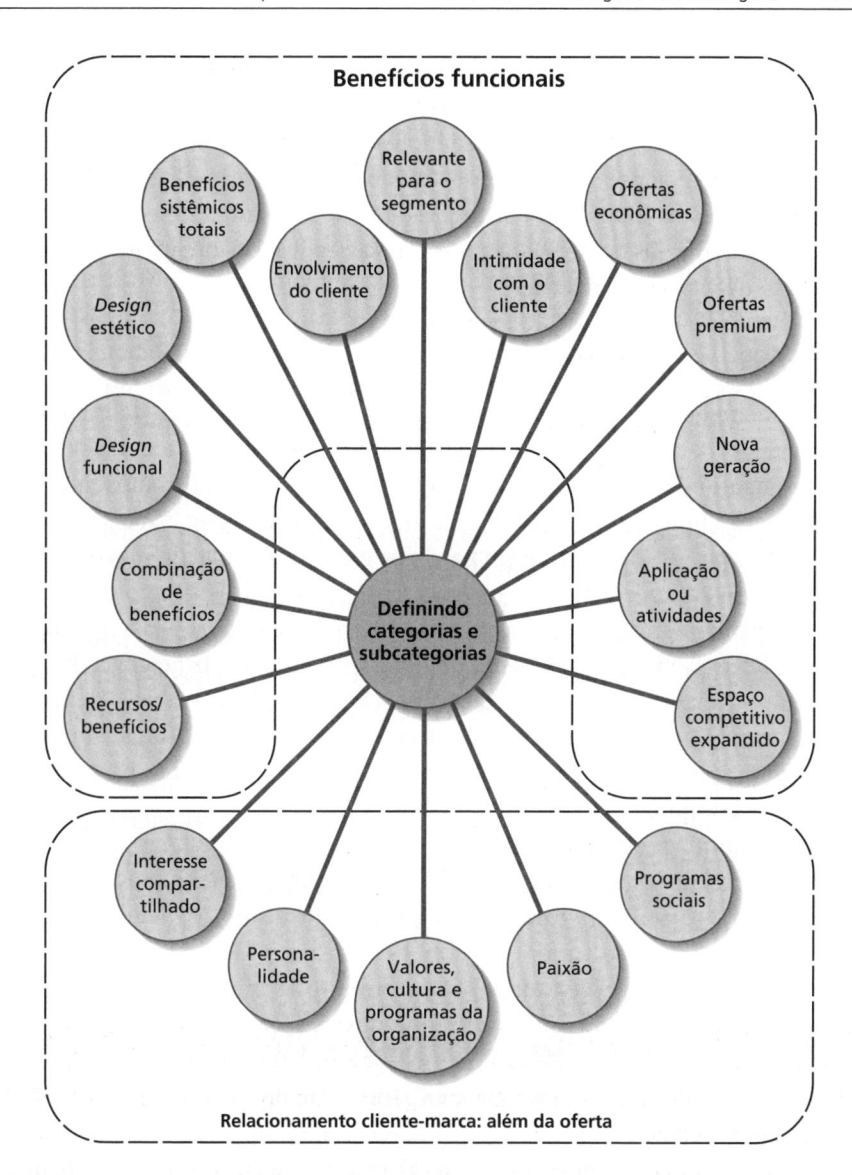

Relacionamento cliente-marca: além da oferta

- Interesse compartilhado
- Programas sociais
- Personalidade
- Valores, cultura e programas da organização
- Paixão

Figura 8.2 Definindo categorias ou subcategorias.

uma categoria de ketchup premium. Entre os benefícios funcionais que podem definir uma categoria ou subcategoria podemos incluir os recursos ou benefícios, uma combinação de benefícios, um *design* funcional, um *design* esteticamente agradável, ter soluções sistêmicas, envolver o cliente, adaptação a segmentos específicos, criar intimidade com o cliente, ser econômico ou premium, ter ofertas de última geração, novas aplicações ou atividades e uma expansão do espaço competitivo.

Recursos ou benefícios

Certos recursos ou benefícios podem ser tão irresistíveis que definem uma nova categoria ou subcategoria e parte do mercado deixa de comprar marcas que não tenham esses recursos ou benefícios. Por muitos anos, a British Airways era a única grande companhia aérea a oferecer espaços mais confortáveis para os passageiros dormirem na classe executiva, o que definia uma nova subcategoria para viagens profissionais. Esses passageiros não consideravam marcas que não estivessem à altura da BA nessa dimensão. A Heavenly Bed, da Westin, fez o mesmo pela sua rede de hotéis, criando a subcategoria da cama premium. O Fiber One da General Mills e o SnackWell's da Nabisco definiram suas categorias com um atributo de destaque (alto teor de fibras e ausência de gordura, respectivamente), que era importante o suficiente para afetar a decisão de compra.

O atributo pode representar algo novo na categoria. A Danone, uma empresa com raízes na Europa desde 1919 e que começou suas operações americanas em 1942, era uma fabricante de iogurtes posicionada como fornecedora de alimentos saudáveis. Em 1950, o mundo dos iogurtes mudou quando a Danone acrescentou geleia ao produto. A oferta deu um benefício novo e muito valorizado, definindo uma nova subcategoria na qual as marcas existentes não eram relevantes, pelo menos durante algum tempo. No processo, a Danone criou energia e expandiu geometricamente sua base de clientes potenciais.

Um atributo definidor pode envolver ou nascer de outra empresa. O Nike Plus é um tênis com um chip integrado que se conecta com o iPod e permite que o usuário controle e compartilhe dados sobre sua corrida. Nos primeiros três anos, os corredores com Nike Plus registraram mais de 1,5 milhão de quilômetros corridos. A Nike conseguiu aumentar seu domínio do mercado de tênis, passando de 48% para 61%, em parte porque aproveitou a energia e o público do iPod e em parte porque encontrou um conceito com alta aceitação, um tênis "treinador". Não por acaso, a Nike ao mesmo tempo reforçou sua mensagem de levar inspiração e inovação a todos os atletas. Podemos aprender muito com o fato de a Nike ter ido além da própria organização não apenas para a tecnologia do produto, mas também para estabelecer uma parceria de marca de *go-to-market*. Infelizmente, muitas empresas adotam um ponto de vista isolacionista.

O problema é que ter uma posição forte em um benefício pode sugerir uma deficiência em outro, o que é endêmico entre produtos e serviços econômicos, cujas marcas criam uma subcategoria com base em preços baixos. Naturalmente, fica implícito que elas têm deficiências em termos de qualidade, confiabilidade e recursos. A experiência da Toyota na década de 1970, e da Hyundai mais recentemente, mostra que é possível superar esse pressuposto, mas essa pode ser uma missão demorada. Enquanto isso, a subcategoria tem problemas e as outras empresas continuam a ter a capacidade de redefini-la. A dificuldade não está limitada a produtos e serviços econômicos. A Volvo sempre controlou o benefício segurança, mas nos últimos anos não conseguiu ser vista como tendo o *design* arrojado que dá orgulho ao motorista.

Combinando benefícios

É possível definir uma nova subcategoria com a combinação de vários benefícios. Nesse caso, as marcas aceitáveis precisariam ter um conjunto de benefícios. Muitas das inovações transformacionais da P&G resultaram da capacidade da empresa de combinar atributos, muitas vezes obtidos de unidades de negócio diferentes. Por exemplo, o detergente Tide Free for Coldwater HE Liquid Laundry Detergent ("HE" significa "alta eficiência") produz três benefícios. Ele funciona em água gelada para máquinas de lavar de alta eficiência e não contém corantes e perfumes. Como mencionado no capítulo anterior, a Annie Chun vendia refeições asiáticas embaladas, convenientes, interessantes, naturais e de alta qualidade, criando uma nova subcategoria definida pelos seus múltiplos benefícios.

As subcategorias definidas por múltiplos benefícios também mudaram o mercado de pasta de dentes. A Crest adicionou a proteção contra as cáries na década de 1950, que se somou à limpeza de qualidade e levou a uma nova subcategoria, estabelecendo uma posição de mercado forte por várias décadas. Em 1997, o mercado se tornara tão fragmentado, com um leque tão grande de benefícios adicionais, sabores e formatos de embalagem, que a escolha se tornara complexa e frustrante. O Colgate Total formou uma nova subcategoria quando combinou uma série de benefícios em um só produto. Em especial, ele oferecia limpeza, proteção por horas contra o mau hálito e ingredientes antibacterianos para controlar uma ampla gama de bactérias ativas entre escovações. Essa nova subcategoria permitiu que o Total ultrapassasse a Crest.

Os múltiplos benefícios podem ser impulsionados por uma comarca. O Ford Explorer Eddie Bauer Edition, lançado em 1983, vendeu mais de 1 milhão de veículos porque oferecia uma combinação de benefícios, tornando-se um exemplar para uma subcategoria de utilitários esportivos. O veículo tinha os recursos e as qualidades do Ford Explorer, enquanto a marca Eddie Bauer servia para comunicar o conforto e o estilo dos bancos de couro do veículo e a associação com atividades ao ar livre, uma aspiração da marca Explorer.

O *design* funcional certo

Será possível produzir uma oferta de forma diferente sem envolver uma nova tecnologia, mas que seja qualitativamente diferente das suas antecessoras? O Plymouth Voyager, por exemplo, um dos temas do Capítulo 4, representava um produto muito diferente em relação à perua que ele substituiu, tanto em termos visuais quanto em funcionalidade. Do ponto de vista da função, o Voyager tinha muito mais espaço interno, além de uma maneira de acessar aquele espaço muito superior ao das peruas. O piano Yamaha Disklavier, descrito em mais detalhes no Capítulo 9, pode ser tocado com memória digital e tinha diferenças funcionais significativas em relação a seu predecessor, a pianola. O leitor de livros digitais sem fio Kindle, as pastilhas Listerine PocketPaks, o Segway Human Transporter e o Spinbrush da Crest produziram benefícios de maneiras novas e diferentes que definiram novas categorias ou subcategorias.

Uma inovação na embalagem pode criar um atributo definidor. O Go-Gurt da Yoplait, um iogurte em tubo que virou sucesso entre as crianças, criou um novo negócio com mercado-alvo, proposição de valor e concorrência diferentes das embalagens de iogurte tradicionais. O resultado foi uma grande mudança no mercado e a Yoplait roubou a liderança da Danone. Outro exemplo é a embalagem de meia-calça da L'eggs, que lembra um ovo de galinha de plástico branco. Aliada aos displays exclusivos e à sua disponibilidade em novos canais, como supermercados, ela revolucionou o setor e criou uma nova subcategoria quando foi lançada em 1970. Finalmente, o Hershey Kiss, uma inovação de embalagem bastante simples, criou uma subcategoria que gerou lucros para a Hershey durante várias décadas.

Design estético atraente

As ofertas podem quebrar uma tradição de funcionalidade e criar categorias ou subcategorias baseadas em estética, estabelecendo benefícios autoexpressivos e emocionais de alto valor. A Jaguar adotou essa estratégia há bastante tempo e consegue ser especial entre concorrentes sempre muito parecidos, como se todos usassem o mesmo túnel de vento e acabassem com formatos idênticos para os seus carros. A W Hotels tem uma aparência exclusiva (incluindo seus quartos) que agrada hóspedes atentos ao mundo da moda. O Apple iMac translúcido mostrou que até os computadores têm *designs* arrojados, e o fluxo de produtos da Apple depois dele provou que o *design* pode ser uma proposição de valor contínua. Como disse Steve Jobs, "o *design* é a alma da criação feita pelo homem".[3] Feio e diferente também pode dar certo. O Fusca era adorável. O carro se tornou parte da cultura pop, virou *cult* e vendeu mais de 21 milhões de unidades entre meados das décadas de 1950 e 1970.

Implementar uma opção de *design* exige que a empresa seja apaixonada pelo *design* e crie um ambiente que apoie uma equipe criativa nessa área. Criar esse tipo de cultura e infraestrutura é um dos segredos do sucesso de empresas como Jaguar, W Hotels e Apple, além de outras empresas orientadas pelo *design*, como Disney e Ralph Lauren. Como estabelecer um lar para o *design* pode ser muito difícil, outro caminho é criar uma aliança com um escritório de *design* ou associações com *designers* independentes, dando à empresa acesso aos melhores *designers* do mercado quando necessário. A terceirização não é fácil de administrar, mas com a gerência certa pode ser um grande sucesso.

Dar credibilidade e visibilidade ao *design* é outro desafio. O uso de *designers* com marcas pessoais permitiu que a Target rompesse com sua imagem utilitária e criasse uma subcategoria de varejo de preço baixo, oferecendo linhas de moda e outros itens criados por *designers* exclusivos. Em 2004, o famosíssimo Isaac Mizrahi lançou uma linha muito bem recebida de blusas, blusões, calças, saias, vestidos, bolsas e calçados baratos na Target. O renomado arquiteto Michael Graves desenvolveu para a Target uma linha de utensílios de cozinha e jantar.

De componentes a sistemas

Uma maneira clássica de mudar o mercado é passar de componentes para sistemas. A ideia é analisar o sistema do qual o produto ou serviço faz parte e expandir as percepções horizontalmente. A transição para ofertas baseadas em sistemas é grande, onipresente e crescente, pois os clientes cada vez mais procuram soluções sistêmicas e centralização das responsabilidades. Os concorrentes que vendem produtos independentes, mesmo que superiores, cada vez mais se encontram em desvantagem, se tornando até irrelevantes. A Sears vende tudo o que você precisa para projetos de reforma doméstica. O leitor de livros digitais Kindle está ligado à infraestrutura da Amazon, então comprar e baixar livros é fácil e demora apenas alguns segundos. Por si só, o Kindle não seria um produto tão irresistível e sua posição seria muito vulnerável.

Combinar programas componentes é uma prática comum entre os desenvolvedores de software. Como vimos anteriormente, a Siebel criou o CRM, a suíte integrada de programas de contato com o cliente, enquanto a Salesforce.com começou com uma suíte dedicada ao gerenciamento da equipe de vendas. Em 1992, a Microsoft combinou o Word, Excel e PowerPoint em um sistema integrado sob a marca Office, uma decisão que alterou drasticamente o que os clientes compravam e fez com que os principais concorrentes se tornassem menos relevantes e, com o tempo, desaparecessem. Quinze anos depois, a Microsoft adaptou o Office a segmentos diferentes e passou a oferecer várias versões (usuário doméstico, pequenos negócios, profissional e desenvolvedor), uma decisão que fechou as portas para os concorrentes que queriam tentar usar uma abordagem de nicho a fim de ganhar relevância na categoria.

A oferta da KLM Cargo estava se tornando um negócio com margens pequenas.[4] A reação da KLM foi começar a iniciativa Fresh Partners, na qual a empresa fornecia soluções sistêmicas a clientes, importadores e varejistas que enfrentavam problemas com alimentos estragados e estavam frustrados porque nunca estava claro que parte da cadeia logística era responsável. Sob os programas Fresh Partners, a KLM oferecia uma "cadeia gelada" contínua desde o produtor até o ponto de entrega, com três níveis de serviço, fresco normal, fresco gelado e fresco supergelado, com responsabilidade do começo ao fim do processo (o programa garante que os produtos estarão em temperaturas específicas do caminhão ao armazém ao avião ao armazém ao caminhão à loja). As empresas que importam orquídeas tailandesas e salmão norueguês estão entre as usuários do serviço.

Empresas que trabalham no setor de B2B ampliaram suas ofertas e se diferenciaram, agregando serviços e valor ao sistema logístico. A FedEx, por exemplo, foi pioneira no acompanhamento de pedidos e integração dos seus sistemas de TI com os dos clientes, permitindo que os clientes empresariais pudessem controlar e gerenciar a função de expedição. A Cemex, uma empresa do ramo de concreto, percebeu que seus clientes apostavam fortunas em entregas previsíveis, pois o concreto era altamente perecível.[5] Logo, a Cemex desenvolveu a capacidade de usar sistemas digitais que permitiam que os motoristas ajustassem suas rotas aos padrões do trânsito em tempo real e a mudanças nos cronogramas dos clientes. Hoje, a empresa entrega seus produtos em uma questão de minutos e processa mudanças em pedidos imediatamente. A Cemex atendeu uma necessidade que estava carente e o resultado foi um modelo de negócios totalmente novo. No processo, a Cemex passou de uma organização com importância regional para a terceira maior empresa de concreto do mundo e hoje atende 30 países.

Sendo envolvente para o cliente

A maioria das categorias e subcategorias tem ofertas que interagem com os clientes de um modo passivo. Entretanto, as empresas têm a oportunidade de criar uma categoria ou subcategoria na qual os clientes se tornam participantes ativos e o envolvimento passa a fazer parte do trabalho de definir a categoria ou subcategoria.

Normalmente, os lojistas atendem o cliente. Mas em uma loja de "crie seu próprio iogurte congelado", você mesmo opera as máquinas e usa tanto quanto quiser de cada sabor. Depois, você pode adicionar qualquer combinação de mais de 50 coberturas, incluindo chocolate quente. Você quem escolhe, você quem manda. Acabou a história de ficar satisfeito com uma porção fixa e uma cobertura só e esperar o atendente tomar as decisões. A categoria estava estagnada, mas pioneiros locais estão dominando os mercados regionais e criaram uma subcategoria em ascensão.

A Kettle Foods quase dobrou sua participação de mercado na categoria das batatinhas premium em cinco anos, chegando a quase 20% em 2010. A empresa trabalha em uma subcategoria altamente diferenciada, definida por seus processos 100% naturais, comprometimento absoluto com sustentabilidade e pelo envolvimento dos clientes na geração de sabores esquisitos. Tudo começou quando a Kettle pediu aos clientes que escolhessem cinco sabores usando uma escala *crave-o-meter* ("desejômetro"). O entusiasmo do público foi tão forte que a Kettle desenvolveu um programa para ouvir as opiniões dos clientes sobre possíveis sabores. Esse programa levou a dezenas de novos produtos, incluindo o Fully Loaded Baked Potato e o Spicy Thai. O programa deu energia e autenticidade à linha, algo que simples extensões saídas da fábrica nunca teriam conseguido. A Kettle definiu a subcategoria com base no modo como o produto é feito, nos seus sabores e no compromisso com a sustentabilidade.

A Nintendo, apresentada no capítulo anterior, lançou o Wii em 2006. O console é a oferta mais envolvente do mercado. Com o controle Wiimote, que detecta movimentos em três dimensões, o usuário pode dançar, lutar boxe, tocar guitarra e muito, muito mais. O usuário pode até jogar tênis ou beisebol e competir contra um jogador no outro lado do mundo. As vendas do Wii chegaram a quase 30 milhões de unidades em 2008, dois anos depois do seu lançamento, quase tanto quanto a soma do PS3 da Sony e do Xbox da Microsoft (33,4 milhões de unidades).

Ofertas adaptadas a segmentos

Uma evolução comum é que uma única categoria se fragmenta em várias à medida que amadurece, pois assim é possível alcançar clientes pouco ou não atendidos. O processo representa uma oportunidade significativa para a empresa que conseguir identificar a necessidade não atendida, reconhecer seu potencial e determinar que há uma maneira de criar uma oferta atraente.

O mercado para as barras energéticas desenvolvidas originalmente pela PowerBar acabou se fragmentando em uma série de subcategorias. No começo, elas estavam posicionadas como fontes de energia para atletas que realizavam atividades desgastantes, como correr maratonas. O público principal das barras era masculino e o produto principal era grande e pegajoso. As mulheres, principalmente aquelas que não praticavam esportes desgastantes e de alto desempenho, não se sentiam atraídas pelo produto ou pelo posicionamento. O resultado foi que uma concorrente da PowerBar, a empresa que fabricava a Cliff Bar, lançou uma barra para mulheres. A Luna Bar tinha sabor, textura e ingredientes desenvolvidos especialmente para o público feminino. A Luna criou uma nova subcategoria. Depois de um ano de pesquisa, a PowerBar respondeu com a tentativa de criar uma versão melhorada das barras energéticas para mulheres. A Pria era menor e tinha menos calorias que a Luna Bar, então era mais atraente para o público feminino. Apesar de a Luna ter passado mais de um ano sem concorrência, a Pria conseguiu redefinir a subcategoria para parte das consumidoras.

O segredo para encontrar um nicho é evitar a armadilha de se concentrar apenas nos *heavy users*, o grande alvo em qualquer mercado. Em vez disso, procure os segmentos mal atendidos, aqueles para os quais as ofertas atuais representam uma concessão ou que evitam as ofertas porque as consideram insuficientes ou até repulsivas. Esse foi o segredo da Nintendo: a empresa foi além do grupo de *heavy users* jovens e do sexo masculino.

Uma estratégia de especialista de nicho, além de capturar um mercado, pode levar a uma marca forte e a uma categoria ou subcategoria bem-definida. Uma empresa com foco terá mais credibilidade do que outra que fabrica uma ampla variedade de produtos. Esse fato é muito bem demonstrado pelo Shouldice Hospital, cujos médicos realizam apenas cirurgias de hérnia; pela Williams-Sonoma, nos utensílios de cozinha; pela Raymond Corporation, na venda de empilhadeiras; e pela rede In-N-Out Burger, que faz hambúrgueres sem meios-termos. Se realmente estiver interessado apenas no melhor, você procurará uma empresa especializada e apaixonada pelo negócio. Além disso, os laços entre o usuário fiel e a marca tenderão a ser mais fortes quando a marca tem um foco claro e as pessoas são vistas como apaixonadas pelo seu produto. Os encontros de pacientes do Shouldice Hospital e a paixão dos clientes da Harley-Davidson nunca aconteceriam se não fosse pelas estratégias de foco dessas empresas.

Intimidade com o cliente

Todas as empresas enfatizam o cliente. Algumas, entretanto, criam uma intimidade que conecta a oferta ao cliente em um nível mais envolvente e mais passional e conseguem definir uma subcategoria. Para essas empresas, a intimidade com o cliente é uma opção estratégica. Algumas ferragens locais criam essa intimidade, apoiada por agrados como pipoca quentinha e serviços personalizados que permitem que a empresa sobreviva e prospere ao mesmo tempo em que concorre com *superstores* como Home Depot e Walmart. A Nordstrom estabeleceu um elo com os clientes ao oferecer serviços personalizados e uma experiência de compra que muitas vezes, mais do que apenas satisfazer o cliente, dá a sensação do mais puro prazer. A Apple Store oferece a energia dos produtos da Apple, mas também uma ambientação radical e a sensação de conhecimento e experiência em relação a produtos complexos; o resultado é um relacionamento baseado em experiências. A rede de hotéis Ritz-Carlton oferece um nível adicional de serviços personalizados, apoiados por sua cultura, capacitação e sistema de recompensas.

A visão da Starbucks de um "terceiro lugar" (depois da casa e do escritório), onde as pessoas se sentiriam confortáveis e seguras, representa uma experiência que muitos clientes veem como o ponto alto dos seus dias. Depois que o relacionamento está estabelecido, as expectativas do cliente também se desenvolvem. Assim, a Starbucks precisa se preocupar com os riscos a esse relacionamento, adicionando cafés e alimentos ao cardápio apenas de modos que fortaleçam sua autenticidade, sem nunca colocá-la em jogo.

A intimidade pode ser fruto de interesses compartilhados. A Etsy criou um *site* que permite que artesãos exponham seus produtos a possíveis compradores. A empresa capitaliza o desejo por produtos autênticos, caseiros e únicos, não coisas que saíram de uma linha de produção chinesa. Mais do que um mercado para produtos, o *site* cria um lar para uma comunidade, um lugar onde as pessoas podem trocar ideias, formar equipes de *go-to-market*, anunciar eventos e participar de fóruns. Quanto mais pessoas participam, mais o benefício cresce.

Preço drasticamente menor

Uma quantidade significativa de novas subcategorias é representada por empresas que entraram no mercado com preços drasticamente reduzidos, muitas vezes possíveis apenas porque as ofertas são mais simples, com menos recursos, qualidade inferior ou custos de produção e aquisição mais baixos. Clayton Christensen, um famoso pesquisador de Harvard especializado em estratégia, estudou esse fenômeno junto com seus colegas.[6] Um dos achados da pesquisa é que essas empresas têm duas fontes de clientes. Uma fonte abrange os clientes atuais que não precisam ou não querem a versão completa e de alta qualidade; esses clientes ficam felizes com a versão mais simples e mais barata, mesmo que a qualidade seja inferior. A outra fonte consiste em novos clientes, que acreditavam que as outras ofertas eram caras demais e veem as novas, mais baratas, como compras razoáveis.

O mercado está cheio de exemplos que seguiram esse modelo e atraíram clientes que deixavam de comprar por causa do preço. O Tata Nano é um exemplo clássico de uma oferta de marca que reduziu os custos em todos os aspectos possíveis. A câmera descartável criou um novo mercado, tal e qual a Kodak Brownie cem anos antes. A Southwest Airlines começou suas operações no começo da década de 1970, buscando pessoas que poderiam desistir de fazer viagens de automóvel e não apenas clientes procurando uma companhia aérea mais barata, um segmento ignorado pelas empresas tradicionais da época. Os fundos indexados baratos da Vanguard trouxeram novos consumidores para o setor. As lojas de roupas Ross e T. J. Maxx exploraram excessos de produção para permitir que alguns clientes tivessem acesso a marcas que costumavam evitar. Os não clientes, que nesse caso esbarram em uma barreira de preço, normalmente eram ignorados pelas empresas tradicionais, que mais uma vez tendiam a concentrar seus esforços nos *heavy users* atuais, que são os clientes mais lucrativos.

Ofertas premium

O contrário de criar uma subcategoria econômica é criar uma subcategoria premium ou superpremium. Todos querem o melhor. Além disso, pertencer à subcategoria mais elevada significa automaticamente que a qualidade e a experiência são superiores. Os clientes recebem benefícios emocionais e autoexpressivos porque sabem que estão comprando e utilizando o que há de melhor.

A Singapore Airlines lançou uma classe de passageiros que estava em um nível muito maior que a primeira classe. A empresa configurou seus enormes aviões A380 para incluírem 12 suítes com um luxo sem precedentes, com refeições criadas por chefs famosos. A Suntory assumiu a liderança na categoria de malte superpremium com a criação de uma cerveja pilsner que usava lúpulos aromáticos da República Tcheca. Os anúncios da empresa dizem *Ah, a blissful aftertaste* (ah, um ressaibo maravilhoso) e *The aroma, richness, and aftertaste of a gold-medal-winning beer* (o aroma, a riqueza e o ressaibo de uma cerveja medalhista de ouro). A Van Houten vende um chocolate superpremium com fórmula patenteada que produz uma "sensação aveludada" há mais de 180 anos. A Armani tem um espaço exclusivo na Armani Ginza Tower que funciona como um verdadeiro retiro de luxo e espaço para se fazer negócios no topo do mundo. Nada pode ser mais exclusivo.

Uma categoria econômica pode ter dentro de si uma subcategoria premium. A Starbucks lançou o Via, um café solúvel destinado ao mercado enorme para os produtos desse tipo, dominado pela marca Nescafé (conhecida como Nestlé's Taster's Choice nos Estados Unidos). A conexão com a Starbucks dá a credibilidade que o Via precisa para afirmar seu *status* como marca premium prototípica, algo que está um nível acima das ofertas atuais. A marca Olay, da P&G, levou os benefícios dos produtos de cuidado da pele das lojas de departamento para o mercado de massa. Em 2006, a Greyhound lançou o BoltBus, um ônibus para jovens viajantes profissionais, com assentos de couro, bastante espaço para as pernas, Wi-Fi gratuito e tomadas elétricas nas costas dos assentos. O objetivo era criar uma categoria de ônibus premium que eliminaria o estigma da categoria como um modo de transporte inferior.

A gestão de marca é quase sempre um componente crucial no estabelecimento de uma subcategoria premium, pois é a marca que representa a credibilidade necessária e sustenta a produção de benefícios sociais e autoexpressivos.

Ofertas da nova geração

Uma posição atraente para uma nova categoria ou subcategoria é a de ser uma nova geração, representante de uma inovação revolucionária, algo que torna todas as marcas e ofertas existentes obsoletas ou claramente inferiores. Uma oferta da nova geração tem a vantagem de poder ser notícia e assunto para conversas, além de ter credibilidade, um motivo pelo qual suas afirmações são verdadeiras.

Um desafio enfrentado pelas empresas com ofertas da nova geração é convencer os clientes de que o risco de aceitar uma nova oferta é mínimo ou então controlado por programas e procedimentos. Quanto mais enfatizamos uma diferença revolucionária, mais aumenta a dificuldade percebida em se superar as mudanças e os riscos associados. A Salesforce.com vendia uma nova geração de distribuição de *software* e era muito promissora, mas a empresa precisou trabalhar as percepções dos riscos de segurança e confiabilidade associados à computação em nuvem.

Outro desafio, comunicar uma nova geração em meio a um ambiente de mídia superlotado, é bem exemplificado pela Sharp e pela Samsung, ambas as quais têm televisores de nova geração. A Samsung, uma das líderes na área dos televisores de tela plana desde 1999, lançou em 2007 um aparelho de diodo emissor de luz (LED), a Luxia TV. A Luxia tem um conjunto de luzes de LED por trás da tela, o que produz contraste e brilho de alta qualidade, mais durabilidade para as telas, menos consumo de energia e carcaças mais estreitas, características usadas para justificar preços entre 50 e 100% maiores. Em 2010, a Sharp lançou o que prometia ser uma novíssima geração, adicionando uma quarta cor, o amarelo, a uma tecnologia que até então utilizara apenas três cores. A nova tecnologia, batizada de Quadpixel e utilizada nos televisores Aquos Quantron da Sharp, pode reproduzir mais de 1 trilhão de cores, muito mais do que os modelos atuais. Como o avanço da Sharp era mais fácil de comunicar, com a quarta cor e um conjunto de marcas de tecnologia fortes, a empresa conseguiu posicionar seu produto como uma nova geração, diferentemente da Samsung, com sua história complexa e a marca Luxia, mais fraca que a Quadpixel e a Aquos. O desafio é criar a percepção de uma nova geração em vez de uma melhoria apenas incremental. É a diferença entre conquistar uma vantagem em termos de preferência de marca e criar uma subcategoria totalmente nova.

As marcas mais inteligentes ou sortudas criam uma série de gerações de ofertas. Durante as décadas de 1980 e 1990, a Intel lançava uma nova geração a cada três ou quatro anos. O desafio para a empresa era determinar qual seria a marca da nova tecnologia. A experiência mostrou que havia níveis de novidade. As ofertas que representavam revoluções óbvias, com um impacto correspondente, recebiam seus próprios nomes. Daí surgiram nomes como a série x86, Pentium, Celeron, Xeon e Itanium. Outros eram batizados com variantes, por exemplo, Pentium DX, Pentium 4F e Pentium Extreme.

Uma nova aplicação ou atividade

A criação de uma categoria ou subcategoria baseada em atividades expande o mercado e dá credibilidade e relevância à marca líder. Além disso, uma aplicação ou atividade muitas vezes fortalece o envolvimento do cliente e gera benefícios emocionais e autoexpressivos. As marcas concorrentes que não são relevantes para a aplicação ou atividade podem acabar excluídas do conjunto de consideração.

Considere os casos a seguir, nos quais uma subcategoria foi definida por uma aplicação ou atividade. A Crayola tem gizes de cera e outros produtos de desenho de alta qualidade para crianças, mas a empresa reenquadrou a proposição de valor da marca. Agora sua categoria-alvo envolve atividades divertidas e coloridas na vida das crianças, fornecendo veículos para a expressão visual. Muito diferente de uma categoria de arte. A Orville Redenbacher tentou fazer com que a pipoca de micro-ondas fosse parte do trabalho de levar a experiência cinematográfica ao hábito de assistir filmes em casa. A Lindsay Olives tentou mudar sua categoria, desenvolvendo uma experiência social mais divertida, saborosa e interessante com o uso de azeitonas do que com as alternativas, como cenoura e aipo. A Bayer ajudou a definir uma nova subcategoria, o consumo regular de aspirina infantil para prevenir ataques cardíacos, com a Bayer 81 mg. A empresa estava tentando aproveitar as emoções que giram em torno da prevenção de ataques cardíacos.

Um espaço competitivo expandido

Às vezes, a empresa pode expandir o escopo da categoria ou subcategoria para incluir não clientes que valorizariam sua oferta e concorrentes que estariam em forte desvantagem. Lembre-se do caso clássico da Southwest Airlines, que criou uma nova categoria quando começou a oferecer voos entre Houston, Dallas e San Antonio e proclamou que estava concorrendo com os automóveis. A empresa introduziu dimensões absolutamente inéditas à categoria, como esforço e tempo de viagem. Lembre-se também da pizza congelada DiGiorno, apresentada no Capítulo 2, que enquadrou o espaço competitivo de modo a incluir as telentregas. Com seu slogan *It's not delivery, it's DiGiorno*, a marca passou de uma leve desvantagem a uma enorme vantagem em termos de preço.

A marca Brita, da Clorox, é um produto de filtragem de água com uma base de clientes restrita: indivíduos que querem melhorar a água da torneira. Entretanto, ela expandiu a categoria para incluir clientes que consomem água engarrafada e contribuem para os problemas enormes com gasto de energia e acúmulo de lixo. O conceito é usar um filtro Brita e um recipiente reutilizável em vez de comprar garrafas descartáveis. Mais do que economizar uma quantia significativa em dinheiro, o cliente causa um efeito positivo no meio ambiente. Os usuários da Brita não compram nenhuma das 38 bilhões de garrafas que acabam em aterros sanitários todos os anos. A empresa patrocina o *site* FilterForGood.com (o nome significa ao mesmo tempo "filtrar para sempre" e "filtrar para o bem"), que discute o custo das garrafas descartáveis para a sociedade e as vantagens da água filtrada.

Relacionamento cliente-marca: além da oferta

Todos os caminhos anteriores para a definição de categorias e subcategorias envolvem algum benefício funcional das ofertas. É uma abordagem lógica e bastante conhecida. Entretanto, a marca e a categoria ou subcategoria que ela impulsiona também podem ser definidas em parte ou como um todo por aspectos do relacionamento cliente-marca que vão além da oferta em si. Estes incluem interesses em comum, personalidade, paixões compartilhadas, energia e programas de responsabilidade social. Nenhum deles afeta a oferta, mas todos afetam o relacionamento entre o cliente e a marca e são muito mais difíceis de imitar do que os benefícios funcionais produzidos pela oferta. Os concorrentes podem se tornar irrelevantes porque não têm esses elementos e, por consequência, parecem não compartilhar dos interesses do cliente, não ter interesse nos clientes, não serem inovadores ou sequer venderem produtos ou serviços de alta qualidade.

Interesses compartilhados

As ofertas podem fazer parte de uma atividade ou meta maior, mais importante para os clientes do que a oferta em si. Se a marca puder demonstrar que também se interessa e se envolve com essa atividade ou meta, então o interesse comum pode formar a base de um relacionamento e mudar o que as pessoas compram. Os clientes poderiam decidir comprar de marcas ou empresas que demonstram um interesse comum e excluir todas as outras. O cliente raciocinaria que a marca que compartilha seus interesses criará e produzirá ofertas melhores, pois ela tem mais conhecimento e se importa mais. Além disso, as pessoas gostam mais dos outros quando estes compartilham os seus interesses.

A Pampers reposicionou a categoria da sua marca para associá-la com cuidado com bebês e não apenas fraldas descartáveis. O *site* da marca é a peça central do seu novo foco. As seções do *site* incluem gravidez, novos bebês, desenvolvimento do bebê, crianças pequenas, pré-escolares, eu e minha família, todos com seus próprios menus com mais assuntos. Por exemplo, a seção "desenvolvimento do bebê" contém 57 artigos, 230 fóruns e 23 atividades de jogos educativos. Essa tática coloca a Pampers acima do ruído em torno dos recursos do produto. O fato de a Pampers conhecer tanto sobre o assunto e se envolver com o contexto maior da área de cuidado com bebês significa que ela é mais interessante do que uma empresa que se preocupa apenas com o seu produto. Além disso, significa também que os produtos da empresa sempre serão adequados para o bebê.

A Hobart é uma fabricante de equipamentos para o setor de serviços alimentícios, incluindo restaurantes e instituições. Um líder em qualidade e confiabilidade, a Hobart decidiu parar de comunicar os últimos recursos das suas batedeiras, fogões e outros eletrodomésticos e, em vez disso, se tornar líder intelectual em termos dos problemas dos clientes, como encontrar, treinar e reter bons trabalhadores; garantir a segurança dos alimentos; oferecer experiências alimentícias tentadoras; eliminar custos e furtos cometidos por funcionários. Um dos elementos foi uma revista para os clientes, batizada de *Sage: Seasoned Advice for the Food Industry Pro-*

fessional. Em feiras e eventos especializados, o estande da Hobart tinha um "centro de ideias" no qual os visitantes podiam abordar especialistas e pedir conselhos. A Hobart também disponibilizou mais de cem artigos técnicos no seu *site* e compartilhou seus *insights* na forma de palestras durante os principais eventos do setor. Até seus anúncios passaram a enfocar problemas em vez de produtos. O programa mudou o modo como os clientes enxergam a categoria e impulsionaram a Hobart a uma posição de liderança que durou mais de uma década, até a empresa ser adquirida e integrada a uma organização maior.

A Kaiser, um sistema de serviços médicos e seguro de saúde integrado com cerca de 32 hospitais e 14 mil médicos, reposicionou completamente sua marca e subcategoria, passando o foco dos serviços de saúde para a saúde em si. As pesquisas mostraram que os serviços de saúde estavam associados a burocracia, seguro, doença, falta de controle, lucros e ganância. A saúde, por outro lado, estava ligada a controle, forma física, bem-estar, felicidade, autonomia e o estabelecimento de metas. O resultado foi que as imagens de médicos simpáticos prestando serviços de saúde a pacientes agradecidos foram substituídas por cenas dos membros controlando sua própria saúde com exercícios, acessando programas de saúde preventivos e utilizando "My Health Manager", um serviço *online* seguro que permite ao usuário acessar prontuários de saúde, contatar médicos e monitorar a participação em programas, entre outros recursos. Os índices da empresa sobre sua imagem, estáticos há vários anos, subiram, incluindo os índices relativos à qualidade dos médicos.

Uma categoria pode mudar sua ênfase, passando dos produtos ao estilo de vida. A Zipcar, descrita no Capítulo 4, define um estilo de vida urbano e moderno ao qual pertence sua frota de carros de aluguel. A Muji, do Capítulo 3, é outra marca que define um estilo de vida, representado por seus produtos funcionais, valores, acampamentos, programas ambientais e a rejeição do materialismo e dos excessos da modernidade.

Personalidade

Categorias ou subcategorias têm personalidade própria, assim como as marcas. A personalidade pode ser exclusiva, duradoura, fácil de identificar e, muitas vezes, cheia de textura. Se a marca não tem personalidade, ela pode acabar excluída do conjunto em consideração. A personalidade quase sempre é definida pelo exemplar.

Nos casos apresentados até aqui, vimos alguns exemplos de categorias ou subcategorias com personalidade. A Asahi Super Dry é uma marca com personalidade — jovem, moderna e ocidental — que contrastava claramente com a da Kirin, a "marca do seu pai" clássica. A personalidade se tornou parte da subcategoria das cervejas *dry*. Os clientes estavam comprando a personalidade tanto quanto os benefícios funcionais. A Zara tem uma personalidade antenada e da moda que oferece benefícios autoexpressivos. Alguns consumidores sequer consideram lojas que não produzem benefícios autoexpressivos, então os concorrentes começam a parecer ultrapassados. A Saturn era vista como despretensiosa, esforçada e econômica, uma personalidade que ajudou a definir a nova subcategoria. A Segway enquanto marca e seu produto enquanto categoria têm uma personalidade que reflete pessoas que experimentam novidades e que não estão presas ao passado. O importante é que as categorias ou subcategorias que essas marcas representam assumiram personalidades que têm consequências para o relacionamento entre o cliente e suas respectivas categorias ou subcategorias.

Paixão

Algumas marcas vão além da personalidade e desenvolvem uma paixão quase que física por suas ofertas e categorias ou subcategorias. Quando essa paixão ganha visibilidade e importância entre os clientes atuais ou potenciais, ela pode se tornar parte da definição da categoria ou subcategoria e algo muito difícil de copiar. Para ser relevante, a marca precisa ter essa paixão. O Whole Foods Market, por exemplo, tem paixão por alimentos saudáveis, especialmente os orgânicos e naturais. O supermercado médio, por outro lado, está interessado em armazenamento, *layout*, caixas, estoque nas prateleiras e assim por diante, então ele parece não ter interesse pela comida. A Apple tem paixão por *design* e facilidade de uso e sempre produz benefícios autoexpressivos. Os usuários da Apple não são os sujeitos corporativos, mas sim, os mais criativos, até artísticos, capazes de traçarem seu próprio caminho. A Muji tem paixão pelos seus valores: moderação, comedimento e proximidade com a natureza.

Além dos clientes valorizarem a paixão e energia da marca, assim como os benefícios autoexpressivos associados, eles também veem a marca como comprometida com inovações e experiências excelentes. Na prática, a marca se torna um modelo de comportamento em termos de viver os maiores valores do cliente. Ninguém duvida que esse é o caso dos clientes de marcas como Whole Foods Market, Apple e Muji.

Associações organizacionais

Uma categoria ou subcategoria pode incluir apenas aquelas marcas sustentadas por organizações com certas características. Quando isso acontece, os concorrentes precisam enfrentar mais um obstáculo para serem relevantes. As ofertas descritas em termos de atributos e benefícios quase sempre são fáceis de copiar. Por outro lado, copiar uma organização é muito difícil, pois ela é definida por seus valores, cultura, pessoas, estratégias e programas, todos muito exclusivos. Além disso, uma organização, ao contrário da sua oferta, é duradoura. Ela não está sempre em um estado de mudança contínua e confusa. O desafio é fazer com que o cliente compre uma organização com certas características e não apenas as suas ofertas.

Muitas características organizacionais influenciam as definições de categorias ou subcategorias, mas as principais que determinam as dimensões das categorias e subcategorias incluem ser global (Visa), inovação (3M), orientação pela qualidade (Cadillac), orientação pelos clientes (Nordstrom), envolvimento com a comunidade ou questões sociais (Avon), ter os valores certos (Muji) e preocupação com o meio ambiente (Toyota). Todas essas características costumam ser relevantes para os clientes. Acima de tudo, elas quase sempre resistem melhor às afirmações dos concorrentes do que associações relativas às características dos produtos.

Programas de responsabilidade social

Os programas de responsabilidade social e os esforços para criar operações sustentáveis podem definir uma categoria ou subcategoria. O mercado quase sempre tem um segmento que tende a ser fiel a uma marca social e exclui do conjunto de consideração as marcas que não atendem a esse critério caso alguma alternativa se qualifique. A Body Shop, por exemplo, criou seguidores com a alta visibilidade do seu apoio à ecologia e aos trabalhadores do Terceiro Mundo. A Ben & Jerry's apoia causas ambientais de modos inusitados, o que ajuda a imagem da empresa entre clientes que compartilham das suas opiniões. O SunChips, da FritoLay's, estabeleceu um ponto de diferenciação com a visibilidade do seu uso de energia solar e embalagens biodegradáveis. As instituições Ronald McDonald House e Avon Breast Cancer Crusade representam expressões inegáveis de valores organizacionais. Finalmente, o "Modelo HP" envolve um comprometimento com funcionários, clientes, fornecedores e a comunidade com o qual qualquer pessoa consegue simpatizar.

Os programas sociais e ambientais afetam as marcas e criam um motivo para excluir as concorrentes de três modos. Primeiro, muitas pessoas querem, do fundo do seu coração, se relacionar com pessoas boas e confiáveis. Essas pessoas acreditam que os programas sociais refletem os valores da empresa. A Kettle Foods e a Salesforce.com têm programas de alta visibilidade que criam respeito e admiração. O segmento que apoia empresas que se tornam relevantes com respeito a programas sociais e ambientais é grande e não para de crescer.

Segundo, um programa social ou ambiental forte e de alta visibilidade gera benefícios autoexpressivos para os clientes, especialmente para aquele núcleo com opiniões fortes sobre os temas trabalhados pela empresa. Ninguém duvida que muitos motoristas recebem fortes benefícios autoexpressivos com o Toyota Prius. Na verdade, a glamourosa CEO da Body Shop do Japão dirige um Prius como uma afirmação sobre si mesma e sua empresa. Com o Prius como carro-chefe de dezenas de programas ambientais, a Toyota assumiu a liderança no Japão e nos Estados Unidos em termos da visibilidade dos programas sociais.

Terceiro, um programa social agrega energia e gera interesse em torno de uma marca chata. O Purina Pet Rescue, um programa que salvou cerca de 300 mil animais de estimação desde que foi estabelecido em 2005, é mais interessante e envolvente do que comida para animais.

Em última análise, envolver-se com programas sociais afeta as vendas e a fidelidade. Em uma pesquisa de 2009 com cerca de 6 mil pessoas em 10 países, mais de 50% dos entrevistados disseram que o apoio a causas sociais afeta seus hábitos de compra. Além disso, 83% disseram que estavam dispostos a modificar seus hábitos de consumo se a mudança ajudasse a criar um mundo melhor. Obviamente, as ações são menos drásticas do que as opiniões, mas o fato de esses números serem grandes e estarem crescendo é impressionante. Tudo isso sugere que programas de alta visibilidade afetam o modo como as pessoas definem que opções são relevantes. Finalmente, o sucesso dos muitos novos produtos que seguem essa tendência indica que há uma oportunidade real por trás dessas pesquisas.[7]

Categorias e subcategorias: complexas e dinâmicas

Na maioria dos casos, a definição de uma categoria ou subcategoria de produtos é multidimensional e complexa, assim como ocorre com as marcas. Pense em ofertas como TiVo, Segway, iPhone, Muji ou Enterprise Rent-A-Car. Em todas elas, a categoria ou subcategoria e a marca por trás dela têm múltiplos elementos. Quando a complexidade chega a esse nível, tentar enfocar um elemento ou insistir que o conceito pode ser resumido a uma única ideia será um erro grave. A essência da diferenciação contínua pode se perder. Claro, em alguns casos a definição é simples e até unidimensional, como no caso de bens de consumo como SnackWell's ou Tide Coldwater. Mas não imagine que os conceitos unidimensionais são os mais comuns. A tentativa de simplificar uma categoria ou subcategoria de produtos pode acabar atropelando um ingrediente definitório essencial.

Logo, uma definição multidimensional para a categoria ou subcategoria é desejável. Muitas vezes, a concorrência não precisa se esforçar muito para superar ou neutralizar uma marca que usou um único benefício para definir uma categoria ou subcategoria. Mas superar um conceito complexo e multidimensional é muito mais difícil, pois a marca desafiante provavelmente não estará à altura caso seja preciso enfrentar diversas barreiras dimensionais ao mesmo tempo.

Outra observação é que a definição das categorias ou subcategorias muda com o tempo. Em geral, as marcas que têm sucesso em desestimular a concorrência são aquelas que nunca param de inovar. Suas ofertas são alvos móveis. O iPod, por exemplo, foi seguido de meia dúzia de produtos que criaram mais obstáculos para os imitadores.

Gerenciando a categoria ou subcategoria

Definir a categoria ou subcategoria, identificar as associações aspiracionais prioritárias e criar uma estratégia de posicionamento representam apenas o primeiro passo. A categoria ou subcategoria precisa ser gerenciada ativamente para ter sucesso no mercado. Assim como na construção de uma marca, é preciso criar visibilidade, comunicar as associações aspiracionais ao mercado, fidelizar os clientes e utilizar inovações para dinamizar a categoria ou subcategoria. Algumas observações e sugestões refletem dois aspectos exclusivos do desafio: o envolvimento de uma categoria ou subcategoria em vez de uma marca e o fato de ele ser sustentado por uma inovação substancial ou transformacional.

Construa a cultura para apoiar a execução

Execução, execução, execução. As melhores ideias fracassam quando não são executadas com consistência e qualidade. O primeiro desafio é executar o quanto antes, o que significa reunir ativos, competências, pessoas, processos e organização certos. Os adotantes iniciais precisam ser satisfeitos. Não pode haver deficiências ou flutuações na entrega.

O segundo desafio é manter a excelência da execução no longo prazo, o que às vezes é mais difícil. O segredo é expressar, desenvolver e cultivar uma cultura e valores que apoiem a execução. Zappos, Muji, H&M, IKEA e Enterprise tinham culturas fortes, com métodos ativos e eficazes que as mantinham fortes e atuais. A questão da cultura é especialmente difícil quando o negócio é apenas uma parte de uma empresa maior. A cultura forte e profunda da Saturn acabou derrubada pelas prioridades e pelos valores da GM. A Healthy Choice teve uma cultura forte durante um certo período, mas as prioridades corporativas da ConAgra a corroeram até que uma revitalização conseguiu trazê-la de volta.

Torne a marca exemplar

Sempre que possível, a marca deve fazer um esforço para se tornar a marca exemplar da categoria ou subcategoria, aquela que a representa na cabeça dos clientes. Quando a marca conquista o *status* de exemplar, a estratégia de marca e o esforço associado de construção de marca passam a ter um papel na construção da categoria ou subcategoria e no desenvolvimento das suas associações.

Outro atributo importante dos exemplares é que, além de uma conexão com a nova categoria ou subcategoria, eles também desenvolvem credibilidade e autenticidade de um modo muito natural. Quando uma nova categoria ou subcategoria surge no mercado, o desafio de qualquer marca é conquistar relevância. Ser um exemplar significa que os obstáculos de relevância quase sempre serão superados. Sem esse *status*, pode ser preciso remar contra a maré para gerar credibilidade e criar laços com o público.

Como uma marca pode se tornar exemplar? O Capítulo 2 apresenta algumas diretrizes. Promova a categoria ou subcategoria, não a marca. A Asahi Dry Beer era uma defensora da subcategoria e quando esta se saiu vencedora, a marca venceu junto. Segundo, seja um líder intelectual e inovador. Não fique parado. Inovações, melhorias e mudanças tornam a categoria ou subcategoria mais dinâmica, a marca mais interessante e a função do exemplar mais valorizada. A Disneyland é o exemplar dos parques temáticos e o parque está sempre inovando. Finalmente, seja um dos primeiros líderes de mercado em termos de vendas e participação de mercado. É difícil ser um exemplar e aproveitar essa função sem a liderança em participação de mercado.

Na maioria dos casos, a categoria será construída sob a tutela da marca. São os recursos, os programas e a plataforma da marca que contarão a história da categoria ou subcategoria. Isso significa que boa parte do esforço se concentrará em descrever as características e vantagens da categoria ou subcategoria e em promover a fidelidade não à marca, mas sim, à categoria ou subcategoria específica acima de todas as outras. O objetivo da construção de marca será estimular os clientes a comprar misturas de bolo sem glúten, não Betty Crocker. Obviamente, a Betty Crocker é a única marca que fabrica misturas de bolo sem glúten.

Devotar todos ou quase todos os esforços de construção de marca para a categoria ou subcategoria e não para a marca pode ser uma decisão difícil de justificar, pois ela cria vendas apenas indiretamente. Além disso, os investimentos na construção de categorias ou subcategorias têm o potencial de criar vendas para os concorrentes que conseguirem conquistar algum nível de relevância.

Entretanto, como observamos no Capítulo 1, se apropriar ou utilizar uma categoria ou subcategoria é um fato essencialmente interessante, de maior credibilidade e quase sempre muito mais significativo para o cliente do que uma comunicação sobre ofertas de marca. Ter um par de esquis de alto desempenho pode ser uma afirmação pessoal que produz benefícios autoexpressivos significativos, seja qual for a marca. Voar de primeira classe talvez seja mais importante do que voar em primeira classe nessa ou naquela companhia aérea.

Estimule o *Buzz*

Uma nova categoria ou subcategoria envolve inovações substanciais ou transformacionais. Em geral, isso significa algo sobre o qual vale a pena falar, talvez até algo que seja notícia. Assim, o Segway recebeu muita publicidade gratuita, e o mesmo ocorreu com o Disklavier e a Zipcar. As ofertas envolviam uma proposição de valor que parecia significativa, necessária e inédita. As empresas têm a oportunidade de aproveitar essa reação e transformá-la em conversas, talvez até em buzz, o maior construtor de marcas possível.

Ser falado é algo valioso na era das mídias sociais. Um comentário no Twitter sobre uma nova categoria ou subcategoria pode se multiplicar rapidamente. Um único usuário com algumas poucas centenas de seguidores consegue alcançar literalmente milhões de pessoas em algumas semanas se os seguidores dos seguidores dos seguidores repassarem a mensagem. Alguns desses seguidores podem, por sua vez, ter grandes quantidades de seguidores próprios e também são capazes de influenciar e alcançar muitos outros. O segredo é começar a conversa com a mensagem intrigante certa, direcionada às pessoas certas.

Um modo de começar a conversa é criar uma história com temas como:

- *Recursos ou benefícios significativos.* O Tata Nano, com seu preço revolucionário de 2 mil dólares, envolve uma série de histórias.

- *As pessoas por trás da ideia e como a transformaram em realidade.* As histórias da Zappos, do Prius, da Saturn e do Google tiveram elementos de interesse humano.

- *Como a tecnologia se desenvolveu.* A história do sabonete Ivory, descoberto depois de um erro de produção, e do SK-II da P&G, desenvolvido porque mulheres em fábricas de saquê tinham uma pele bonita, são histórias valiosas e que reforçam uma associação importante.

- *Aplicações interessantes.* Outras histórias podem envolver aplicações. Como se usa um Segway? E uma minivan?

- *Uma cultura que apoia a inovação.* O call center 24 horas nacional da Zappos é um reflexo de sua cultura de acessibilidade, enquanto o para-brisas único do Nano demonstra sua cultura de "custo mais função".

Cercar a marca com animação, energia e visibilidade tem um lado ruim. Como no caso do Yugo e do Segway, esse estado pode fazer com que o potencial da nova área pareça maior do que é de fato. E no caso do Amazon Kindle, talvez atraia concorrentes interessados em oportunidades de crescimento, com a esperança de conquistar uma vantagem de relevância. Em alguns contextos, o ideal é ter a visibilidade concentrada em um segmento que ainda não faz parte do mainstream. Esse foi o caminho da Enterprise. Concentrando-se em seguradoras e indivíduos que precisavam substituir seus carros enquanto eles estavam no conserto, a empresa operou discretamente por muitos anos. A visibilidade da Zappos também é limitada, pois a empresa enfatizou os clientes *online* e confiou nas recomendações interpessoais, em vez de usar as mídias tradicionais para expandir seus negócios.

Crie defensores

Uma inovação substancial ou transformacional também tem a capacidade de conquistar alguns adotantes iniciais que, além de atraídos pela oferta, também sentem um pouco de propriedade em relação a ela por serem seus "descobridores", ou pelo menos por terem sido algumas das primeiras pessoas a reconhecerem o seu potencial. Esses seguidores e crentes incrivelmente fiéis se tornam defensores, um grupo que pode ser poderosíssimo no curto e no longo prazo. A minivan da Chrysler foi uma contribuição tão bem-vinda para o estilo de vida das famílias que elas a batizaram de *Magic Wagon* e começaram a falar do carro o tempo inteiro.

Para criar defensores, antes é necessário convencer os possíveis consumidores fiéis a experimentarem a oferta. Lojas como Muji, Ikea, Starbucks, Zara, H&M, Best Buy e Whole Foods Market podem demonstrar sua proposição de valor e personalidade diretamente no local em que têm presenças. Outras empresas precisam criar oportunidades de demonstração. O Disklavier, por exemplo, foi disponibilizado em vários locais para que as pessoas pudessem ver e experimentar o produto.

Para aproveitá-los ao máximo, vale a pena apoiar os defensores e suas atividades. Mais do que os participantes, o concurso de *design* da Muji envolve todas as pessoas interessadas na cultura da marca. Algumas empresas tiveram sucesso em cultivar redes sociais. Dos churrascos das concessionárias Saturn aos grupos de usuários da Apple aos grupos sociais da Internet, as empresas têm a oportunidade de dar energia e atividade ao grupo dos defensores.

Gerencie a inovação

Se tiver sucesso, a categoria ou subcategoria se tornará um alvo dos concorrentes que pretenderem adquirir credibilidade. Se a categoria ou subcategoria fica estática, a tarefa se torna mais viável e aumenta a probabilidade de os concorrentes se tornarem relevantes ou até mesmo excederem as expectativas, talvez com a adição de um recurso ou benefício ou uma ampliação dos níveis de desempenho.

O desafio é continuar inovando. Se a marca conquista o *status* de exemplar, é natural criar inovações contínuas ligadas à marca e que podem se tornar parte das dimensões definidas da categoria ou subcategoria. Assim, a categoria ou subcategoria se torna um alvo móvel e os concorrentes têm mais dificuldade de se tornarem relevantes. À medida que a definição evolui, motivada por inovações de marca, o desafio da relevância aumenta.

Foi o que a Chrysler fez: a empresa nunca deixou de inovar. A cada dois ou três anos surgiam inovações significativas que criavam mais obstáculos para a concorrência. A porta de correr no lado do motorista, por exemplo, mudou os parâmetros da categoria. Depois da Heavenly Bed, a Westin lançou um chuveiro da marca Heavenly, além de acessórios como xampus e sabonetes. Tudo isso ergueu ainda mais obstáculos para os concorrentes.

Lições principais

Ao criar uma nova categoria ou subcategoria, os estrategistas de *marketing* devem posicionar esta e não apenas a marca. A categoria ou subcategoria precisa de um rótulo ou descrição, e sua imagem, de um trabalho de gerenciamento ativo. Os estrategistas de negócios quase sempre ignoram essa função crítica.

As empresas podem posicionar as categorias ou subcategorias com base em benefícios funcionais que sustentam a proposição de valor, como expandir ofertas com novos recursos ou benefícios, combinações de benefícios, *designs* funcionais e *designs* estéticos; vender ofertas sistêmicas ou que envolvem o cliente; enfocar segmentos específicos; promover intimidade com o cliente; criar ofertas econômicas, premium ou da nova geração; alinhar as ofertas com novas aplicações ou atividades; e ampliar o espaço competitivo. O posicionamento também pode se basear em um relacionamento do cliente com a categoria ou subcategoria que vai além dos benefícios funcionais e envolve dimensões como interesses compartilhados, personalidade, paixão ou programas sociais. Todos sugerem possíveis itens obrigatórios na definição da categoria ou subcategoria.

O gerenciamento de uma categoria ou subcategoria exige o uso de inovações substanciais ou transformacionais. A organização precisa construir uma cultura para apoiar a execução; se possível, usar a marca como exemplar para construir a categoria ou subcategoria; criar defensores e estimular o *buzz*; e gerenciar a inovação para criar um alvo móvel.

Para discussão

Analise as ofertas no seu portfólio. Responda as perguntas a seguir para cada uma delas:

1. Como as categorias ou subcategorias são definidas? Que marcas são exemplares? Que marcas são marginais, ou seja, estão nos limites da categoria? Que marcas com produtos que se qualificam para a categoria não são relevantes? Por quê?

2. Escolha uma categoria, como carros ou lanches. Que novos lançamentos criaram subcategorias? Como as subcategorias foram definidas?

Capítulo 9

Criando Barreiras
Sustentando a diferenciação

> *Sempre busque uma estratégia que seus concorrentes não podem copiar.*
> —Jim McNerney, CEO da Boeing

> *Quando não sei se devo lutar ou não, sempre luto.*
> —Lord Nelson

O segredo do sucesso duradouro é criar barreiras para a concorrência. A criação de uma nova categoria ou subcategoria pode gerar um mercado no qual os concorrentes são irrelevantes e excluídos da consideração, ou pelo menos enfraquecidos. A questão é: por quanto tempo? A resposta está nas barreiras criadas. Além de uma boa história sobre subcategorias, o caso do Yamaha Disklavier também explica a natureza das barreiras. Enquanto lê a história, preste atenção nas várias barreiras erguidas pela Yamaha. Além daquelas baseadas em inovações tecnológicas, havia várias outras barreiras.

Yamaha Disklavier

A pianola surgiu nos últimos anos do século XIX, com a confluência de décadas de inovações e de avanços em materiais.[1] Na verdade, os rolos de papel perfurado tinham suas raízes na automação da indústria têxtil e seriam os predecessores da entrada de dados com cartões perfurados nos primeiros computadores. O progresso tecnológico se acumulou. O momento da pianola finalmente chegara. O conceito, aprimorado com o tempo, teve seu auge em meados da década de 1920. No seu melhor ano, 1924, quando mais de 300 mil pianos foram vendidos, a pianola era o centro do entretenimento doméstico e dominava mais de 50% do mercado de pianos. Mas apenas seis anos depois do seu auge, o fonógrafo, o rádio e finalmente a Grande Depressão praticamente aniquilaram o setor.

Mais de 50 anos depois, a Yamaha Pianos ressuscitou o conceito da pianola, mas em formato digital. O Yamaha Disklavier criou uma nova subcategoria quando foi lançado em 1988. O produto tinha o mesmo som e funcionamento que os outros pianos Yamaha do mesmo nível, exceto pelo sistema de controle digital no exterior do piano, que registrava e reproduzia a performance dos pianistas, fossem eles mestres ou principiantes. Em 1992, na primeira de várias atualizações significativas, os dispositivos eletrônicos foram instalados dentro do piano, criando um produto totalmente integrado. O Disklavier foi uma inovação transformacional.

Assim como a pianola, o Disklavier foi uma revolução no setor, em parte porque permitiu que pessoas sem tempo ou talento para aprender a tocar pudessem colocar Sergei Rachmaninoff, George Gershwin ou Elton John tocando nas suas salas de estar. Restaurantes, hotéis, *lounges* e lojas podiam ter apresentações de alta qualidade sem precisar contratar um músico de verdade. Sempre que isso acontecia, a Yamaha ganhava uma publicidade inestimável para o seu piano. Uma biblioteca de discos, a Yamaha PianoSoft Library, permite que os usuários toquem versões pré-gravadas de apresentações ao vivo dos seus músicos favoritos. Mais recentemente, os usuários ganharam a opção de obter *feeds* ao vivo da Internet por meio da Disklavier Radio e também podem baixar músicas pela Disklavier Music Store.

O Disklavier oferece benefícios significativos para o profissional. Um compositor ou arranjador pode explorar as variações de uma execução, apenas alterando o tom ou ritmo da música com a função de playback do instrumento. Um vocalista ou instrumentista pode gravar a parte do acompanhante, que fica disponível para ensaios e com ritmo ajustável. Agora, os ensaios não precisam mais da presença física do acompanhante.

Os professores também se beneficiam do recurso de gravar e fazer *playback*, especialmente com a opção de desacelerar o ritmo da gravação. É possível reproduzir os esforços dos alunos para demonstrar uma técnica ou destacar erros e deficiências. Um *link* com música de fundo deixa os exercícios de escala mais úteis e agradáveis para os alunos. Além disso, o treino com uma mão só pode ser mais significativo se o Disklavier tocar as notas da outra mão. Uma gravação dos esforços iniciais do aluno serve de linha de base contra a qual o professor consegue demonstrar seu avanço. Os modelos mais recentes permitem que os usuários conectem dois pianos em locais diferentes. O professor e o aluno, cada um no seu, podem ver e ouvir o outro tocar. O resultado é que grandes artistas hoje podem dar aulas a distância para alunos no outro lado do mundo, e competições de piano podem incluir candidatos tocando seus Disklaviers em locais remotos.

Assim como a pianola original, o Disklavier se baseia em dezenas de inovações que demoraram décadas para serem desenvolvidas. O produto não teria sido possível sem os avanços em informática e equipamentos relacionados. O *timing* foi importante, mas o instinto e o comprometimento também.

Os pesquisadores da Universidade de Okayama, Japão, desenvolveram um protótipo rudimentar em 1979. A Yamaha enxergou o potencial da invenção e firmou uma parceria com a instituição e, logo mais tarde, se tornou a desenvolvedora do conceito. Além dos problemas técnicos, havia o fato de que alguns direitos importantes de propriedade intelectual protegidos por patentes pertenciam a outras empresas. Terry Lewis, da Yamaha Corporation of America, ficou impressionado com o conceito e em 1986 decidiu investir nele, mesmo sem o apoio de outros membros da empresa. Em um passo crucial, Lewis adquiriu alguns dos principais direitos de propriedade intelectual de uma empresa que não tinha planos ou a capacidade de explorar as suas patentes. Mais tarde, ele contratou um inventor chamado Wayne Stahnke para obter acesso ao resto dos direitos necessários e ajudar a transformar o produto em realidade. O resultado foi a versão de 1992 do Disklavier, conhecida como Mark II.

Lewis, que defendeu e administrou o Disklavier por mais de 20 anos, tinha muitos fatores trabalhando a seu favor quando tomou a decisão de investir no conceito, mobilizou apoio dentro da empresa e guiou o produto nos seus primeiros anos. Primeiro, a Yamaha tinha a capacidade necessária para criar um produto e sustentar um negócio. A empresa era líder de qualidade no ramo dos pianos, tinha uma rede de concessionárias muito forte nos EUA e uma presença de P&D interna no campo dos eletrodomésticos. Segundo, as operações de pianos da Yamaha, assim como toda a indústria de pianos mundial, estavam mal das pernas, tinham pouca energia e eram uma decepção financeira. Havia muita concorrência nas lições de piano para crianças; o entretenimento doméstico havia evoluído. O Disklavier e todas as suas aplicações tinham o potencial de revitalizar a Yamaha e, mais do que isso, toda a indústria de pianos. Terceiro, apesar das condições serem muito diferentes, o legado da pianola oferecia um ponto de referência para o sucesso do conceito e dava credibilidade às projeções.

Outra consideração importante: o Disklavier não canibalizou as vendas dos pianos acústicos convencionais da Yamaha. Em vez disso, o produto criou um negócio incremental. Esse fato foi crucial para superar a resistência interna à iniciativa. O Disklavier sem dúvida expandiu o mercado. Mais de metade dos seus usuários domésticos não

Figura 9.1 Yamaha Disklavier.

tocam piano, o que sugere que o legado da pianola é um fator importante nas decisões de compra. Quase dois terços dos compradores já tinham um piano. O mercado-alvo — não músicos mais velhos e com bom poder aquisitivo — é muito diferente do mercado para pianos acústicos, direcionado a famílias jovens.

A Yamaha nunca parou de melhorar o produto e o resultado é que a empresa se tornou líder absoluta do mercado. Ela recebeu o prêmio de produto da Musical Merchandise Review "Dealer's Choice" todos os anos entre 2000 e 2007. Em 2000, o Disklavier vendeu mais de 100 milhões de dólares, o que representa 15% do volume total da indústria de pianos naquele ano. Sua participação no mercado de pianos acústicos continuou a crescer durante a década seguinte e chegou a 50%, muito distante do segundo colocado. O concorrente mais próximo não faz pianos, mas sim, sistemas *retrofit* que agregam a capacidade digital a pianos já existentes.

A Yahama desenvolveu várias barreiras significativas para a concorrência. A primeira é a marca Yamaha. A empresa, com sua tradição em pianos, sua presença nos palcos e sua liderança contínua, tem credibilidade em tudo o que diz respeito a pianos. Assim, os riscos de qualidade e confiabilidade enfrentados pelo cliente, algo normalmente associado a um produto tão complexo quanto o Disklavier, foram em grande parte neutralizados. E os clientes sabem que a Yamaha nunca permitiria que as funções eletrônicas do piano afetassem a essência acústica do produto. A marca significa mais do que qualidade e desempenho. Para alguns, sua tradição como piano para concertos, reforçada pelas performances gravadas, gera benefícios autoexpressivos. Para outros, as memórias de aprender a tocar em um Yamaha geram benefícios emocionais nostálgicos.

Uma segunda é o canal de distribuição da Yamaha, que cria uma presença na comunidade, um local bem-definido no qual os usuários podem experimentar e adquirir o produto, um sistema de suporte que tranquiliza os clientes e, acima de tudo, um fluxo contínuo de clientes. Não é fácil concorrer com um sistema de distribuição superior.

A terceira barreira era a proficiência interna da Yamaha com aparelhos eletrônicos digitais, que permitia à empresa desenvolver um produto integrado dentro da mesma organização, com os mesmos valores, cultura e objetivos. A equipe de P&D em eletrônica fornece as ideias e capacidades, mas também acesso a inovações de todo o mundo digital. Essa é a empresa que lançou os PortaSound Portable Keyboards, o Clavinova Digital Piano, o DX7 Synthesizer e a tecnologia Virtual Acoustic Synthesis, todos revolucionários. O fluxo de Disklaviers da nova geração desenvolvidos pela equipe de P&D da Yamaha com certeza transformou a marca em um alvo móvel para a concorrência. Nenhuma outra fabricante de pianos tinha capacidade sequer parecida. Os concorrentes e seus produtos *retrofit* não tinham acesso à parte dos pianos nessa equação, e como trabalham com muitos fabricantes, não conseguem ter o mesmo foco e intimidade com o desenvolvimento de pianos.

Finalmente, a Yamaha tinha economias de escala em *design*, produção, logística e *marketing*. Como o custo dessas atividades é dividido em uma base mais ampla, os orçamentos podem ser maiores. A Yamaha consegue justificar uma grande equipe de P&D, uma linha de produção exclusiva, armazenamento e expedição eficientes, distribuidores fortes e programas de *marketing* em nível nacional, como educação dos usuários, que seriam economicamente difíceis para a concorrência.

Criando barreiras à concorrência

O objetivo de criar uma nova categoria ou subcategoria é desfrutar de um período no qual a concorrência é minúscula ou inexistente, gerando um fluxo de lucros atraente e muito acima dos níveis normais, além de uma energia de mercado que leva a um posicionamento significativo. A primeira fase pode durar meses, anos ou décadas, e talvez seja seguida de uma segunda fase, na qual os concorrentes entram no mercado, mas a posição da empresa líder ainda permite que ela tenha um negócio saudável. Nessa segunda fase, a empresa ainda pode alavancar o seu negócio para criar outras novas categorias ou subcategorias.

O sucesso e a longevidade da primeira fase se baseiam nas barreiras que isolam a marca da concorrência por algum tempo, ou que pelo menos colocam os concorrentes em desvantagem. Realizar essa tarefa pode ser difícil, pois, em muitos casos, os concorrentes em potencial têm a capacidade de se ajustar a qualquer nova categoria ou subcategoria e copiar todos os pontos de diferenciação decisivos. A estratégia é fazer com que se equiparar à líder do mercado seja tão caro, ou as recompensas possíveis tão reduzidas, que esses concorrentes potenciais prefiram não investir na tentativa de se tornarem relevantes na nova categoria ou subcategoria, pelo menos por algum tempo. Outro caminho é criar ofertas e estratégias para as quais o tempo de resposta dos concorrentes em potencial seja demorado, dando à empresa a oportunidade de solidificar sua posição no mercado.

As barreiras se dividem em quatro tipos, como vemos no resumo da Figura 9.2. O primeiro é uma barreira de investimento, que torna técnica ou economicamente pouco atraente, ou até inviável, qualquer tentativa da concorrência de desenvolver uma oferta. O segundo é se apropriar do benefício irresistível ou conjunto de benefícios por trás da categoria ou subcategoria. O terceiro é ter um relacionamento com o cliente que vá além dos benefícios funcionais da oferta, com base em dimensões como interesses em comum, personalidade, programas de responsabilidade social

Barreiras à concorrência

- **Benefícios próprios**
  - Autenticidade
  - Credibilidade
  - Alvo móvel
  - Inovação de marca

- **Relacionamento com o cliente**
  - Enriquecer a marca
  - Envolver o cliente
  - Energizar a marca

- **Barreiras de investimento**
  - Tecnologia
  - Capacidade
  - Execução
  - Escala
  - *Brand equity*
  - Redes de marca
  - Fidelidade de marca

- **Ligar a marca à categoria ou subcategoria**

Figura 9.2 Criando barreiras à concorrência.

ou paixão pela categoria ou subcategoria, os quais também servem para definir que marcas serão consideradas e quais serão excluídas. O quarto é estabelecer laços fortes com a categoria ou subcategoria, possivelmente assumindo o *status* de exemplar, de modo que a marca passe a dominar o conjunto de consideração.

Barreiras de investimento

A concorrência vai precisar fazer um investimento e justificá-lo com uma análise de retorno sobre investimento (ROI). Investimentos substanciais podem inibir a reação da concorrência. Além de causar um efeito negativo sobre o ROI potencial, o investimento também aumenta os riscos, roubando recursos de oportunidades alternativas. Uma barreira de investimento pode se basear em uma tecnologia ou capacidade proprietária, na execução, na escala da operação, no *brand equity*, nas redes de marca ou na fidelidade de marca.

Capacidade ou tecnologia proprietária. A barreira competitiva mais forte é ter uma inovação baseada em patentes ou propriedades intelectuais com altos níveis de proteção. O Pringles e o Olestra da P&G, o Yamaha Disklavier e o Dreyer's Slow Churned Ice Cream se baseavam em muitos anos de pesquisas e testes e eram protegidos por patentes. Seria extremamente caro, ou até inviável, tentar lançar um produto concorrente dentro de um período de tempo razoável. O acúmulo de inovações incrementais também pode representar uma barreira formidável. O Toyota Prius e o Tata Nano se baseiam em uma série de avanços tecnológicos, alguns mais significativos do que outros, e se equiparar a eles seria uma missão dificílima.

Níveis altíssimos de investimentos são barreiras porque representam recursos que poderiam ser destinados a outras iniciativas. Desenvolver a Kirin Ichiban, por exemplo, foi um processo caro para o qual as outras cervejarias não quiseram ou não puderam oferecer uma resposta, então, a marca Ichiban nunca precisou enfrentar um concorrente direto. Por muitos anos, a CNN e a ESPN vivenciaram sem concorrência, em parte porque o investimento necessário para montar um novo canal de TV e contratar uma equipe é enorme, mas também porque dividir a audiência reduziria o potencial do mercado. O desenvolvimento de produtos como híbridos, minivans e minicarros pode sugar muitos recursos humanos, financeiros e de tempo.

Execução da ideia: a capacidade de cumprir a promessa. O grande segredo da diferenciação sustentável é a capacidade de executar a ideia e cumprir o prometido. A falta dessa capacidade é uma razão frequente para o fracasso de ofertas bem concebidas e com proposições de valor atraentes. A implementação simplesmente dá errado. A capacidade de execução é um fator muito subestimado. Mesmo estratégias excelentes fracassam quando são mal executadas.

Produzir uma oferta que está sempre à altura das expectativas durante um longo período é uma missão que sempre exige ativos, competências e comprometimento organizacionais, elementos que representam barreiras significativas para a concorrência. Não é fácil duplicar essas qualidades, pois quase sempre é preciso ter o tipo certo de pessoas, processos, estrutura de recompensas e cultura. A filosofia de *design* da IKEA e sua capacidade de cumprir a promessa com todos os seus produtos e em todos os momentos representa uma barreira enorme. Zara, Subway, Saturn, Zappos, Apple, Salesforce.com e Muji têm excelência operacional, baseadas em parte na visão e paixão por trás das suas marcas, elementos difíceis de copiar, especialmente com o passar do tempo.

Os detalhes da fabricação de um novo produto ou da prestação de um novo serviço podem ser conhecidos, mas isso não significa que podem ser duplicados. A Nordstrom criou uma marca e oferta de serviços que giram em torno da sua capacidade de prestar atendimento de alto nível em suas lojas de departamento. O sucesso da empresa levou outras empresas a tentarem copiar a fórmula, um esforço fadado ao fracasso. Os concorrentes não tinham ou eram deficientes em um ou mais elementos da estratégia, como o sistema de comissões, as pessoas treinadas para andar pela loja com os clientes, a equipe com autonomia para lidar com os problemas do cliente (na Nordstrom, a única regra sobre como lidar com os clientes é que não há regras), uma cultura e conjunto de valores que colocam a satisfação do cliente em primeiro lugar e uma tradição de histórias sobre como os clientes sentem prazer com a experiência. Talvez não seja verdade a história clássica sobre como um cliente recebeu um reembolso por um pneu usado, apesar de a Nordstrom não vender pneus, mas ela mostra que é preciso um tipo muito especial de organização para fazer o trabalho da Nordstrom.

Escala da operação. A vantagem do pioneirismo pode gerar uma boa participação de mercado desde o princípio. Os líderes em participação de mercado têm certas vantagens de escala. Todos os custos fixos, por exemplo, plantas, sistemas, equipes, propaganda, promoção e patrocínios, são divididos entre uma base de vendas maior. O resultado é uma estrutura de custos claramente menor e o efeito é cumulativo. A escala também cria um efeito de experiência: a organização vai aprendendo à medida que acumula experiência na fabricação de um produto ou na prestação de um serviço, então sua eficácia aumenta e seus custos diminuem.

A escala local é especialmente importante no varejo. Quando um varejista como IKEA, Zara, Amazon, McDonald's, Walmart, Whole Foods Market, Starbucks ou Subway desenvolve rapidamente uma presença local, a empresa consegue erguer barreiras competitivas. Surgem economias em logística, armazenamento, *back office*, administração, propaganda e, talvez acima de todas as outras, percepções e reconhecimento de marca. No mínimo, os concorrentes ficam em desvantagem nas suas tentativas de entrar no mercado. Eles precisam remar contra a maré, pois o custo das operações será mais elevado e os melhores locais já estarão ocupados.

Se as vantagens do pioneirismo levarão a efeitos de escala que valem a pena, a empresa deve colocar toda sua energia em expansão logo no princípio, criando a escala e suas vantagens associadas rapidamente e cortando pela raiz a oportunidade da concorrência. É fácil falar em expansões energéticas, mas é difícil realizá-las, pois haverá resistência organizacional devido ao perigo de uma avaliação errônea sobre o "vencedor" e também por causa de possíveis contra-ataques da concorrência. Mas quando a Asahi com sua Super Dry e a Chrysler com sua minivan investiram pesado em suas fábricas logo no princípio, ambas possibilitaram o sucesso inicial das vendas, um elemento crítico para sua posição dominante nas respectivas subcategorias.

Às vezes, os efeitos de rede fazem com que os benefícios funcionais cresçam junto com a base de usuários. Os benefícios funcionais da eBay, por exemplo, se baseiam no fato de o serviço ter muitos usuários. O resultado é que os vendedores encontram mais compradores para os seus produtos, e os compradores, mais produtos para comprar ou dar lances. Estima-se que, em um mercado médio, o padrão de participação de mercado é 60% para a empresa líder, 30% para a segunda colocada e 5% para a terceira. Em um mercado com efeitos de rede, a líder pode dominar 95% do mercado e a concorrência passa a ter dificuldades incríveis para criar uma massa crítica.

Brandy equity. Em geral, o *brand equity* é a maior barreira. A primeira marca a ganhar força na nova subcategoria, o primeiro líder do mercado, tem mais liberdade para criar associações de marca, menos ruído para interferir em suas operações e o potencial de definir a nova categoria ou subcategoria de modos que estabeleçam laços entre esta e a marca e enfatizem as inovações apropriadas pela marca. O resultado é uma marca forte, com visibilidade e energia, e que conquistou a estratégia de posicionamento mais eficaz possível.

A força da marca e, na realidade, o próprio sucesso da oferta, depende em parte da estratégia de marca. A nova marca deve ser independente? Endossada? Ou a empresa deveria usar uma marca master que já existe e criar uma nova submarca?

Uma nova marca, desenvolvida para sustentar uma oferta que define uma nova categoria ou subcategoria, não tem inibições para sinalizar a "novidade" e desenvolver sua própria personalidade e história do benefício. Para ofertas que pretendem transformar o mercado, como Muji, Zipcar ou Segway, uma nova marca e uma folha em branco são elementos desejáveis ou até obrigatórios. Marcas novas são necessárias quando a organização possui os recursos para construir a marca, quando a história é tão nova e irresistível que consegue superar a poluição e o ruído do mercado e quando nenhuma marca tradicional se encaixa com a oferta.

Entretanto, usar uma marca tradicional como marca master pode significar que o esforço de construção de marca será menos caro e mais viável e a marca resultante sairá fortalecida. A marca master tradicional dá credibilidade e visibilidade. As cervejas Asahi Super Dry e Kirin Ichiban e a minivan Plymouth Voyager provavelmente não teriam tido sucesso sem as marcas master Asahi, Kirin e Plymouth, respectivamente.

Outra opção é criar uma nova marca, mas endossada por outra mais tradicional. Pense no papel do endosso no caso do Fiber One da General Mills, do Toyota Prius, do Apple iPod e do Pria da PowerBar. Em todos os casos, o endosso deu credibilidade ao que poderia ser uma marca desconhecida lançada por uma empresa desconhecida.

Se uma marca master puder fazer a diferença no estabelecimento da nova categoria ou subcategoria, especialmente no contexto de mercados superlotados, um passo radical seria adquirir a marca de outra empresa para se tornar a marca master ou comarca. A P&G desenvolveu um avanço em filmes plásticos e considerou a possibilidade de levá-lo ao mercado com o nome Impress. Entretanto, uma análise mais ponderada sugeriu que o retorno seria demorado e incerto. Em vez disso, a empresa procurou a Glad, líder da categoria e marca do grupo Clorox, e sugeriu que essa tecnologia e outras inovações da P&G fossem vendidas sob a marca Glad. As duas empresas formaram uma *joint-venture*, 20% da qual era de propriedade da P&G, incluindo o novo filme plástico Glad Press 'n Seal e o Glad ForceFlex (um saco plástico mais forte e flexível, também desenvolvido pela P&G). As novas subcategorias nascidas desse projeto eram protegidas por uma marca e força de distribuição que nunca teriam sido possíveis caso a P&G tivesse tentado fazer tudo sozinha.

Independentemente de a empresa usar uma marca nova, endossada ou submarca, o resultado ideal é que ela se torne um exemplar, definindo e ao mesmo tempo estabelecendo laços com a nova categoria ou subcategoria. Marcas exemplares erguem barreiras enormes para os concorrentes e são grandes fontes de frustração para eles. Boa parte do trabalho de construção de marca dos concorrentes acabará ajudando a nova categoria ou subcategoria e, logo, o exemplar. O Google, seguindo o modelo de exemplares clássicos como Kleenex, Xerox, V-8, Crayola, Band-Aid, Jell-O e Birkenstock, criou barreiras decisivas à concorrência com seu forte posicionamento de exemplar. O maior sinal do *status* de exemplar é quando a marca se torna o nome da categoria ou subcategoria, como vemos na expressão "bota no Google".

Redes de marca. Se a empresa consegue criar redes em torno da sua marca, o trabalho da concorrência se torna mais complexo e difícil. A Apple se beneficia muito de uma rede de apoio que seria difícil de copiar, pois é controlada em grande parte pelos participantes e também porque é cultivada pela marca e seus produtos. Sempre houve um grupo de usuários da Apple com vida própria. Quando surgiram o iPod, o iPhone e o iPad, todos tinham uma rede grande e ativa de desenvolvedores de aplicativos que criavam e compartilhavam ideias para ampliar a utilidade do produto. Também havia uma nova geração de grupo de usuários da Apple, usando mídias sociais a fim de criar extensões coesas e significativas para os produtos e as marcas.

A grande ideia é que a marca está posicionada no centro de uma rede de usuários, programas, produtos, influenciadores e concessionárias, entre outros. Se a empresa consegue criar nós além da marca, ativá-los e ligá-los à marca, a marca ganha força e energia. Assim, a Avon está ligada a grupos comunitários e organizações de pesquisa do câncer por meio de sua Walk for Breast Cancer. A Salesforce.com tem inúmeras empresas que desenvolvem *software* para ser usado na sua plataforma, além de uma rede de empresas envolvidas nos seus programas sociais. A Pampers está ligada a organizações envolvidas em criar bebês e mantê-los saudáveis. Em todos esses casos, a marca foi ampliada. Agora, além do esforço de gestão de marca, os concorrentes precisam competir com a rede de marca, um desafio muito maior.

Fidelidade de marca. Quase sempre é mais fácil vender para os clientes fidelizados pela marca logo no começo, pois eles têm a necessidade e o interesse e talvez até gostem de correr riscos. Se esses clientes estiverem indisponíveis ou forem muito difíceis de atrair, os concorrentes precisarão incorrer em custos altíssimos para construir suas próprias bases. A fidelidade pode se basear em um atributo irresistível, uma personalidade de marca atraente ou um conjunto de valores que encontra eco junto ao público. Entretanto, ela também pode ser criada pelo custo de trocar de marca, como os custos de aprendizagem, no caso do *software*. E também há certos fatores muito subestimados por trás da fidelidade, mas não por isso menos poderosos, que afetam produtos como doces, carros e hotéis: hábito e familiaridade.

Normalmente, a empresa precisa decidir entre um esforço energético no sentido de acumular vendas, e outro mais moderado, que envolve reduzir riscos e investimentos ao mesmo tempo em que cria espaço para melhorias na oferta. A primeira opção, especialmente quando os concorrentes têm a capacidade e a disposição de copiar as inovações, alavanca todas as formas de fidelidade no futuro. Quanto mais gente está conectada à marca, maior a força de todos os fatores por trás da fidelidade. Se, no entanto, a oferta está evoluindo e os concorrentes enfrentam barreiras naturais, a abordagem mais lenta pode ser também a mais apropriada.

Devido à sua importância estratégica de longo prazo, vale a pena desenvolver programas que fortalecem e protegem a fidelidade. A necessidade mais básica é a de simplesmente cumprir a promessa de marca, mas as empresas podem ir muito além. Um programa de fidelidade, por exemplo, seria usado para sustentar uma afinidade natural com o cliente. Um bufê de iogurte congelado poderia solidificar o entusiasmo local com a distribuição de cartões de fidelidade. O cartão daria sobremesas de graça ao cliente e, no processo, estabeleceria um elo concreto entre cliente e marca. Outra ferramenta é a gestão dos pontos de contato com o cliente, aqueles momentos em que o cliente interage com a marca, para garantir que a experiência reforce sua fidelidade. Os pontos de contato mais especiais ocorrem quando surgem problemas com o cliente, pois estes representam os contextos nos quais o relacionamento pode ser fortalecido ou colocado em risco. O advento das tecnologias sociais significa que os extremos da satisfação do cliente têm o potencial de se multiplicar geometricamente. Casos dramáticos de insatisfação têm um grande potencial de ganhar força no espaço das mídias sociais e crescer além da conta.

Sendo o dono de um ou vários benefícios irresistíveis

Muitas das novas categorias ou subcategorias são definidas por benefícios irresistíveis que atraem clientes e servem de base para a fidelidade futura. Mas além de possuir uma tecnologia ou capacidade, como você consegue se apropriar de um benefício irresistível? Os quatro caminhos são criar uma aura de autenticidade, tornar-se um alvo móvel, desenvolver credibilidade visível e encontrar um diferenciador de marca.

Produzindo autenticidade. Uma marca que se afirma autêntica e pode representar os concorrentes como imitadores oportunistas cria uma vantagem significativa. As pessoas tendem a ser fiéis a marcas autênticas e até se ressentem de marcas que tentam imitá-las ou, pior ainda, são falsas e tentam ser originais. A cerveja Asahi Super Dry, apresentada no Capítulo 1, foi um sucesso incrível em 1986. A Kirin Draft Dry, lançada menos de dois anos depois, era um produto equivalente, mas fracassou justamente porque era uma tentativa óbvia de imitar o sucesso de uma concorrente menor que havia invadido o mundo da cerveja *lager* Kirin. O público enxergava claramente que uma empresa que se orgulhava de vender a melhor *lager* do mercado não tinha um investimento emocional no espaço das cervejas *dry*. A Kirin Draft Dry foi reprovada vergonhosamente no teste de autenticidade. O fato de a Asahi, com suas associações ocidentais, jovens e legais, ter um sabor mais vivo que a Kirin dificultou ainda mais a tarefa dessa última, pois conquistar um "sabor autêntico" não era suficiente.

Autêntico significa genuíno, original e confiável. Uma oferta genuína é aquela com a qual podemos contar, que sempre está à altura das nossas expectativas em todas as dimensões. Ela nunca decepciona. Original significa não copiar e não ser falso. A marca pode não ser pioneira, mas foi a primeira a acertar a oferta. Confiável indica que a organização ou o indivíduo por trás da oferta demonstra um interesse sincero, ou até uma paixão, pela ideia de criar um produto ou serviço genuíno.

Em última análise, conquistar e manter a autenticidade significa produzir toda uma proposição de valor e nunca aceitar meios-termos. Tudo começa com ter padrões elevados e o desenvolvimento das pessoas, da cultura e dos sistemas necessários para cumprir esses padrões. A empresa por trás de uma "marca de verdade" nunca cede. Em uma pesquisa de 2010, os nomes que mais inspiravam confiança eram Amazon, FedEx, Downey, Huggies e Tide, marcas que são consistentes no modo como cumprem suas promessas.[2]

Muito antigamente, a líder no mercado de cervejas (ao lado da Budweiser) era uma marca chamada Schlitz. O processo de produção da Schlitz foi comprometido para reduzir os custos. O resultado é que a cerveja ficava choca sem sair da prateleira e a marca perdeu tudo. Voltar à fórmula original e promover testes de sabor ao vivo durante o Super Bowl não foram suficientes. O problema é que a Schlitz não conseguia superar o fato de que, pura e simplesmente, a empresa se importava mais com custos e lucro do que com seu produto, sua marca e seus clientes. Quando você precisa responder a dúvidas sobre qualidade, esta passa a ser suspeita. Uma marca autêntica não precisa indicar diretamente a sua qualidade. Todos apenas pressupõem que o produto é de alta qualidade.

Normalmente, as marcas autênticas têm por trás de si uma organização com tradições, valores e programas que garantem o significado de sua promessa. Essas qualidades organizacionais são os grandes motores de uma imagem de autenticidade. Os princípios orientadores do Google, mencionados no Capítulo 8, levaram a uma interface limpa, rápida e funcional para o cliente. Lembre-se de que a Muji tem valores e uma história de estilo de vida tão fortes que a autenticidade vira prerrequisito. A Jet Blue valoriza segurança, carinho, diversão, integridade e paixão, e esses sentimentos têm um efeito óbvio para o público.[3]

Uma pesquisa australiana de 2009 revelou que a tradição é um motor da autenticidade.[4] Se a marca tem uma história relevante e envolvente por trás de si, a percepção de autenticidade é mais forte. A história do conceito de Henry Ford de um carro para todo o mundo, as histórias de serviço excelente nos hotéis Ritz-Carlton, a visão de "nuvem" da Salesforce.com, a história de Jared Fogle no Subway, todos ajudam a sustentar a autenticidade das suas respectivas marcas.

Quando a marca tem o nome do seu fundador, a história por trás dela se torna mais concreta. O sorvete Ben & Jerry's, o aspirador de pó Oreck e os biscoitos Famous Amos Cookies têm porta-vozes ativos que transmitem os objetivos e as visões das suas respectivas marcas. Outras, como L.L.Bean, Orville Redenbacher, Eddie Bauer, Peet's Coffee e Newman's Own, levam os nomes e histórias de seus fundadores apesar deles não estarem mais ativos. Finalmente, outras têm fundadores míticos que ainda contam uma história, como no caso da Victoria's Secret.

A autenticidade também pode se basear na tradição do local de origem da oferta, sendo muito usada para descrever vodkas russas, relógios suíços, perfumes franceses, queijos dinamarqueses, eletroeletrônicos japoneses, carnes argentinas e a Singapore Airlines. Ou a autenticidade pode nascer de associações regionais ou locais, como no caso da Ben & Jerry's no Vermont, Tom's of Maine no Estado do mesmo nome, Sam Adams em Boston, vinhos Gallo da Califórnia e vinhos Robert Mondovi de Napa. Em todos os casos, a associação com uma região fortalece a autenticidade, fazendo com que concorrentes sem essa associação precisem superar uma barreira mais difícil do que o normal.

Desenvolvendo credibilidade visível. A empresa precisa ser vista como capaz de cumprir a promessa por trás dos benefícios irresistíveis que oferece. A credibilidade pode ser o resultado de um bom histórico no mercado. Entretanto, ela é ainda mais impressionante quando os ativos, as competências e as estratégias ficam visíveis para os clientes. Esses fatores representam uma substância concreta e podem ser muito difíceis de copiar. A Kirin conseguiu demonstrar de modo muito convincente sua propriedade do processo de produção caro e complexo da cerveja Kirin Ichiban. A Saturn conseguiu usar sua fábrica em Springhill, seus funcionários e os *showrooms* das concessionárias para mostrar a qualidade e a cultura da empresa. A Best Buy tem o Geek Squad, um serviço de alta visibilidade, enquanto a Dryer's tem a tecnologia Slow Churned.

Operações com alta visibilidade que sustentam uma proposição de valor também podem gerar credibilidade. Quando um cliente ouve falar do modo especial como a Zara e a H&M trabalham para conseguir levar a última moda às suas lojas, a afirmação das lojas de ter novidades toda semana sai fortalecida. A Dell se tornou a líder absoluta em vendas diretas de computadores por mais de 10 anos com seu sistema *build to order*, no qual as máquinas são customizadas para cada pedido, o que permitiu que a empresa vendesse sempre a última tecnologia e ainda mantivesse custos baixos e excelentes níveis de contato com o cliente. O sistema de entrega reforçava a decisão do cliente de comprar diretamente da Dell. A FedEx criou uma inovação focada nas operações que permitiu que a empresa controlasse os pacotes, um benefício tão revolucionário que conseguiu redefinir toda a subcategoria.

Tornar-se um alvo móvel. Quando uma marca possui uma inovação significativa que oferece benefícios que ganham força no mercado, quase sempre algum concorrente tenta copiá-la ou tenta encontrar uma maneira de neutralizá-la com outra inovação. Quando a nova oferta e a categoria ou subcategoria que representa são dinâmicas, a marca passa a ser um alvo móvel, pois nunca fica parada. A Gillette é uma máquina de inovação porque está sempre criando subcategorias e depois melhorando-as e substituindo-as. Desde o Trac II, de 1971, o primeiro barbeador de duas lâminas, a empresa lançou o Altra, o Sensor, o Mach3, o Venus e o Fusion, além de uma série de inovações com submarcas como Trac II Plus, Sensor Excel, Mach 3 Turbo, Venus Embrace e Fusion ProGlide, com um "limpa-neve" que impede a aquaplanagem e um novo *design* ergonômico. Ninguém sabe ser um alvo móvel melhor do que a Gillette.

Pense nos exemplos a seguir de marcas que criaram barreiras que se expandiram e mudaram com o tempo. O iPod teve meia dúzia de variações, como o iPod nano, que deixaram a Apple menos vulnerável em termos de segmentos ou aplicações especializadas. Todos os anos, o Prius inclui avanços significativos, assim, os concorrentes continuam correndo atrás do prejuízo. A P&G transformou o detergente Tide e seus produtos de higiene feminina em alvos móveis com uma série de inovações contínuas, todas projetadas para atender os desejos essenciais de conforto, proteção e feminilidade das consumidoras.

Encontrar um diferenciador de marca. O desafio é se apropriar de um benefício o máximo de tempo possível de modo a evitar que ele se torne parte do ruído em torno da categoria ou subcategoria. Uma resposta é dar uma marca a ele, ou seja, criar um diferenciador de marca, pois as empresas podem ser proprietárias de fato de uma marca. Outros lojistas podem imitar ou até melhorar os serviços da Best Buy, mas eles nunca terão um Geek Squad ou sua personalidade e associações, pois a marca é propriedade da Best Buy.

Como resumido na Figura 9.3, um *diferenciador de marca* é um recurso, ingrediente, tecnologia, serviço ou programa que cria um ponto de diferenciação significativo para uma oferta de marca durante um longo período de tempo, sendo que a diferenciação recebe uma marca e é gerenciada ativamente.

Um diferenciador de marca pode ser um recurso, ingrediente, tecnologia, serviço ou programa que afeta a oferta, em geral sinalizando claramente seu desempenho superior. O sistema OnStar da General Motors, por exemplo, é um recurso de marca que notifica automaticamente sobre o acionamento do *airbag* para agências de assistência na rodovia, localização de veículos roubados, serviços de emergência, destravamento remoto de portas, diagnóstico

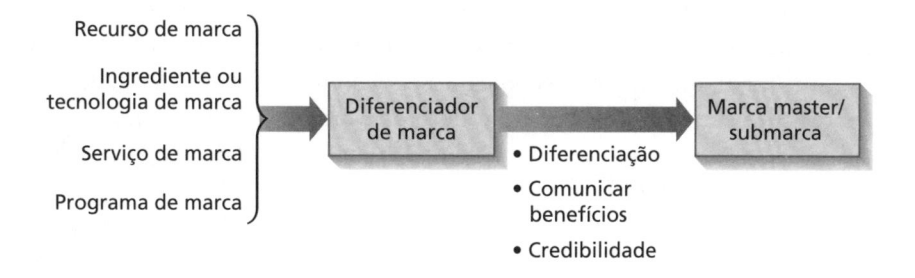

Figura 9.3 Diferenciadores de marca.

remoto e serviços de *concierge*. As marcas EarthGrains, da Sara Lee, usam o ingrediente de marca Eco-Grain, um novo tipo de trigo que apoia práticas agrícolas sustentáveis.[5] A Sharp batizou sua tecnologia televisiva de quatro cores da linha Aquos de Quadpixel. O sistema ARMS da Enterprise oferece um serviço de marca para seguradoras, permitindo que elas gerenciem a entrega de carros de aluguel para seus clientes.

O diferenciador de marca deve ser significativo, ou seja, ele precisa ser muito importante para os clientes e representar um ponto de diferenciação. Por exemplo, a rede de hotéis Westin criou em 1999 a Heavenly Bed, apresentada no Capítulo 1. A cama tem colchão exclusivo projetado pela Simmons, com 900 molas, um cobertor confortável e adaptado ao clima do local, um edredom macio, lençóis de alta qualidade e cinco travesseiros de pena de ganso. A Heavenly Bed se tornou um diferenciador de marca em uma categoria superlotada na qual a diferenciação é um grande desafio. O produto era significativo porque era uma cama realmente melhor e porque ia ao fundo da promessa do hotel: uma boa noite de sono. Ela também teve um impacto significativo. Durante seu primeiro ano de vida, os hotéis Westin com a Heavenly Bed tiveram aumentos de 5% na satisfação do cliente; crescimento significativo na percepção de limpeza, qualidade da decoração e manutenção; e índices de ocupação maiores.

O diferenciador de marca também precisa merecer gerenciamento ativo com o passar do tempo e justificar esforços de construção de marca. Ele deve ser um alvo móvel. A Heavenly Bed recebeu esse tratamento com um grupo ativo e crescente de programas de construção de marca. A recepção da cama foi tão forte que a Westin começou a vendê-la; em 2004, a empresa vendeu cerca de 3.500 camas e o produto estava à venda nas lojas Nordstrom. Imagine, vender uma cama de hotel. Pense no *buzz*. O conceito foi ampliado e hoje inclui o Heavenly Bath, que tem dois chuveiros, além de sabonetes e toalhas. A marca tem até uma cama para cachorros (Heavenly). Todos os produtos da linha Heavenly podem ser comprados pela Internet na Westin At Home Store. Um recurso, ingrediente, tecnologia, serviço ou programa valorizado pelo cliente serve para diferenciar um produto, mesmo que não tenha marca própria. Mas, então, por que criar uma marca? Além de ser fonte da propriedade de um benefício, o diferenciador de marca também dá credibilidade e legitimidade a uma afirmação. A marca diz especificamente que o benefício era tanto que valia a pena criar uma marca, ou seja, que ele é significativo. Um estudo incrível de atributos com marca própria mostrou a capacidade das marcas de gerarem credibilidade. Carpenter, Glazer e Nakamoto, três acadêmicos de renome, descobriram que a inclusão de um atributo com marca (por exemplo, enchimento "classe alpina" para uma jaqueta de pluma, "milanesa autêntica" para massa e *"design* de estúdio" para CD *players*) tem um efeito significativo na preferência do cliente, favorável a marcas com preços premium. Os participantes conseguiam justificar os preços maiores por causa dos atributos com marca própria, apesar de não terem ideia de por que esses atributos eram superiores.[6]

Um diferenciador de marca também facilita a comunicação. Um recurso com marca própria, como o Action Cup da Oral B, em que uma escova dental com exclusiva cabeça redonda permite a limpeza de cada dente, é uma maneira de concretizar os detalhes do recurso, tornando-o mais fácil de entender e de lembrar. Além de ajudar a comunicar o que ela faz, a marca Geek Squad da Best Buy também comunica a sua energia e personalidade. Ela diz quem eles são. Em geral, um serviço de marca ajuda a capturar a essência e o escopo de um conceito que poderia ser multidimensional e complexo demais, direcionado a um público que simplesmente não se importa o suficiente para se esforçar e tentar entendê-lo.

A Amazon desenvolveu um recurso poderosíssimo, a capacidade de recomendar produtos como livros e DVDs com base nos interesses do cliente, uma vez que estes estão refletidos no seu histórico de compras e no histórico de pessoas que compraram produtos semelhantes. Mas a empresa nunca deu uma marca a esse recurso. Não é uma tragédia? Por causa dessa decisão, o recurso se transformou basicamente em uma *commodity*, algo presente em qualquer *site* de *e-commerce*. Se a Amazon tivesse criado e gerenciado ativamente uma marca, melhorando a função com o tempo, a empresa teria criado um ponto de diferenciação duradouro que hoje não teria preço. A Amazon perdeu uma oportunidade de ouro. Mas ela não cometeu o mesmo erro com o One-Click, que permite que o usuário compre apenas com um clique, um serviço de marca com um papel crucial em definir a Amazon em um mercado confuso. A empresa também não cometeu esse erro quando os usuários do Kindle fazem *download* de livros digitais por meio da Amazon Whispernet, uma marca que representa o serviço rápido e fácil de usar de *download* de livros, oferecido pela Amazon para auxiliar a venda de livros para Kindle.

Relacionamento com os clientes

Um concorrente pode copiar ou neutralizar benefícios funcionais, mas não é tão fácil copiar outros aspectos da marca, especialmente aqueles que criam relacionamentos com o cliente que vão além da funcionalidade e estão por trás da definição de uma nova categoria ou subcategoria.

Enriquecer a marca. Um segredo é fazer com que a marca e subcategoria que ela define envolvam mais do que produção de benefícios funcionais. Se a marca se tornar um exemplar e cercar a si mesmo e a sua categoria ou subcategoria com uma ampla gama de associações, ela será mais difícil de acompanhar ou superar. Com mais associações para serem estabelecidas, os concorrentes têm mais dificuldade em ganhar credibilidade na nova categoria ou subcategoria. Os concorrentes têm maior probabilidade de serem deficientes, o que significa que eles não conseguem ser relevantes. Quando a deficiência não se baseia em uma funcionalidade, mas sim, em uma combinação de interesses em comum, personalidade, paixão pela categoria ou subcategoria, atributos organizacionais ou programas de responsabilidade social, a vida dos concorrentes pode ficar muito frustrante. Se você construiu uma ratoeira melhor, ou uma igualmente boa e apenas mais barata, os clientes não deveriam preferir o seu produto? Não necessariamente.

Quando a marca é capaz de se tornar o exemplar da sua respectiva categoria, os concorrentes precisam se equiparar ou superar o total da marca, não apenas sua dimensão funcional. Nesse caso, a complexidade da marca passa a jogar a favor do exemplar. Prius, iPod, iPhone, Zara, Muji, Zappos, Subway, Whole Foods Market, Zipcar, Wheaties Fuel, Healthy Choice, Southwestern Airlines e ESPN definiram uma categoria ou subcategoria com o conjunto de associações desenvolvidas para cada uma delas como marcas exemplares. A riqueza e complexidade da marca fortalecem ainda mais o *status* de exemplar.

Os modos como a marca e sua categoria e subcategoria podem ser enriquecidos além dos benefícios funcionais incluem interesses compartilhados, personalidade de marca e associações organizacionais, os quais foram descritos no Capítulo 8. Um interesse autêntico compartilhado por clientes e marca, como Pampers e cuidado com bebês, Hobart e cozinhas de organizações de serviços de alimentação e Kaiser e vida saudável, erguem uma barreira para os concorrentes. Uma marca e sua categoria ou subcategoria podem receber uma personalidade, como aconteceu com Asahi Dry Beer, Zara, Saturn e Segway, o que representa benefícios sociais e autoexpressivos. Associações organizacionais, como ser global, inovador, orientado pela qualidade, orientado pelo cliente, envolvido com questões sociais ou ter valores verdes, podem ser uma barreira difícil de superar.

Envolver o cliente. As ofertas que expandem seu escopo envolvem o cliente de modo que vão além dos benefícios funcionais do produto ou serviço e também criam barreiras para os concorrentes. O *site* Betty Crocker Mixer, por exemplo, convida os membros a conversarem com especialistas e se conectarem uns com os outros. No *site* da Harley-Davidson, os motoqueiros podem postar fotos da sua última viagem. A BMW tem pistas de corrida onde você pode ir dirigir os carros da marca. Em todos esses casos, a marca cria e aprofunda o relacionamento, intensificando a fidelidade do cliente e roubando a relevância dos concorrentes.

Como observado anteriormente, a P&G desenvolveu o produto de cuidado da pele SK-II quando observou que as trabalhadoras mais velhas em uma fábrica de saquê tinham uma pele jovem e macia. A observação levou a um ingrediente batizado de Pitera. Mas a P&G foi além do produto e criou uma experiência holística total para as consumidoras, incluindo um regime de cuidado da pele, dicas de beleza e uma experiência excepcional nas lojas. As lojas de departamento usam um sistema eletrônico sofisticado para análise de cuidados de beleza. O sistema avalia e monitora a condição da pele: linhas, rugas, textura e manchas. As especialistas dão recomendações personalizadas e mantêm uma relação com suas clientes. Elas até mandam flores em datas especiais. O resultado é um negócio de meio bilhão de dólares e mulheres que gastam até 5 mil dólares por ano em produtos de beleza. Talvez fosse viável criar um produto concorrente, mas duplicar a experiência como um todo seria dificílimo.

As mídias sociais levaram o envolvimento a um novo patamar.[7] Se uma marca consegue se conectar a uma comunidade, essa conexão reforça a sua autenticidade. Por exemplo, os proprietários do Smart Car, um carro pequeno e engraçadinho, formam uma rede social de cerca de 11 mil membros e 200 subcomunidades, algumas das quais organizam eventos locais. A comunidade é tão fiel que protegeu a marca de um boato sobre problemas na caixa de câmbio.

Se a marca não tem seguidores fanáticos, ela precisa de um interesse, atividade compartilhada ou causa que se encaixe para embasar uma comunidade. O instrumento de desenho Sharpie formou uma comunidade, composta principalmente de *designers*, que gira em torno da criatividade. Uma ideia era ter uma parede de autógrafos nos bastidores de um festival de música *country* e mostrá-la para o público durante uma tarde. A Columbia, fabricante de roupas para atividades ao ar livre, usa a plataforma social *online* Meetup para promover reuniões *offline* e patrocinar grupos de caminhada e aventura. Uma causa em comum também pode mobilizar a comunidade. A Dove tem uma comunidade que tenta redefinir o conceito de beleza feminina da sociedade. A Nissan está criando uma comunidade em torno de veículos com emissão zero para auxiliar seu novo modelo de carro elétrico, o Leaf.

Estão emergindo algumas diretrizes claras em torno das mídias sociais. Primeiro, o papel correto da marca é sustentar, cultivar, ser parceira e possibilitar. Controlar simplesmente não dá certo. Segundo, a comunidade precisa ser vista como intrigante, útil ou uma extensão de um interesse ou estilo de vida. Ela não pode ser um esforço mal-disfarçado de construção de marca. Terceiro, as comunidades precisam ser autênticas, enfocadas em uma necessidade real, como compartilhar conhecimento ou paixões de verdade. Não há participação sem um porquê.

Energizar a marca. Para manter barreiras fortes, é importante criar uma posição de liderança em energia, garantindo que os concorrentes sempre pareçam cansados. A melhor maneira é ter um fluxo contínuo de inovações de alta visibilidade e manter a oferta sempre renovada. Entretanto, isso nem sempre é possível e, mesmo quando for, os concorrentes também podem parecer inovadores. Nesse caso, esse é o momento de encontrar algo que tenha energia e ligá-lo a marca, criando e cultivando um energizador de marca. Os caminhos para a criação de energia e visibilidade serão apresentados no Capítulo 10, que apresenta o problema de manutenção da relevância.

Ligar a marca à categoria ou subcategoria

A marca precisa estar ligada à nova categoria ou subcategoria para ser relevante no futuro. A marca deve vir à mente sempre que a categoria ou subcategoria é mencionada. Sem a ligação e a respectiva relevância, a marca não conseguirá influenciar e gerenciar a definição da nova categoria ou subcategoria. Uma ligação forte que permite que a marca domine a avaliação do conjunto de consideração representa uma barreira significativa à concorrência.

Em um mundo ideal, a marca deve ser o exemplar, como no caso do iPod, da Asahi Super Dry e da Amazon, com a categoria ou subcategoria sendo descrita com o nome da marca. O grau de relevância dos concorrentes na categoria ou subcategoria passa a ser proporcional à sua semelhança com o exemplar.

Um concorrente que enfrenta uma marca exemplar está sempre na defensiva, pois qualquer tentativa de diferenciação arrisca uma perda de relevância.

O nome de marca descritivo certo pode ser um rótulo para a categoria ou subcategoria. Na prática, isso transforma a marca em exemplar. Nesse caso, seria impossível não pensar na marca quando a categoria ou subcategoria é mencionada. A Lean Cuisine e a Weight Watchers, por exemplo, estão ligadas ao controle de peso de duas perspectivas diferentes. Se a subcategoria for programas de controle de peso, a marca Weight Watchers vem à mente. Se, no entanto, a característica que define a subcategoria for alimentos com baixo teor de gordura, a Lean Cuisine é predominante. As marcas O Organics e Eating Right, da Safeway, sinalizam para quais categorias cada uma é relevante.

Obviamente, um nome de marca descritivo também pode ser restritivo. O Fiber One teria muita dificuldade em uma área na qual o teor de fibras não é relevante. Se a Amazon se chamasse Books.com, a empresa teria um problema de relevância e credibilidade quando tentasse entrar na ampla variedade de categorias de produtos nas quais de fato entrou. Assim, quase sempre há um equilíbrio entre conquistar uma vantagem de relevância em uma categoria ou subcategoria e criar espaço para flexibilidade estratégica no futuro.

Em alguns casos, é claro, nenhuma marca se alça ao posto de exemplar. Nessa situação, a marca precisa ser vista como uma opção crível para a categoria ou subcategoria emergente e estabelecer um elo forte com esta. Uma maneira de fazer essa conexão é simplesmente a força bruta: propaganda, embalagem e patrocínios que conectam a marca à nova categoria ou subcategoria. Algumas marcas já tiveram sucesso com essa estratégia, mas ela pode ser cara e difícil, pois o público talvez não tenha a motivação apropriada para processar as informações e aprender as conexões.

Este capítulo analisou os quatro caminhos para criar barreiras à concorrência. O próximo examina o risco que as marcas tradicionais correm de perder a relevância à medida que novas categorias ou subcategorias aparecem no mercado e o desafio de ganhar relevância em uma categoria estabelecida.

Lições principais

A criação de categorias é cara, arriscada e estressante para as organizações. A recompensa para aquelas que têm sucesso depende das barreiras competitivas que conseguem erguer. Quanto maior a barreira, maior o fluxo de lucros imediatos e o momento de mercado. As barreiras incluem:

- Criar barreiras de investimento, como tecnologias ou capacidades proprietárias, execução superior, economias de escala, *brand equity*, redes de marca e uma base de clientes fiéis;

- Apropriar-se de um benefício ou conjunto de benefícios irresistíveis, tornando-se a marca mais autêntica, promovendo credibilidade visível, transformando-se em um alvo móvel ou usando um diferenciador de marca para caracterizar a inovação;

- Ter um relacionamento com o cliente que vai além dos benefícios funcionais e se baseia em envolver o cliente com a marca; energizar a marca; ou enriquecer a marca com interesses compartilhados, personalidade, paixão, atributos organizacionais e programas sociais;

- Desenvolver laços fortes com a nova categoria ou subcategoria, se possível transformando a marca no seu exemplar.

Para discussão

1. Analise diversas novas ofertas baseadas em inovações substanciais ou transformacionais criadas pela sua ou outras empresas. Quanto tempo elas aproveitaram um vácuo competitivo ou vantagem significativa? Que barreiras foram criadas? Alguma dessas barreiras poderia ter sido mais forte?

2. Identifique marcas que ergueram barreiras fortes para a concorrência, uma no seu setor e uma em outro. Quais foram essas barreiras? Como elas foram criadas? Algum ativo ou competência da empresa foi alavancado no processo?

3. Que empresas você admira por desenvolver relacionamentos fortes com seus clientes? Por desenvolver diferenciadores de marca que fizeram a diferença? Quais lições elas nos ensinam?

4. Identifique marcas que são exemplares em suas categorias ou subcategorias. Como elas alcançaram essa posição?

Capítulo 10

Mantendo a Relevância em meio à Dinâmica do Mercado

Se você está na estrada certa, vai ser atropelado se não se mexer.
—Will Rodgers

Nada é mais divertido do que atirarem em você e errarem.
—Winston Churchill

Em meio à dinâmica do mercado, as empresas correm o risco de perder a relevância quando suas respectivas categorias ou subcategorias não têm mais importância ou são redefinidas, tornando suas marcas relevantes para números cada vez menores de clientes. Este capítulo descreve as muitas forças por trás desse fenômeno, mas uma delas é a relutância crescente em comprar de empresas consideradas inaceitáveis em termos dos seus valores ou do modo como usa seu poder de mercado. Mudar uma reputação desse tipo é difícil por motivos internos e externos. Mas a Walmart, em uma das histórias de marca mais impressionantes da década, conseguiu. O caso mostra como e por que a empresa mudou.

Walmart

Em 2005, a Walmart estava em ascensão.[1] Suas vendas chegavam a quase 300 bilhões de dólares, quase três vezes o valor de 10 anos antes. No mesmo período, o número de lojas tinha passado de 3 mil para cerca de 5 mil, e a área média de cada loja também crescera. Entretanto, a empresa enfrentava algumas dificuldades persistentes, às vezes acompanhadas de boicotes e processos judiciais, que estavam sempre na mídia.

Quatro pontos se destacavam. Primeiro, a Walmart tinha a reputação, alimentada pelos sindicatos, de tratar seus funcionários de modo injusto, com programas de seguro de saúde inadequados, salários baixos (descritos por algumas pessoas como abaixo do nível de subsistência) e discriminação contra trabalhadores do sexo feminino, uma série de políticas que, segundo os críticos, incentivava ou até forçava a concorrência a fazer o mesmo. Segundo, a aquisição de produtos na China e em outros países, que afetava o déficit comercial dos EUA, exportava empregos e evocava o espectro da exploração dos trabalhadores, era resultado em parte do foco da Walmart em custos baixos, considerado uma obsessão por alguns críticos. Terceiro, alguns eleitores e políticos locais acreditavam que a chegada da Walmart em uma região fazia com que pequenos comerciantes fossem à falência e criava aumentos indesejáveis no trânsito e no crescimento urbano. Quarto, havia histórias sobre como a Walmart fazia exigências em termos de preços e marcas que os fornecedores que dependiam das compras da rede eram forçados a fazer concessões em suas marcas e produtos, transferir a produção para o exterior e até fechar as portas.

Além de roubar a atenção da mensagem da Walmart, esses pontos negativos também tinham um impacto prático na estratégia de negócios da empresa. Cada vez mais comunidades estavam rejeitando as lojas da Walmart, o que afetava as estratégias de crescimento e as decisões sobre localização. Acima de tudo, a imagem negativa da Walmart entre uma parcela crescente do mercado, indivíduos com preocupações sociais, afetava sua capacidade de conquistar e fidelizar clientes, especialmente frente a concorrentes como Costco e Target. Uma pesquisa revelou que 8% dos americanos haviam parado de comprar na Walmart por causa da sua reputação.[2] Esse é o grande desafio de relevância. A Walmart tentou se contrapor à imagem negativa refutando ou reposicionando as premissas, mas esses esforços podem ter piorado ainda mais a situação, pois a Walmart não tinha a credibilidade necessária para rebater essas críticas tradicionais.

Rob Walton, presidente da Walmart e grande fã dos esportes ao ar livre, fora desafiado durante uma de suas viagens de aventura a fazer com que a empresa se tornasse líder na luta contra os problemas ambientais, alguns dos quais ele conhecia muito bem.[3] Foi como se uma lâmpada se acendesse sobre a sua cabeça. Além do argumento fazer sentido para um amante da natureza, talvez um esforço com tanta visibilidade pudesse mudar o diálogo em torno da Walmart. No mínimo, ele criaria informações e sentimentos que se oporiam à narrativa do momento e neutralizariam a imagem negativa na imprensa.

Em junho de 2004, Walton reuniu o CEO Lee Scott e o consultor ambiental que o desafiara para que conversassem sobre os próximos passos. O grupo decidiu avaliar por um ano aspectos ambientais da Walmart. Logo ficou claro que a Walmart estava operando com um baixo nível de sensibilidade ambiental. A surpresa é que além de ajudar o meio ambiente, as melhorias também economizariam quantias gigantescas para a empresa. Só a diminuição das embalagens economizaria 2,4 milhões de dólares em custos de expedição. Para sua frota de cerca de 7 mil caminhões, a instalação de uma fonte de energia auxiliar para manter as cabines quentes ou frias durante os intervalos economizaria 26 milhões de dólares. E assim por diante. Parecia que todos sairiam ganhando.

Em agosto de 2005, Scott anunciou internamente que a Walmart se tornaria líder em programas ambientais, com metas específicas em termos de sustentabilidade. A empresa desenvolveu metas concretas de redução do consumo de energia para frota, lojas e produtos. Alimentos orgânicos e até roupas feitas de algodão orgânico ganharam destaque nas lojas. Mais do que preferência, os fornecedores de produtos ou embalagens ambientalmente corretos, desde pescadores de salmão no Alasca à Unilever (cujo detergente compacto usa menos espaço e material de embalagem que outros produtos semelhantes), receberam apoio da Walmart. Os fornecedores, cerca de 60 mil espalhados por todo o mundo, foram incentivados a se tornarem verdes. Foram formadas 14 redes com foco em sustentabilidade e o objetivo de compartilhar ideias e informações. As redes giravam em torno de questões como logística, embalagem e produtos florestais e eram compostas por executivos da empresa, fornecedores, grupos ambientais e reguladores. Dado o tamanho da presença e influência da Walmart ao redor do mundo, esses programas podiam fazer uma grande diferença.

Em 2009, o programa provara seu valor e foi expandido.[4] O esforço corporativo, batizado de Sustainability 360, abrangia funcionários, fornecedores, comunidades e clientes. Uma série de metas, envolvendo programas como fontes de energia renovável usadas nas operações e nos produtos ambientalmente corretos, garantiu o avanço do projeto. Para motivar os fornecedores, a empresa promoveu o Encontro de Sustentabilidade de Pequim em outubro de 2009. Quem poderia imaginar que a Walmart teria uma iniciativa como essa? E a expectativa inicial de que os programas se pagariam foi subestimada: as economias foram maiores do que o antecipado, assim como a resposta dos clientes a ofertas como os tecidos de algodão orgânico.

Os programas afetaram o diálogo. Das 3 mil marcas avaliadas pelo banco de dados Brand Asset Valuator da Y&R, a Walmart chegou à 12ª posição na escala de responsabilidade em 2008, uma conquista incrível.[5] Em 2010, a imprensa publicou reportagens com títulos como *Projeto Verde Torna Mais Difícil Odiar a Walmart* e

A Revolução Ambiental da Walmart.[6] Os críticos mais ferozes da Walmart ainda estão por aí, mas sua intensidade e abrangência estão bem menores. O desafio de relevância da Walmart ainda não acabou, mas ficou muito mais fácil. Além disso, a trajetória é positiva, uma mudança impressionante em relação à posição inicial da empresa poucos anos antes.

Evite a perda de relevância

O caminho para a vitória é criar e gerenciar as percepções de uma nova categoria ou subcategoria de produtos, tornando os concorrentes irrelevantes. Mas outro objetivo é apenas não perder. A marca perde quando deixa de manter sua relevância, quando se torna a marca do passado. Além de impedir a derrota, a manutenção da relevância também preserva uma plataforma para iniciativas e sucessos no futuro.

Como se perde relevância? De duas maneiras.

Um dos caminhos é perder a relevância na categoria ou subcategoria. Os clientes simplesmente não querem mais comprar o que você vende, apesar de sua oferta ainda ter a mesma alta qualidade de sempre e os clientes continuarem apaixonados pela sua empresa. Se uma marca está presa a uma categoria ou subcategoria que está em decadência em relação a outra, emergente, a relevância e as vendas da marca irão cair.

O segundo caminho é perder a relevância em energia, assim como a energia e visibilidade que a acompanham. Se o mercado tem outras marcas com mais energia, por que considerar uma cansada e com nada de novo ou interessante a oferecer? Sem energia, a marca pode ficar presa ao passado e ser apropriada apenas para as gerações

Figura 10.1 A mensagem de sustentabilidade da Walmart.

mais velhas. Ou talvez ela perca a visibilidade para ser considerada e simplesmente desapareça no ruído.

Aliás, quando uma marca tenta se tornar relevante em uma categoria ou subcategoria tradicional, ela precisa trabalhar as duas dimensões da relevância. Assim, a marca precisa desenvolver relevância na categoria ou subcategoria e relevância em energia.

Este capítulo descreve essas duas dimensões da relevância e considera maneiras ativas de evitar que elas se tornem os motores de uma decadência em relevância. As duas dimensões devem integrar a revisão da estratégia de marca de qualquer empresa. Além disso, saber como prevenir a perda de relevância permite entender melhor o conceito de relevância que ajuda todas as empresas na luta para se tornarem relevantes.

Relevância na categoria ou subcategoria do produto

Uma marca pode perder relevância porque a categoria ou subcategoria à qual está ligada está em decadência ou mudando de tal modo que a marca não é mais considerada relevante. O que está sendo comprado mudou. Esse tipo de perda de relevância é muito traiçoeiro, em parte porque pode acontecer gradualmente e durante um longo período de tempo. Além disso, ele pode ocorrer mesmo se a marca for forte, os clientes fiéis e a oferta, com o benefício de inovações incrementais, nunca foi menor. O banco de dados Brand Asset Valuator da Y&R mostra claramente que a relevância é necessária para o sucesso; sem ela, a diferenciação nada vale. A perda de relevância é terrível e pode ser fatal para a empresa.

O problema a seguir é muito comum. Uma marca parece forte, pois os estudos de acompanhamento mostram que ela mantém altos níveis de confiança, estima, percepção de qualidade e talvez até percepção de inovação. Os clientes podem continuar satisfeitos e fiéis. Entretanto, sua participação de mercado está caindo, e poucos clientes, especialmente novos clientes, levam ela em consideração. Por quê? Em muitos casos, a marca está em apuros por causa de mudanças ou decadência da categoria ou subcategoria de produtos à qual ela está associada, que pode estar sendo redefinida ou substituída. A marca se tornou irrelevante para um ou mais segmentos importantes.

Se um grupo de clientes quer sedãs híbridos em vez de utilitários esportivos, não importa o quanto as pessoas respeitem o seu utilitário esportivo. Talvez elas ainda respeitem o utilitário esportivo, acreditando que ele tem a melhor qualidade e valor do mercado. Talvez até amem o produto e o recomendem a qualquer amigo interessado. Se um dia quisessem comprar outro utilitário esportivo, comprariam o seu. Mas se estão interessados em um sedã híbrido porque o seu conjunto de necessidades mudou, então sua marca será irrelevante para eles, uma vez que está ligada demais aos utilitários esportivos. Esse fato pode ser verdade mesmo que sua marca também fabrique sedãs híbridos, talvez sob uma submarca, pois ela não tem credibilidade entre os híbridos.

Não há tragédia maior do que ser brilhante na criação de diferenciação, sair-se vitorioso na batalha por preferência e gastar recursos valiosíssimos em uma marca apenas para descobrir que o esforço foi por água abaixo devido a um problema de relevância. Pense na empresa de orelhões que controlava os melhores locais. Ou no jornal com a melhor equipe editorial. Ou a marca que pretendia conquistar um grande mercado de prestígio em vestuário e que descobre que a moda mudou.

Os mesmos elementos que fortalecem uma marca podem se tornar um problema quando o mercado muda. A Kirin, como vimos anteriormente, não tinha credibilidade como opção de cerveja *dry*, então, quando os clientes abandonaram a *lager* e adotaram a *dry*, a Kirin foi excluída do conjunto de consideração. Seu ponto forte em termos de vender a melhor *lager*, com uma rica tradição na subcategoria e uma base de clientes fiéis, ainda que mais velhos, se tornaram obstáculos e impediram que a empresa se ajustasse ao novo mercado.

Uma marca pode ser jogada na área das inaceitáveis porque os critérios ficaram mais estritos. Talvez um concorrente tenha criado um novo produto que destaca um recurso específico. Ou um novo padrão de desempenho tenha alterado a disposição dos clientes de considerar a marca. Ou talvez a tendência por alimentação saudável tenha dado mais importância e visibilidade a uma dimensão, por exemplo, o teor de gordura do alimento.

A perda de relevância também pode ocorrer depois que a marca comete um tropeço em relação a um aspecto importante de qualidade ou confiabilidade. A Audi sofreu durante décadas depois que um segmento do programa *60 Minutes* sugeriu que um dos seus carros tinha a tendência de acelerar sozinho, apesar de a afirmação provavelmente ser falsa. A Audi até mudou o *design* de modo a tornar esse evento impossível, mas a lembrança da péssima publicidade tornou a Audi irrelevante para consumidores que não tinham a motivação necessária para entender os fatos. A Toyota enfrentou um problema semelhante e também *tem* o desafio de reconquistar a confiança do público. Do mesmo modo, a Perrier uma vez precisou enfrentar um problema de contaminação da água que prejudicou o seu *brand equity* e afetou sua distribuição e imagem.

Um recurso relativamente pouco importante pode se tornar um elemento crítico na sua decisão de considerar uma marca. Alguns clientes passaram anos evitando os carros alemães porque eles não tinham porta-copos, uma qualidade que os engenheiros alemães provavelmente consideravam, com razão, um sinal da falta de seriedade dos motoristas com relação ao amor pelo automobilismo. Assim, um atributo insignificante afetava a decisão de considerar a definição da categoria ou subcategoria. Uma pergunta essencial é: o que essa marca tem que a exclui de consideração? A resposta pode determinar uma dinâmica de mercado que está afetando a relevância.

Estratégias de relevância na categoria ou subcategoria

A Figura 10.2 resume quatro estratégias de resposta que as marcas podem usar quando correm o risco de perder sua relevância na categoria ou subcategoria. Nas páginas a seguir, veremos um pouco sobre cada uma delas e analisaremos a opção de desinvestir ou sair.

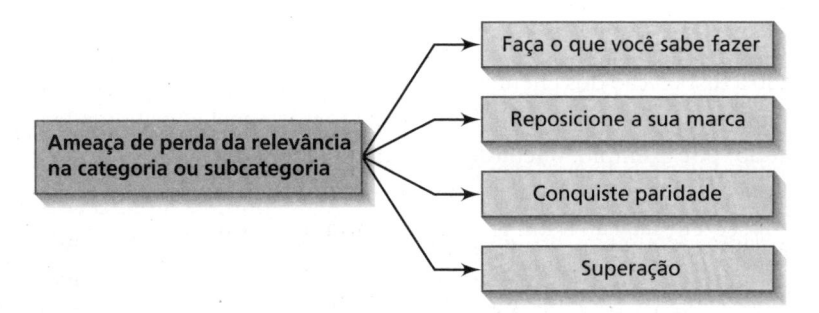

Figura 10.2 Respondendo a uma ameaça à relevância na categoria ou subcategoria: quatro estratégias.

Faça o que você sabe fazer

A estratégia padrão é "faça o que você sabe fazer". Pare a erosão das vendas ou talvez até reverta o processo com melhorias incrementais, investimento em qualidade da marca e o cumprimento da promessa. A Kirin poderia ter defendido para os clientes que a *lager* ainda era relevante, talvez contemporizando a tradição ou encontrando uma maneira de renovar a história sobre a qualidade. Talvez a empresa tivesse conseguido atenuar ou até reverter a ascensão da cerveja *dry*.

Pense no barbeador. Quando os barbeadores elétricos foram lançados no mercado na década de 1930, havia previsões de que o barbeador tradicional estava nas últimas. As vantagens do barbeador elétrico — mais limpo, mais rápido, menos arriscado — pareciam irresistíveis. Entretanto, a história foi exatamente o contrário. O barbeador tradicional venceu a batalha e cresceu com vigor. Parte do mérito fica com o incrível fluxo de inovações da Gillette, do Trac II no começo dos anos 1970 ao Fusion Power em 2010. A energia e o desempenho desses avanços acabaram com a ameaça do barbeador elétrico.

Patrick Barwise e Sean Meehan oferecem um motivo para a estratégia "faça o que você sabe fazer" em seu livro *Simply Better* ("Simplesmente Melhor"). Eles argumentam que os clientes, especialmente no caso das empresas de serviços, querem comprar a melhor opção, aquela que é simplesmente melhor que as outras.[7] Segundo Barwise e Meehan, o pressuposto de que os clientes querem algo diferenciado e exclusivo é de um exagero incrível. Em vez disso, eles argumentam que deveríamos nos concentrar apenas em cumprir a promessa central da melhor maneira possível, em vez de tentar criar ou participar de novas subcategorias.

A estratégia de fazer o que você sabe fazer é muito usada por redes de *fast food*. Uma delas é a In-N-Out Burger, uma rede no Oeste dos Estados Unidos que desenvolveu seguidores fiéis com um cardápio de hambúrgueres, batata frita, *milk-shake* e bebidas e que não fez esforço para se ajustar à tendência de alimentação saudável. A In-N-Out simplesmente continua a oferecer o mesmo cardápio, sem meios-termos com relação à qualidade, à consistência e ao serviço prestado. Um pressuposto por trás da estratégia é que a tendência de alimentação saudável não vai tomar conta do mercado; sempre haverá um segmento grande e estável que está mais interessado em sabor e familiaridade.

A estratégia de fazer o que você sabe fazer envolve investir na estratégia de manter e melhorar a oferta existente para tentar vencer a batalha. Em vez de ignorar as dinâmicas do mercado, a empresa reconhece a emergência das novas categorias e subcategorias e decide lutar contra essas tendências. A empresa corre o risco de lutar uma guerra inútil e precisa responder se não há investimento melhor do que usar o velho para lutar contra o novo.

Reposicione a marca

Outro caminho é modificar, reposicionar ou redefinir a marca da oferta, de modo que sua proposição de valor se torne mais relevante na dinâmica de mercado do momento. Madonna se transformou várias vezes em sua carreira para manter sua relevância. A Barbie mudou com o tempo, virando astronauta em 1965, cirurgiã em 1973 e candidata a presidente em 1992. Em 2007, a marca patrocinou o *site* Barbiegirls.com, no qual as meninas podem vestir sua Barbie, decorar quartos, comprar itens e usar a opção VIP para interagir em uma rede social.

A marca L.L.Bean foi construída com base na autenticidade dos homens amantes da natureza do estado do Maine, mas evoluiu em resposta à dinâmica do mercado. A tradição da marca (caça, pesca e acampamento) não era mais relevante para o centro do mercado atual da L.L.Bean: fãs de caminhada, *mountain bikes*, esqui *cross country* e esportes aquáticos. O desafio era ganhar relevância entre essa nova geração de amantes da natureza sem abandonar sua tradição. A solução foi permitir que a tradição evoluísse naturalmente. A natureza era tratada com a mesma ideia de reverência, respeito e aventura, mas de uma perspectiva diferente.

Conquiste paridade

A próxima opção é conquistar paridade com respeito às inovações da concorrência que estão mexendo com o mercado. Mude o suficiente para que o cliente não tenha por que classificar a marca como irrelevante. Pense no *fast food*, que enfrentou o desenvolvimento da subcategoria de alimentação saudável. Essa mudança foi um grande desafio para marcas tradicionais como McDonald's, Wendy's, Burger King, Pizza Hut e KFC.

Para uma marca de *fast food*, uma resposta possível seria mudar o cardápio para torná-lo mais aceitável a clientes interessados em um *fast food* mais saudável. Assim, se um grupo de três ou quatro pessoas estiver selecionando um restaurante, a marca não será vetada. O McDonald's, por exemplo, desenvolveu uma maneira de fazer suas tradicionais batatas fritas que reduz drasticamente a gordura "ruim". A rede também vende sanduíches de frango grelhado, saladas, batidas de frutas e a opção entre maçã ou batata frita no McLanche Feliz. O Burger King vende *wraps*, além de saladas Garden Sensations com molho Marzetti, tudo com ingredientes naturais. Nada disso torna as duas redes ideais para o segmento interessado em alimentação saudável, mas pelo menos diminui o veto.

O McDonald's tinha outro problema de relevância. O sucesso da Starbucks era uma ameaça grave a seu negócio de café da manhã e outros horários de baixo pico. Mas também era uma oportunidade. O advento do McCafe em 2007, com uma linha que incluía cappuccinos e lattes, mudou o cenário competitivo. Para muitos consumidores, a empresa criou um ponto de paridade com a Starbucks em termos de qualidade. O resultado foi que um segmento da base da Starbucks passou a incluir o McDonald's no conjunto de consideração. O McDonald's se tornou relevante, uma conquista incrível que seria vista como ridícula poucos anos antes.

Essa estratégia tem três dificuldades. Primeiro, quem tenta conquistar paridade, como o caso do McDonald's e a alimentação saudável, não tem credibilidade de marca. O McDonald's, por exemplo, está associado com certos itens clássicos, como o Big Mac, o Egg McMuffin e o McLanche Feliz, os quais proporcionam uma alimentação prazerosa, mas não saudável. Segundo, não é fácil criar sucessos absolutos, sem os quais a paridade pode ser muito difícil. Na verdade, vários novos produtos do McDonald's, incluindo a McPizza, o McLean Deluxe e os Salad Shakers (cujos recipientes eram tão apertados que era difícil colocar o molho), não tiveram aceitação.[8] O McDonald's teve poucos grandes sucessos desde o lançamento do Chicken McNuggets em 1983.[9] Finalmente, não é fácil cumprir a promessa. Os concorrentes que lideraram a nova categoria ou subcategoria acreditam mesmo no que estão fazendo; às vezes, é impossível vencer de outro jeito.

Supere a inovação

A quarta estratégia possível é investir na criação de um produto melhor, superando a marca que o criou e é dona da nova subcategoria. Em vez de se satisfazer com um papel secundário, participando do mercado com um produto equivalente, a empresa pode usar uma inovação substancial ou transformacional para tentar dominar a subcategoria ou pelo menos ter uma presença significativa nela. O potencial de uma estratégia de superação é enorme e ela reconhece que uma estratégia de paridade pode dar errado. Uma oferta à altura daquela criada pelo primeiro líder da nova categoria ou subcategoria, que também tem autenticidade, pode não se tornar relevante, pois ela talvez tenha dificuldade em conquistar visibilidade e aceitação.

A superação envolve a melhoria do desempenho de recursos em comum, a criação de novos recursos ou a redução ou eliminação de limitações importantes. Pense no grande hit da Amazon, o Kindle, o leitor de livros digitais lançado em novembro de 2007. Ao superar as limitações de tamanho, qualidade da tela, usabilidade e acesso conveniente a livros (o usuário pode comprar e fazer *download* dos livros pela Amazon Whispernet em uma questão de segundos), que impediam o sucesso das gerações anteriores de leitores de livros digitais, o Kindle criou uma nova categoria importantíssima. Estima-se que nos seus primeiros dois anos, o produto tenha vendido entre 1,5 e 3 milhões de unidades. A Amazon também criou um alvo móvel: em 2009, a empresa lançou uma versão melhorada, o Kindle 2, além de uma versão de tela grande, mais adequada para a leitura de jornais.

A Sony e a Apple estavam entre as concorrentes tentando superar o Kindle. O leitor de *e-book* da Sony tentou superar o Kindle com o controle *touchscreen* para virar páginas, a opção de escrever diretamente nas margens, o melhor contraste na tela e um sistema aberto que dá acesso a milhões de livros de fontes diversas, incluindo 9 mil livrarias, bibliotecas e o Google, que oferece livros digitais gratuitos. A Apple, por sua vez, criou o iPad, no qual a leitura de livros é apenas um aplicativo entre muitos. A esperança da Apple é que os usuários lerão livros no iPad, tornando o Kindle irrelevante. O Kindle está usando novos modelos e expansões vigorosas do catálogo de livros digitais da Amazon para rechaçar os novos concorrentes.

Desinvestir ou sair

Se as opções de resposta são todas inviáveis ou pouco atraentes, a única alternativa que resta é desinvestir, parar de injetar recursos no negócio ou começar a retirá-los, ou sair. Essa estratégia envolve parar de investir em um produto decadente e deslocar os investimentos para um produto em ascensão. A P&G saiu da maioria das suas marcas de alimentos, por exemplo, e investiu em cosméticos e cuidados da pele, ramos em que o crescimento e as margens são muito melhores. A GE, cuja história será contada no próximo capítulo, investiu em uma série de negócios de energia renovável e desinvestiu ou saiu de vários outros setores mais maduros.

Desinvestir em um negócio é um processo doloroso e desanimador, mas também é uma parte essencial da capacidade da empresa de lidar com mercados dinâmicos. Um dos segredos para o sucesso nos negócios é identificar o que você não quer fazer e ter disciplina quanto a essa decisão, reduzindo ou eliminando o investimento em áreas que não merecem sua prioridade.

A decisão de desinvestir ou sair é especialmente difícil quando ela representa a tradição da empresa. É preciso ter disciplina e objetividade. Andy Grove conta uma história famosa sobre quando ele e Gordon Moore, ambos altos executivos da Intel, imaginaram o que a nova alta gerência faria com o negócio de memória, então sob o ataque de empresas asiáticas. Com essa perspectiva, foi muito mais fácil tomar a dolorosa decisão de sair do negócio tradicional da Intel.

Selecione a resposta certa

Qual resposta? Tudo depende do contexto, mas a resposta sempre envolve duas perguntas.

Primeiro, o que você pode fazer? Dados os pontos fortes e fracos e as estratégias da empresa, qual é a viabilidade de cada uma das quatro respostas que não envolvem desinvestir no negócio? Quais são as chances de sucesso de longo prazo de cada uma? Qual é superior em termos de risco e recompensa? É preciso ser realista quanto à capacidade da empresa de inovar e agregar capacidades, especialmente quando consideramos a dificuldade de manter apoio organizacional para uma nova abordagem frente a outras oportunidades. Não faz sentido fazer algo só por fazer. A probabilidade de sucesso deve fazer valer o risco e o investimento.

Segundo, o que você quer ou precisa fazer? Você quer investir para manter a relevância em uma categoria ou subcategoria emergente? Um passo crucial é avaliar a ameaça ou oportunidade e a tendência por trás dessa categoria ou subcategoria. O que é real? Muitas tendências são complexas e interligadas. No contexto do *fast food* saudável, por exemplo, temos redes oferecendo hambúrgueres vegetarianos e batatas assadas; marcas de sanduíches, como a Subway; sanduicherias *fast casual* como a Panera Brad; restaurantes que servem culinária étnica, como os japoneses e tailandeses; e assim por diante. O que está emergindo de toda essa complexidade, exatamente? Qual é o impacto, a urgência e a validade da ameaça ou oportunidade?

Relevância em energia

As marcas tradicionais também correm o risco de perder a relevância em energia, mesmo quando são líderes de mercado e têm confiança, percepção de qualidade e fidelidade de sobra. As marcas podem perder energia e ficar cansadas, antiquadas ou insossas. A oferta ainda pode ser ótima, uma excelente escolha para seu pai ou avô, mas não é mais contemporânea o suficiente para você. Ela não serve mais. Além disso, a visibilidade diminui junto com a energia. A marca não vem mais à mente no momento de avaliar uma compra. Ela se perdeu no ruído ambiente. Ela ficou irrelevante.

Como observado anteriormente, o banco de dados Brand Asset Valuator da Y&R mostrou empiricamente que a relevância e a diferenciação são as bases para o sucesso de qualquer marca. Mas estudos recentes com o banco de dados descobriram outro componente necessário: a energia.[10] Uma análise incluindo mais de 40 mil marcas de mais de 40 países entre 1993 e 2007, mostrou que o *brand equity*, medido em termos de confiança, estima, percepção de qualidade e consciência, sofreu fortes quedas com o passar do tempo. Por exemplo, nos últimos 12 anos, a confiança caiu quase 50%; a estima, 12%; as percepções de qualidade de marca, 24%; e, o mais incrível, até a consciência caiu 24%. Uma exceção importante foram as marcas com energia, que continuaram fortes e capazes de produzir retorno financeiro.

O desafio da relevância em energia piora quando os concorrentes lançam novos produtos ou aplicações ou conseguem usar sua presença de mercado ou propaganda maciça para sufocar a visibilidade da sua marca. Nesse caso, a marca com energia insuficiente, apesar de ser conhecida e ter a confiança do público, não é mais considerada no momento da compra ou uso.

Quando a marca não tem energia ou visibilidade, ela pode ir parar no "cemitério", um conceito apresentado no Capítulo 2. Uma marca cemitério é aquela da qual o cliente já ouviu falar e provavelmente conhece muito bem, mas que não é lembrada com facilidade e não consegue entrar no conjunto de consideração. Ser uma marca cemitério é um problema grave, pois é difícil gerar interesse em uma marca quando o público acha que já a conhece bem. Por que prestar atenção em informações sobre algo que se conhece bem e pelo qual não se tem interesse?

Energizar a marca é o desafio mais importante da maior parte das marcas. Entre aquelas com possíveis problemas de relevância causados por falta de energia, essa tarefa é essencial.

Passamos agora para duas maneiras de energizar a marca: energizar o negócio e criar energizadores de marca.

Energize o negócio

A melhor maneira de energizar um negócio é usar inovações para melhorar a oferta. Apple, Nintendo, Yamaha, Toyota, Virgin, o time de beisebol Memphis Redbirds e muitos outros usam um fluxo contínuo de inovações para gerar interesse e visibilidade.

No entanto, nem sempre esse caminho está aberto. Em muitos casos, a inovação de sucesso foge ao nosso alcance mesmo com esforços motivados, pessoas talentosas, processos criativos e orçamentos consideráveis. E as inovações que realmente fazem a diferença, que vão além daquelas que apenas mantêm a posição de mercado, são ainda mais raras. Para completar, muitos negócios estão competindo em categorias de produtos maduras, tediosas ou ambas. Não importa se você vende seguros ou cachorros-quentes, é difícil imaginar novas ofertas que energizem o mercado. Assim, é preciso enxergar além da oferta e procurar maneiras de tornar a marca mais interessante, envolvente, dinâmica, emocionante e até um bom assunto para conversas. Os próximos parágrafos oferecem algumas sugestões.

Envolva o cliente. As promoções que envolvem o cliente aumentam o nível de energia da marca e do negócio. A Coca-Cola Zero, por exemplo, pediu a fãs de basquete que mandassem seus vídeos e imagens mais fanáticos envolvendo seus times favoritos, com os vencedores mostrados em uma apresentação especial antes do jogo da final.

Ligar uma rede social à marca é uma maneira de obter envolvimento. Como observado anteriormente, o *site* Betty Crocker Mixer convida os membros para conversarem com especialistas e conhecer pessoas, enquanto no *site* da Harley-Davidson, os motociclistas podem postar fotos da sua última viagem.

Entre no varejo. A marca pode contar sua história melhor se tiver controle do contexto. A Apple Store é uma parte importante do sucesso dos produtos e da marca Apple, pois apresenta os produtos de um modo totalmente alinhado à marca. A influência da Apple Store vai muito além da experiência do cliente, pois ela faz afirmações que afetam a imagem da marca. Não é preciso ter uma rede para capturar vendas substanciais. A Nike e a Sony têm lojas próprias que servem para apresentar a marca e oferecer sua história de um modo sedutor e integrado.

A marca também pode levar a experiência de varejo aos clientes. Os representantes da marca de equipamentos de golfe TaylorMade visitam clubes de golfe para demonstrar e vender seus produtos, dando aos clientes uma experiência mais viva e alinhada à marca do que receberiam em uma loja de artigos esportivos. A Target criou o Bullseye Bazaar, um evento de 30 dias em Chicago, para lançar a coleção de moda Tracy Feith Clothing, a linha de alimentos Archer Farms (uma marca própria da rede) e os móveis Target; o evento foi essencial para o sucesso dessas ofertas.

Realize eventos de relações públicas. Realizar eventos de relações públicas é uma excelente maneira de atrair visibilidade e até começar uma conversa sobre a marca. Pense nas aventuras de balonismo de Richard Branson, fundador da Virgin; nos curta-metragens da BMW, criados por diretores de renome; ou no cobertor Snuggie (o cobertor que você veste), entregue a celebridades. Nessas situações, milhões de pessoas são expostas à marca de um modo que enfatiza sua conexão com os clientes e sua vitalidade.

Use promoções para atrair novos clientes. Os clientes atuais talvez achem a marca antiquada, mas os novos clientes podem aumentar as vendas e trazer uma visão diferente. Claro, é difícil atrair novos clientes, especialmente se a marca já é conhecida. A Denny's resolveu esse problema distribuindo 2 milhões de Grand Slam Breakfasts de graça em um só dia, graças a um comercial durante o Super Bowl e ao *buzz* na Internet. Os cafés da manhã de graça quebraram a barreira e alcançaram novos clientes.

Energizador de marca

Outra abordagem, muito diferente de tentar tornar a marca ou o negócio interessante ou envolvente, é encontrar um energizador de marca. Um *energizador de marca* é um produto, uma promoção, um patrocínio, um símbolo, um programa ou outra entidade com marca própria que, por associação, fortalece e energiza significativamente a marca-alvo. A ideia é encontrar algo com energia, ligá-lo à marca e depois gerenciar ativamente o energizador de marca e sua associação com a marca-alvo durante um longo período de tempo.

Como a definição sugere, o energizador de marca pode sair de uma ampla variedade de entidades de marca, algumas das quais podem vir de fora da empresa. O importante é ter energia. O energizador precisa ser interessante, jovem, dinâmico, moderno, confiante e envolvente.

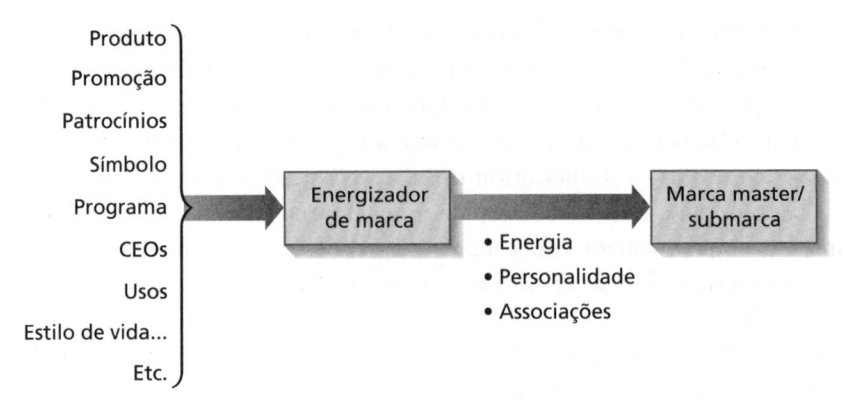

```
Produto ⎫
Promoção  |
Patrocínios |
Símbolo   |        ┌─────────────┐              ┌─────────────┐
Programa  ⎬──────▶│ Energizador │─────────────▶│ Marca master/│
CEOs      |        │  de marca   │              │   submarca   │
Usos      |        └─────────────┘              └─────────────┘
Estilo de vida... |      • Energia
Etc.      ⎭           • Personalidade
                      • Associações
```

Figura 10.3 Energizadores de marca.

O energizador de marca também precisa estar conectado à marca-alvo. Esse trabalho de conexão pode ser caro e difícil. Mesmo o coelhinho da Energizer, um dos maiores ícones das marcas americanas, é associado por parte do público com a concorrente Duracell, apesar de vários anos de exposição.

Uma maneira de estabelecer essa conexão é usar uma submarca relacionada com o nome da marca-alvo. Por exemplo, a Ronald McDonald House, a Avon Breast Cancer Crusade e o Adidas Streetball Challenge têm o nome da marca-alvo no nome do energizador. Um segundo modo é selecionar um programa ou atividade tão bem alinhado com a marca-alvo que é mais fácil estabelecer a ligação entre as duas. Não é preciso se esforçar muito para relacionar um programa orientado a bebês, por exemplo, com a Gerber. A Whirlpool e a Home Depot têm uma conexão mútua com a Habitat for Humanity, um programa que constrói casas para pessoas carentes. Um terceiro caminho é simplesmente forjar um elo com ações persistentes e consistentes, como a MetLife fez com os personagens da tirinha *Peanuts*.

Além de energizá-la, o energizador de marca também deve fortalecer significativamente a marca-alvo e não prejudicar sua imagem. O energizador não deve, por exemplo, se desviar da marca ou deixar os clientes desconfortáveis. Marcas engraçadas ou que não são líderes de mercado, como Virgin, Apple, Nike ou Mountain Dew, que já são vistas como imprevisíveis, têm espaço de manobra. Marcas "sênior", por outro lado, podem desenvolver energizadores mais modernos que a marca-mãe, mas não podem usar várias outras opções. Para elas, um energizador moderno demais corre o risco de ofender os clientes.

Os problemas para encontrar e gerenciar energizadores de marca internos levam as empresas a buscarem respostas de fora da organização. O desafio é encontrar um energizador externo que esteja ligado ao estilo de vida dos clientes, tenha as associações necessárias para fortalecer e energizar, não esteja associado aos concorrentes, possa ser ligado à marca-alvo e represente uma aliança gerenciável. É um trabalho que exige disciplina e criatividade.

Os energizadores de marca representam um comprometimento de longo prazo; é preciso esperar que as marcas envolvidas tenham durabilidade e mereçam investimento de construção de marca. Se os energizadores forem desenvolvidos internamente, o custo da construção de marca deverá ser amortizado durante bastante tempo para que possam valer a pena. Se forem adquiridos de fontes externas, o custo e o esforço adicional de ligá-los à marca-mãe também consumirão tempo e recursos. Em ambos os casos, é preciso gerenciá-los ativamente a fim de que continuem a ter sucesso em suas respectivas funções.

Dois energizadores de marca eficazes, os patrocínios e os programas, demonstram o poder do conceito.

Patrocínios de marca. Um patrocínio pode ser um energizador muito eficaz. Apesar de o óleo lubrificante Valvoline ser um produto utilitário, tudo muda quando ele se torna parte do mundo da NASCAR com o uso de patrocínios. A Valvoline alavanca o patrocínio com um *site* que reúne fãs de corridas. Os usuários podem acessar cronogramas e resultados, tudo completo com imagens e entrevistas. A seção *Behind Closed Garage Doors* ("Por Trás das Portas Fechadas da Garagem") oferece informações e análises exclusivas. A Valvoline oferece cartões de aniversário, uma linha de equipamentos de corrida sob encomenda e um boletim semanal, o *TrackTalk*, com notícias sobre os circuitos de corrida. Assim, a Valvoline desenvolve uma forte associação com a experiência de corrida que vai além de um mero logotipo estampado nos carros. Esse elo compensa. Um estudo revelou que 60% dos fãs de NASCAR dizem que confiam nos produtos dos patrocinadores (contra apenas 30% dos fãs da NFL) e mais de 40% trocam de marca quando uma empresa se torna um patrocinador.[11]

Um patrocínio tem um impacto enorme em termos de relevância, erguendo a marca a uma posição de aceitabilidade, se não de liderança. Uma empresa de *software* que tentava sem sucesso entrar no mercado europeu passou a ser vista como líder poucos meses depois de patrocinar uma das três maiores equipes de ciclismo do continente. Um parte importante da transformação da Samsung, de apenas mais uma marca coreana barata para força no mercado americano, foi seu patrocínio dos Jogos Olímpicos, a começar pelas Olimpíadas de Inverno de Nagano, em 1998. O patrocínio olímpico diz muito mais sobre a marca, especialmente se ela pretende ter uma posição de liderança, do que os anúncios dos seus produtos.

Os dados de acompanhamento confirmam que patrocínios bem concebidos e bem gerenciados podem fazer a diferença. A liderança da Visa na percepção de superioridade entre os cartões de crédito passou de 15% (a parcela do público que via a Visa como melhor cartão, menos a porcentagem que atribuía superioridade ao segundo melhor colocado na pesquisa) antes das Olimpíadas para 30% durante e 20% um mês depois, movimentos enormes no que costumam ser atitudes bastante estáveis.[12]

Um problema importante com os patrocínios (aliás, com qualquer energizador de marca externo) é ligá-los à marca. O Sponsor-Watch, iniciativa da DDB Needham que mede essas ligações, mostra que a confusão com patrocínios é muito comum.[13] Dos 102 patrocinadores olímpicos oficiais acompanhados desde 1984, apenas metade estabeleceu uma ligação (definida como a porcentagem que acreditava que a marca era um patrocinador olímpico) de no mínimo 15% e pelo menos 10% mais alta que a de um concorrente que não era patrocinador, um critério muito pouco exigente. Marcas que tiveram sucesso em criar ligações, como Visa e Samsung, cercaram seus patrocínios com uma série de atividades e recursos com enfoque na marca, incluindo promoções, eventos de relações públicas, conteúdo relevante em seus *sites*, *newsletters* e anúncios durante longos períodos de tempo.

Apesar da maioria dos patrocínios serem externos à empresa, também temos casos de patrocínios com controle interno. O Adidas Streetball Challenge é um evento de marca com duração de um fim de semana que começou na Alemanha em meados da década de 1990. O evento gira em torno de campeonatos de basquete com equipes de três jogadores e inclui concursos de enterradas, dança de rua, grafitagem e demonstrações de esportes radicais, tudo acompanhado de música ao vivo de grupos de rap e hip-hop. O Adidas Streetball Challenge acertou em cheio o público-alvo da marca, pois eles adoram festas de fim de semana. E o evento foi relacionado com a Adidas por meio da marca e da sinalização, além dos bonés e jaquetas fornecidos pela empresa. O Adidas Streetball Challenge revitalizou a Adidas em um momento crítico. Ser dono do patrocínio significa que os custos futuros são fáceis de controlar e prever e podem até evoluir com o tempo, agregando ou removendo recursos dependendo do *feedback* do público e do modo como a marca muda seus produtos e sua mensagem.

Programas sociais de marca. Os programas sociais de marca valem a pena quando ajudam a estabelecer um relacionamento com o cliente baseado em confiança e respeito. Entretanto, eles também podem energizar a marca ao gerar interesse, talvez até paixão, resultados concretos e oportunidades para o envolvimento do cliente. Pense na energia criada pela Avon Breast Cancer Crusade. O evento mais marcante do projeto, a caminhada Avon Walk for Breast Cancer, arrecadou mais de 650 milhões de dólares para a luta contra o câncer de mama. Além dos participantes, o evento também envolveu familiares e patrocinadores. Os produtos da Avon nunca teriam conseguido criar o mesmo interesse e a mesma energia, por mais novos e diferentes que fossem. E a caminhada tem a marca Avon, o que significa que o seu sucesso é relacionado com a empresa.

A criação de programas sociais de marca também pode ser praticamente gratuita se os valores gastos atualmente com filantropia que não têm foco ou impacto puderem ser transferidos para programas do tipo. Entretanto, esses programas também são extremamente difíceis de criar: muitas empresas adorariam ter programas semelhantes à Avon Walk, mas simplesmente não conseguem. Kellie McElhaney, a diretora do Center for Responsible Business da Haas School na U.C. Berkeley, sugere uma série de princípios orientadores para a criação de um programa de sucesso.[14]

Alavanque ativos e valores organizacionais. A empresa deve tentar agregar valor ao programa e não apenas investir dinheiro. Ela deve alavancar seus valores, seus ativos e suas competências. Para tanto, a empresa deve responder certas perguntas básicas sobre quem ela é, quais são seus pontos fortes e fracos e o que pretende representar.

Seja autêntico. A relação entre a empresa e o programa deve ser lógica. A caminhada da Avon trabalha uma preocupação importante para o seu mercado-alvo e reflete um relacionamento com os clientes que vai além dos seus produtos. O mesmo vale para o programa Healthy Smiles da Crest (cuidados odontológicos baratos para crianças carentes), a relação da Home Depot com a ONG Habitat for Humanity e o projeto Real Women da Dove. Por outro lado, muitas empresas têm iniciativas de caridade sem uma relação lógica com seus negócios e suas marcas, o que prejudica sua eficácia e credibilidade. Por exemplo, falta uma relação lógica na associação entre a Ford e a fundação Susan G. Komen for the Cure, um instituto de luta contra o câncer de mama (cada Mustang com detalhes em cor-de-rosa vendido representa uma doação para o instituto).

Crie uma conexão emocional. Em geral, uma conexão emocional com clientes atuais e potenciais comunica muito mais sobre a marca do que os fatos e a lógica, além de fortalecer o relacionamento. A mensagem emocional é mais simples e impactante. Assim, o Adoption Drive da Pedigree, com suas fotos de cãezinhos, provoca uma resposta emocional e faz com que a Pedigree ganhe vida e se torne muito maior do que uma fabricante de ração. Do mesmo modo, o programa da Ronald McDonald House ajuda crianças com problemas de saúde graves e seus familiares e representa o lado emocional da mensagem do McDonald's sobre crianças e famílias.

Envolva o cliente. O energizador de marca será muito mais poderoso se os clientes se envolverem com o programa. O envolvimento é a melhor maneira de conquistar apoiadores e defensores. A Method, uma fabricante de produtos de limpeza ambientalmente corretos, tem um programa de embaixadores de marca no qual os participantes recebem produtos, camisetas e informações sobre por que seus amigos deveriam usar os produtos. A Avon Walk for Breast Cancer, talvez o melhor energizador de envolvimento da atualidade, envolve centenas de milhares de participantes e apoiadores todos os anos.

Comunique o programa. Diversas empresas gastam fortunas em programas que são completamente desconhecidos entre seus clientes atuais e potenciais e, em muitos casos, entre seus funcionários. Para alcançar os objetivos de promover uma causa social, energizar os funcionários e fortalecer a reputação de uma marca corporativa, a empresa precisa comunicar o seu programa. Para tanto, a empresa deve acessar as ferramentas de comunicação apropriadas, incluindo *sites*, tecnologias sociais, relações públicas e funcionários ativos. Cuidado com o risco de deixar o programa muito complexo, detalhado e quantitativo. Histórias simples e envolventes ou metáforas vivas e fáceis de entender são as melhores. Os estrategistas de marca estão descobrindo a capacidade das histórias de se erguer além do ruído e transmitir mensagens interessantes e memoráveis.

Ganhando relevância – o caso da Hyundai

Até agora discutimos a ameaça da perda de relevância de uma empresa que está competindo em uma categoria ou subcategoria estabelecida. Há outro contexto no qual a relevância é uma diretriz fundamental – o caso no qual uma empresa quer se tornar relevante em uma categoria ou subcategoria estabelecida. Ocorre que as mesmas dimensões da relevância se aplicam: a empresa deve ter relevância na categoria ou subcategoria e relevância em energia. O caso da Hyundai exemplifica isso.

Os desafios da Hyundai

A Hyundai entrou no mercado automobilístico americano em 1986 com o subcompacto Excel, que fazia uso de uma tecnologia emprestada, incluindo o sistema de transmissão, da Mitsubishi. Com um preço realmente acessível, o carro vendeu 100 mil unidades. Dois anos depois e durante a década de 1990, porém, a Hyundai não conseguiu priorizar a qualidade e, em vez disso, focou a redução de custos para manter sua ampla vantagem em termos de preço. O resultado foi desastroso. Surgiram muitos problemas relacionados à qualidade que influenciaram a reputação e a imagem da marca da Hyundai por vários anos, criando um problema de relevância. As pessoas já não a consideravam uma opção viável.

A empresa conseguiu superar essa má reputação e suas vendas começaram a crescer em 1998, de menos de 100 mil unidades para 467 mil em 2007, e quase isso em 2009, apesar do colapso na indústria automobilística. Como ela conseguiu esse resultado? O primeiro desafio foi criar carros e processos de qualidade. Em 1999, Mong-Koo Chung assumiu a empresa e mudou a prioridade da Hyundai de volume para alta qualidade. Ele anunciou o programa de "gerenciamento da qualidade" que ficaria sob sua responsabilidade. Esse esforço geral de melhoria da qualidade foi bem-sucedido em um curto período de tempo. Em 2001, a Hyundai estava nas últimas posições entre os fabricantes de automóveis nos Estados Unidos do Initial Quality Study (IQS) da J.D. Power. Entretanto, em 2004 a Hyundai estava entre as três primeiras fabricantes de automóveis no mesmo estudo, na frente até da especialista em qualidade, a Toyota. A Hyundai finalmente estava produzindo carros de qualidade.

No entanto, ter alta qualidade não era suficiente. Era preciso convencer um público cético e desinteressado. Isso não era fácil. Os índices de qualidade da J.D. Power foram úteis, assim como o poderoso certificado de garantia chamado Hyundai Advantage, o primeiro no mercado a oferecer 10 anos de garantia e 100 mil milhas para motor e câmbio. Ele foi promovido como a "melhor garantia da América", uma oferta que claramente demonstrava a vontade da Hyundai de investir muito dinheiro na sua confiança em relação ao nível de qualidade. A garantia eliminou qualquer risco na compra de um Hyundai. Os consumidores gradualmente mudaram sua concepção a respeito da qualidade da Hyundai e, consequentemente, a marca se tornou relevante para os que estavam interessados em carros econômicos em termos de preço e manutenção.

Um segundo desafio estava relacionado à percepção de que o *design* dos carros da Hyundai, associados a uma entrada de baixo custo, era muito comum. A fim de resolver a questão de relevância do *design*, a Hyundai construiu o centro de P&D e *design* na América do Norte em 2003. O sedan Sonata e o utilitário esportivo compacto Tucson refletiram o novo rumo do *design* da Hyundai: o de "escultura fluida". Desenhados e desenvolvidos nos Estados Unidos, esses carros chamaram a atenção de muitos consumidores que nunca haviam pensado em comprar um carro Hyundai anteriormente.

O terceiro desafio era superar a resistência de alguns consumidores a comprar marcas de fora dos Estados Unidos. A fim de "americanizar" a Hyundai, a empresa abriu uma fábrica de 1,1 bilhão de dólares no estado do Alabama, em 2005, com capacidade para 300 mil carros.

Um quarto desafio de relevância emergiu quando a Hyundai decidiu entrar no mercado de luxo dominado por Lexus, BMW e Cadillac com seu sedan Genesis, lançado em 2008. As pessoas compravam carros de luxo por outras razões, e não porque queriam economizar no preço ou na manutenção do automóvel. Elas queriam benefícios autoexpressivos, ter a sensação de que estavam dirigindo o melhor. Foi útil contar a história da Hyundai com propagandas durante eventos prestigiados, como o Super Bowl e a Copa do Mundo FIFA, mas o grande avanço ocorreu quando o Hyundai Genesis foi eleito o melhor carro americano do ano na Detroit Auto Show 2009, por um júri formado por 50 jornalistas independentes. Esse acontecimento fez a Hyundai se tornar uma marca de luxo mais respeitável e moderna para o mercado-alvo.

Superar os quatro desafios exigiu a ajuda de programas de *marketing* orientados ao cliente eficientes e criativos, como mostra a indicação da Hyundai pela *Advertising Age* como a empresa do ano em *marketing* em 2009. Visível e bem-sucedida foi sua promessa por meio do Hyundai Assurance Program ("Programa de Garantia da Hyundai") nos primeiros meses de 2009, quando a economia mundial, assim como a dos Estados

Unidos, estava muito debilitada: a empresa aceitaria o carro de volta de qualquer pessoa que, logo depois de tê-lo comprado, perdesse o emprego. Muitas pessoas hesitavam em comprar devido à incerteza no emprego, e o programa foi um redutor de riscos significativo. Mas, para muitos outros, isso indicou que a Hyundai "captou a mensagem"; ela entendeu o período, ganhou a simpatia dos clientes e estava disposta a compartilhar os riscos econômicos enfrentados pelas pessoas.

A Hyundai fez um progresso significativo em termos de relevância, uma vez que o percentual de compradores de carros que considerariam a marca aumentou para mais de 30% em 2009, três vezes o que era cinco anos antes. Apesar do avanço, a Hyundai ainda tinha problemas relacionados à relevância. Muitos não estavam convencidos de que a Hyundai havia "chegado lá" em termos de qualidade. Muitos estavam céticos de que a Hyundai pertencia a uma subcategoria de carros de luxo, e havia um segmento considerável para o qual a marca tinha pouca visibilidade. Consequentemente, no verão de 2010, a Hyundai introduziu a campanha "Hyundai Uncensored" (Hyundai sem censura), na qual 125 novos consumidores dirigiam os carros da marca e, em seguida, seus comentários sem censura seriam colocados publicamente na página da empresa no Facebook e incorporados à sua propaganda. O objetivo era aumentar os níveis de consideração.

A Hyundai aumentou sua participação de mercado de quase nada em 1998 para mais de 4,7% em 2010 ao entender seu mercado, ao ter uma estratégia razoável e bem-executada e ao superar de forma bem-sucedida os quatro desafios de relevância.

Figura 10.4 O carro do ano em 2009.

O desafio de ganhar relevância

Para que uma empresa ganhe relevância em uma categoria ou subcategoria estabelecida, ela deve resolver os dois desafios de relevância: a relevância na categoria ou subcategoria e a relevância em energia.

A Hyundai enfrentou quatro desafios de categoria ou subcategoria. Ela ganhou credibilidade na categoria de automóveis ao melhorar a qualidade e oferecer uma garantia. A Hyundai também eliminou ou diminuiu dois motivos citados para não comprar os carros da marca ao instalar uma fábrica nos Estados Unidos e criar um novo programa de *design* da marca, tornando os carros relevantes para um grupo maior. Ganhar relevância com relação à subcategoria de carros de luxo foi um desafio adicional. Um fator crítico foi a capacidade da Hyundai de vencer e, em seguida, explorar o prêmio de Carro do Ano em 2009 ao promover esse reconhecimento e usá-lo para reforçar aos compradores em potencial o fato de que eles podiam ficar orgulhosos da decisão de comprar um Genesis.

A Hyundai também conseguiu relevância em energia, fundamental para seu sucesso. A energia veio de patrocínios de prestígio, da garantia de marca, e da oferta impressionante de aceitar os carros de volta daqueles que perdiam o emprego. Em todos os casos, a energia não era somente da iniciativa, mas também da capacidade da Hyundai de capitalizar o *marketing* e a publicidade.

O sucesso em conseguir relevância é sempre relativo e a Hyundai escolheu desenvolver energia e tentar expandir o número de clientes para os quais a marca era relevante. O meio para isso foi a iniciativa Hyundai Uncensored.

A estratégia de marca da Hyundai foi útil para superar esses desafios. A "melhor garantia da América", "escultura fluida", o "Hyundai Assurance Program" e o "Hyundai Uncensored" tornaram possível o esforço de comunicar credibilidade e ganhar visibilidade. Essas marcas também ajudaram a fixar a mensagem e a aumentar o *brand equity* no futuro.

Resolver a perda da relevância de marca, seja ela vista como oportunidade ou ameaça, exige uma organização apoiadora e inovadora. Não é fácil criar uma organização que incentiva e sustenta, que gera novas áreas competitivas ou responde a ameaças emergentes no campo da relevância. São necessárias três formas organizacionais que representam conjuntos inconsistentes de competências, culturas e processos. O próximo capítulo entra em detalhes sobre elas.

Lições principais

As marcas podem perder relevância mesmo quando suas ofertas têm desempenho excepcional e seus clientes são fiéis.

Um dos motivos é a perda de relevância na categoria ou subcategoria devido à incapacidade da empresa de vender o que os clientes estão comprando (por exemplo, a empresa fabrica utilitários esportivos, mas o cliente quer um sedã híbrido). Para lutar contra esse fenômeno, a empresa têm quatro opções: fazer o que sabe fazer, reposicionar a marca, conquistar paridade ou superar as inovações das outras empresas. Se todas essas estratégias falharem, a melhor opção pode ser desinvestir ou sair do mercado.

Um segundo motivo é a perda de energia e visibilidade. Para evitar esse problema, a empresa pode energizar o negócio ou criar um energizador de marca. Os negócios podem ser energizados por novos produtos, envolvimento do cliente, presença de varejo, eventos de relações públicas e promoções. O energizador de marca pode ser um patrocínio, programa social, promoção ou produto que tem energia e está conectado com a marca-alvo.

As marcas que tentam ser relevantes em categorias ou subcategorias estabelecidas precisam enfrentar os mesmos desafios de relevância.

Para discussão

1. Identifique algumas marcas que perderam sua relevância. O que aconteceu?
2. Cite marcas que perderam e depois reconquistaram sua relevância. Como elas conseguiram?
3. Identifique alguns energizadores de marca eficazes.

Capítulo 11

A Organização Inovadora

> *Em muitas empresas, o valor dado a estar "certo"*
> *é tão alto que praticamente não sobra espaço para*
> *especulação e imaginação.*
> —Gary Hamel, guru da estratégia

> *Descobrimos o inimigo, e ele é nós.*
> —Pogo

Criar uma inovação substancial ou transformacional para ser o motor de uma nova categoria ou subcategoria é sempre difícil, mas sem uma organização apoiadora, o trabalho fica praticamente impossível. A organização certa não acontece por acaso. Em geral, é preciso uma iniciativa de mudança, um conjunto coeso de programas, objetivos e incentivos eficazes e o grupo certo de pessoas. Poucas tiveram sucesso. É por isso que a história da GE é tão instrutiva e inspiradora. A GE tem uma tradição em inovação que remonta a Thomas Edison e a lâmpada. Essa tradição dá à capacidade de inovação da empresa uma nova direção e uma nova intensidade.

A história da GE

Em 10 de setembro de 2001, um dia antes do infame 11 de setembro, Jeff Immelt assumiu o cargo de CEO da GE, que era do famoso Jack Welch, diretor da empresa por mais de 20 anos.[1] Welch implementara uma estratégia que envolvia reduções drásticas de custos, esforços sistemáticos para desenvolver gerentes excepcionais, avaliações estritas do desempenho dos executivos e a criação de um portfólio de negócios, por meio de aquisições e desinvestimento, que eram número 1 e 2 em seus mercados. Welch fez o negócio passar de 25 bilhões para mais de 100 bilhões de dólares e se tornou um dos CEOs mais respeitados de sua época.

Immelt concluiu que uma mudança de estratégia, determinada pelas mudanças na própria GE e pelas realidades de um mercado dinâmico, seria necessária. As unidades de negócios do *core business* da GE eram grandes e bem estabelecidas, mas as estratégias de aquisição e contenção de custos de Welch não seriam mais uma base sólida para o crescimento. Em vez disso, Immelt decidiu que o foco precisava passar para o crescimento orgânico e deveria ser alimentado por inovações. Para apoiar essa estratégia, a organização precisava mudar, e mudar radicalmente.

O programa mais importante, iniciado em fins de 2003, foi uma iniciativa com marca interna, a Imagination Breakthrough (IB). Nela, todos as empresas deveriam, todos os anos, desenvolver três propostas revolucionárias que faturariam um potencial de 100 milhões de dólares em um período de três a cinco anos. Para ser selecionado como um projeto IB pelo conselho comercial liderado por Immelt, a proposta precisava demonstrar suas projeções de mercado, viabilidade econômica e, acima de tudo, o potencial de transformar os mercados. O financiamento, se necessário, era disponibilizado por "capital de risco" interno. O grupo de *marketing* central que liderava o processo de IB criava uma estrutura de planejamento, incluindo dimensões como calibragem da ideia, exploração do mercado, criação da oferta, organização da entrega e execução no mercado. Quatro anos depois do seu lançamento, a iniciativa IB estava agregando 2-3 bilhões de dólares em vendas todos os anos e tinha cerca de 45 projetos em atividade.[2] Um deles era a GE Rail Evolution Locomotive, uma locomotiva a diesel com alta eficiência de combustível que atende os padrões de emissões estritos definidos pela Agência de Proteção Ambiental em 2005.

Para destacar o renascimento da cultura de inovação, Immelt promoveu a estratégia de inovação dos esforços de treinamento da GE. A peça central dessa iniciativa era o John F. Welch Leadership Center em Crotonville, Nova York, que treina cerca de 6 mil funcionários todos os anos. A missão do centro era melhorar o conteúdo orientado a inovações e construir programas e objetivos orientados ao crescimento. O centro criou a série de dois dias intitulada "Industry 2015". Entre os temas abordados estavam Saúde 2015 e Energia 2015. O objetivo da série era estimular a imaginação dos executivos para os quais esses temas eram de suma importância em suas estratégias.

Outra mudança envolvia a avaliação das pessoas, um componente essencial no desenvolvimento da famosa equipe gerencial da GE. As dimensões mais interessantes em torno do desempenho eram ampliadas por medidas orientadas por inovação e crescimento, o que incentiva os gerentes a se arriscarem em busca de inovações.

A empresa realizou um esforço sistemático para integrar a criatividade ao processo de planejamento. Em parte, o processo envolveu colocar executivos com planos de inovação em contextos estranhos e nos quais eles não se sentiam absolutamente seguros.[3] Os executivos de serviços financeiros para os consumidores da GE visitaram a cidade de San Francisco para observar como as pessoas usam seu dinheiro e até como o levam de um lado para o outro. Quando a equipe de saúde da GE quis pesquisar equipamentos neonatais, além de entrevistar médicos, os profissionais falaram com muitas pessoas em uma instituição especializada: enfermeiras, recepcionistas, até zeladores. Os altos executivos da área de motores a jato conversaram com pilotos e mecânicos e depois visitaram uma loja de brinquedos e uma mercearia de luxo. A ideia era dar uma perspectiva diferente sobre cada setor e suas necessidades não atendidas. Um brinquedo de Guerra nas Estrelas, por exemplo, poderia levar a um *insight* sobre o *design* de motores a jato.

Como Crotonville era um centro para o desenvolvimento de pessoas, Immelt achou que também seria preciso fomentar outros ativos e capacidades para apoiar a nova cultura e estratégia de inovação. Assim, ele investiu no GE Global Research Center em Nova York e outros centros de pesquisa ao redor do mundo, transformando-os em motores de inovação em suas áreas especializadas. Por exemplo, a iniciativa fortaleceu a capacidade da empresa em biotecnologia. Alguns dos esforços desses centros de pesquisa eram financiados e controlados pelas unidades de negócios, mas cerca de 30% eram financiados por Immelt e tinham licença para ultrapassar, contornar ou interligar os silos de negócios existentes.[4]

Essa estratégia de inovação enfatizava a fertilização entre negócios diferentes. Crotonville, ao reunir pessoas de várias partes da empresa, sempre promove a comunicação e cooperação entre silos. Uma das funções do Global Research Center era aproveitar melhor a tecnologia, aplicando-a em todas as unidades de negócios da empresa. Para desenvolver melhor a cooperação entre silos, Immelt incentivava equipes de várias partes da empresa a se envolverem com projetos de inovação que enfocavam produtos e oportunidades. Como parte do esforço, Immelt lançou a Session T ("T" representa "tecnologia"), por meio da qual a equipe de *marketing* de um negócio e a de tecnologia de outro completamente diferente se reúnem com os cientistas do centro e conversam sobre uma necessidade do mercado. Foi em uma dessas reuniões que o grupo de energia descobriu os materiais desenvolvidos pela área de turbinas de aviões e que podiam ser aplicados ao ramo de energia eólica. O setor de energia eólica também procurou especialistas no setor de ferrovias para melhorar os sistemas de engrenagem dos seus produtos. Estas e outras melhorias permitiram que o negócio de energia eólica, comprado da Enron em 2002 por cerca de 350 milhões de dólares, vendesse em torno de 6 bilhões de dólares apenas seis anos depois.

A nova cultura de inovação da GE também afetou o modo como a marca era apresentada ao mercado. O consagrado *slogan We bring good things to life* ("Damos vida a coisas boas") foi substituído por *Imagination at work* ("Imaginação no trabalho"), um conceito que encontrava eco junto aos funcionários e clientes e reforçava a estratégia de "crescimento por meio da inovação".

Como parte da nova estratégia de crescimento da GE de liderar a inovação no espaço de ecologia e energia, em 2005 Immelt lançou a *ecomagination*. O objetivo da marca era reunir todas as iniciativas verdes da GE em um só projeto, como vemos no anúncio reproduzido na Figura 11.1. Com a criação de uma marca para as unidades de negócios eólicas, solares e de outras tecnologias verdes, todas altamente inovadoras, a GE gerou uma ideia de coesão para uma parte importante da sua estratégia de negócios e criou um veículo para obter crédito pela estratégia no mercado. Além de fortalecer as percepções sobre a capacidade de inovação da empresa, a imagem resultante desses esforços também serviu de base para um relacionamento com o segmento verde.

Em 2009, a *ecomagination* foi seguida pela *healthymagination*, que está posicionada para levar saúde ao mercado.[5] O tema é reunir a tecnologia e a saúde de um modo que reduza custos, aumente o acesso e melhore a qualidade dos serviços em todo o mundo. Assim como na *ecomagination*, o projeto irá montar e disponibilizar um tema estratégico central para muitas linhas de negócios. Uma das iniciativas ajuda a criar prontuários médicos eletrônicos para todos os americanos, um programa que pode levar à economia de dezenas de bilhões de dólares por ano.

O mais impressionante nessa história é que a GE, uma empresa com uma grande tradição em inovação, reenergizou sua capacidade e prioridade na área com uma transformação cultural, uma série de novos programas e um processo de alocação em nível organizacional, tudo no contexto de uma nova direção estratégica. A GE colocou a inovação em um novo patamar. A empresa foi oportunista em termos de encontrar áreas de crescimento nas quais poderia agregar valor com inovações. Ao mesmo tempo, a GE conseguiu se comprometer com certas áreas de crescimento e cumprir sua promessa, em parte devido à sua estratégia maior de foco em ecologia e energia.

A organização inovadora

Para se tornar uma empresa inovadora, capaz de realizar inovações substanciais e transformacionais que criarão novas categorias ou subcategorias, é preciso ter uma organização que apoie e capacite essas ações. Aplicar o processo

FUEL CONSERVATION. LOWER EMISSIONS. RENEWABLE ENERGY.

SOME OF THE WAYS ECOMAGINATION IS

INCREASING AMERICA'S ENERGY

INDEPENDENCE

NOW.

GE imagination at work   ecomagination

Figure 11.1 A *ecomagination* da GE.

linear descrito neste livro parece muito simples e direto, mas conceber uma oferta capaz de sustentar uma nova categoria ou subcategoria, avaliar e se comprometer com a ideia da oferta, definir e gerenciar a nova categoria ou subcategoria, erguer barreiras e executar tudo com competência não é fácil frente às realidades organizacionais.

A realidade nua e crua é que nem todas as organizações permitem o surgimento de ideias, cultivam as que surgem e implementam-nas no mercado. É preciso um certo tipo de organização para dar o apoio necessário. A maioria das organizações não têm a cultura, os sistemas, a estrutura e as pessoas para permitir que o conceito surja e depois seja financiado e gerenciado até alcançar o sucesso. Às vezes, a ideia genial nunca surge; em outras, a organização não é apropriada ou não está preparada para a oportunidade, especialmente quando é preciso desenvolver novos ativos e competências ou quando os novos conceitos competem por recursos com os negócios tradicionais.

É difícil criar uma organização inovadora porque ela exige três características inconsistentes entre si. A organização precisa, ao mesmo tempo, ter oportunismo seletivo, comprometer-se com o projeto sem ser teimosa e utilizar um sistema de alocação de recursos em nível organizacional. A Figura 11.2 resume os requisitos. A fraqueza em qualquer um desses componentes pode prejudicar a probabilidade de sucesso e, em última análise, fazer com que a empresa perca suas oportunidades e a sua relevância.

Tuchman e O'Reilly, dois famosos pesquisadores organizacionais, defendem que as organizações precisam ser ambidestras, comprometidas com um conjunto de negócios e, ao mesmo tempo, ágeis, vigorosas, empreendedoras, inovadoras e oportunistas.[6] Eles acreditam que as organizações que enfrentam mercados dinâmicos precisam encontrar uma maneira de

Figura 11.2 Uma organização inovadora.

ser tudo isso. Segundo eles, o trabalho é difícil, mas possível, e está sendo realizado com sucesso. O que estamos argumentando neste livro é que as organizações precisam ser "multidestras", ou seja, também precisam ser alocadoras de recursos em nível organizacional, um objetivo ambicioso, mas não impossível. As empresas encontraram maneiras de desenvolver culturas apoiadoras, estruturas criativas, processos e sistemas flexíveis e um amplo conjunto de ativos humanos para expandir suas capacidades nas três áreas.

As seções a seguir discutem o tipo de organização, cultura, sistemas, pessoas e estruturas necessários para o desenvolvimento de sucesso dos três tipos de características organizacionais. O desafio é incrível, mas a boa notícia é que os concorrentes enfrentam os mesmos problemas. Isso significa que as organizações que acertam a mão podem acabar conquistando uma vantagem sustentável e significativa.

Oportunismo seletivo

A organização que pratica o oportunismo seletivo busca ativamente, mas ainda de forma seletiva, identificar oportunidades pelo desenvolvimento de tecnologias ou *insights*, e depois explora suas descobertas. Uma aplicação ou necessidade não atendida do cliente sinaliza uma abertura para novas ofertas. Um desenvolvimento tecnológico dentro ou fora da empresa apresenta um conceito com potencial. A falta de um material cria uma necessidade. Uma tendência de mercado leva a um novo conceito.

A ideia é que o ambiente é tão dinâmico e incerto que o caminho mais prudente e lucrativo é detectar e capturar as oportunidades à medida que elas surgem. O conceito de ser seletivo sugere que as oportunidades precisam passar por uma triagem em termos de potencial e adaptação estratégica. A busca por oportunidades não pode ser feita sem foco ou disciplina.

O oportunismo seletivo leva a economias de escopo (sinergia devido a múltiplas ofertas), com ativos e competências apoiados por múltiplas linhas de produtos. A Nike, por exemplo, aplica seus ativos e competências de marca relativos a *design* de produtos e entendimento do consumidor a uma ampla variedade de mercados. Uma parte essencial da estratégia da Nike é usar seu *design* de produtos e forças de marca para desenvolver relacionamentos e laços emocionais fortes com segmentos bem-definidos. A organização é extremamente sensível a segmentos emergentes (como o basquete de rua) e à necessidade de refinar e inovar seus produtos. A participação da Nike em diversos esportes e produtos diferentes permite que a empresa tenha flexibilidade estratégica, uma qualidade que caracteriza muitas empresas de sucesso que adotam o oportunismo seletivo.

Cultura empreendedora

No oportunismo seletivo, o sucesso exige uma cultura empreendedora e a vontade de reagir imediatamente quando surge uma oportunidade. As pessoas precisam ser empreendedoras, ter excelente tempo de resposta e ficar atentas a novas ameaças e oportunidades. A organização deve ser descentralizada, dando autonomia às pessoas para experimentar e investir em oportunidades emergentes. A cultura precisa apoiar gerentes autônomos, mudanças e novos empreendimentos. A estratégia será dinâmica e mudará as regras. As novas ofertas precisam ser exploradas ou lançadas continuamente, ao mesmo tempo em que outras são abandonadas ou colocadas em segundo plano. A empresa entrará em novos mercados, mas o desinvestimento nos atuais é sempre uma opção. A organização estará sempre em busca de ativos e competências a serem alavancados e novas sinergias a serem cultivadas.

É preciso ter *insight* e agir, e as pessoas e a organização precisam ter a autonomia e a capacidade de fazer ambos. O *insight* deve estar posicionado antes que os eventos soterrem a organização e façam as oportunidades se perderem. E a ação faz parte da equação. A Xerox, em seu incrível Palo Alto Research Center (PARC), fundado em 1970, desenvolveu o primeiro computador pessoal, a interface gráfica, o mouse, a tela plana, o padrão Ethernet para redes de área local (LAN) e a impressora a laser. A empresa não conseguiu transformar essas inovações em produtos, uma história espantosa e instrutiva sobre a inação. A empresa foi paralisada pelo foco em seu *core business* de sucesso e no modelo de negócios. O PARC, longe do centro de gravidade da Xerox, sediada na Costa Leste, era visto como apenas um centro de pesquisas e não conseguia chamar a atenção dos executivos. A empresa não tinha a maior parte das qualidades de uma organização oportunista.

Orientação externa

Uma organização seletivamente oportunista precisa ter uma orientação externa para o mercado e o seu ambiente; ela não pode ter uma orientação interna.

A cultura, as pessoas e os sistemas devem incentivar a busca de informações de mercado atuais e relevantes, processá-las e transformá-las em ação. O desenvolvimento de estratégias precisa vir de fora para dentro e ser orientado pelo mercado, e não se basear na alavancagem de ativos, competências e estratégias já existentes.

Com o apoio de uma cultura com orientação externa, a equipe de gestão deve ter curiosidade sobre o que acontece no mercado em relação aos clientes, aos concorrentes e à rede de distribuidores. O que está dando certo? O que causa problemas? A equipe precisa conversar com os clientes e outras pessoas sobre mudanças nos gostos, nas atitudes e nas necessidades dos clientes. Nada disso acontece automaticamente, em parte porque os gerentes tendem a se concentrar nas crises cotidianas e às vezes acabam soterrados por elas.

Para ficar próximas às tendências e desenvolvimentos por trás das oportunidades, a organização precisa ter um sistema de informação eficaz, que perpasse os silos organizacionais, e que, além de armazenar e organizar informações, também facilite sua transformação em *insights* estratégicos nos momentos apropriados. O sistema, quase sempre baseado em uma intranet, permite o compartilhamento de informações de mercado relativas a *insights* sobre os clientes, tendências, ações dos concorrentes, desenvolvimentos tecnológicos e melhores práticas. É muito difícil desenvolver um sistema que evite lacunas e sobrecargas informacionais. Tudo depende da cooperação e do apoio dos geradores e usuários de informação. Não é fácil.

Fugindo da armadilha dos silos

Uma empresa oportunista precisa fugir da armadilha dos silos. Quando as unidades de negócios formam silos, seus gerentes tendem a preferir inovações incrementais que melhoram suas próprias ofertas. Novidades revolucionárias emergem com mais facilidade quando temos acesso a duas outras fontes de inovação.

A primeira é a inovação entre silos, na qual um ativo ou ponto forte de um silo é combinado com o de outro. O resultado é uma oferta que representa uma avanço importante e, mais do que isso, é uma propriedade exclusiva da empresa. A GE aprendeu o segredo da inovação entre silos e muitos dos seus grandes avanços foram o resultado da capacidade da empresa de superar essas divisões internas. Um dos segredos do sucesso duradouro do Yamaha Disklavier é a capacidade da Yamaha enquanto organização de fazer com que os grupos de eletrônica trabalhem em conjunto com a Yamaha Music, uma característica em falta em muitas outras empresas japonesas.

A segunda é a inovação no espaço entre os silos. É possível criar ofertas inovadoras que aproveitam os ativos e as competências da organização, mas não se encaixam com algum silo existente. Um grupo central, como o GE Global Research Center, pode desempenhar um papel importante no acesso a esse espaço.

Para derrubar as barreiras dos silos, a organização precisa estabelecer sistemas apoiados por uma cultura que valorize a comunicação e cooperação, oposta às tendências mais naturais em favor do isolamento e da competição. Tudo o que promove os objetivos é bom. Reunir pessoas, como nas sessões em Crotonville; transferir profissionais de um silo para outro; estabelecer equipes centrais de *marketing* para atuar como facilitadores e provedores de serviço, o que as transforma em pontos de comunicação interna; usar equipes que combinem profissionais de múltiplos silos; e ter programas em comum, como um patrocínio olímpico, podem ajudar a mudar a realidade dos silos. Apresento mais detalhes sobre o tema no livro Abaixo os Silos*, que analisa um relatório de mais de 40 CMOs.[7]

Reorganizar a empresa, transformando um negócio definido pelo produto em uma organização centrada em aplicações ou agrupamentos de clientes, reduz ou elimina as barreiras para a inovação representadas pelos silos. No começo da década de 2000, a HP reconheceu que havia perdido sua cultura de inovação. A empresa chamou um dos caminhos para ressuscitá-la de "inventar na intersecção". Até 2001, a HP fabricava produtos e inovações isoladas que iam desde cartuchos de tinta de 20 dólares a servidores de 3 milhões de dólares. Para derrubar as barreiras dos silos e conquistar *insights* de *marketing*, desenvolver inovações e melhorar o atendimento ao cliente, a empresa estabeleceu três "iniciativas gerais da empresa": serviços *wireless*, imagens digitais e impressão comercial. O resultado foi um foco renovado no que os clientes estavam comprando e a maior capacidade de detectar necessidades não atendidas. O conceito era bom, mas difícil de implementar, pois a autonomia do mundo dos silos gerava um alto nível de conforto. Além do mais, as mudanças podem parecer uma ameaça.

---

*N. de R.: Título com que a obra foi publicada no Brasil pela Bookman Editora.

Deriva estratégica

Um risco significativo do modelo do oportunismo seletivo é a deriva estratégica. As decisões de investimento são tomadas de modo incremental, em resposta a oportunidades, em vez de serem orientadas por uma visão. O resultado é que a empresa pode acordar um dia e descobrir que está trabalhando em uma série de negócios nos quais não tem os ativos e as competências necessários e que oferecem poucas sinergias. Um problema correlato é que uma organização capaz de encontrar e aproveitar muitas oportunidades talvez gere mais projetos do que pode financiar adequadamente. Em casos extremos, a falta de recursos acaba condenando todos os projetos ao fracasso.

Pelo menos três fenômenos podem transformar o oportunismo em deriva estratégica. Primeiro, uma força transitória de curta duração pode ser confundida com uma tendência duradoura, criando a ilusão de que uma determinada decisão estratégica vale a pena. Segundo, oportunidades de gerar lucros imediatos, talvez com uma aplicação especializada, podem ser racionalizadas erroneamente como estratégicas. Por exemplo, muitos clientes de uma empresa que fabrica osciloscópios e instrumentos semelhantes podem encomendar alguns produtos especializados; estes instrumentos poderiam ser usados por outros clientes, mas têm pouco valor estratégico para a empresa. Terceiro, as sinergias esperadas entre as áreas de negócios novas e antigas podem não se materializar devido a problemas de implementação, causados por conflitos culturais, mas talvez também porque as sinergias nunca passaram de miragens.

O aspecto *seletivo* do oportunismo seletivo ajuda a reduzir o risco de deriva e também a quantidade excessiva de projetos. A empresa oportunista deve filtrar as oportunidades de dois modos. O primeiro envolve eliminar as oportunidades que não têm o potencial de criar novas categorias e subcategorias que a empresa poderia dominar e alavancar. A capacidade de filtrar oportunidades medíocres ou inferiores também ajuda a reduzir a *deriva* destrutiva. A avaliação precisa ser contínua. Alguns projetos podem persistir mesmo quando suas chances de sucesso já desapareceram, o que apenas piora as limitações de recursos.

O segundo filtro é estratégico. A empresa deve ter uma estratégia maior e que abrange todas as suas ações, como no caso da GE, para garantir que todas as oportunidades se encaixem com os ativos e competências emergentes da empresa. A estratégia não precisa ser eterna. Ela pode evoluir e permitir o surgimento de novas plataformas de crescimento, mas estas devem representar um potencial significativo e riscos aceitáveis antes de receber recursos.

Comprometimento estratégico dinâmico

A certa altura, um novo conceito e sua nova categoria ou subcategoria associada podem ser promissores o suficiente para merecerem comprometimento estratégico. Nesse momento, a organização precisa estar disposta a se comprometer. Quase todas as novas marcas de sucesso que revolucionaram o mercado obtiveram comprometimento organizacional mesmo quando ainda enfrentavam incertezas em termos de mercado, concorrência e desenvolvimento. O comprometimento com uma estratégia de negócios bem-definida está por trás do sucesso do Google, das iniciativas ambientais do Walmart e de muitos outros casos. E a disposição de apostar tudo na expansão da capacidade foi um elemento essencial do sucesso da Asahi Super Dry, da minivan da Chrysler, da Starbucks e assim por diante. Muitas empresas perderam a grande oportunidades das suas gerações porque, apesar de molharem os pés, não foram capazes de mergulhar de cabeça.

O comprometimento estratégico deve ser dinâmico, o que significa que não pode ser eterno. O portfólio de projetos deve estar sempre sujeito a mudanças, pois sempre acontece de alguns perderem suas chances de sucesso e de emergirem outros, mais promissores. Assim, o comprometimento tem um yin e um yang. É preciso se comprometer de verdade, mas não para sempre ou sem qualificações.

O comprometimento estratégico, a fidelidade disciplinada e apaixonada a uma nova categoria ou subcategoria e a uma estratégia de negócios bem-definida e com os recursos apropriados, envolve uma perspectiva de longo prazo. Nas decisões de investimento e no desenvolvimento da estratégia, é preciso se concentrar no futuro. A empresa deve se comprometer com o sucesso do negócio e estar disposta a fornecer todos os recursos necessários a fim de desenvolver ativos e competências e executar a estratégia. O horizonte de planejamento pode avançar dois, cinco ou até mais de 10 anos no futuro, dependendo do tipo de negócio.

O Google estabeleceu sua posição ao se comprometer com a construção e operação do melhor mecanismo de busca enquanto os concorrentes, como

Yahoo! e Microsoft, estavam expandindo seus serviços para gerar mais tráfego e explorar as visitas dos usuários. O Google tinha uma obsessão pelo mecanismo de busca, orientado por uma filosofia de 10 "verdades", que inclui vários valores essenciais da empresa, como:[8]

"É melhor fazer uma só coisa muito, muito bem. Fazemos pesquisa"
"Focalize o usuário (e a experiência do usuário) e o resto virá em seguida."
"Rápido é melhor que devagar".
"Ótimo não é bom o suficiente, é um ponto de partida."

O resultado foi uma posição de liderança conquistada com um produto com interface simples, tempo de carregamento rápido, ordenamento dos resultados da busca com base em popularidade e não em troca de pagamentos, e anúncios que parecem relevantes para a busca do usuário.

Liderança

Para que uma estratégia de comprometimento seja executada com sucesso, a liderança é necessária em vários níveis. A oferta precisa de um defensor com paixão e uma visão estratégica clara, capaz de comunicar à sua equipe um entendimento e entusiasmo pela estratégia, além de explicar por que ela é convincente, pode ser realizada e vale a pena. A equipe, em especial, deve conhecer e acreditar nos componentes da estratégia, na proposição de valor, no mercado-alvo, nas estratégias funcionais e no papel dos ativos e competências. A justificativa de negócio deve envolver mais do que objetivos financeiros: ela precisa ter um propósito valorizado ou até inspirador.

O apoio do CEO também é crítico. É incrível a frequência com a qual as ofertas de marca que conseguem estabelecer uma nova categoria ou subcategoria são apoiadas por um CEO com forte visão estratégica, comprometido com a estratégia e disposto a financiar o desenvolvimento e a execução da oferta. Em muitos casos, como os produtos da Apple, a Segway, a minivan da Chrysler, Asahi Super Dry, Muji, Whole Foods Market, Prius, Saturn e Enterprise, o CEO também era o campeão da oferta ou um parceiro próximo deste. Inúmeras tentativas de revolucionar mercados, e talvez empresas existentes, fracassaram ou foram canceladas porque o CEO nunca apoiou a estratégia. Lembre-se de que os esforços de criar uma minivan na Ford foram frustrados por um CEO que nunca aceitou a iniciativa.

Obsessão com execução

A maioria das novas ofertas dá errado, quase sempre porque um bom conceito simplesmente é mal executado. A organização precisa ser criada de modo a ter excelente desempenho em uma série de tarefas. Isso significa que ela deve contratar pessoas competentes e motivadas, disponibilizar os recursos necessários e desenvolver os sistemas e a cultura certos para apoiar o esforço. Entre suas tarefas mais importantes, podemos listar:

Desenhar a oferta. A oferta começa com o *design* estético e funcional. Se a oferta é mal desenhada, não importa se a produção e o serviço são perfeitos. A minivan da Chrysler, o Prius e o iPod tinham *designs* que funcionavam. Se os produtos tinham problemas, eles foram corrigidos facilmente com pequenas alterações no *design*.

Lançar a oferta no mercado. O lançamento de uma nova oferta não é mais uma questão de gastar dinheiro e girar uma manivela. A fragmentação da mídia, a sobrecarga de informações, o ruído e a realidade das tecnologias sociais significam que mesmo o lançamento de uma novidade incrível precisa estar nas mãos de profissionais talentosos e criativos, indivíduos dispostos a pensar diferente e executar sua ideias.

Gerenciar por métricas e objetivos orientados pelo cliente. A cultura e os sistemas da organização precisam apoiar um comprometimento com a realização de tudo o que a oferta promete e, quando possível, fazer com quais ela vá além das expectativas. Para tanto, um elemento crucial é determinar quais métricas orientadas pelo cliente, incluindo medidas de visibilidade, entendimento e fidelidade, são necessárias para a análise da nova categoria ou subcategoria.

Melhoria contínua

Além da execução, uma estratégia de comprometimento precisa ser apoiada por inovações incrementais, melhorias (e não mudanças) contínuas da oferta, reduções de custo, aumentos da eficiência, aprimoramentos da proposição de valor, aumentos da satisfação do cliente e fortalecimento dos ativos e das competências que sustentam a nova oferta. A oferta e a categoria ou subcategoria devem ser alvos móveis que evoluem e melhoram com o tempo. Todos os anos, a oferta e sua rentabilidade devem ser melhores do que no anterior. Empresas japonesas como a Shiseido e a Canon chamam essa melhoria contínua de *kaizen* e criaram empresas de sucesso em torno do conceito.

Criando inovações substanciais e transformacionais a partir do *core business*

O oportunismo e o comprometimento estratégico conseguem conviver quando o *core business* de uma empresa descentralizada tenta ativamente criar novas subcategorias. O negócio sempre busca inovações substanciais e transformacionais, mas dentro da categoria. As ofertas resultantes aproveitam ativos (incluindo ativos de marca), competências e conhecimentos de mercado atuais e provavelmente correm menos riscos de mercado e organizacionais do que aquelas que se afastam do *core business*. A verdade é que quando o *core business* está próximo do mercado e da tecnologia da oferta, o negócio tem grandes vantagens em termos de identificação e resposta a novas oportunidades.

Um bom exemplo é o Tide, produto da P&G que lançou em média uma inovação incremental por ano durante quase seis décadas, mas também não poupou energias em desenvolver inovações substanciais e transformacionais que definiram subcategorias claras nas quais a marca Tide tem clientes fiéis, pode cobrar mais caro e ergueu barreiras à concorrência. Entre várias inovações transformacionais, podemos listar o Tide líquido em 1984, Tide with Bleach em 1989, Tide High Efficiency (HE) em 1997, Tide with Febreze em 1998, Tide with a Touch of Downey e Tide Coldwater em 2004. O Tide Coldwater, por exemplo, em seus primeiros anos era usado para economizar energia em 7 milhões de lares americanos.[9] A Tide usou uma série de novas ofertas, que criaram novas subcategorias, para aumentar sua participação no mercado de detergentes, passando de 20% no começo da década de 1980 para mais de 40%.

O esforço da Tide se deveu em grande parte à Innovation Leadership Team, uma equipe dentro da Tide para energizar a marca.[10] A equipe combinava diversas funções e incluía profissionais de vendas, gestão de marcas, operações, finanças e muito mais. O desafio era identificar cerca de 10 novas ideias para a marca a cada trimestre, capazes de transformar o mercado.

Teimosia estratégica

As empresas correm o risco de ver o comprometimento estratégico se transformar em teimosia estratégica. Muita coisa pode dar errado. A visão em torno do comprometimento talvez fique obsoleta ou problemática e o trabalho pode se transformar em um grande desperdício. Talvez haja barreiras de implementação no *design* ou na execução da estratégia. A nova oferta pode ser superada por outra mudança de paradigma, talvez causada por uma inovação da concorrência. Se o comprometimento estratégico for estimulado pelos altos executivos da empresa, o resultado pode ser investimentos excessivos e lançamentos prematuros, os quais são difíceis de reverter.

Foi o que aconteceu com o Apple Newton, mencionado em um capítulo anterior, o PDA à frente do seu tempo quando foi lançado em 1993 e cujo sistema de reconhecimento de escrita não funcionava. O Newton foi um dos maiores fracassos no ramo de eletrônicos, mas seu impacto na Apple foi maior do que deveria ter sido devido a dois motivos. Primeiro, o forte comprometimento da empresa levou a investimentos iniciais enormes. Segundo, a Apple manteve o Newton vivo por cinco anos, até que Steve Jobs voltou à empresa e finalmente acabou com o produto.

O termo *comprometimento estratégico dinâmico* sugere que o comprometimento não é eterno. O novo negócio está atingindo suas metas? O negócio maduro está passando por mudanças no mercado que alteram os pressupostos por trás do compromisso? Nesse caso, a estratégia de comprometimento pode ser alterada com o uso menos vigoroso dos recursos. Uma opção mais radical seria aproveitar o mercado enquanto ele ainda é lucrativo, sem mais investimentos, ou simplesmente abandoná-lo.

O comprometimento estratégico dinâmico contradiz a si mesmo, na medida em que um comprometimento de verdade não teria um elemento dinâmico. O fato de o comprometimento estar sujeito a revisões significa que ele não é firme e levanta complicações lógicas e organizacionais. A solução, em parte, é um sistema de alocação de recursos em nível organizacional, tema da próxima parte deste capítulo.

Alocação de recursos em nível organizacional

Além do oportunismo seletivo e do comprometimento dinâmico, uma organização inovadora precisa de uma terceira característica: a capacidade de alocar recursos em um processo disciplinado, objetivo e em nível organizacional.

Esse processo também deve precipitar as decisões difíceis que serão implementadas. A alocação de recursos é indispensável para uma organização inovadora e viável, pois garante que as melhores opções receberão financiamento. Os recursos de qualquer organização são limitados, então, o financiamento de ofertas de baixo rendimento, existentes ou propostas, suga recursos daquelas que poderiam ser o futuro da empresa.

Entretanto, a alocação objetiva dos recursos não é fácil de implementar. Os gerentes estão acostumados a verem suas propostas avaliadas em contextos limitados e se sentem ameaçados pelo aumento da competição interna que reduz o poder dos seus silos. Mesmo os elementos mais básicos, como os processos e critérios comuns apresentados no Capítulo 7, não são fáceis de aceitar.

Um processo de alocação eficaz deve ter várias características. Ele precisa ser claro, de modo que os gerentes saibam quando e como acessá-lo, e ser apoiado por uma equipe com credibilidade, de forma que as suas decisões sejam respeitadas. Ele deve ter escopo organizacional, assim, as novas ofertas propostas por ele poderão competir com as outras no resto da organização. Se o escopo da avaliação for estreito demais, o resultado é que opções inferiores serão financiadas às custas das superiores, que não tinham o contexto certo ou o apoio político necessário. Finalmente, o processo deve comparar as novas ofertas com as existentes. O segredo é reduzir ou interromper os recursos destinados a negócios cansados, com pouco potencial de crescimento ou que, pior ainda, na melhor das hipóteses podem apenas desacelerar uma decadência inevitável.

Viés contra novos negócios

O viés em favor do financiamento de negócios existentes é quase sempre muito forte dentro das empresas. O Capítulo 7 analisou os motivos pessoais e profissionais para se ater a negócios decadentes e com pouca probabilidade de recuperação. Entretanto, mesmo um *core business* de sucesso pode se transformar em um obstáculo para o financiamento de novas ofertas com o potencial de transformar o mercado. Os membros da empresa têm preferências contrárias a novos projetos arriscados que vão muito além da análise econômica. Muitas vezes, a organização acaba rejeitando a proposta de uma nova oferta do mesmo modo que o corpo rejeita órgãos transplantados: ela reconhece um corpo estranho, algo que não deveria estar lá. Muitas vezes, a reação ocorre mesmo frente a um desejo explícito dentro da organização por novas plataformas de crescimento que garantam o futuro da empresa. As empresas sofrem de vários problemas organizacionais ou "maldições" que os defensores de ofertas inovadoras precisam reconhecer e encontrar alguma forma de superar.

Um problema é a "maldição do fazer o que você sabe fazer", ou seja, a maldição do comprometimento com um *core business*. As empresas líderes tradicionais se concentram no seu *core business*, investindo vigorosamente em inovações incrementais para reduzir os custos, melhorar a oferta e satisfazer seus clientes fiéis. O resultado é que:

- Elas ficam tão concentradas que perdem as oportunidades mesmo quando elas são óbvias.

- Se houver alguma possibilidade de o novo negócio canibalizar o *core business*, a novidade tem um inimigo poderoso e natural. Por que investir em uma oferta que pode matar a galinha dos ovos de ouro?

- As capacidades do *core business* tendem a ser aplicadas a qualquer novo negócio que surge, mesmo quando essa decisão está destinada ao fracasso. Por causa desse fenômeno, Craig Barrett, executivo da Intel, disse que o negócio de microprocessadores era um creosoto, uma planta do deserto que envenena o solo ao seu redor para impedir o crescimento de outras plantas. Dos 14 empreendimentos fundados na Intel durante a década de 1990, apenas um deu certo de verdade, a Intel Capital. E este envolvia apenas investimentos e não incluía responsabilidades operacionais, então, a Intel nunca conseguiu transcender seu modelo de negócios básico.[11]

Outro problema é a "maldição do sucesso". Quando tudo vai bem, a empresa deveria ter à sua disposição recursos para correr riscos e criar novas áreas de negócios. O curioso, entretanto, é que a complacência quase sempre sai vitoriosa. Por que mudar, quando o negócio atual está gerando lucros e crescimento? Por que não investir para garantir custos ainda menores e lucros ainda maiores? É muito mais fácil mudar em meio a uma crise, mas nesse momento os recursos e o tempo estão em falta. As condições de crise permitiram a emergência da minivan da Chrysler e da iniciativa ambiental da Walmart. Sem uma crise real, às vezes a empresa pode criar uma crise artificial. Foi o que o CEO da Toyota fez quando ordenou que o Prius fosse criado em dois anos.

Outro é a "maldição do projeto concorrente". Praticamente todos os executivos da organização têm uma lista de investimentos que valem a pena para o seu silo, alguns dos quais eles consideram indispensáveis. Muitos desses investimentos representam inovações incrementais, talvez a grande maioria. Uma nova oferta, especialmente se for revolucionária, precisa competir por esses recursos. Mas muitas forças políticas podem se unir contra o comprometimento com um novo projeto que roubaria recursos das alternativas, especialmente se a nova oferta envolve culturas, mercados ou operações diferentes.

As três maldições descritas são ampliadas pela pressão de gerar crescimento e ampliar as margens no curto prazo, em parte devido ao desejo de aumentar o retorno ao acionista e em parte pelas preferências de gerentes que duram pouco em seus cargos. A melhor maneira de obter resultados no curto prazo é retirar os fundos de P&D, que sustentam o crescimento estratégico, e transferi-los para esforços que fortalecem o *core business*, deixando a oferta mais atraente e com melhor desempenho e aumentando a eficiência e a produtividade. A criação de uma nova plataforma de negócios é cara e arriscada e costuma causar prejuízos no curto prazo.

Capital de risco

É fácil determinar o apoio que a empresa dá à inovação: basta ver para onde vai o dinheiro. Na maioria dos casos, o *core business* tem o poder, gera os lucros atuais e usa esses lucros para sustentar sua estratégia de inovação incremental, mesmo que no processo o futuro da empresa acabe sufocado. Para se contrapor a essa tendência negativa, as empresas criam fundos de capital de risco internos.

Além de garantir um financiamento seguro, um fundo de capital de risco com processo de triagem fortalece o *status* das propostas de inovação. Os defensores são incentivados pelo processo de triagem e pela orientação de executivos mais graduados a desenvolver planos mais completos e profissionais. Além disso, um grupo de triagem que envolva diversas partes da empresa pode dar sugestões sobre como ligar a proposta às capacidades internas da organização.

A P&G tem o Corporate Innovation Fund (CIF), uma divisão que lembra uma empresa de capital de risco especializada em ideias de alto risco e alto potencial.[12] Liderado pelo CIO e pelo CFO, o fundo existe para fornecer capital inicial a projetos com o potencial de criar grandes inovações disruptivas. Totalmente independente das unidades de negócios, o fundo tem liberdade para se concentrar em inovações que perpassam as unidades de negócios ou encontram lacunas entre elas. Por exemplo, o Crest Whitestrips, lançado em 2001, combinou a tecnologia de filmes do P&D corporativo e a tecnologia de alvejante para lavanderias a fim de criar um produto de clareamento dental para o grupo de higiene bucal. Nenhum desses grupos teria patrocinado o esforço de inovação por conta própria.

Outra unidade da P&G, a Future Works, é composta por equipes multidisciplinares que, em vez de reagirem a propostas, buscam oportunidades de inovação dentro e fora da P&G, sem se limitar a categorias preexistentes.[13] A Future Works tem liberdade para explorar ideias radicais sobre como criar novas categorias ou subcategorias. Por exemplo, a Future Works estimulou uma *joint-venture* da P&G com a Swiss Precision Diagnostics para o desenvolvimento de monitores de saúde domésticos, um projeto que nunca teria sido defendido por uma unidade de negócios existente. Toda iniciativa deve ter um patrocinador dentro da organização da P&G, assim, ela nunca se afasta demais do modelo atual e sempre está relacionada com pelo menos um negócio existente da P&G.

Um grupo de negócios importante dentro da HP criou o Innovation Program Office (IPO) para apoiar o desenvolvimento de novos produtos inovadores que representassem diferenças significativas em relação aos antigos.[14] Um dos resultados foi o computador Blackbird para jogos de alto nível. Uma pergunta crucial usada na triagem de propostas é se o produto tem o potencial de causar mudanças fundamentais no cenário competitivo ou de criar novas demandas entre os consumidores. O objetivo do programa é desenvolver dois novos produtos por ano. Concretizar esse objetivo significa que muitos mais precisam entrar no fluxo de desenvolvimento. O conselho de avaliação do IPO gasta cerca de 100 mil dólares com cada um de 20 produtos para permitir que eles obtenham *feedback* dos clientes. Sete ou oito propostas passam para a fase de protótipo, quatro têm um lançamento restrito no mercado e duas são comercializadas.

Grupos de pesquisa informais

Outra tática é criar ou permitir que uma organização independente desenvolva um conceito. Esses grupos de pesquisas informais, também conhecidos como *skunkworks*, são programas de desenvolvimento que trabalham fora da empresa, às vezes em locais diferentes, para se proteger da cultura e dos processos que poderiam inibir o seu progresso. Um grupo de pesquisa informal é muito útil quando o projeto tem potencial, pelo menos na opinião de certos elementos da empresa, mas não consegue obter financiamento e apoio oficiais. O projeto pode, por exemplo, se desviar da estratégia atual, ser visto como tecnologicamente deficiente ou pretender entrar em um mercado visto como inadequado, mas a empresa conseguirá tolerar o estabelecimento de um grupo de pesquisa informal com orçamentos modestos ou até sem orçamento.

O Tide foi desenvolvido em um grupo de pesquisa informal que trabalhou discretamente durante vários anos. A memória *flash*, desenvolvida pela Intel no começo da década de 1980 com pouquíssimo apoio da gerência, também foi criada por um grupo desse tipo. Naquela época, a Intel estava enfocando o financiamento de um tipo diferente, mais tradicional de memória e microprocessadores. A empresa acreditava que a memória *flash* não tinha potencial, uma crença que se revelou errônea.

O modelo dos grupos de pesquisa informais tem sua função, mas deve ser usado com muita parcimônia e apenas quando as outras opções não estão disponíveis. Esses grupos quase sempre têm dificuldade para acessar conhecimentos, capacidades e ativos espalhados pela organização. Além disso, eles sempre trabalham com orçamentos reduzidos e podem, por consequência, avançar mais lentamente do que seria o caso com um projeto bem financiado. O excesso de grupos de pesquisa informais acaba neutralizando os pontos fortes da organização como um todo.

Alocação de recursos centralizada

Devido à amplitude do seu escopo, um processo eficaz de alocação de recursos precisa de um controle altamente centralizado do orçamento. Mas esse controle causa tensões dentro da organização. Os silos organizacionais, acostumados a controlar as decisões mais importantes na área do financiamento, resistirão à perda de parte ou todo o controle para uma entidade central, por mais lógica que seja a mudança. As carreiras pessoais estão presas ao negócio. A descentralização com unidades de negócio autônomas é uma injeção de responsabilidade, vitalidade, intimidade com ofertas e clientes e capacidade de gerenciar uma organização grande e diversificada. Os responsáveis pelos silos argumentarão que o sucesso depende da sua independência e da capacidade de usar os lucros gerados pelas suas respectivas unidades para os seus próprios fins. Não é por acaso que essa é a forma organizacional mais comum e a centralização é tão estressante.

Mas o controle centralizado do financiamento é indispensável para a capacidade da empresa de financiar e apoiar inovações que não estejam dentro do escopo dos negócios existentes ou que sejam ambiciosas demais para serem financiadas pelo *core business* atual. É preciso estabelecer um processo objetivo e ter executivos com a autoridade, credibilidade e sabedoria para tomar decisões difíceis, incluindo aquelas que envolvem desinvestimentos e cancelamentos. É preciso abrir um espaço para a defesa de propostas, mas também criar tempo para as pessoas se comprometerem e se esforçarem para transformar as propostas selecionadas em grandes sucessos.[15]

Sufocamento estratégico de ideias

Na teoria, a centralização do processo de alocação de recursos é uma boa ideia, pois otimiza a alocação, o que seria praticamente impossível em uma organização na qual a tomada de decisões é autônoma. Os critérios usados para avaliar propostas seriam orientados pela estratégica geral da empresa, como no caso da GE, e teriam uma direção estratégica específica. Um processo centralizado também precisa atender critérios financeiros bem-definidos, válidos para todas as iniciativas em potencial.

Entretanto, a alocação centralizada de recursos tem seus riscos. Algumas iniciativas podem não se encaixar na estratégia da empresa ou ter expectativas pessimistas de lucratividade e vendas, pois são desconhecidas ou precisam de inovações que parecem improváveis. Como o grupo de decisores central não tem intimidade com a área, o potencial de sucesso talvez nunca seja reconhecido.

Este livro começou com a observação de que a relevância de marca tem o potencial de ser ao mesmo tempo força motriz e explicação da dinâmica de mercado, da emergência e decadência de categorias e subcategorias e do destino das marcas ligadas a elas. A seguir, ele observou que as marcas que podem criar e gerenciar novas categorias e subcategorias, tornando os concorrentes irrelevantes, irão prosperar. As outras ficarão presas no atoleiro das batalhas de mercado debilitantes ou perderão sua relevância e posição de mercado.

Agora essas observações devem ter um significado mais profundo, pois os capítulos anteriores demonstraram vividamente a relação entre a dinâmica do mercado e a relevância de marca. Dezenas de estudos de caso mostraram como novas categorias e subcategorias foram formadas e como, por causa disso, algumas marcas prosperaram e outras não realizaram o seu potencial. Uma abordagem sistemática para a criação de novas categorias ou subcategorias envolve encontrar um conceito, avaliar, definir a categoria ou subcategoria e criar barreiras à concorrência. Também discutimos o conceito de combater o avanço da irrelevância por meio de uma relação com categorias e subcategorias emergentes e a energização da marca.

O desafio é fazer. Inovar. Criar e se conectar a novas categorias e subcategorias. E conquistar os benefícios da redução da concorrência.

Obviamente, não é fácil. O Epílogo resume o porquê, colocando a oportunidade e os desafios em perspectiva.

Lições principais

A geração de inovações exige uma organização apoiadora com três qualidades um tanto contraditórias. A organização precisa de:

- Oportunismo seletivo: inteligência externa boa e contínua; a capacidade de detectar e entender tendências; a disposição de se envolver em inovações substanciais e transformacionais; e a agilidade de atacar as oportunidades no momento que surgem, mas de modo seletivo. Os processos de avaliação e a orientação estratégica inibem a deriva.

- Comprometimento dinâmico: a disposição de enfocar, financiar e executar por trás de cada oportunidade e de se envolver em inovações incrementais. O comprometimento precisa ser dinâmico, no sentido de abandonar empreendimentos decepcionantes em vez de ser cabeça-dura.

- Alocação de recursos em nível organizacional, de modo que as iniciativas que não se encaixam nas unidades de negócios mais poderosas consigam receber recursos. Tudo depende de ter uma ferramenta de avaliação que seja aplicada a todos os negócios dentro da organização, incluindo aqueles que já receberam o comprometimento.

Para discussão

1. Considere as iniciativas de inovação da GE. Qual é o lado ruim?
2. Identifique organizações que são muito oportunistas. Identifique as comprometidas.

3. Qual é a diferença entre oportunismo e comprometimento? Como ambos podem conviver na mesma organização?

4. A alocação de recursos em nível organizacional envolve a centralização dessa função. Uma organização decentralizada é o melhor ambiente para o funcionamento do oportunismo e do comprometimento? Em caso positivo, quais são os problemas associados com o trabalho de implementar a alocação de recursos em nível organizacional?

Epílogo

O Yin e o Yang da Batalha por Relevância

Não acabou até ter acabado.

—Yogi Berra

As dinâmicas do mercado e as opções estratégicas discutidas neste livro precisam ser colocadas em perspectiva. A batalha pela criação e manutenção da relevância de marca e por deixar os concorrentes para trás está ligada a um yin e a um yang. Precisamos analisar o lado ruim de uma estratégia orientada por relevância, não apenas o bom.

É verdade que a criação de novas categorias e subcategorias costuma envolver recompensas enormes. A concorrência sem concorrentes, ou então com adversários reduzidos ou enfraquecidos, é muito mais lucrativa do que uma guerra por preferência de marca, além de muito mais agradável. Mesmo que o período favorável na área competitiva seja limitado, ele ainda pode criar um fluxo de lucros, momento de mercado e base de clientes muito vantajosos à medida que os concorrentes se tornam relevantes.

Também é verdade que o índice de empresas que têm sucesso na criação de espaços com pouca ou nenhuma concorrência é alta. Este livro explorou dezenas de casos do tipo, mas estes representam apenas uma pequena parcela do total. Podemos encontrar uma série de casos semelhantes aos da minivan da Chrysler, da Enterprise Rent-A-Car, da Go-Gurt da Yoplait, da SoBe, da Muji, da Zara, do iPod e da Asahi Super Dry na maioria dos setores. Além disso, a incidência de novas categorias e subcategorias emergentes está aumentando à medida que os mercados se tornam mais dinâmicos.

É verdade que evitar ou perder uma oportunidade para realizar inovações disruptivas quase sempre significa, além da perda de lucros e de posição de mercado, que os concorrentes provavelmente aproveitarão a oportunidade que você deixou passar. O resultado é que o mercado existente sofre uma disrupção, necessitando de gastos consideráveis no esforço de alcançar a concorrência. Ou pode ser o fim do negócio. É muito fácil, por causa dessa omissão, acordar um dia e descobrir que você não é mais relevante, pois os clientes não estão mais comprando o que você faz ou o que percebem que faz. É muito melhor ser o motor de tendências, não o respondedor ou a empresa que ignora as tendências.

Vale a pena criar uma organização que apoia a inovação e investe em novos conceitos que envolvam riscos e resultados incertos.

Mas precisamos ter um pouco de perspectiva.

Criar novas categorias ou subcategorias não é fácil. A oportunidade não surge regularmente para qualquer empresa.

É difícil encontrar um conceito com o potencial de criar uma nova categoria ou subcategoria. É preciso ter um tipo de inspiração pouco natural para empresas concentradas em melhorar sua estratégia atual com aumentos à proposição de valor ou redução de custos.

A avaliação é difícil. Os conceitos evoluem com o tempo e é fácil cancelar um prematuramente, pouco antes de um grande avanço. Mudanças nas necessidades e preferências do cliente, os avanços tecnológicos e as ações dos concorrentes são difíceis de prever e podem mudar os pressupostos básicos.

Mesmo com um conceito vencedor, não é fácil obter o comprometimento organizacional com um novo conceito frente às incertezas e aos investimentos alternativos. Uma opção atraente, a de promover inovações incrementais nas áreas de negócios atuais, terá retornos mais certos. Além disso, algumas barreiras políticas vão além da análise objetiva, pois os silos organizacionais das unidades de negócios podem resistir às iniciativas que fazem com que não recebam os recursos necessários. O *timing* também pode estar errado. A empresa talvez promova uma iniciativa prematura, agindo antes do mercado ou da tecnologia estarem prontos. Ou a empresa responde a uma oportunidade quando já é tarde demais. Se este livro oferece somente uma generalização, é que o *timing* é crucial. Mesmo estar só um pouquinho atrasado ou só um pouquinho adiantado pode ser fatal. E não é fácil estar pronto e no lugar certo exatamente na hora certa.

A implementação é difícil, especialmente quando envolve programas e capacidades desconhecidos para a organização e que precisam ser adquiridos e aprendidos.

A aceitação de mercado é incerta. Mesmo os melhores conceitos, com uma lógica firme em torno de um bom potencial de procura, podem ter resultados decepcionantes. A resposta do mercado talvez seja mais fraca do que o esperado ou então, apesar da resposta ser boa, o mercado seja pequeno demais.

Mesmo quando uma oferta tem sucesso, a empresa pode ter deixado de criar barreiras; nesse caso, o sucesso não será duradouro e a vantagem de criar a nova categoria ou subcategoria será pequena, talvez até pequena demais para justificar o investimento.

Em suma, o esforço para desenvolver uma oferta que irá criar uma categoria ou subcategoria pode ser incerto e arriscado. Caso dê errado, a empresa acaba desperdiçando investimentos significativos de tempo e recursos que poderiam ter sido gastos de outra maneira. Pior ainda, a iniciativa talvez tenha sido importante o suficiente para distorcer a direção estratégica da empresa.

O fato de a inovação ser incerta e arriscada não significa que as empresas não deveriam dedicar muita energia à inovação ou investir em mudanças organizacionais para dar mais apoio a inovações. A verdade é que ser um respondedor também é arriscado. Ignorar as tendências, ou seja, ter viseiras tão fortes que a empresa não percebe ou escolhe ignorar a dinâmica do mercado, é pior ainda.

A mensagem é que você deve investir em inovação com vigor, mas também reconhecer os desafios e os investimentos necessários para projetos individuais e mudanças organizacionais. A organização de sucesso gerencia ativamente as dificuldades e incertezas que fazem parte da inovação, mas que também permitem que ela aproveite oportunidades para tornar os concorrentes irrelevantes ou menos relevantes e evitar que um negócio saudável caia na irrelevância.

Notas

Capítulo 1

1. De uma palestra dada por Ken Olsen na World Future Organization de 1977, em Boston. Na verdade, ele estava se referindo à informatização de uma casa, algo que só agora está se tornando possível, mas a frase costuma ser interpretada como uma referência ao PC.
2. Palestra de Steve Jobs apresentando o Macintosh em janeiro de 1984.
3. David Halthaus, "P&G Chief: Have a Purpose in Life." November 18, 2009, http://news.cincinnati.com.
4. Sun Tzu, *The Art of War* (Simon & Brown, 2010), Chapter Six, point 30.
5. Peter N. Golder and Gerard J. Tellis, "Pioneer Advantage: Marketing Logic or Marketing Legend?" *Journal of Marketing Research*, 1993, *30*(2), 158–170.
6. Dan P. Lovallo and Lenny T. Mendonca, "Strategy's Strategist: An Interview with Richard Rumelt," *McKinsey Quarterly*, 2007,4, 58.
7. Richard Foster and Sarah Kaplan, *Creative Destruction* (New York: Doubleday, 2001), 158-170.
8. Chris Zook with James Allen, *Profit from the Core: Growth Strategy in an Era of Turbulence.* (Boston: Harvard Business School Press, 2001), 11.
9. Ibid, 8.
10. W. Chan Kim and Renee Mauborgne, *Blue Ocean Strategy* (Boston: Harvard Business School Press, 2005).
11. Ashish Sood and Gerard J. Tellis, "Do Innovations Really Pay off? Total Stock Market Returns to Innovation" *Marketing Science*, 2009, *28*(3), 442–458.
12. Carl Schramm, Robert Litan, and Dane Strangler, "New Business, Not Small Business, Is What Creates Jobs," *Wall Street Journal*, November 6, 2009.
13. Susan Nelson, "Who's Really Innovative," *Marketing Daily*, September 2, 2008, www.mediapost.com/publications.
14. W. Chan Kim and Renee Mauborgne, *Blue Ocean Strategy* (Boston: Harvard Business School Press, 2005); Andrew Campbell and Robert Park, *The Growth Gamble* (London: Nicholas Brealey, 2005); Gary Hamel, *Leading the Revolution* (Boston: Harvard Business School Press, 2002); Chris Zook, *Beyond the Core* (Boston: Harvard Business School Press, 2004); Michael L. Tushman and Charles A. O'Reilly III, *Winning Through Innovation* (Boston: Harvard Business School Press, 2002).

Capítulo 2

1. Joel B. Cohen and Kunal Basu, "Alternative Models of Categorization: Toward a Contingent Processing Framework," *Journal of Consumer Research*, March 1987, *14*, 455–472.
2. Mita Sujan, "Consumer Knowledge: Effects on Evaluation Strategies Mediating Consumer Judgments." *Journal of Consumer Research*, June 1985, *12*, 31–46.

3. Eleanor Rosch, "Principles of Categorization." In Eleanor Rosch and Barbara B. Lloyd (eds.), *Cognition and Categorization* (Hillsdale, NJ: Lawrence Erlbaum, 1978), pp. 27–48.
4. C. Page Moreau, Arthur B. Markman, and Donald R. Lehmann, "'What Is It?' Categorization Flexibility and Consumers' Response to Really New Products," *Journal of Consumer Research*, March 2000,26, 489–498.
5. S. Ratneshwar, Cornelia Pechmann, and Allan D. Shocker, "Goal-Derived Categories and the Antecedents of Across-Category Consideration," *Journal of Consumer Research*, December 1996, 23, 240–250.
6. George Lakoff, *Don't Think of An Elephant!* (White River Junction, VT: Chelsea Green, 2004).
7. Lakoff, *Don't Think of An Elephant!* p. xvii.
8. I. P. Levin and G. J. Gaeth, "Framing of Attribute Information Before and After Consuming the Product," *Journal of Consumer Research*, March 1988, 15, 374–378.
9. Jennifer Aaker, Kathleen Vohs, and Cassie Mogilner, "Non-Profits Are Seen as Warm and For-Profits as Competent: Firm Stereotypes Matter," *Journal of Consumer Research,* 2010.
10. Dan Ariely, George Lowenstein, and Drazen Prelec, "Coherent Arbitrariness: Stable Demand Curves Without Stable Preferences," *Quarterly Journal of Economics*, 2003, *118*(1), 73–105.
11. Dan Ariely, *Predictably Irrational* (New York: Harper Books, 2008), 162-163.
12. Ibid.
13. David Aaker and Douglas Stayman, "A Micro Approach to Studying Feeling Responses to Advertising: The Case of Warmth." In Julie A. Edell and Tony M. Dubitsky (eds.), *Emotion in Advertising* (New York: Quorum Books, 1990), pp. 54–68.
14. Brian Wansink, *Mindless Eating* (New York: Bantam Books, 2006), 19-23.
15. Itamar Simonson and Amos Tversky, "Choice in Context: Tradeoff Contrast and Extremeness Aversion," *Journal of Marketing Research*, August 1992, 29, 281–295.
16. Susan M Steiner and Rayna Bailey, "Its Not Delivery, It's DiGiorno," *Kraft Foods, Inc.* Acessado em 9 de maio de 2010, www.jiffynotes.com/a_study_guides/book_notes_add/emmc_0000_0002_0/emmc_0000_0002_0_00156.html.
17. Amos Tversky, "Utility Theory and Additive Analysis of Risky Choices," *Journal of Experimental Psychology*, 1967, 75(1), 27–36.
18. James R. Bettman, Mary Frances Luce, & John W. Payne, "Constructive Consumer Choice Processes," *Journal of Consumer Research*, December 1998, 187–217.
19. Herbert Simon, "A Behavioral Model of Rational Choice," *Quarterly Journal of Economics*, 1995, 6, 99–118.
20. Joel Huber and Norren M. Klein, "Adapting Cut-offs to the Choice Environment; the Effects of Attribute Correlation and Reliability," *Journal of Consumer Research*, December 1991, 346–357.

Capítulo 3

1. Caroline Roux, "The Reign of Spain," *Guardian*, October 28, 2003.
2. Jackie Crosby, "Entrepreneur Turned Geek Squad into a Geek Army," *Los Angeles Times*, April 1, 2010, www.Latimes.com.
3. Jackie Crosby, "Geek Squad a Killer App for Best Buy," *The Seattle Times*, April 5, 2010. www.seattletimes.nwsource.com.

4. Matthew Boyle, "Best Buy's Giant Gamble," *Fortune*, April 3, 2006, 69–75.
5. Marc Gunther, "Best Buy Wants Your Junk," *Fortune*, December 7, 2009, 96–100.
6. Subway Web site, July 2010, www.subway.com, acessado em julho de 2010.
7. Duane Swierczynski, "Stupid Diets... That Work!" *Men's Health*, November 1999, *14*(9), 94–98.
8. Subway Web site, November 2009, www.subway.com, acessado em julho de 2010.

Capítulo 4

1. "GM, Toyota Bet Hybrid Green," *Wall Street Journal*, December 12, 2006.
2. Chris Isidore, "GM: Hybrid Cars Make No Sense," CNN Money, January 5, 2004. See www.money.cnn.com/2004.
3. "Lexus 400," Toyota50th.com/history.htm, 2009, 1.
4. "2010 Toyota Prius Hybrid Car," www.SoulTek.com, August 30, 2009.
5. Micheline Maynard, "Say 'Hybrid' and Many People Will Hear 'Prius,'" *New York Times*, July 4, 2007.
6. David Welch, "Honda's Prius-Fighter Is Stuck in First," *BusinessWeek*, December 28, 2009, p. 94.
7. Roger B. Smith, declaração em coletiva de imprensa da Saturn, 8 de janeiro de 1985.
8. Chrysler Minivan Sales Slump Forces Job Cuts," March 5, 2009, www.asiaone.com/motoring/news.
9. J. D.Power and Associates, *Sales Report*, August 2009.
10. Paul Ingrassia and Joseph B. White, *Comeback: The Fall and Rise of the American Automobile Industry* (New York: Simon & Schuster, 1995).
11. Paul G. McLaughlin, *Ford Station Wagons* (Hudson, Wisc.: Iconografix, 2003).
12. Jason Vuic, *The Yugo: The Rise and Fall of the Worst Car in History* (New York: Hill and Wang, 2010).
13. Carol J. Loomis, "The Big Surprise Is Enterprise," *Fortune*, July 24, 2006, 142. See http://ow.ly/2mLJ8.
14. Ibid.
15. "Green Benefits, Zipcan.com," April 24, 2010. www.zipcar.com/is-it/greenbenefits.
16. Scott Griffith, "Zipcar," *Advertising Age*, November 16, 2009, p. 16.
17. Brendan Conway, "Car Sharing Attracts Large Rental Agencies," *Wall Street Journal*, March 24, 2010.

Capítulo 5

1. Nathan Pritikin and Patrick M. McGrady, *The Pritikin Program of Diet and Exercise* (New York: Bantam Books, 1979).
2. *Dr. Dean Ornish's Program for Reversing Heart Disease* (New York: Ballantine Books, 1990).
3. Ancel Keys, "Coronary Heart Disease in Seven Countries," *Circulation*, April 1970, 4, 381–395.
4. U.S. Senate Select Committee on Nutrition and Human Needs, *Dietary Goals for the United States* (2nd ed.) (Washington D.C.:U.S. Government Printing Office, 1977).
5. Gary Taubes, "The Soft Science of Dietary Fat," *Science*, March 2001, *291*, 2536–2545.
6. A Nabisco é parte da Kraft desde 2002.

7. "Dreyer's Develops Revolutionary 'Slow Churned' Technology That Makes Light Ice Cream Taste as Good as the Full-Fat Variety," *Business Wire*, January 22, 2004.
8. Ver, por exemplo, Paris Reidhead, "How About Some Genetically Engineered Fish Proteins in Your Breyer's Ice Cream?" *Milkweed* (Wisconsin Dairy Farmer Magazine), December 2006, www.organicsconsumers.org.
9. Eric C. Westman, Stephen D. Phinney, and Jeff S. Volek, *A New Atkins, A New You* (New York: Touchstone/Fireside, 2010).
10. Arthur Agatston and Marie Almon, *The South Beach Diet* (New York: St. Martin's Press, 2003).
11. General Mills, *Annual Report*, 2005.
12. Karlene Lukovitz, "IRI Ranks '09 Top Product Launches," *Marketing Daily*, March 23, 2010, www.mediapost.com/publications.

Capítulo 6

1. Para uma excelente referência sobre a história do iPod, ver Steven Levy, *The Perfect Thing* (New York: Simon & Schuster, 2007).
2. Erik Sherman, "Inside the Apple iPod Design Triumph" (cover story), *DesignChain*, Summer, 2002, www.designchain.com/coverstory.asp?issue=summer02.
3. Sea-Jin Chang, *Sony vs. Samsung* (Singapore: Wiley, 2008).
4. Daniel Lyons, "Think Really Different," *Newsweek*, March 26, 2010, www.newsweek.com/2010/03/25.
5. Tom Kelly, *The Art of Innovation* (New York: Doubleday, 2001), 55-62.
6. Eric von Hippel, "Lead Users: A Source of Novel Product Concepts," *Management Science*, July 1986,32(7), 791–805.
7. Richard J. Harrington and Anthony K. Tjan, "Transforming Strategy One Customer at a Time," *Harvard Business Review*, March 2008, *86*, 62–72.
8. Spencer E. Ante, "The Science of Desire," *BusinessWeek*, June 5, 2006, 99–106.
9. G. Lafley and Ram Charan, *The Game Changer* (New York: Crown Business, 2008), 47-49.
10. Grant McCracken, *Chief Culture Officer* (New York: Basic Books, 2006), 120-131.
11. Kelly, *The Art of Innovation*, 30.
12. Catherine Clarke Fox, "Drinking Water: Bottled or from the Tap?" February 14, 2008, http://kids.nationalgeographic.com/kids/stories/spacescience/water-bottle-pollution/.
13. Lafley and Charan, *The Game Changer*, 43-44.
14. Ram Charan, "Sharpening Your Business Acumen," *Strategy & Business*, Spring 2006, *44*, 49–57.
15. "First Break All the Rules," *Economist*, April 17, 2010, 7.
16. "The Power to Disrupt," *Economist*, April 17, 2010, 17.
17. Jeffrey R. Immelt, Vijay Govendarajan, and Chris Trimble, "How GE Is Disrupting Itself," *Harvard Business Review*, October 2009, 63.
18. Lafley and Charan, *The Game Changer*, 131-137.
19. Lafley and Charan, *The Game Changer*, 134.
20. Andrew Razeghi, *The Riddle* (San Francisco: Jossey-Bass, 2008), 21.
21. Robert I. Sutton, *Weird Ideas That Work* (New York: Free Press, 2002), 26.
22. Ibid, 28.

23. Jeroen Molenaar, "Unilever R&D Chief Seeks a Swiffer Repeat of Polman," Bloomberg.com, November 16, 2009, http://ow.ly/2mV5O.

Capítulo 7

1. John Heilemann, "Reinventing the Wheel," *Time*, December 2, 2001, 85–86.
2. Heilemann, "Reinventing the Wheel," p. 86
3. Gary Rivlin, "Segway's Breakdown," *Wired*, March 2003, http://ow.ly/2mWwR.
4. Wil Schroter "When to Dump That Great Idea," *Forbes*, July 6, 2007, http://ow.ly/2mWGa.
5. Nicole Perlroth, "Who Knew?" *Forbes*, August 24, 2009, 34, http://ow.ly/2mX8D.
6. Andrew Campbell and Robert Park, *The Growth Gamble* (London: Nicholas Brealey, 2005), 43.
7. A. G. Lafley and Ram Charan, *The Game Changer* (New York: Crown Business, 2008), 67.
8. Peter S. Cohan, *You Can't Order Change* (New York: Portfolio, 2008), 83-88.
9. Irma Zandl, "How to Separate Trends from Fads," *Brandweek*, October 23, 2000, 30–35.
10. Faith Popcorn and Lys Marigold, *Clicking* (New York: HarperCollins, 1997), 11-12.
11. Ben Casselman, "Trends Don't Favor Crocs," *Wall Street Journal*, March 19, 2009.
12. James Daly, "Sage Advice—Interview with Peter Drucker," *Business2.0*, August 22, 2000, 134–143.
13. Steven P. Schnaars and Conrad Berenson, "Growth Market Forecasting Revisited: A Look Back at a Look Forward," *California Management Review*, Summer 1986, 28(4), 71–88.
14. Robert A. Burgelman, *Strategy Is Destiny* (New York: Free Press, 2002), 64.
15. Clark G. Gilbert and Matthew J. Eyring, "Beating the Odds When You Launch a New Venture", *Harvard Business Review*, May 2010,87, 93–98.
16. Jacob Goldenberg and others, "Innovation: The Case of the Fosbury Flop,"*MSI Working Paper Series*, no. 04–001 (2004).
17. "Our Company," www.mint.com/company/.
18. Andrew S. Grove, discurso de abertura à Academy of Management, San Diego, agosto de 1998. http://ow.ly/2mYdj. O conceito de ponto de inflexão também é discutido em Andrew S. Grove, *Only the Paranoid Survive* (New York: Crown Business, 1996).
19. Andrew S. Grove, *Only the Paranoid Survive*, 32.

Capítulo 8

1. O material para a história da Salesforce.com foi retirado principalmente do livro escrito por seu fundador, Marc Benioff, *Behind the Cloud* (San Francisco: Jossey-Bass, 2009).
2. Steve Hamm, "An eBay for Business Software," *Business Week*, September 19, 2005, http://ow.ly/2hell.
3. Steve Jobs, "Apple's One-Dollar-a-Year Man," *Fortune*, January 24, 2000, http://ow.ly/2hn7U.
4. James C. Anderson and James A. Narus, "Selectively Pursuing More of Your Customer's Business," *MIT Sloan Management Review*, Spring 2003, 43–49.
5. Rita Gunther McGrath and Ian C. MacMillan, "Market Busting," *Harvard Business Review*, March 2005, 83, 81–89.
6. Clayton M. Christensen, *The Innovator's Dilemma* (Boston: Harvard Business School Press, 1997); Clayton M. Christensen and Michael E. Raynor, *The Innovator's Solution* (Boston: Har-

vard Business School Press, 2003); Clayton M. Christensen, Scott D. Anthony, and Erik A. Roth, *Seeing What's Next* (Boston: Harvard Business School Press, 2004).
7. Aaron Baar, "Attraction to 'Do Good' Brands Is Escalating," *Marketing Daily*, October 21, 2009, www.mediapost.com/publications.

Capítulo 9

1. Boa parte da história da Yamaha vem de uma entrevista pessoal com Terry Lewis em maio de 2010.
2. Mark Walsh, "Study: Amazon Most Trusted Brand in U.S.," *Marketing Daily*, February 23, 2010, www.mediapost.com/publications.
3. Christopher Rosica, *The Authentic Brand* (South Paramus, NJ: Noble Press, 2007).
4. "Drivers of Authenticity," Authenticbrandindex.com, December 3, 2009, http://authenticbrandindex.com/what2.htm.
5. Kariene Lukovitz, "EarthGrains Plots to Save the Earth," *Marketing Daily*, February 5, 2010, www.mediapost.com/publications.
6. Gregory S. Carpenter, Rashi Glazer, and Kent Nakamoto, "Meaningful Brands from Meaningless Differentiation: The Dependence on Irrelevant Attributes," *Journal of Marketing Research*, August 1994, 31, 339–350.
7. Ver Douglas Atken, "In Building Communities, Marketers Can Learn from Cults," Forbes.com, February 21, 2001, http://ow.ly/2mZyn.

Capítulo 10

1. Wal-Mart, *Annual Report*, 2005.
2. Marc Gunther, "The Green Machine," *Fortune*, August 7, 2006, 46.
3. Ibid. O artigo contém a parte de 2005 sobre como a sustentabilidade chegou à Walmart, 44-48.
4. Walmart, *Annual Report*, 2009.
5. Susan Nelson, "Beyond Green," *Marketing Daily*, August 31, 2009,www.mediapost.com/publications.
6. Andrew S. Ross, "Green Project Making It Harder to Hate Walmart," SFGate.com, February 28, 2010, http://ow.ly/2n0LX; Rosabeth Moss Kanter, "Walmart's Environmental Game-Changer," March 22, 2010, http://ow.ly/2n0Cm.
7. Patrick Barwise and Sean Meehan, *Simply Better* (Boston: Harvard Business School Press, 2004).
8. Pallavi Gogoi and Michael Arndt, "Hamburger Hell," *BusinessWeek*, March 3, 2003,104–108.
9. Grainger David, "Can McDonald's Cook Again?" *Fortune*, April 14, 2003, 120–129.
10. John Gerzema and Ed Lebar, *The Brand Bubble* (San Francisco, Jossey-Bass, 2008), 16.
11. Kevin Lane Keller, *Strategic Brand Management* (3rd ed.) (Saddle River, NJ: Prentice-Hall, 2004), 317.
12. James Crimmins and Martin Horn, "Sponsorship: From Management Ego Trip to Marketing Success," *Journal of Advertising Research*, July-August 1996, 36, 11–21.
13. Ibid.
14. Kellie A. McElhaney, *Just Good Business* (San Francisco, Berrett-Koehler, 2008), Part II.

Capítulo 11

1. Para uma imagem excelente sobre os primeiros anos de Jeff Immelt na GE, ver David Magee, *Jeff Immelt and the New GE Way* (New York: McGraw-Hill, 2009).
2. Shahira Raineri, "GE Imagination Breakthroughs," innovate1st-str.com, November 2007, http://ow.ly/2n18b.
3. *Jonah Bloom*, "GE: The Marketing Giant Lights Up with Imagination," *Creativity*, October 2005, 63.
4. Magee, *Jeff Immelt and the New GE Way*, 103.
5. Aaron Baar, "GE Launches 'healthymagination' Program," *Marketing Daily*, May 7, 2009, www.mediapost.com/publications.
6. Michael L. Tushman and Charles A. O'Reilly III, *Winning Through Innovation* (Boston: Harvard Business School Press, 2002).
7. David Aaker, *Spanning Silos* (Boston: Harvard Business School Press, 2009).
8. "Our Philosophy," Google.com, June 2010, www.google.com/corporate/tenthings.html.
9. A. G. Lafley and Ram Charan, *The Game Changer* (New York: Crown Business, 2008), 82-83.
10. Ibid, 82-83.
11. Andrew Campbell and Robert Park, *The Growth Gamble* (London: Nicholas Brealey, 2005), 44.
12. Lafley and Charan, *The Game Changer*, 122-123.
13. Ibid, 124-127.
14. Ibid, 123-124.
15. Robert A. Burgelman, *Strategy Is Destiny* (New York: Free Press, 2002), 103.

Índice

A
A.1., molho de carne, 39–40
A Dieta de Salvando o seu Coração (Ornish), 123–124
A Estratégia do Oceano Azul (Kim/Mauborgne), 51
Aaker, D., 64–65, 299–300
Aaker, J., 62–63
Abaixo os Silos, 299–300
Abordagem do exemplar, à categorização, 56–57
Aceitação de mercado, 316
Action Cup da Oral B, 258–259
Activia (Danone), 136
Adidas Streetball Challenge, 280–283
Administração científica, 24–25
Agaston, A., 133
Alavancando ativos e competências, 172–174
Além das Fronteiras do Core Business (Zook), 51
Allen, J., 46–47
Almon, M., 133
Alocação de recursos centralizada, 311–312
Alocação de recursos em nível organizacional, 306–313
   alocação de recursos centralizada, 311–312
   capital de risco, 308–311
   grupos de pesquisa informais, 310–312
   sufocamento estratégico de ideias, 311–313
   viés contra novos negócios, 307–309
Alto teor de fibras, como categoria/subcategoria não orientada por exemplares, 212–213
Amazon, 32–34, 76, 81–82, 219–220, 249–250, 254, 262–263
   leitor *wireless* Kindle, 196–197, 218–220, 237–238, 259–260, 274–276
   Whispernet, 259–260
Ambidestras, organizações, definição, 296–297
Ampex, 43–44
Anderson, J. C., 219–220
Ante, S. E., 158–159
Anthony, S. D., 224–225
Anúncios de atividades de P&D, efeito no retorno de ações, 46–48
Aplicações não intencionais, encontrando, 161–163
Apoio médico, categorias de, 26–27
Apple, 22–23, 76, 170–171, 251–253, 277–278, 280–281, 303–304
   Apple Store, 147–149, 223–224, 278–279
   iMac, 23, 34–35, 146, 148–150, 219
   iPad, 148–149
   iPhone, 148–150
   iPod, 39–40, 45, 49–50, 83–84, 145–151
   iTunes/iTunes store, 146–149
   Macintosh (Mac), 22–23
   Newton, 44–45, 147–148, 172–173, 306
   volta por cima da, 182–183
Archer Farms (Target), 278–279
Áreas de necessidades informacionais, priorizando, 176–177
Ariat, calçados, 151
Ariely, D., 63–65
Arm & Hammer, bicarbonato de sódio, 161–163
Armadilha dos silos, fugindo da, 299–301
Armani, 225
Arndt, M., 273–274
Asahi, 44–45
   Guerra das Cervejas Asahi-Kirin (gráfico), 20–22
   lata (figura), 20–21
   Super Dry, 18–22, 34–35, 39–40, 45, 49–50, 57–58, 108, 171, 195–196, 230–231, 250–251, 254, 260–261, 301–304, 315
Associações aspiracionais, 39
Associações organizacionais, 231–232
AT&T, 182–183
Ativo estratégico, definição, 32–33

Atken, D., 261
Atkins, R., 133
ATRAC3 (sistema de compressão proprietário da Sony), 146-147
Audi, 270-271
Autenticidade:
  na Starbucks, 223-224
  produzindo, 253-256
Automação da força de venda (SFA), *software*, 206
Automated Rental Management System (ARMS), 115-116, 258-259
Avaliação, 51, 179-204, 316
  "mercado pequeno demais", problema do, 191-193
  adequação da nova oferta, 194-197
  comprometimento da empresa com e apoio à nova oferta, 197-199
  criação da nova oferta, 198-199
  da ameaça da entrada de novo concorrente, 199-202
  de tendências, 185-188
  dimensões da, 183-184
  escolhendo os vencedores, 181-184
  filtrar, 182-183
  levar a oferta ao mercado, 198-200
  previsão de mercado, 183-195
  proposição de valor, conhecendo, 193-195
  Segway Human Transporter (HT), 179-182
  sinergia, criação de, 196-198
  teste e aprendizagem, 193-194
  viés pessimista, 188-191
  viés róseo, 187-189
Avaliação de conceitos, 51
Avaliação de uso, 29
Avon, 232
  Breast Cancer Crusade, 232, 280-281, 283-284
  Walk for Breast Cancer, 252-253, 283-284

B
Baar, A., 233, 294-295
Bailey, R., 66-67
Barbiegirls.com, 272-273
Barreiras à concorrência:
  conjunto de, 31-32
  criação, 246-247

Barreiras à entrada, 201-202
  criação, 51
Barreiras de investimento, 247-254
  brand equity, 250-252
  capacidade de cumprir a promessa, 248-249
  capacidade ou tecnologia proprietária, 248
  escala da operação, 248-250
  fidelidade de marca, 252-254
  redes de marca, 251-253
Barrett, C., 307-308
Barwise, P., 272
Base de clientes fiéis, 31-32
Basu, K., 56
Bath and Body Works, 76
Bayer, 227-228
Ben & Jerry's, 255
  apoio a causas ambientais, 232
Benefícios ao cliente, relevância de, 49-50
Benioff, M., 205-209
Berenson, C., 186-187
Berra, Y., 315
Best Buy, 76, 77, 81-85, 95-96, 193-194, 212-213, 238
  centricidade no cliente, 83-84
  concorrência, 81-83
  Denox, 66-67
  estrutura de comissões, 81-82
  fatores do avanço, 84-85
  Geek Squad, 82-85, 96, 152, 255-256, 258-260
  Insignia, 66-67
  programa Greener Together, 84
  programas de reciclagem, 84-85
  serviço, vendas de, 82-83
  tradição, 81-82
  Twelpforce, 82-84
Bettman, J. R., 68-69
Betty Crocker, 235-236
  misturas de bolo Gluten Free, 151
  misturas de sobremesa Gluten Free, 136-137
  site Mixer, 261
Bisquick Heart Smart, 136-137
Bloom, J., 292-293
BMW, 24-25, 261, 285-287
Body Shop, The, 76, 232-233

Boeing, 169–170
 design do Dreamliner, 169–170
 World Design Team, 163–164
Boyle, M., 83–84
Brand Asset Valuator (BAV) (Y&R), 48–49, 268–269, 277
Brand equity, 33–34, 53–54, 95–96, 126, 247–248, 250–252, 263–264, 270
Brand Japan, 77
Branson, R., 278–279
Breech, E., 110–111
Breyer's, sorvete, 129–130
 Double Churned, 129–131, 143
 proteínas anticongelantes (PACs), 129–131
 sorvete Dreyer's Slow Churned vs., 130–131
Brita, filtro (marca Clorox), 227–229
British Airlines, 214–217
Bud Light, 39–40
Bullseye Bazaar, 278–279
Burgelman, R. A., 186–187, 311–312
Burger King, 273–274

C
Cadillac, 24–25, 98, 232, 285–287
California Air Resource Board (CARB), 99–101
Campbell, A., 51, 182–183, 307–308
Campeões, 187–189
Capacidade de cumprir a promessa, 248–249
Capital de risco, 308–311
Carpenter, G. S., 258–259
Carros à bateria, 99–100
Casselman, B., 186
Castelyetro, G., 121
Categoria/subcategoria-alvo, seleção da, 30
Categorias:
 comparação com marcas, 38–39
 complexas e dinâmicas, 233–234
 definição de, 31–32
 definição/gerenciamento, 205–240
 definindo, 214–215
 gerenciamento, 233–239
Categorização, 55, 55–73
 abordagem do exemplar, 56–57
 concordância de atributos, 56–57
 conjuntos de categorias sobrepostos, 59–61
 definição de, 55, 72–73
 enquadramento, 60–64
 escopo da oferta: agregando opções, 65–67
 evidências empíricas, 62–66
 impacto no processamento de informações e nas atitudes, 58–60
 status de exemplar, conquistando o, 57–59
Cemex, 220–221
Centricidade no cliente, 83–84
CEO, apoio, 303–304
Cervejas japonesas, 17–22
 Asahi Super Dry, 18–19
 estratégias de preferência de marca, 25–26
 Guerra das Cervejas Asahi-Kirin (gráfico), 20–22
 happoshu, 19–21
 Kirin Ichiban, 18–19
 Kirin Lager Draft, 19–20
 Kirin Tanrei, 20–22
 mercado hipercompetitivo, 17–18
 Sapporo, 25–26
 Suntory, 25–26
 tendências, 26–27
 trajetória da participação de mercado, 17
Chang, S.-J., 146–147
Charan, R., 160, 165, 168–170, 184–185, 305–306, 309–311
Cheerios, marca (General Mills), 133–134
Christensen, 51
Christensen, C. M., 224–225
Chrysler, 33–34, 171
 minivan, 32–33
Chrysler, minivan da, 107–111, 118, 201, 301–304, 308–309, 315
 concorrentes, 108–109
 insight sobre necessidades não atendidas, 118
 lançamento da, 108–109
 timing no mercado, 118
Chrysler Magic Wagon, 108, 238
Chun, A., 217–218
Churchill, W., 265
Chux, 43–44
Circuit City, 81–84
Cirque du Soleil, 45, 52

Cisco, 35–36
  Crescendo, aquisição da, 275–276
  Telepresença, 35–36
Clientes, relacionamentos com, 259–263
  energizar a marca, 261–262
  enriquecer a marca, 259–261
  envolvimento do cliente, 261–262
  ligar a marca à categoria/subcategoria, 262–264
Cliff Bar, 222–223
CNN, 248
Coca-Cola, 192
  Coca-Cola Zero, 277–278
  New Coke, 193
Cohan, P. S., 184–185
Cohen, J. B., 56
Colgate Total, 217–218
Columbia (loja de roupas), 261–262
Comida congelada saudável, como categoria/subcategoria não orientada por exemplares, 212–213
Comissão Superior do Senado para Nutrição e Necessidades Humanas, 125
Compaq, 22
Compartilhamento de carros, como categoria/subcategoria não orientada por exemplares, 212–213
Competência estratégica, definida, 32–33
Competências, alavancagem, 172–174
Comprometimento estratégico, 301–303
Comprometimento estratégico dinâmico, 301–303, 306, 313
Computação em nuvem, 41–42, 206
ConAgra, 122–123, 142–143
Conceitos, evolução de, 95–96
Concordância de atributos, 56–57
Concorrência:
  barreiras à, 31–32, 246–247
  sem concorrentes, 316
Concorrentes:
  análise, 170–171
  conjunto, 31–32
  estratégias, 200–201
  inibições, 42–43
Conjunto de consideração, 30
  enquanto passo de triagem, 68–70
Connect and Develop (C&D), programas, Procter & Gamble, 168–170

Contexto de crescimento, atração do, 199–201
Contínuo de inovação, 33–38
Conversa, iniciando, 236–238
Conway, B., 117
Coors, experiência de beber uma cerveja, 64–66
Corporate Innovation Fund (CIF), P&G, 309–310
Correlação canônica, 43–44
Cosby, B., 75
Costco, 81–83
Crayola, 226–227
Credibilidade, 255–256
Crest, pasta de dentes, 217–218
Crest Spinbrush, 218
Criatividade organizacional, 153–155
  absorver informações, 153–154
  brainstorming, 153–154
  curiosidade, 153
  e geração de conceitos, 153–155
  inovação, e simplicidade, 154–155
  novas perspectivas, forçar, 153–155
  pessoas/organizações diversas, acesso a, 153–154
Crimmins, J., 282–283
Crisco (Procter & Gamble), 125–126
Crocs, 186
Crosby, J., 82–84
Cross, canetas, 65–67
Culinária asiática, crescimento da popularidade da, 26–27
Cultura empreendedora, 298

D
DaimlerChrysler, 102–104
  híbridos, 102–104
Daly, J., 186
Danone, 216–218
Data General, 22
David, G., 274–275
DDB Needham, Sponsor-Watch, 282–283
DeBeers, 36
Decisões negativas, e morte prematura de conceitos, 201–202
Defensores, criação, 237–238
Definições de categorias, consideração de, 173–175

Definições de subcategorias, consideração de, 173–175
Dell Computers, 35–36, 71, 81–83, 164–165, 255–256
Denny's, 279–280
Deriva estratégica, 300–302
Desafio da marca nova, 38–42
Desenvolvedores de *software*, e combinação de programas componentes, 219–220
Desinvestimento em um negócio, 275–276
Destruição Criativa (Foster/Kaplan), 51
Dieta Atkins, 133
Dieta de Scarsdale, 133
Dieta de South Beach, 133
Diferenciação, 32–34, 47–49
Diferenciador de marca, 256–259
DiGiorno, pizza congelada, 66–67, 227–228
Digital Equipment Corporation (DEC), 22
Dinâmica de mercado, e relevância de marca, 17
Disklavier (Yamaha), 218, 236–237
Disney (empresa), 169–170, 172–173, 219
Disney, W., 55
Disneyland, 58–59, 235–236
Dissonância estratégica, 196–197
Distribuição, 181–182
Dove, sabonete, 261–262
   Real Women, programa, 283–284
Dow, Spiffits, 155–156
Downey, 254
Draper, C., 153–154
Dreft, 43–44
Dreyer, W., 128–129
Dreyer's, 122–123
   processo *slow churned*, 129–130
   Slow Churned, sorvete, 128–131, 142–143, 165–166, 212–213, 248, 255–256
   vendas, 129–130
Drucker, P. F., 186, 205–206

E
eBay, 32–34, 45
E-business, 71
Eco-Grain, 258–259
E-commerce, 71
Economias de escala, 42–43, 263–264
Eddie Bauer, 76, 255
Efeitos de escala, 32–33, 53–54

Empresas de capital de risco, financiamentos graduais, 201–202
Encarta (Microsoft), 172
Encontro de sustentabilidade de Pequim, 267–268
Energia, e relevância, 29
Energizador de marca, 279–285
   conexão com marca-alvo, 279–281
   definição, 279–280
   enquanto comprometimento de longo prazo, 280–282
   fortalecimento da marca-alvo, 280–281
   patrocínios, 281–283
   programas sociais de marca, 283–285
Energizar o negócio:
   envolvendo os clientes, 277–279
   eventos de relações públicas, 278–279
   experiência de varejo, 278–279
   promoções, 278–280
Enquadramento, 41–42, 60–64, 72–73
   conceito de, 41–42
   enquadramento vencedor, 67–68
Enterprise Rent-A-Car, 35–36, 49–50, 114–117, 152, 194–195, 212–213, 233–235, 237–238, 303–304, 315
   Automated Rental Management System (ARMS), 115–116, 258–259
   como nova subcategoria de aluguel de automóveis, 115
   cultura valoriza o serviço ao cliente, 115
   estrutura de incentivos, 115
   gestão de frotas oferecida a grandes empresas, 115–116
   insight sobre necessidades não atendidas, 118
   proposição de valor em torno da conveniência, 115–116
   vantagem de custos, 115–116
   vantagens competitivas, 116–117
Entrega de uma oferta, 248–249
Envolvimento do cliente, 220–222, 261–262
Escala da operação, 248–250
Escala local da operação, 249–250
Especialista de nicho, estratégia de, 222–224
ESPN, 46, 248, 260–261
Estratégia de fazer o que você sabe fazer, 26–27, 272–273

Estratégias de *marketing*, mudanças em, 26–27
Estratégias preventivas, 42–43, 53–54
Estrutura, 76
Estudo de mercado conjunto Boeing-Airbus, 184–185
Etsy, 223–225
Eventos de relações públicas, 278–279
  realização, 278–279
Execução, 248–249
  construindo a cultura para apoiar, 234–235
  desenhar a oferta, 303–304
  lançar a oferta no mercado, 303–305
  métricas e objetivos orientados pelo cliente, gerenciamento de, 304–305
  obsessão com, 303–305
Exemplar, tornando-se, 234–237
Experiência de uso, 29
Experimento das cervejas, 63–65
EXPO Design Centers (Home Depot), 197–198
extensão .org, 62–64
Eyring, M. J., 190–191

F
Fast fashion, como categoria/subcategoria não orientada por exemplares, 212–213
Fast fashion, definição, 79–80
Fast followers, empresas, 200–201
Febreze (P&G), 59–60
FedEx (Federal Express), 164–165, 220–221, 254–256
  eficiências de logística/armazenamento/pedidos, 164–165
Feedback, 193–194
Fiber One (General Mills), 40–41, 70, 133–135, 142–143, 162–163, 216–217, 250–251, 262–263
Fidelidade, *Ver também* Fidelidade de marca
  Fidelidade do cliente: base da, 252–253
Fidelidade de marca, 53–54, 200–201, 247, 248, 252–254, 269
Fidelidade do cliente, 30, 33–34, 42–43, 92, 105, 261, 276
Firedog (Circuit City), 83–84
Ford, H., 97, 169–170, 255
Ford, H. II, 107–108, 158–159

Ford Motor Company, 303–304
  Aerostar, 108–111
  caminhonete da série F, 109–110
  decisões de investimento, influência em, 110–111
  Ford Expedition, 109–111
  Ford Explorer, 109–110
  Ford Explorer Eddie Bauer Edition, 218
  híbridos, 102–104
  Modelo T, 98
  priorização, 109–111
  Taurus/Sable, 109–110
Foster, R., 46, 51
Fox, C. C., 24–25
Freeplay Group (África do Sul), 173–174
Frito-Lay, 255
  apoio a causas ambientais, 232
Fuji-Xerox, 43–44
Fusca, 111, 219

G
Gablinger's, 43–44
Gaeth, G. J., 62–63
Gallo, vinhos, 255–256
Gandhi, M., 17
Gates, B., 82–83, 148–149
Gateway Computers, 148
Geek Squad (Best Buy), 82–85, 96, 152, 255–256, 258–260
  personagens, desenvolvimento do, 83–84
  tamanho do, 83–84
General Electric (GE), 159–160, 291–292
  cultura de inovação, 293–294
  desinvestimento/saída de setores, 275–276
  ecomagination, 293–295
  estratégia de crescimento, 293–294
  Global Research Center, 292–294, 299–300
  healthymagination, 294–296
  imagination at work, conceito, 293–294
  Imagination Breakthrough (IB), iniciativa, 292
  inovações de saúde, criação de, 167–168
  Rail Evolution Locomotive, 292
General Mills, 70, 122–123, 133–138, 142–143, 216–217
  adaptação a marcas de saúde, 136–138
  Betty Crocker Gluten Free, misturas de sobremesa, 136–137

Bisquick Heart Smart, 136–137
Cascadian Farm, marca, 135
cereais de grãos integrais, 136
Cheerios, marca, 133–134
e as tendências de saúde, 133–135
embalagens de lanches (100 calorias), 136–137
Fiber One, 40–41, 70, 133–135, 142–143, 143
Green Giant Valley Fresh Steamers, 136
inovações incrementais, 136–137
Muir Glen, marca, 135
produtos de leite de soja, 134–135
Progresso Soups, 136
Wheaties, 135–136
Yogurt Kids, 136
Yoplait, linha, 136–137
General Mills Annual Report, 136
General Motors:
Aurora, 106
Chevrolet Lumina, 108–109
híbridos, 102–104
investimentos (década de 1980), 109–110
OnStar, sistema, 258–259
Saturn, 104–107
Geração de conceitos, 50–51, 151–155, 199–201
criatividade organizacional, 153–155
imediaticidade da questão/incerteza estratégica, 175–177
impacto, 175–176
necessidades não atendidas, 151–153
parceria com o cliente na, 162–165
Gerstner, L., 155–156
Gerzema, J., 274–275
Gestão de marca, 226
e o estabelecimento de uma subcategoria premium, 226
Gilbert, C. G., 190–191
Gillette, 35–36, 256–257, 272
Glad, marca (P&G), 251–252
Glazer, R., 258–259
Goethe, 97
Gogoi, P., 273–274
Goldenberg, J., 191
Golder, P. N., 44
Google, 23, 48–49, 56–57, 206–207, 236–237, 251–252, 255, 274–275, 301–303

Gordura trans, 125–126
Gore, A., 99–101
Gortex, 56–57
Graves, M., 219–220
Greyhound Bolt Bus, 225–226
Griffith, S., 117
Grove, A., 195–196, 276
Growth Gamble (Campbell/Park), 51
Grupo de Trabalho Interagências para Alimentos Vendidos para Crianças, 126
Grupos de pesquisa informais, 310–312
Gucci, 192
Gunther, M., 84, 266–267

H
H&M, 76–77, 81, 95–96, 234–235, 238, 255–256
índice de crescimento, 81
marcas de estilistas famosos, uso de, 81
Habitat for Humanity, 280–281
Hackersafe, 189–190
Halthaus, D., 25–26
Hamel, G., 51, 291
Hamm, S., 207–208
Happoshu, 19–21, 32–33, 41–42
Harley-Davidson, *site*, 261
Harrington, R. J., 158–159, 165
Harvard Graphics, 43–44
Hawkins, J., 55
Healthy Choice, marca (ConAgra), 122–123, 137–142, 142–143, 187–188, 234–235, 260–261
Hearty 7 Grain, pão, 140–142
Heavenly Bed (Westin), 34–35, 36, 211–212, 216–217, 258–259
Heilemann, J., 180
Heineken, experiência de beber uma cerveja, 64–66
Heinz, 214–216
Hershey Kiss, 218–219
Hewlett-Packard (HP), 22, 299–301
Innovation Program Office (IPO), 309–311
Híbridos, 31–33, 60–61, 98–100, 102–104
diesel, 100–101
Híbridos a diesel, 100–101
Hobart (fabricante de equipamentos para o setor de serviços alimentícios), 229–230, 260–261

Home Depot, 197–198, 223–224, 280–281
  e Habitat for Humanity, 283–284
Honda Civic Hybrid, 102–104
Horn, M., 282–283
Hsieh, T., 91, 93–94
Huber, J., 70
Huggies, 254
Hyundai, 70, 217–218
  conquistando relevância, 285–289
  desafios de relevância, 265–266, 285–287
  estratégia de gestão de marca, 288–289
  Hyundai "Uncensored", campanha, 286–289
  Hyundai Assurance Program, 286–287
  relevância em energia, 288–289
  superando desafios, 286–287

I
Iacocca, L., 107–108
IBM, 20–22, 71, 155–156
  e Intel 8086, 172
  ThinkPad, 22
IDEO, *brainstorming* na, 153–154
Ignorante das tendências, 45
  uso do termo, 45
IKEA, 76, 78–80, 95–96, 234–235, 238, 248–250
  comparação com Muji, 78–80
  design, 79–80
  histórico na Suécia, 79–80
  número de lojas, 78–79
  orçamento de *marketing*, 79–80
iMac (Apple), 23, 34–35, 146, 148–150, 219
Imagination Breakthrough (IB), iniciativa, 292
Immelt, J. R., 167–168, 291–294
Implementação, 316
Indeterminação da relevância, 37–38, 40–42
Indústria automobilística, *Ver também* General Motors:
  barreiras à entrada, 119
  California Air Resource Board (CARB), 99–101
  carros à bateria, 99–100
  carros elétricos, 104–105
  Chrysler, minivan da, 107–111, 118, 201, 301–304, 308–309, 315
  diferenciação, 119

  dinâmica de mercado na, 97–120
  Enterprise Rent-A-Car, 35–36, 49–50, 114–117, 152, 194–195, 212–213, 233–235, 237–238, 303–304, 315
  híbridos, 98–100
  híbridos a diesel, 100–101
  insights/estratégias, 118
  liderança, 118
  Partnership of a New Generation of Vehicles (PNGV), 100–101
  prioridades dos concorrentes, 119
  Prius (Toyota), 30–31, 45, 49–50, 56–57, 98–105, 118, 201–202, 211–212, 233, 236–237, 250–251, 260–261, 303–304, 308–309
  Saturn (General Motors), 104–107
  Tata Nano, 111–114, 118, 166–167, 224–225, 236–238
  Yugo, 113–114, 186, 237–238
  Zipcar, 116–118, 187–188, 230–231, 236–237, 250–251, 260–261
Ingrassia, P., 109–110
Iniciativas/movimento verde, 26–27, 260–261, 267–269
  e Best Buy, 212–213
  e General Electric (GE), 293–295
  e o Prius, 211–212
  e Segway, 187–188
  e Whole Foods Market, 212–213
  Greener Together, programa (Best Buy), 84
InnoCentive, 168–169
In-N-Out Burger, rede, 222–223, 272
Innovator's Solution, The (Christensen/Raynor), 51
Inovação, 57–59
  gestão, 238–239
  risco de se envolver com, 316–317
  superação, 274–276
Inovação aberta, 167–170
Inovação contínua, 255–257
Inovação disruptiva, 35–36, 316
Inovação frugal, 166–168
Inovação reversa global, 166–168
Inovação substancial, criação a partir do *core business*, 304–306
Inovações incrementais, 36–38
  diferenciação, 33–34
  General Mills, 136–137
Inovações substanciais, 36–37

Inovações transformacionais, 34–37
  criação a partir do *core business*, 304–306
Insights de mercado, 152
Intel, 71, 160, 172, 226–227, 307–308
Interesses compartilhados, 228–231
Intimidade com clientes, e interesses compartilhados, 223–225
iPad (Apple), 148–149, 252–253, 274–275
iPhone (Apple), 148–150, 233–234, 252–253
iPod (Apple), 39–40, 45, 49–50, 56–57, 83–84, 145–151, 154–155, 193–194, 201–202, 216–217, 233–234, 250–251, 252–253, 315
  design, 145–151
  janela de oportunidade para, 146
  lançamento do, 146
Isidore, C., 100–101
iTunes/iTunes store, 146–149
Ivory Soap, 237–238

J

J. D. Power and Associates, 108–109
J. M. Smucker, 126
Jaguar, 219
Jell-O, 39–40, 56–57
Jet Blue, 255
Jobs, S., 23, 146–150, 182–183, 193–194, 219, 306
John F. Welch Leadership Center, 292–294
Johnson & Johnson, 166–167

K

Kaisan, 24–25
Kaiser (sistema de serviços médicos e seguro de saúde integrado), 229–231, 260–261
Kamen, D., 179–182
Kaplan, S., 46, 51
Kay, A., 205–206
Keller, K. L., 281–282
Kellogg, J. H., 121
Kellogg's, marca, 88
Kelly, T., 153–154, 160–161
Kettle Foods, 221–222
  programas sociais, 233
Keys, A., 123–125
KFC, 273–274
Kickstand, revista, 165
Kim, W. C., 46–47, 51
Kimberly-Clark, 158–159

Kindle, leitor *wireless*, 49–50, 196–197, 218–220, 237–238, 259–260, 274–276
Kirin, 49–50, 171, 195–196, 230–231, 250–251, 255–256, 270
  definição, 43–44
  Draft Dry, 254
  Ichiban, 18–19, 32–34, 172, 248, 255–256
  Lager Draft, 19–20
  Tanrei, 19–22
Klein, N. M., 70
KLM Fresh Partners, iniciativa, 219–221
Kraft DiGiorno, marca, 66–67, 227–228

L

L.L. Bean, 76, 255, 272–273
L'eggs, meia-calça, 218
Lafley, A. G., 75, 168–169, 182–185, 305–306, 309–311
Lafley, G., 160, 165, 168–170
Lakoff, G., 62–63, 67–68
La-Z-Boy, 76
Lean Cuisine, 262–263
Lebar, E., 277
LeFauve, S., 105
LEGO, 162–164
Lehmann, D. R., 60–61
Levin, I. P., 62–63
Lewis, T., 242–245
Lexus, 24–25, 102–104, 285–287
Liderança, em organizações inovadoras, 302–304
Liderando a Revolução (Hammel), 51
Limited, The, 76
Lindsay Olives, 227–228
Listerine PocketPaks, pastilhas, 218
Litan, R., 47–48
Loomis, Carol J., 115–117
Lovallo, D. P., 46
Lowenstein, G., 63–64
Luce, M. F., 68–69
Lukovitz, K., 136, 258–259
Luna Bar, 222–223
Lutz, R., 101
Lyons, D., 148

M

Macintosh (Mac), 22–23
Mackey, J., 84–85

MacMillan, I. C., 220–221
Magee, D., 291–293
"Maldição do fazer o que você sabe fazer", 307–308
"Maldição do projeto concorrente", 308–309
"Maldição do sucesso", 307–309
Marca:
  construção, 39–40
  definição, 38
  energizando, 261–262
  enriquecendo, 259–261
  força da, 250–251
  reposicionando, 272–273
Marcas cemitério, 71–72, 277–278
Marcas não líderes de mercado, 280–281
Marcas sênior, 280–281
Marigold, L., 185–186
Markman, A. B., 60–61
Marks & Spencer, 170–171
Marriott, 159
Mauborgne, R., 46–47, 51
Maynard, M., 102–103
McCaw Cellular, 182–183
McCollum, E., 121
McCracken, G., 160–161
McDonald, R., 25–26
McDonald's, 76, 249–250
  credibilidade de marca, 273–275
  Ronald McDonald House, 232, 280–281, 284
McElhaney, K. A., 283–284
McGrady, P. M., 123–124
McGrath, R. G., 220–221
McKinsey, 46
McLaughlin, P. G., 110–111
McLean Deluxe, 126–128
McNerney, J., 241
MediaOne, 182–183
Meehan, S., 272
Meetup, 261–262
Megatendências, 186–187
Meio-termo, 66–68
Melhoria contínua, 304–305
Mendonca, L. T., 46
Mercado hipercompetitivo, 17–18
"Mercado pequeno demais", problema do, 191–193
Mercedes-Benz, 172–173

Method, produtos de limpeza/sabonetes, 284
MetLife, 280–281
Métricas e objetivos orientados pelo cliente, gerenciamento de, 304–305
Microsoft, 219–220, 302–303
  Encarta, 172
  MSN Money, 194–195
  Office, 192
  XBox, 171, 221–222
Mídias sociais, e envolvimento de marca, 261
Minivans, como categoria/subcategoria não orientada por exemplares, 212–213
Mint.com, 194–195
Mizrahi, Isaac, 219–219–220
Modelo de preferência de marca, 24–26, 32–33, 53–54
  diferenciação em, 32–33
Modelo de relevância de marca, 27–38, 51–54
  contínuo de inovação, 33–38
  definição de relevância, 27–31
  diferenciação em, 32–33
Modelo não compensatório, 69–70
Modelos de comportamento, busca de, 169–171
Mogilner, C., 62–63
Molenaar, J., 173–174
Moreau, C. P., 60–61
Motores de tendências, 44–45
Mountain Dew, 280–281
Mr. Clean Magic Eraser, 168–169
Muji (varejistas), 76–79, 95–96, 152, 193–195, 212–213, 230–235, 238, 250–251, 255, 260–261, 303–304, 315
  benefícios autoexpressivos, 77–79
  comparação com IKEA, 78–80
  concorrência, 77–79
  cores das roupas, 77–78
  design, 77–78
  e o meio ambiente, 77–78
  filosofia, 77
  força de marca, 77
  história de marca, 78–79
  lojas, 77–78
  rótulos, 77–78
  visão de marca, 77
Multidestras, organizações, 296–297
"My Health Manager, " 230–231

N
Nabisco, 122–123, 126–129, 142–143
   embalagens de lanches (100 calorias), 127–129
   Oreo, biscoitos, 127–129
Nakamoto, K., 258–259
Nalgene, 162–163
Nano, *Ver* Tata Nano
Narus, J. A., 219–220
NCR, 182–183
Necessidades de não clientes, 164–165
Necessidades não atendidas:
   articuladas pelo cliente, 155–158
   e geração de conceitos, 151–153
   e novas ofertas, 118, 143
   superestimação de, 180–181
Negócios, energizando, 277–280
Nelson, H. (Lord), 241
Nelson, S., 48–49, 268–269
Nestle Taster's Choice, 225
Newman's Own, 255
Newton (Apple), 44–45, 147–148, 172–173, 306
NEXT, e Steve Jobs, 149–150
Nice 'n Easy Root Touch-Up, 169–170
Nike, 192, 216–217, 278–281, 297–298
Nintendo, 171, 277–278
   Wii, 221–222
Nissan, 261–262
Noah Winery, 65–66
Nokia, 165
Nordstrom, 43–44, 232, 248–249
Nova oferta:
   adaptação da, 194–197
   ameaça de produtos concorrentes, 199–200
   barreiras à entrada, 201–202
   benefícios funcionais produzidos pela, 214–216
   combinar benefícios, 217–218
   comprometimento da empresa com/apoio à, 197–199
   contexto de crescimento, atração do, 199–201
   criação de, 198–199
   de componentes a sistemas, 219–221
   design estético, 219–220
   design funcional, 218–219
   distribuição, 181–182
   envolver o cliente, 220–222, 261–262
   espaço competitivo expandido, 227–229
   estratégia atual, adaptação à, 194–196
   estratégias da concorrência, 200–201
   intimidade com o cliente, 223–225
   levar ao mercado, 199–201
   nova aplicação/atividade, 226–228
   ofertas de nova geração, 226–227
   ofertas premium, 225–226
   preço drasticamente menor, 224–225
   recursos/benefícios, 214–218
   relacionamento cliente-marca, 228–233
   segmentos, adaptação a, 221–224
   sinergia, criação de, 196–198
Novas categorias, 39–41
   avaliação de conceitos, 51
   barreiras à entrada, criar, 51
   criação, 30–34, 49–51, 316
   definir/gerenciar categoria/subcategoria, 51
   geração de conceitos, 50–51
Novos conceitos:
   encontrando, 155–156
   geração de conceitos, 151–155
   obtendo conceitos, 154–175
Novos negócios nos EUA, e vitalidade econômica, 47–48
Novos produtos fracassados, e diferenciação, 48–49

O
O Organic, marca (Safeway), 88
O'Reilly, C. A. III, 51, 296–297
Observação, 160–162
Obtendo conceitos, 154–175
   alavancando ativos e competências, 172–174
   análise da concorrência, 170–171
   aplicações novas/não intencionais, encontrando, 161–163
   conceitos estimulados pela tecnologia, 171–173
   definições de categorias ou subcategorias, consideração de, 173–175
   inovação aberta, 167–170
   inovação reversa global, 166–168
   modelos de comportamento, busca de, 169–171

necessidades de não clientes, 164–165
necessidades não atendidas articuladas pelo cliente, 155–158
observação, 160–162
parceria com cliente na geração de conceitos, 162–165
pesquisa etnográfica, 157–161
tendências de mercado, 165–167
Odwalla, 35–36
Ofertas de base tecnológica, 171–173
  e *timing*, 172–173
Ofertas genuínas, definição, 254
OfficeMax, 151
Okuda, H., 101–102
Okuda, Hiroshi, 101
Olay Regenerist, 168–169
Olestra (Procter & Gamble), 130–132, 143, 248
  aprovação pelo FDA, 130–132
  descoberta da, 130–131
  e o Center for Science in the Public Interest (CSPI), 130–132
  Frito-Lay WOW!, submarca, 131–132
  venda da fábrica, 132
Olestra, 122–123
Olsen, K., 22
One-Click, 259–260
Oportunismo seletivo, 297–298, 300–302, 313
Oreck Vacuum Cleaners, 255
Organização oportunista, 299
Organizações inovadoras, 291–314
  alocação de recursos em nível organizacional, 306–313
  armadilha dos silos, fugindo da, 299–301
  comprometimento estratégico dinâmico, 301–303
  criação, 296–297
  cultura empreendedora, 298
  deriva estratégica, 300–302
  execução, obsessão com, 303–305
  inovação substancial e transformacional, criando a partir do *core business*, 304–306
  liderança, 302–304
  melhoria contínua, 304–305
  oportunismo seletivo, 297–298, 300–302, 313

orientação externa, 298–299
teimosia estratégica, 305–306
Ornish, D., 123–124
Ornish, Dean, 123–124, 126–127
Orville Redenbacher, 227–228, 255
Osborne, 22
OXO, martelo, 159

P
Packard, D., 179
Paixão, 231
PalmPilot, 147–148
Pampers, 26–27, 229–230, 252–253, 260–261
Panasonic, tablets, 148–149
Panera Bread, 276
Parceria com o cliente, na geração de conceitos, 162–165
Park, 51
Park, R., 182–183, 307–308
Partnership of a New Generation of Vehicles (PNGV), 100–101
Passo de triagem, na escolha de marca, 68–70, 72–73
Pasta de dentes, mercado de, 217–218
Patrocínios, 281–283
Pauling, L., 145
Payne, J. W., 68–69
Peça central da estratégia, 49–50
Pechmann, C., 60–61
Pedigree Adoption Drive, 284
Peet's Coffee, 255
Percepção de capacidade de inovação, 48–50
Perlroth, N., 181–182
Perrier, 271
Personalidade, 230–231
Pesquisa de desempenho financeiro, 46–48
Pesquisa de novos produtos, 47–49
Pesquisa de problemas, 155–158
Pesquisa etnográfica, 157–161
Phinney, S. D., 133
Pioneiros, 42–44, 200–201
  definição, 43–44
  e fidelidade do cliente, 42–43
  economias de escala disponíveis a, 42–43
Pixar (estúdio de animação), 148–149
Pizza Hut, 273–274
Plymouth Caravan, 49–50

Plymouth Voyager, 218, 250–251
Pontos de contato com o cliente, 253–254
Popcorn, F., 185–186
Porsche, F., 110–111
Posicionamento, 39–40
PowerBar, 222–223
   Pria, 222–223, 250–251
Preferência de marca:
   conquistando, 23–27, 31–33
   efeito na relevância de marca, 30–31
   marca vencedora, 30
   relevância de marca vs., 28–31
Prelec, D., 63–64
Pret A Manger, 76
Previsão do mercado, 183–195
Pria, barra, 222–223
Pritikin, N., 123–124, 126–127
Prius (Toyota), 30–31, 45, 49–50, 56–57, 98–105, 118, 201–202, 211–212, 233, 236–237, 250–251, 260–261, 303–304, 308–309
   afirmação feita ao dirigir um, 102–104
   regulamentações estatais, 118
   subcategoria dos híbridos compactos, 102–105
   sucesso do, 101–103
   timing no mercado, 118
   vendas, 102–104
Problemas de aceitação entre os clientes, Segway Human Transporter (HT), 180–181
Problemas de *marketing*, Segway Human Transporter (HT), 180–181
Procter & Gamble (P&G), 159–165, 237–238
   alavancando ativos e competências, 173–174
   Connect and Develop (C&D), programas, 168–170
   Corporate Innovation Fund (CIF), 309–310
   Crest Whitestrips, 173–174
   Crisco, 125–126
   Downey Single Rinse, 159
   eficiências de logística/armazenamento/pedidos, 164–165
   Febreze, 59–60
   Future Works, 309–310
   Glad, marca, *joint-venture*, 251–252
   Ivory Soap, 161–162

Olay, marca, 225
Olestra, 130–132, 248
   saída das marcas de alimentos, 275–276
   SK-II, linha de cuidados da pele, 161–162, 261
   Tide, detergente, 35–36, 254, 256–257, 305–306
   Tide Free for Coldwater HE Liquid Laundry Detergent, 217–218
Produto fracassado, 48–49
Programa Pritikin de Dieta e Exercícios (Pritikin/McGrady), 123–124
Programas de responsabilidade social, 232–233
Programas sociais de marca, 283–285
   alavancando ativos/valores organizacionais, 283–284
   autenticidade, 283–284
   comunicando o programa, 284–285
   conexão emocional, criando, 284
   envolvendo os clientes, 284
Progresso Soups, 136
Promoções, 278–280
Prophet (consultoria de gestão de marcas e *marketing*), 154–155, 160, 169–170
Proposição de valor, 31–32
   conhecer, 193–195
   operações visuais em apoio a, 255–256
Purina Pet Rescue, programa, 233

Q

Quicken, *software* financeiro, 160–161, 194–195

R

Racionalidade limitada, 69–70
Rakuten, 76–77
Ralph Lauren, *design*, 219
Ratneshwar, S., 60–61
Raymond Corporation, 222–223
Raynor, M. E., 51, 224–225
Razeghi, A., 170–171
Redes de marca, 251–253, 263–264
Reidhead, P., 130–131
Relacionamento cliente-marca, 228–233
   associações organizacionais, 231–232
   interesses compartilhados, 228–231
   paixão, 231

personalidade, 230-231
programas de responsabilidade social, 232-233
Relevância:
  conquistar paridade, 272-275
  desinvestimento/saída de um negócio, 275-276
  e energia, 29
  e Walmart, 266-269
  evitando a perda de, 268-269
  manter, 265-289
  medir, 70-73
  reposicionar a marca, 272-273
Relevância de marca, 49-50
  cervejas japonesas, 17-22
  condições para, 30
  e concorrência, 30
  e dinâmica de mercado, 17
  entendendo, 55-73
  medindo, 70-73
  níveis de, 37-38
  nova mentalidade exigida por, 23-24
  peça central da estratégia, 49-50
  preferência de marca vs., 28-31
Relevância em energia, 277-278
  e visibilidade, 29
  perda, 268-269
Relevância na subcategoria, 269-271
  perda de, 268-269
Relevância na subcategoria, 269-271
  perdendo, 268-269
Reposicionamento da marca, 272-273
Respondedores de tendências, 45
Rineri, S., 292
Ritz-Carlton, 223-224, 255
Rivlin, G., 180
Robert Mondovi, vinho, 255-256
Rodgers, W., 265
Ronald McDonald House, 232, 280-281, 284
Rosch, E., 59-60
Rosica, C., 255
Ross (loja de roupas), 224-225
Ross, A. S., 268-269
Roth, E. A., 224-225
Rótulos, 211-212
Roux, C., 80
Royal Crown Cola, 43-44
Rumelt, R., 45-46

S
Safeway, 160
  O Organics e Eating Right, marcas, 262-263
Saída de um negócio, 275-276
Salesforce.com, 205-213, 252-253
  e computação em nuvem, 206, 208-209, 211
  ofertas de nova geração, 226
  programas sociais, 208-211, 233
  software como serviço (SaaS), 205-206
Sam Adams, 255-256
Samsung:
  patrocínio das Olimpíadas, 281-283
  TV Luxia TV, 226
Samuel Adams, cerveja, 63-65
Sanduíches de *fast food* saudáveis, como categoria/subcategoria não orientada por exemplares, 212-213
Sapporo, preferência de marca, 25-26
Sara Lee, 127-128
  EarthGrains, marcas, 258-259
Sasuly, R., 179
Satisfação, 69-70
Saturn (General Motors), 104-107, 118, 230-231, 236-237, 255-256, 260-261, 303-304
  conceito da concessionária regional, 152
  experiência na concessionária, 105-107
  fechamento da, 106-107
  modelo de distribuição, 105-106
  preços *no haggle* ("sem barganha"), 105
  projetistas, 105
  regulamentações estatais, 118
  retorno sobre investimento (ROI), 106-107
Saúde pessoal, categoria, 26-27
Schlitz, cerveja, 254-255
Schnaars, S. P., 186-187
Schramm, C., 47-48
Schroter, W., 180
Schwinn, 185
Scott, L., 266-267
Scully, J., 147-148
Sears, 219-220
Sedãs a diesel, como categoria/subcategoria não orientada por exemplares, 213-214

Segway Human Transporter (HT), 179–182, 187–188, 193, 218, 233–234, 236–238, 250–251, 260–261, 303–304
   chances do, 180
   problemas de aceitação entre os clientes, 180–181
   problemas de *marketing*, 180–181
   publicidade, 180
   superestimação de necessidade não atendida, 180–181
Seis Sigma, 24–25
Setor Alimentício, 121–143
   alimentação saudável, 126
   audiências sobre doenças cardíacas (1977), 125
   cientistas/gurus, e guerra da gordura, 122–124
   dietas com poucos carboidratos, 133
   Dreyer's Slow Churned, sorvete, 128–131, 142–143, 165–166, 212–213, 248, 255–256
   General Mills, 70, 122–123, 133–138, 142–143, 216–217
   gordura saturada, 125
   gordura trans, 125–126
   gorduras, 132–138
   Grupo de Trabalho Interagências para Alimentos Vendidos para Crianças, 126
   guerra da gordura, travando a, 122–132
   Healthy Choice, marca (ConAgra), 122–123, 137–143, 187–188, 234–235, 260–261
   McLean Deluxe, 126–128
   Nabisco, 126–129, 142–143, 214–216
   Nature Valley, 142–143
   Olestra (P&G), 130–132
   papel do governo na aprovação de produtos, 124–126
   regra de imitação da FDA, 124–125
   Snackwell's, 126–127, 152, 212–213, 216–217
   sugestões de alimentação saudável, 132–133
   tendências, 122
Setor de informática dos EUA, 20–24
   computador pessoal (PC), 22
   formação de novas subcategorias, 23–24
   smartphones, 23

SGI (Silicon Graphics), 22
Sharp, 226–227
   Quadpixel, 226–227, 258–259
   TV Aquos Quantron, 226–227
Sharpie, 261–262
Sherman, E., 146
Shimano, 164–165
Shocker, A. D., 60–61
Shoesite.com, 90–91
Shop-alongs, 160
Shouldice Hospital, 222–224
Siebel, T., 207–208
Siebel Systems, 205–209
Silos organizacionais, 311–312
Simon, H., 69–70
Simonson, I., 65–66
Simply Better (Barwise/Meehan), 272
Singapore Airlines, 62, 225, 255
Sirius, 159
Smart Car, 261
Smith, R. B., 99–100, 105–107, 109–110
Snackwell's brand, 126–127, 152, 212–213, 216–217
Snapple, 192
SoBe, 192, 315
Sony, 71–72, 278–279
   leitor de *e-book*, 274–275
   Playstation, 171
Sony Memory Stick Walkman, 146–147
Sony Music, 147–148
Sood, A., 47–48
Southwest Airlines, 35–36, 224–225, 227–228, 260–261
Sperlich, H., 107–108
Spiffits (Dow), 155–156
Stahnke, W., 242–245
Star, lâminas de barbear, 43–44
Starbucks, 192, 223–224, 238, 249–250, 273–274, 301–302
   autenticidade na, 223–224
   Via, café solúvel, 225
Stayman, D., 64–65
Steiner, S. M., 66–67
Stephens, R., 82–84
Strangler, D., 47–48
Subcategoria, crescimento, 26–27
Subcategorias, 39–41
   comparação com marcas, 38–39

complexas e dinâmicas, 233–234
criação, 30–34, 49–51, 316
definição de, 31–32
definindo, 214–215
gerenciamento, 233–239
Subway, 76, 77, 89–91, 96, 187–188, 249–250, 255, 260–261, 276
   crescimento do, 89
   e *fast food* saudável, 89
   e Zagat Fast-Food Survey, 90–91
   história de Jared Fogle, 89–90, 255
   Kids Pak, 89–90
   mudanças no cardápio, 89–90
   Quiznos enquanto rival, 90–91
   sanduíches tostados, 90–91
Sufocamento estratégico de ideias, 311–313
Sugar Busters, 133
Sujan, M., 59–60
Sun Microsystems, 22
Sun Tzu, 30–31
Suntory, 225
   preferência de marca, 25–26
Superação, 274–276
Superlotação, 200–201
Susan G. Komen for the Cure, instituto de luta contra o câncer de mama, e Ford, 284
Sustentabilidade, objetivos de, 26–27
Sutton, R. I., 170–171
Swierczynski, D., 89
Swiffer Duster, 168–169
Swinmurn, N., 90–91

T
T. J. Maxx, 224–225
Target, 76, 219–220, 278–279
Tata, R., 111–112
Tata Chemicals, 167–168
Tata Nano, 111–114, 118, 166–167, 224–225, 236–238
   enquanto "carro do povo", 110–111
   ideia inicial, 111–112
   lançamento do, 111–112
   preço-alvo, 111–113
   procura por, 113–114
Taubes, G., 125
Taylor, F., 24–25
Taylor, J., 114

TaylorMade, 278–279
TCE, 182–183
Techtel, 71
Tecnologia proprietária, 248, 263–264
Ted's Montana Grill, 255
Teimosia estratégica, 305–306
Telepresença, 35–36
Tellis, G. J., 44, 47–48
Tendências:
   acessibilidade no mercado *mainstream*, 186
   avaliação de, 185–188
   crescimento inicial das vendas, 186
   expressão em diversas categorias ou setores, 186–187
   fonte do poder/energia de, 185–186
   inovações futuras e projetadas, 186–188
   megatendências, 186–187
   miragem, 185
   substância e ação necessárias, 186
Tendências de mercado, 165–167, 297–298
Terceirização, 219
Thomson Corporation, 158–159, 165–166
Thoreau, H. D., 145
Tide, detergente (P&G), 35–36, 217–218, 254, 256–257, 305–306
Timing, natureza crítica do, 95–96
TiVo, 39, 56–57, 233–234
Tjan, A. K., 158–159
Tom's of Maine, 255–256
Toshiba, 22, 146
   tablets, 148–149
Toyoda, E., 101–102
Toyota, 217–218, 232, 277–278, *Ver também* Prius (Toyota)
   híbridos, 101–102
3M, 232
   Optical Systems Division, 173–174
Tushman, M. L., 51, 296–297
Tversky, A., 65–67
Twelpforce, 82–84

U
Unilever, 173–174
UPS, 33–34
Utilitários esportivos com tração 4×4, como categoria/subcategoria não orientada por exemplares, 213–214

V

VAIO Music Clip, 146–147
Valores verdes/programas sociais, 96
Valvoline, lubrificante, 281–282
Van Houten, 225
Vanguard, 224–225
Vantagem do pioneirismo, 41–44, 53–54
Venture Frogs, 90–91
VeriSign, 189–190
VICA, 25–26
Victoria's Secret, 255
Viés contra novos negócios, 307–309
Viés pessimista, 188–191
Viés róseo, 187–189
Virgin Airlines, 36–37, 197–198, 280–281
Virgin Memphis Redbirds, 277–278
Visa, 232
    percepção de superioridade entre os cartões de crédito, 282–283
Visibilidade, e relevância em energia, 29
Vohs, K., 62–63
Volek, J. S., 133
Volvo, 214–216
von Hippel, E., 157–158
Vuic, J., 113–114

W

W Hotels, 211–212, 218–219
Wagoner, R., 99–101
Walmart, 76, 81–82, 164–165, 169–170, 223–224, 249–250, 265–269
    desafio de relevância, 266–269
    e *design* do Boeing Dreamliner, 169–170
    eficiências de logística/armazenamento/pedidos, 164–165
    pontos negativos, 266–267
    programas ambientais, 266–269
    responsabilidade social, 268–269
Walsh, M., 254
Walton, R., 266–267
Wansink, B., 65–66
Weight Watchers, 136, 262–263
Welch, D., 102–104
Welch, J., 17, 291–292
Wells Fargo Labs, *site*, 163–164
Wendy's, 273–274
Westin, 34–36, 211–212, 216–217
    At Home Store, 258–259
    Heavenly Bed, 34–36, 211–212, 216–217, 258–259
Westman, E. C., 133
Wheaties (General Mills), 135–136, 260–261
Whirlpool, 280–281
Whispernet (Amazon), 259–260
White, J. B., 109–110
Whitney, E., 170–171
Whole Foods Market, 36, 77, 84–88, 95–96, 165–166, 187–188, 193–195, 212–213, 232, 238, 249–250, 260–261, 303–304
    base do sucesso, 85–86
    breve histórico do, 84–85
    concorrentes, 86–88
    estratégia de comprometimento, 86–88
    paixão por alimentos e saúde, 86–88
    programas sociais, 85–86
    qualidade/variedade de alimentos, 86–88
    reputação de se importar, 85–86
    sacolas plásticas descartáveis, eliminação de, 85–87
    submarcas, 88
    vendas, 85–86
    Whole Planet Foundation, 85–86
    Whole Trade Guarantee, programas, 85–86
Williams-Sonoma, 65–66, 222–223
Winning Through Innovation (Tushman/O'Reilly), 51
Wouk, V., 98–99

X

Xerox, 43–44
    Palo Alto Research Center (PARC), 298

Y

Yahoo!, 302–303
Yamaha Disklavier, 218, 236–238, 241–246, 248, 277–278
    benefícios para o profissional, 242–243
    canal de distribuição da Yamaha, 245–246
    economias de escala da Yamaha, 245–246
    melhorias em produtos, 243–245
    proficiência interna da Yamaha com aparelhos eletrônicos digitais, 245–246
    protótipo, 242–243
    recurso de gravar e fazer *playback*, 242–243
Yamaha PianoSoft Library, 242

Yogurt Kids, 136
Yoplait, 136-137
 Go-Gurt, 218, 315
YourEncore.com, 168-169
Yugo, 113-114, 186, 237-238
 fracasso do, 113-114
 piadas, 113-114
 vendas (1985-1992), 113-114

Z
Zandl, I., 185
Zappos, 77, 90-96, 234-238, 248-249, 260-261
 comportamento engraçado/esquisito, 92-93
 conexão emocional pessoal (PEC), 92-93
 desempenho para o cliente, 94-95
 felicidade, produção de, 93-95
 felicidade do cliente, 94-95
 percepção de controle, 93-94
 processo de contratação/treinamento, 92-93
 progresso profissional contínuo, 93-94
 serviço ao cliente, 92
 Shoesite.com, 90-91
 Swinmurn, N., 90-91
 valores, atividades de apoio a, 92-94
 vendas, 94-95
 vendendo truques e programas de cultura, 93-94
 Zappos *Insights*, 93-94
Zara, 76, 79-81, 95-96, 152, 193-194, 230-231, 238, 249-250, 255-256, 260-261, 315
 cadeia de suprimentos, 79-80
 consultores de vendas das lojas, 80
 escritórios globais, 80-81
 fast fashion, 79-80
 horizonte de previsões, 80
 índice de crescimento, 81
 número de lojas, 79-80
 tendências de moda, detecção de, 80
Zipcar, 116-118, 187-188, 230-231, 236-237, 250-251, 260-261
 aplicativo para iPhone, 116-117
 barreiras, 117
 insight sobre necessidades não atendidas, 118
 vantagens da visão, 116-117
Zona, A (dieta), 133
Zook, C., 46-47, 51